OGGI IN ITALIA

A FIRST COURSE IN ITALIAN

Enhanced Ninth Edition

Franca Celli Merlonghi

Ferdinando Merlonghi

Joseph A. Tursi

State University of New York at Stony Brook, Emeritus

Brian Rea O'Connor

Boston College

CENGAGE
Learning®

Australia • Brazil • Japan • Korea • Mexico • Singapore • Spain • United Kingdom • United States

Oggi in Italia: A First Course in Italian, Enhanced Ninth Edition
Franca Celli Merlonghi, Ferdinando Merlonghi, Joseph A. Tursi, Brian Rea O'Connor

Product Director: Beth Kramer

Senior Product Manager: Lara Semones

Managing Developer: Katie Wade

Associate Content Developer: Gregory Madan

Product Assistant: Jacob Schott

Managing Media Developer: Patrick Brand

Marketing Director: Michelle Williams

Marketing Manager: Christine Sosa

Marketing Coordinator: Amy McGregor

Manufacturing Manager: Betsy Donaghey

IP Analyst: Jessica Elias

IP Project Manager: Farah Fard

Production Service/Compositor: Lumina Datamatics, Inc.

Text Designer: Susan Gilday

Cover Designer: Harold Burch

Cover Image: ©Julian Castle/Photolibrary

Library of Congress Control Number: 2014944113

Student Edition:
ISBN: 978-1-285-87440-1

Cengage Learning
20 Channel Center Street
Boston, MA 02210
USA

Cengage Learning is a leading provider of customized learning solutions with office locations around the globe, including Singapore, the United Kingdom, Australia, Mexico, Brazil and Japan. Locate your local office at **international.cengage.com/region**

Cengage Learning products are represented in Canada by Nelson Education, Ltd.

For your course and learning solutions, visit **www.cengage.com.**

Purchase any of our products at your local college store or at our preferred online store **www.cengagebrain.com.**

Printed in Canada
Print Number: 01   Print Year: 2014

To the Student

Welcome to the study of Italian and welcome to *Oggi in Italia!* Learning a foreign language can be an enjoyable and stimulating experience, especially if you think of it as learning a way to communicate with other people. As you develop your skills in listening, speaking, reading, and writing in Italian, remember that you will also be learning about Italy, its people, and its culture.

Learning a language takes work and practice, yet it should also be an enjoyable experience. By making the most of your learning, you will find that you can manage quite well the first time you have a conversation with a native Italian speaker or when you step off a plane in Rome or Milan and enter today's Italy.

Student Components

Student Textbook

This textbook is your primary resource for learning Italian. It contains cultural information, vocabulary/grammar presentations and practice, and activities to help you develop listening, speaking, reading, and writing skills in Italian.

iLrn: Heinle Learning Center

The iLrn: Heinle Learning Center includes an audio- and video-enhanced eBook, assignable textbook activities, companion videos with pre- and post-viewing activities, partnered voice-recorded activities, an online workbook and lab manual with audio, interactive enrichment activities, and a diagnostic study tool to help you prepare for exams.

Additional supplements include:

Text Audio Program

Available in MP3 format on the *Oggi in Italia* iLrn: Heinle Learning Center and Premium Website

Student Activities Manual (SAM) Workbook and Lab Manual

SAM Audio Program

Available in MP3 format on the *Oggi in Italia* iLrn: Heinle Learning Center and Premium Website

Heinle eSAM powered by Quia™

An online version of the Student Activities Manual and SAM Audio Program

Oggi in Italia Video

Available in digital format on the *Oggi in Italia* iLrn: Heinle Learning Center

Oggi in Italia Premium Website

www.cengagebrain.com/shop/ISBN/1285874404

Contents

lezione 9 Un anno all'estero 210

lezione 10 Ad una mostra cinematografica 234

lezione 11 La settimana bianca 260

lezione 18 Abiti sempre in città? 440

Reference Section

Acknowledgments

The authors and publisher would like to express their appreciation to the many instructors teaching with *Oggi in Italia* who have offered their feedback on the program. We also extend a special word of thanks to the following reviewers for their ideas and recommendations for this revised edition.

Fabian Alfie, *University of Arizona*

Evelina Badery Anderson, *University of Montana, Missoula*

Salvatore Cappelletti, *Providence College*

Barbara Carle, *California State University, Sacramento*

Dante Ceruolo, *Oxford University*

Claudio Concin, *City College of San Francisco, Downtown*

Lorraine Denman, *University of Pittsburgh*

Patricia Di Silvio, *Tufts University*

Nanette Granuzzo, *Middlesex County College*

Lucia Hannau, *Purdue University*

Lucia Harrison, *Southeastern Louisiana University*

Stephanie Laggini Fiore, *Temple University*

Jason Laine, *Penn State University*

Patrizia Lissoni, *University of California, Los Angeles*

Simonetta May, *Pasadena City College*

Tom Means, *Borough of Manhattan Community College, CUNY*

Elisabetta Misuraca, *Bryant University*

Massimo Musumeci, *Community College of Philadelphia*

Cinzia Noble, *Brigham Young University*

Mirta Pagnucci, *Northern Illinois University*

Rossella Pescatori, *El Camino College*

Madison Sowell, *Brigham Young University*

Giuseppe Tassone, *University of Washington*

Elena Visconti di Modrone, *New York University*

We'd also like to thank the following people for their writing contributions to the ancillary program:

Veruska Cantelli

Lucia Hannau, *Purdue University*

Jason Laine, *Penn State*

Melina Masterson

Rossella Pescatori, *El Camino College*

Mirta Pagnucci, *Northern Illinois University*

Kris Swanson

Elena Visconti di Modrone, *New York University*

lezione

p

Il saluto

COMMUNICATIVE OBJECTIVES

- Greet others and say good-bye using the appropriate level of formality
- Express how you're feeling
- Express what you like
- Talk about classes and people
- Give street addresses and zip codes

Studenti e studentesse vanno a lezione all'università in Sicilia

RISORSE

 audio

 video

 www.cengagebrain.com/shop/ISBN/**0495913391**

 ilrn.heinle.com

Federico Meneghetti / Photolibrary

CD1,
Track 2

Buon giorno! Lei come si chiama?

Il professore e lo studente

PROFESSOR LANDINI:	Buon giorno.
	Sono Giovanni Landini.
	Sono il professore d'italiano.
	Lei come si chiama?
MAURIZIO:	Buon giorno, professore.
	Mi chiamo Maurizio Ferroni.

La professoressa e la studentessa

PROFESSORESSA VENTURI:	Buon giorno.
	Sono la professoressa d'italiano.
	Mi chiamo Luciana Venturi.
	E lei, come si chiama?
SIMONA:	Buon giorno, professoressa.
	Mi chiamo Simona Barbieri.

Buona sera! Come sta?

Il signor Carboni e il dottor Salvini

SIGNOR CARBONI:	Buona sera, dottor Salvini.
	Come sta?
DOTTOR SALVINI:	Bene, grazie, e lei?
SIGNOR CARBONI:	Molto bene, grazie. ...
	Arrivederla, dottore.

La signora Masetti e la signorina Polidori

SIGNORINA POLIDORI:	Buona sera, signora Masetti.
	Come sta?
SIGNORA MASETTI:	Abbastanza bene, e lei?
SIGNORINA POLIDORI:	Bene, grazie... A più tardi, signora.

Pratica

1. Introduce yourself to four or five classmates, asking each person his/her name.

>> — Buon giorno. Mi chiamo (Giorgio Lotti). E lei, come si chiama?
— Mi chiamo (Gabriella).

2. Find out from three or four classmates how they are feeling.

>> — Buon giorno, (Roberto). Come sta?
— Bene (Abbastanza bene / Non c'è male), grazie. E lei?
— Molto bene.

lei = *you, formal*
tu = *you, informal*

Buon giorno and *buona sera* can also be spelled as 1 word: *buongiorno, buonasera.*

Levels of formality

In Italian, as in English, speakers use different levels of formality, depending on the situation and to whom they are speaking. For example, in Italy, you might use **ciao** or **salve** (*hello*) as a greeting, and **ciao** or **arrivederci** as a farewell to a friend or a member of the family. In a more formal situation, speaking to a stranger or an acquaintance, you might use **buon giorno** or **buona sera** as a greeting and **arrivederla** as a farewell.

In English, speakers always use the pronoun *you* when addressing another person. In Italian, there are two ways of expressing *you* when addressing another person. **Tu** is used with someone you know on a first-name basis, such as a child, friend, classmate, or member of your family. **Lei** is used with a stranger, an acquaintance, an older person, or someone in a position of authority.

• What greetings do you use in English in formal and informal situations?

Alessandro Ventura / Photolibrary

— Ciao, Giovanni, come stai?
— Non c'è male, grazie. E tu?

CD1,
Track 3

Ciao! Come ti chiami?

Anna Melani e Paolo Salvatori

PAOLO: Ciao! Come ti chiami?
ANNA: Io? Mi chiamo Anna. E tu, come ti chiami?
PAOLO: Paolo.

Silvia Bellini ed Enrico Genovesi

SILVIA: Tu ti chiami Paolo Salvatori?
ENRICO: No, mi chiamo Enrico Genovesi.
SILVIA: Piacere, Enrico. Io mi chiamo Silvia Bellini.

Come stai?

Patrizia Moro e Rosanna Peroni

ROSANNA: Ciao, Patrizia, come stai?
PATRIZIA: Non c'è male. E tu?
ROSANNA: Benissimo! ... Arrivederci.
PATRIZIA: A domani, Rosanna.

Luigi Rinaldi e Marcello Bottino

LUIGI: Salve, Marcello. Come stai?
MARCELLO: Bene, grazie. E tu, come stai?
LUIGI: Mah, così così. ... A presto, Marcello.
MARCELLO: Ciao!

Pratica

1. Find out the names of four or five classmates.

>> — Tu, come ti chiami?
   — Mi chiamo (Susanna / Mario).

2. Greet a friend and ask how he/she is. Then exchange roles.

>> — Ciao (Renata), come stai?
   — Molto bene (Benissimo / Non c'è male / Così così / Male), grazie.

3. You're leaving class. Say good-bye to four or five classmates.

>> — Ciao (Luigi), arrivederci.
   — A domani (A presto / Ci vediamo domani).
   — Ciao, (Vittoria).

Use of courtesy and professional titles

The use of first names among adults is less frequent in Italy than in the United States. In the workplace in informal situations, people usually call or refer to their colleagues or coworkers by using only their last names without any title. The courtesy titles **signore, signorina,** and **signora** can be used in place of a name. In contrast to English usage, professional titles, such as **dottore, avvocato** (*lawyer*), and **ingegnere** (*engineer*), are commonly used with or as substitutes for names. Notice that the titles ending in **-re** (**signore, dottore, professore,** and **ingegnere**) drop the final **-e** when they precede a name:

forms (**Sig., Sig.ra,** and **Sig.na**), which are used mainly in letter writing.

| Buon giorno, *professore*. | Buon giorno, *professor* Dini. |
| Buon giorno, *dottore*. | Buon giorno, *dottor* Paolini. |

Signore, signora, and **signorina** usually are not capitalized in Italian, except in their abbreviated

La dottoressa Conti parla con una sua paziente.

CD1,
Track 4

" Che peccato!

Giulia Campo is walking through Piazza San Marco in Florence on her way to class when she meets her friend Giacomo Mannini. They shake hands and chat for a minute.

	GIULIA:	Ciao, Giacomo, come stai?
	GIACOMO:	Non c'è male, grazie, e tu?
	GIULIA:	Bene, grazie. ... Ah, ecco il professor Renzi. Buon giorno, professor Renzi.
5	PROFESSOR RENZI:	Buon giorno, signorina Campo. Buon giorno, signor Mannini.
	GIACOMO E GIULIA:	Buon giorno, professore.

The professor continues on his way.

	GIACOMO:	Hai lezione d'italiano con il professor Renzi?
10	GIULIA:	Sì, fra cinque minuti.
	GIACOMO:	Ti piace l'italiano?
	GIULIA:	Sì, mi piace molto. Scusa, Giacomo, ma sono in ritardo.
	GIACOMO:	Che peccato! Arrivederci, Giulia, buona giornata!
15	GIULIA:	Grazie! Ciao, Giacomo. A presto.

Pratica

1. You're between classes. Ask a classmate if he/she has class tomorrow. Then switch roles.

>> — Hai lezione domani?
— Sì, ho lezione d'italiano (d'inglese/di matematica/di storia).

2. Find out from a classmate if he/she has a class with a specific teacher whom you know. Then switch roles.

>> — Hai lezione con (il professor Montini / la professoressa Corvari)?
— No, ho lezione con il professor... (la professoressa...).

3. Ask a classmate if he/she likes certain academic subjects.

>> — Ti piace (l'italiano / l'inglese / la matematica / la storia)?
— Sì, mi piace. (Sì, mi piace molto. / No, non mi piace.)

4. You see a friend hurrying along a hallway. Find out if he/she is late.

>> — Ciao, Monica, sei in ritardo?
— No, non sono in ritardo (sono in anticipo/sono puntuale).

> **La lezione** means *lesson* or *class*, as in "to have a class." **La classe (d'italiano)** can refer to the (Italian) classroom or the group of students in it.

I nomi italiani (maschili e femminili)

Some Italian names are similar to English first names, with slight spelling changes, while others have no English equivalent. Note that many masculine first names ending in **-o** have an equivalent feminine first name ending in **-a**.

Listen and repeat each name after your instructor. Look for the Italian equivalent of your name and the names of family members, friends, and acquaintances. If no Italian equivalent of your name is listed, ask your instructor if there is one.

> Italians frequently use the diminutive forms of names:
> *Antonio* = *Toni* or *Tonio*
> *Giovanni* = *Gianni* or *Vanni*
> *Giuseppe* = *Beppe, Peppe,* or *Pino*
> *Luigi* = *Luigino* or *Gino*
> *Giulia* = *Giulietta*
> *Elisabetta* = *Betta, Bettina,* or *Elisa*
> *Giovanna* = *Gianna* or *Vanna*

nomi maschili		nomi femminili	
Alberto	Marcello	Angela	Giulia
Antonio	Mario	Anna	Lisa
Carlo	Massimo	Antonella	Loretta
Emilio	Michele	Bettina	Luisa
Enrico	Paolo	Carla	Maria
Franco	Pietro	Caterina	Marisa
Giacomo	Renato	Daniela	Paola
Giorgio	Roberto	Elena	Patrizia
Giovanni	Stefano	Elisabetta	Rosanna
Giuseppe	Tommaso	Franca	Silvia
Lorenzo	Valerio	Francesca	Teresa
Luigi	Vittorio	Giovanna	Valeria

Customary greetings

In Italy, it is customary to shake hands when greeting good friends as well as acquaintances, regardless of age. Italians (and many other Europeans) shake hands with only one or two short, up-and-down motions, not a series of them as Americans do. Close friends who have not seen each other in a long time tend to greet each other with a light kiss on both cheeks, and not on one cheek only as Americans do in similar circumstances.

- When do you shake hands with someone?
- Whom do you greet with a kiss?

Antonello Turchetti / Getty Images

— **Arrivederci, Anna.**
— **Ciao, a presto.**

🔊 Pronuncia

L'alfabeto italiano

🔊
CD1,
Track 5

The Italian alphabet consists of twenty-one letters and five additional letters that appear only in foreign words. Accent marks (´ and `) occur on the vowels **a, e, i, o,** and **u** under certain circumstances.

Listen and repeat each letter of the Italian alphabet.

> ▶ The grave accent (`) is more common than the acute accent (´) in Italian. The latter is generally used to indicate the closed sound of /e/ in words such as: **perché, ventitré, benché,** etc.

alfabeto italiano								lettere straniere		maiuscole e minuscole		accenti e punteggiatura	
a	a	**h**	acca	**q**	cu	**j**	i lunga			**C**	ci maiuscola	´	accento acuto
b	bi	**i**	i	**r**	erre	**k**	cappa			**c**	ci minuscola	`	accento grave
c	ci	**l**	elle	**s**	esse	**x**	ics					.	punto
d	di	**m**	emme	**t**	ti	**y**	ipsilon					,	virgola
e	e	**n**	enne	**u**	u	**w**	vu doppia					?	punto interrogativo
f	effe	**o**	o	**v**	vu							!	punto esclamativo
g	gi	**p**	pi	**z**	zeta								

Università per Stranieri di Siena

SIENA ▶
Cultura in movimento
Università per Stranieri di Siena
www.unistrasi.it – 0577 240 100/111

a **You are at a hotel in Venice.** Spell your name for the receptionist who is looking for your reservations.

> ➤➤ Jodie Fowler   Jodie: i lunga, o, di, i, e Fowler: effe, o, vu doppia, elle, e, erre

b You are in Italy trying to get the phone number of a friend from the operator. Spell out your friend's name and city. (See page 12 for some names of Italian cities.)

> ➤➤ Marco Giuliani   Marco: emme, a, erre, ci, o Giuliani: gi, i, u, elle, i, a, enne, i
>
> Forlì   Forlì: effe, o, erre, elle, i

I suoni delle vocali

Because English and Italian have their own sets of sound-spelling correspondences, the pronunciation sections of this text use a few of the special symbols developed by the International Phonetic Association to represent sounds. Each symbol, given between slash lines (for example, /a/), represents a specific sound. A complete list of symbols, together with the Italian spelling correspondences, appears in Appendix A.

There are five basic vowel sounds in Italian. The sounds /a/ (spelled **a**, as in **Anna**), /i/ (spelled **i**, as in **Milano**), and /u/ (spelled **u**, as in **studente**) are stable; they are always pronounced the same. The sounds /e/ (spelled **e**, as in **bene**) and /o/ (spelled **o**, as in **sono**) may vary slightly.

CD1,
Tracks
6–8

c Listen and repeat the following words to practice the vowel sounds.

americana	bene	minuti	sono	**U**go
Anna	come	italiano	Torino	stu**d**ente
matematica	lezione	signore	Roberto	**u**niversità

d **Proverbio**. Listen and repeat the following Italian proverb.

Chi trova un amico trova un tesoro.
He who finds a friend finds a treasure.

I numeri da 0 a 20

Listen and pronounce the numbers from 0 to 20 (**da zero a venti**).

0 = **zero**	7 = **sette**	14 = **quattordici**
1 = **uno**	8 = **otto**	15 = **quindici**
2 = **due**	9 = **nove**	16 = **sedici**
3 = **tre**	10 = **dieci**	17 = **diciassette**
4 = **quattro**	11 = **undici**	18 = **diciotto**
5 = **cinque**	12 = **dodici**	19 = **diciannove**
6 = **sei**	13 = **tredici**	20 = **venti**

e In pairs: What are your reasons for learning Italian? Rate on a scale from 0 to 10 (**da zero a dieci**), how important it is for you to do the following. Compare your responses with those of your partner.

>> speak Italian when you visit Italy   *dieci*

1. read Italian newspapers or magazines
2. understand printed signs when you are in Italy
3. order food in an Italian restaurant in this country
4. learn more about Italian culture
5. cook lasagna from an Italian recipe
6. understand what the characters in Italian movies are saying
7. read literary classics in Italian
8. sing Puccini's *Madama Butterfly* in Italian

In pairs: Exchange addresses with a classmate. Say your street number and zip code as in the model.

>> Via Manzoni, diciotto (18)

zero, zero, uno, nove, sette (00197) Roma

CD1, Track 9

Parole analoghe

Italian is a Romance language, which means that it derives from Latin, the language of the ancient Romans. Other Romance languages are French, Portuguese, Spanish, Romanian, Catalan, and Provençal. English is a Germanic language, but it contains thousands of words derived from Latin that resemble their Italian equivalents. These words are called *cognates* **(parole analoghe)**. Most cognates are easily recognizable in print, though their pronunciation may be different. For example:

studente	student	**possibile**	possible	**studiare**	to study
professore	professor	**famoso**	famous	**arrivare**	to arrive
lezione	lesson	**interessante**	interesting	**entrare**	to enter

Other cognates form groups of words with easily recognizable patterns. For example:

-tà	–ty	**-ale**	-al	**-zione**	-tion
città	city	**nazionale**	national	**informazione**	information
difficoltà	difficulty	**originale**	original	**modificazione**	modification
università	university	**speciale**	special	**tradizione**	tradition

Luckily, there are relatively few *false cognates* in Italian. False cognates resemble English words, but their meanings are different. An example of a false cognate is **collegio,** which generally means *boarding school*, not *college*. Context will usually help you recognize false cognates.

> Learn to recognize cognates to help you understand Italian more easily.

g Complete the sentences, choosing from the following list of cognates.

città	interessante	possibile
speciale	lezione	studente

1. Giacomo studia la ___ due.
2. Venezia è una bella ___.
3. La lingua italiana è ___.
4. Lo ___ arriva all'università.
5. Non è ___ entrare.

L'Italia nell'Europa

Carta dell'Unione Europea

Italy, located in southern Europe, is a peninsula stretching into the Mediterranean Sea. Rome is its capital, and Italian is the language spoken by about 60 million people living in Italy.

Italian is also spoken by residents of the Canton Ticino in Switzerland, by many Ethiopians, and by Italians around the world. In the United States and Canada, for example, there are millions of American and Canadian citizens who speak Italian as a first or second language and who retain close ties with their relatives in Italy.

Sabine Lubenow / Photolibrary

Due studentesse con le loro biciclette.

Carta fisica d'Italia

h Many geographical terms are cognates. Pronounce each of the terms listed below after your instructor. Note that **il, la, l', lo, gli,** and **le** all mean *the*.

le Alpi Alps
gli Appennini Apennines
la baia bay
la capitale capital (*of a country*)
il capoluogo capital (*of a region*)
la catena di montagne mountain range
la città city
il fiume river
il golfo gulf
l'isola island

il lago lake
il mare sea
la montagna mountain
il paese country; small town
la penisola peninsula
il Po Po (River)
il porto port
la provincia province
la regione region
lo stretto strait

> **La capitale vs. il capoluogo:** Note that *Roma è la capitale d'Italia* and that *Napoli è il capoluogo della Campania.*

i Learn the eight points of the compass shown below. Note how closely they resemble their English cognates. Listen to your instructor pronounce each one, paying particular attention to the difference between **est** and **ovest**.

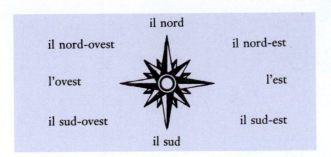

il nord

il nord-ovest   il nord-est

l'ovest   l'est

il sud-ovest   il sud-est

il sud

j Complete the following statements in Italian, using the points of the compass and the map of Europe on page 9. Note that **al** means *to the*.

1. La Svizzera è al ___ dell'Italia.
2. La Grecia è al ___ dell'Italia.
3. La Germania è al ___ dell'Italia.
4. La Gran Bretagna è al ___ dell'Italia.
5. La Francia è al ___ dell'Italia.

Positano: pittoresco paese sul mare vicino a Napoli

Quanthem / Shutterstock

Carta politica d'Italia

k Repeat after your instructor the names of the Italian regions listed below.
Then locate each one on the map.

l'Abruzzo (gli
  Abruzzi)
la Basilicata
la Calabria
la Campania
l'Emilia-Romagna
il Friuli-Venezia
  Giulia

il Lazio
la Liguria
la Lombardia
le Marche
il Molise
il Piemonte
la Puglia
la Sardegna

la Sicilia
la Toscana
il Trentino-Alto
  Adige
l'Umbria
la Valle d'Aosta
il Veneto

🔊 Vocabolario

Greetings

buon giorno   hello, good morning
buona sera   good evening
ciao   hi (*informal*)
salve   hello

Farewells

arrivederci   good-bye
arrivederla   good-bye (*formal*)
a più tardi   see you later
a domani   see you tomorrow
a presto   see you soon
buona giornata   have a good day
ci vediamo domani   see you
   tomorrow
ciao   bye (*informal*)

Asking and giving names

come si chiama lei?   what's your
   name? (*formal*)
come ti chiami?   what's your
   name? (*informal*)
mi chiamo...   my name is . . .

Expressions involving time

fra cinque minuti   in five minutes
fra poco   soon
sono in ritardo   I'm late
sono puntuale   I'm on time
sono in anticipo   I'm early

Names of courses

l'inglese   English
l'italiano   Italian
la matematica   mathematics
la storia   history

Numbers (see p. 7)

Geographical terms (see p. 10)

Asking how someone is

come sta?   how are you? (*formal*)
come stai?   how are you? (*informal*)
bene, grazie   fine, thanks
benissimo!   just great!
molto bene   very well

abbastanza bene   quite well
così così   so-so
non c'è male   not too bad
male   bad

Persons

il dottore   (male) doctor
la dottoressa   (female) doctor
il professore   (male) professor
la professoressa   (female)
   professor
lo studente   (male) student
la studentessa   (female) student

Courtesy titles

signore   sir; **signor** + *last name* Mr.
signora   ma'am; **signora** + *last
   name*   Mrs.
signorina   Miss; **signorina** + *last
   name*   Miss

Other words and expressions

che peccato!   what a shame!
   too bad!
con   with
di (**d'** *before vowels*)   of, from
domani   tomorrow
e   and
ecco   there is, there are
grazie   thanks, thank you
hai lezione?   do you have a class?
io   I
lei   you (*formal*)
ma   but
mah   oh
molto   a lot, a great deal
no   no
piacere   to like, to be pleasing;
   mi piace...   I like . . . ;
   non mi piace...   I don't like . . . ;
   ti piace... ?   do you like . . . ?
piacere!   how do you do!
scusa   excuse me (*informal*)
sì   yes
sono   I am
tu   you (*informal*)

▶ Vocabulary terms are recorded and available on the Premium website: **www.cengagebrain .com/shop/ISBN/0495913391**

▶ Be sure you know the meaning and use of these words and expressions before you proceed to Lezione 1.

▶ Names of languages are not capitalized in Italian.

▶ **Mi (Ti) piace** + *singular noun* or *infinitive*

Lei come si chiama?

COMMUNICATIVE OBJECTIVES

- Describe yourself and others by age and place of origin
- Talk about likes and dislikes
- Make negative statements
- Indicate possession (of basic objects)

Alessandra e Francesco hanno diciassette anni e frequentano il liceo.

RISORSE

 audio

 video

 www.cengagebrain.com/shop/ ISBN/0495913391

iLrn ilrn.heinle.com

CD1,
Track 10

Two Italian students introduce themselves.

© Allison Michael Orenstein / Getty Images

© Peter Chigmaroff / Wave / Corbis

Ciao, mi chiamo Marco Casciani e sono italiano.

Sono di Verona.

Ho vent'anni e sono uno studente universitario.

Frequento l'Università di Roma e studio medicina.

Ho un fratello e una sorella.

Mi piace lo sport, ma mi piace anche viaggiare.

Salve, mi chiamo Lucia Savini e anch'io sono italiana.

Sono di Roma e ho sedici anni.

Sono una studentessa liceale.

Frequento il liceo scientifico.

Non ho un fratello, ma ho una sorella.

Mi piace molto la musica e mi piace anche ballare.

Domande

1. Marco Casciani è italiano? (Sì, Marco è...)
2. Marco Casciani è professore? (No, Marco non è...)
3. Marco frequenta l'Università di Bari? (No, Marco non frequenta...)
4. Marco studia medicina o legge? (Marco studia...)
5. Marco ha venti anni? (Sì, Marco ha...)
6. Marco è di Verona o di Roma?
7. Marco ha un fratello? Ha una sorella?
8. A Marco piace lo sport o la musica? (A Marco piace...)
9. A Marco piace viaggiare? (Sì, a Marco...)
10. Lucia Savini è italiana o americana?
11. Lucia frequenta il liceo o l'università?
12. Quanti anni ha Lucia?
13. Lucia ha un fratello o una sorella?
14. A Lucia piace la musica? (Sì, a Lucia...)
15. A Lucia piace ballare o viaggiare? (A Lucia...)

Domande personali

1. Lei come si chiama, signore / signora / signorina?
2. Lei è studentessa, signora / signorina?
3. Lei è una professoressa italiana, signora / signorina?
4. Lei è uno studente americano, signor (Brown)?
5. Lei frequenta il liceo o l'università?
6. Lei studia medicina?
7. Quanti anni ha lei?
8. Di dov'è lei?
9. Lei ha un fratello o una sorella?
10. A lei piace lo sport?
11. A lei piace anche la musica?
12. A lei piace viaggiare? E ballare?

Situazioni

1. In groups of three: Find out how old some of your classmates are.

    >> — Quanti anni hai?
        — Ho (diciotto) anni.

    Sit. 1: **Quanti anni hai?** (*informal*)

2. In groups of three: Ask the same classmates where they are from.

    >> — Di dove sei?
        — Sono di (Columbus / Dallas / Boston).

    Sit. 2: **Di dove sei?** (*informal*)

3. In groups of three: Find out what the same classmates like to study.

    >> — Che cosa ti piace studiare?
        — Mi piace studiare medicina (legge / matematica / italiano / inglese / storia).

    Sit. 3: **Che cosa ti piace?** (*informal*)

Ministero dell'Istruzione, dell'Università e della Ricerca

UNA SCUOLA PER CRESCERE

By permission of Ministero dell'Istruzione, dell'Università e della Ricerca

Pratica

1. In pairs: Introduce yourself to another student in Italian and say where you are from. Then ask him/her for the same information.

>> — Ciao, mi chiamo… Sono di Bologna. E tu, come ti chiami?
— Mi chiamo… e sono di…

2. In pairs: You are at a party and are meeting another guest. Shake hands, then ask what his/her name is, if he/she attends the university or the **liceo**, whether he/she is Italian or American, where he/she is from, and if he/she likes the party (**la festa**). Then switch roles.

 # Vocabolario

You will find the rest of the lesson easier if you learn the **Vocabolario** before proceeding.

Parole analoghe

la medicina
la musica
scientifico/a
lo sport
l'università
universitario/a

Nomi

l'anno   *year*
il fratello   *brother*
la legge   *law*
il liceo   *high school (see cultural note, p. 18)*
la sorella   *sister*

Verbi

avere   *to have*
ballare   *to dance*
essere   *to be*
frequentare   *to attend*
studiare   *to study*
viaggiare   *to travel*

Aggettivi

americano/a   *American*
italiano/a   *Italian*
liceale   *high school*

Altre parole ed espressioni

a   *(frequently **ad** before a vowel) at, to*
anche   *also, too*
anch'io   *I too, me too*
e   *(frequently **ed** before a vowel) and*
o   *or*
a lei piace…?   *do you like…? (formal)*
a lui/a lei piace…   *he/she likes . . .*
a lui/a lei piace…?   *does he/she like . . . ?*
avere + … anni   *to be . . . years old;* ho venti anni *I'm twenty years old;* ha sedici anni *he/she is sixteen years old; you (formal) are sixteen years old*
che cosa?   *what?*
di dov'è?   *where is he/she from? where are you (formal) from?*
di dove sei?   *where are you (informal) from?*
quanti anni ha?   *how old is he/she? how old are you (formal)?*
quanti anni hai?   *how old are you (informal)?*

▸ *A lui/A lei piace* singular noun or infinitive.

▸ Adjectives of nationality are not capitalized in Italian.

La scuola in Italia

The school reform is a continuous topic of debate both at the government level and among the people directly involved with the issue. Italians have begun the process of renewing their educational system. In order to institute a system similar to that of other western European countries, many drastic changes were introduced in the school reform law in 2001. To reduce its impact on students, teachers, and school administrators, the reform is being implemented gradually.

With the new system, compulsory education (**scuola dell'obbligo**) lasts from age six to sixteen, and Italian students graduate at age eighteen just like their European counterparts. Italian schools are now divided into two cycles. The primary cycle includes grades 1 through 8, and before entering the next cycle, students have to pass a state examination. As they enter the second cycle, students may choose either the **liceo** or the professional training school. The **liceo** is a high school that, in five years, prepares students for university studies and ends with a state examination. The professional training school, on the other hand, lasts three years and prepares students to enter the workforce.

• How is the Italian system the same as in your country? How is it different?

Giovani studenti aspettano l'inizio delle lezioni davanti a un liceo di Torino.

Pronuncia

Sillabazione *(Syllabication)*

Most Italian syllables end in a vowel sound. A syllable usually contains one or more consonants plus a vowel sound. Grammatically, the division of a word into syllables follows these rules:

1. A single consonant between two vowels belongs with the following vowel or diphthong (two vowels pronounced as a single syllable).

Ca-ro-li-na	stu-dia-re	ma-te-ma-ti-ca
le-zio-ne	co-me	Mi-la-no

2. Double consonants are always divided.

cit-tà	Mar-cel-lo	dot-to-re	pro-fes-so-re

3. A combination of two different consonants belongs with the following vowel, unless the first consonant is **l, m, n,** or **r.** In this case the two consonants are divided.

so-pra	pre-sto	si-gno-ra	li-bro
But: fre-quen-ta-re	gior-no	ar-ri-ve-der-ci	tar-di

4. When three consonants are combined, the first belongs with the preceding syllable, except **s**, which belongs with the following syllable.

al-tro	en-tra-re	in-gle-se	sem-pre
But: mi-ni-stro	e-spres-sio-ne	ma-e-stro	a-stro-nau-ta

5. Unstressed **i** and **u** are not separated from the vowel they combine with.

uo-mo	pia-no	Gio-van-ni	Eu-ro-pa
But: m**i**-o	z**i**-o	po-e-si-a	far-ma-c**i**-a	pa-**u**-ra

Accento tonico *(Stress)*

1. Italian words are usually stressed on the second-to-last syllable. Most of the exceptions are stressed on the third-to-last syllable.

stu-den-**tes**-sa	cul-tu-**ra**-le	**dia**-lo-go
a-me-ri-**ca**-no	**a**-bi-to	be-**nis**-si-mo

2. Words stressed on the last syllable have a written accent mark on the final vowel.

u-ni-ver-si-**tà**	pos-si-bi-li-**tà**	at-ti-vi-**tà**	cit-**tà**

3. A few words (mostly verb forms) are stressed on the fourth-from-last syllable.

te-**le**-fo-na-no	**a**-bi-ta-no	de-**si**-de-ra-no

a Listen and repeat the following words. Be sure to stress the correct syllable.

CD1, Tracks 11–13

pe-**ni**-so-la	cit-**tà**	an-**ti**-ci-po
Mar-co	mi-**nu**-ti	To-**sca**-na
co-**sì**	stu-**den**-te	fre-**quen**-ta
mi-**ni**-stro	si-gno-**ri**-na	pro-fes-**so**-re

b Listen to each word and underline the stressed syllable. Then say the word stressing the correct syllable.

arrivederla	benissimo	cinque
università	presto	grazie
abbastanza	golfo	signorina
legge	scientifico	ritardo

c **Proverbio.** Listen and repeat the following Italian proverb.

Volere, potere.

Where there's a will there's a way. (Literally: *To want to, to be able to.*)

🔊 Ampliamento del vocabolario

I numeri da 21 a 100

21 = **ventuno**	30 = **trenta**	39 = **trentanove**
22 = **ventidue**	31 = **trentuno**	40 = **quaranta**
23 = **ventitré**	32 = **trentadue**	50 = **cinquanta**
24 = **ventiquattro**	33 = **trentatré**	60 = **sessanta**
25 = **venticinque**	34 = **trentaquattro**	70 = **settanta**
26 = **ventisei**	35 = **trentacinque**	80 = **ottanta**
27 = **ventisette**	36 = **trentasei**	90 = **novanta**
28 = **ventotto**	37 = **trentasette**	100 = **cento**
29 = **ventinove**	38 = **trentotto**	

▶ *Tre* always has a written acute accent when added to another number: *ventitré, settantatré.*

The numbers **venti, trenta, quaranta**, etc., drop the final vowel (-**i** or -**a**) when combined with **uno** and **otto**: **ventuno, ventotto, trentuno, trentotto, quarantuno, quarantotto**, etc.

a **Gruppi di numeri.** Read aloud the following groups of numbers.

>> 2/20/22   due/venti/ventidue

1. 3/30/33	3. 5/50/55	5. 7/70/77	7. 9/90/99
2. 4/40/44	4. 6/60/66	6. 8/80/88	8. 1/10/100

b **Serie di numeri.** Read these numbers and then give the numbers that precede and follow each one.

>> 37   trentasette, trentasei, trentotto

1. 47   6. 66
2. 53   7. 98
3. 34   8. 81
4. 72   9. 77
5. 29

EMERGENZE	**118** EMERGENZA SANITARIA
113 SOCCORSO PUBBLICO	**115** VIGILI DEL FUOCO
112 CARABINIERI	**116** SOCCORSO STRADALE

Soccorso pubblico	=	Police
Carabinieri	=	Gendarme (*police*)
Emergenza sanitaria	=	Medical emergency
Vigili del fuoco	=	Fire department
Soccorso stradale	=	Road assistance

c **Quanti anni ha?** In pairs: Take turns asking the ages of the following people. Make educated guesses.

>> il professore/la professoressa
    — Quanti anni ha il professore/la professoressa?
    — Ha trentotto anni.

1. Matt Damon   5. il presidente degli Stati Uniti
2. Sofia Vergara   6. il rettore (*president*) dell'università
3. Usher   7. Jon Stewart
4. Lindsey Vonn   8. Diane Sawyer

d **Numeri di telefono.** In pairs: You are in Rome and need some telephone numbers. Call the operator and ask for the numbers of each of the following places.

>> dell'aeroporto Leonardo da Vinci / 06.65951
    — Qual è il numero (di telefono) dell'aeroporto Leonardo da Vinci?
    — È 06.65951.

Places	Numbers
1. dei Musei Capitolini	06.48.80.530
2. del Museo Keats-Shelley	06.67.84.235
3. del Teatro dell'Opera	06.481.601
4. della Stazione Termini	06.44101
5. dell'Alitalia	848865641
6. dell'Università di Roma	06.49.911
7. dello Stadio Olimpico	06.32.00.562
8. dell'Ambasciata degli Stati Uniti	06.46.741

Italian phone numbers start with the area code, which must always be dialed, even when calling within the area itself. Rome's area code, 06, precedes all the numbers in this exercise except for Alitalia.

Musei Capitolini: Museum of ancient Roman art
Stazione Termini: the main train station in Rome

NUMERI UTILI

POLIZIA MUNICIPALE	055.32831
POSTE E TELECOMUNICAZIONI	160
RADIO TAXI	055.4242 - 055.4390 - 055.4798
INFORMAZIONI TURISTICHE	055.290832 - 055.290833
AUTO RIMOSSE	055.308249
OGGETTI SMARRITI	055.367947
AEROPORTO	055.30615
FERROVIE DELLO STATO	055.288785
TRASPORTI PUBBLICI	055.580528

Cose utili

un libro

un quaderno
e un foglio di carta

un CD (ciddì)

un calendario

una rivista

un giornale

un televisore

una penna

una matita

un motorino

un lettore DVD
un registratore DVD
un DVD

un lettore MP3

una calcolatrice

una radio con un
lettore CD

un orologio

una sedia

un tavolo

un computer

uno stereo

un telefonino /
un cellulare

un telefono

uno zaino

una bicicletta

e **Che cosa hai?** In pairs: Ask another student if he/she has these objects in his/her room.

>> giornale   — Hai un giornale?
                    — Sì, ho un giornale.
                      No, non ho un giornale.

1. una calcolatrice
2. uno zaino
3. un lettore DVD
4. un telefonino
5. un motorino
6. una penna
7. una radio
8. un cellulare

f **Associazioni.** Name the objects you associate with the following.

>> PC, Macintosh   un computer

1. 18 marzo
2. *Time* and *The New Yorker*
3. 20 + 50; 79 − 33; 18 × 3
4. *Oggi in Italia*
5. 1-800-785-3799
6. musica
7. NBC, CBS, ABC
8. 9:45 A.M.

▶ *Laptop* is called **laptop** as well as **portatile** in Italian.

© Glow Images / Getty Images

Che grande invenzione il lettore MP3! Sempre tanta musica da ascoltare!

Struttura ed uso

Pronomi personali

— **Voi** siete americani?
— **Lui** sì, ma **io** no.

1. A personal or subject pronoun **(un pronome personale)** is used as the subject of a verb and refers to the person or thing doing the action. The following chart shows the forms of the subject pronouns in Italian.

singolare		plurale	
io	I	noi	we
tu	you (*informal*)	voi	you (*informal*)
lui	he	loro	{ they (*m.* or *f.*)
lei	{ she { you (*formal*)		{ you (*formal*) }

> When you are speaking to an Italian and aren't sure whether to use **tu** or **lei,** use the latter. If the person says: **Puoi darmi del** *tu!* or **Diamoci del** *tu!*, that means you may use the informal **tu.**

2. When speaking to someone in Italian, there are four ways to express the English *you*, according to how many people are being addressed (singular or plural) and the level of formality.

   a. Use **tu** when addressing a member of your family, a friend, a child, or in general, a person of your own age in an informal setting.

   b. Use **voi** when addressing more than one person except in very formal situations.

   c. Use **lei** when addressing a person you do not know well, or a person to whom you wish to show respect or courtesy.

   d. Use **loro** when speaking to more than one person to whom you wish to show respect.

> **Loro** meaning *you* is used very rarely: most Italians use **voi** even in more formal situations.

a **Pronomi personali.** Which subject pronoun would you use to talk *about* the following?

1. what school you attend
2. what your teacher's name is
3. how your parents are feeling
4. how old your brother is
5. what you and your friends did last night
6. why your friend Anna is late for class
7. what sport you like
8. where your friends live
9. where you and your family spend the summer
10. what your grandmother's name is

b **Tu, lei o voi?** Which pronoun meaning *you* would you use to speak *directly to* the following people? More than one answer could be appropriate in some of these situations.

1. your father
2. your mother and father
3. your father's boss
4. your doctor
5. your doctor's assistant
6. your doctor and his/her assistant together
7. another student in your class
8. your teacher

c **Domande.** Determine who is being asked the following questions, choosing from the possibilities indicated in parentheses.

1. Ho vent'anni, e tu?
   (Sandra, Sandra e Marina, Enzo e Massimo)
2. Lei come si chiama?
   (la sorella, la mamma, una professoressa)
3. Di dove sono loro?
   (un professore, una signorina, due signori)
4. Io frequento l'Università di Bologna, e voi?
   (un dottore, una studentessa, due studenti americani)
5. Siete italiani o americani?
   (Francesca, tre studenti, un professore)
6. Sì, io viaggio molto spesso. E lei?
   (due professori, il fratello, un signore)

Presente di *essere*

— Ciao, mamma. **Sono** io.
— Ma Ilaria, dove **sei**?
— **Sono** in biblioteca (*library*),
  mamma!

1. **Essere** (*to be*) is one of the most commonly used verbs in Italian. **Essere** is an infinitive, the form that tells the meaning of a verb. Nearly all Italian infinitives end in **-are, -ere,** or **-ire.**

studiare	to study
essere	to be
finire	to finish

2. The conjugated forms of a verb give more specific information about the verb, including *who* is doing the action and when. The following chart shows the conjugated present tense forms of **essere.**

essere *to be*					
singolare			**plurale**		
io	**sono**	I am	noi	**siamo**	we are
tu	**sei**	you (*informal*) are	voi	**siete**	you (*informal*) are
lui/lei	**è**	he/she is	loro	**sono**	they are
lei	**è**	you (*formal*) are			you (*formal*) are

3. In Italian, the subject pronoun can be omitted from a sentence. The pronoun is generally used only for stress or clarity.

Marco Casciani è italiano. Ha vent'anni e studia medicina. Ha una sorella e anche **lei** è studentessa.

4. To make a sentence negative, use the word **non** before the verb.

— Siete di Milwaukee?

— No, **non** siamo di Milwaukee, siamo di Madison.

— *Are you from Milwaukee?*

— *No, we're not from Milwaukee, we're from Madison.*

d **Sostituzioni.** Replace the subject of each sentence with the new subjects indicated in parentheses. Be sure to use the correct form of the verb with each new subject.

1. Io sono all'università. (voi / la professoressa / lo studente / noi)
2. Sei in ritardo? (io e Tina / tu e Giovanna / Marcella / Marcella e Luisa)
3. Noi siamo in Italia per le vacanze. (Antonella e Laura / tu / la signora Ermini / Emilio)
4. Sono di Roma. (la professoressa Biondi / il dottore e il professore / Paola ed io)
5. È in biblioteca. (tu e Marco / io / Marcello)
6. Siete all'aeroporto? (Vincenzo / la professoressa e il professore / Filippo)

e **Io, noi, loro.** How would the following paragraph be different if you were talking (1) about yourself instead of Davide? (2) about yourself and some friends? (3) about Lorenzo and Pina? Change the sentences to agree with the new subjects.

> Remember: a subject pronoun is usually unnecessary since the verb form tells you *who*.

>> Davide è di Roma. È studente all'Istituto di Design, ma adesso (*now*) non è a lezione. È in ritardo.

> *Io...*

f **Leggere e correggere.** With a partner, take turns reading the following sentences. If the sentence is true, go on to the next one. If you disagree, make the sentence negative with the word **non.**

>> — David Letterman è professore d'italiano.
>> — No, non è professore d'italiano. (Sì, è professore d'italiano.)

1. *Oggi in Italia* è un libro di matematica.
2. Io sono uno studente del liceo classico.
3. Il professore/La professoressa è italiano/a.
4. La Sicilia è una città.
5. Gli Appennini sono montagne.
6. Cristoforo Colombo è spagnolo (*Spanish*).
7. Jon Stewart è presidente degli Stati Uniti.
8. Michelle Obama e Oprah sono studentesse liceali.

g **Interviste.** Interview three or four other students in your class. Find out if they are Italian, where they are from, and if they are freshmen (**del primo anno**). Pay attention to the answers you hear and be ready to tell in Italian what you have learned about your classmates.

Presente di *avere*

1. You are already familiar with some of the present tense forms of the verb **avere** (*to have*). Here is a chart showing all the forms.

avere *to have*			
singolare		**plurale**	
io **ho** I have		noi **abbiamo** we have	
tu **hai** you (*informal*) have		voi **avete** you (*informal*) have	
lui/lei **ha** he/she has		loro **hanno** { they have	
lei **ha** you (*formal*) have		{ you (*formal*) have	

> The *h* that begins several forms of **avere** is always silent.

— **Avete** lezione oggi?
— Sì, **abbiamo** lezione di fisica più tardi. E tu?
— No, io non **ho** lezione.

— *Do you have class today?*
— *Yes, we have physics class later. How about you?*
— *No, I don't have class.*

2. The verb **avere** indicates possession. It also means *to be* in many idiomatic expressions such as: **avere... anni** (*to be . . . years old*). You will learn other expressions of this type in **Lezione 3**.

Pietro **ha** solo sette anni e **ha** un cellulare!

Pietro is only seven years old and he has a cell phone!

h **Che cosa hanno?** Say that the people in column A have one of the things listed in column B but not another.

>> Marco e Lucia hanno un CD ma non hanno uno stereo.

A	B
mia sorella	un lettore DVD
gli studenti	un CD
voi	un computer
io e Lucia	un motorino
Marco e Lucia	un giornale
tu	un televisore
il professore	una penna
	uno stereo
	una rivista
	un telefonino
	una bicicletta

i   **La camera di Marco.** In pairs: Look at the drawing of Marco's bedroom. Take turns talking about some of the things Marco has in his room. Then find out if your partner has them.

>>   S1: Marco ha un calendario. Anche tu hai un calendario?
      S2: Sì, anch'io ho un calendario. / No, io non ho un calendario. E tu?

j   **Domandare e riferire.** In groups of three or four: Take turns asking each other who has some of the objects shown on page 22 in class today. When you ask a question, keep track of the answers so you can report this information to the class.

>>   S1: Chi ha uno zaino?
      S2: Io ho uno zaino.
      S3: Io non ho uno zaino.
      What to report: Dave e io abbiamo uno zaino. Stacy non ha uno zaino.

k   **Domande e risposte.** In pairs: Ask a partner how old the following Italian-Americans are. The right-hand column shows the year each person was born.

>>   Mario Cuomo   1932
      S1: Quanti anni ha Mario Cuomo?
      S2: Ha… anni.

1. Christina Ricci   1980
2. Nancy Pelosi   1940
3. Madonna Ciccone   1958
4. Robert De Niro   1943
5. Sylvester Stallone   1946
6. Quentin Tarantino   1963
7. John Travolta   1954

I **Cose che ho e cose che non ho.** With a partner: Make a list of items you could use in the following situations. Then tell each other which items you have and which you don't have.

>> You want to write a letter.
  List: una penna, una matita, un foglio di carta
  S1: Ho una penna e un foglio di carta. Non ho una matita.
  S2: Ho una penna ma non ho un foglio di carta.

1. You need to take some notes in class.
2. You need to finish a research paper that is due tomorrow.
3. You are having a party and need some music.
4. You want to find out the results of last night's game.
5. You need to contact a friend who lives two miles away.

Genere dei nomi e l'articolo indeterminativo

— Ma Rinaldo, è **una domanda** difficile!

1. Italian nouns are either masculine or feminine. Generally, nouns ending in **-o** or a consonant are masculine, and those ending in **-a** are feminine. Nouns ending in **-e** can be either masculine or feminine and should be memorized as you learn them.

maschile	femminile
tavolo	penna
computer	studentessa
registratore	lezione

> Most nouns ending in *-ore* are masculine: *signore, registratore*. Most nouns ending in *-ione* are feminine: *lezione, regione*. Nouns ending in consonants are of foreign origin and are generally masculine: *un bar, uno sport*.

2. The indefinite article, which means *a* or *an*, has different forms in Italian according to the sound that follows and the gender of the noun modified. Here are the forms of the indefinite article in Italian.

maschile		femminile
un { libro orologio		**una** rivista
uno { stereo zaino		**un'**università

> **Uno** is used to avoid a group of too many consonant sounds and for more flowing pronunciation. **Un'** is used to avoid too many vowel sounds together.

a. **Un** is used with a masculine noun beginning with most consonants or with a vowel.

b. **Uno** is used with a masculine noun beginning with **s** + *a consonant*, or **z**.

c. **Una** is used with a feminine noun beginning with a consonant.

d. **Un'** is used with a feminine noun beginning with a vowel.

m **Articolo indeterminativo.** Provide the correct form of the indefinite article.

1. Lucia Savini ha _____ fratello ma non ha _____ sorella.
2. Nella classe c'è _____ studentessa che si chiama Lucia e c'è _____ studente che si chiama Giorgio.
3. A casa ho _____ televisore e _____ lettore DVD, ma non ho _____ stereo.
4. Nella mia città c'è _____ università e c'è anche _____ museo.
5. Marco frequenta _____ università americana e Lucia frequenta _____ liceo privato a Bari.
6. Luigi non ha _____ motorino; ha _____ bicicletta.

n **In una cartoleria.** In pairs: You are in a **cartoleria** (*stationery store*). With your partner playing the salesperson, ask for the items from the list below.

>> dizionario   S1: Un dizionario, per favore.
                 S2: Ecco un dizionario.

1. matita	3. libro in inglese	5. penna	7. zaino
2. quaderno	4. calcolatrice	6. calendario	

o **Che cosa sono?** In pairs: Take turns asking each other what the following things are. If the answer you receive is wrong, correct your partner.

>> il Po   S1: Che cos'è il Po?
            S2: È una città.
            S1: No, non è una città; è un fiume.

1. Capri	4. il Tevere	7. Bari
2. la Francia	5. il Garda	8. Genova
3. la Sicilia	6. il Mediterraneo	9. la Lombardia

p **Un gioco circolare.** In small groups and with your books closed, take turns pointing out any object in the room that you know how to say in Italian, using **Ecco una/un.** The game ends when no one can think of any more words.

> **iLrn** Complete the diagnostic tests to check your knowledge of the vocabulary and grammar structures presented in this chapter.

Parliamo un po'

a **Come ti chiami?** Introduce yourself to at least two classmates you haven't met yet and find out the following information. Write down the information you learn so that you can tell your instructor or another student about at least one person you talked to.

- his/her name
- how he/she is
- how old he/she is
- where he/she is from
- if he/she has a brother or a sister
- if he/she likes Italian

b **Una lettera.** You are going to spend a semester studying in Italy. Write a short letter to your host family giving them as much information about yourself as you can in Italian. You might want to ask them some questions too. Begin your letter with **Gentili signori** and close it using **Cordiali saluti.**

Dopo le lezioni all'università alcune studentesse passeggiano e mangiano il gelato.

© Ethel Wolvovitz / The Image Works

c **Quattro amici, un appartamento.** Daniele, Davide, Dario, and Donato have decided to share an apartment while studying at the Università di Reggio Calabria. Each young man is a different age, each one studies a different subject, each is from a different Italian city, and each brought a different piece of electronic equipment to the apartment. Read the clues to find out the age, field of study and hometown of each, and the electronic equipment each person owns. Then write the information in the chart below.

1. Lo studente con il lettore DVD ha vent'anni; lo studente con il computer ha ventun' anni.
2. Davide ha un televisore, ma non è lo studente che studia medicina.
3. Daniele è di Messina e Dario è di Napoli. Donato non è di Bari.
4. Lo studente di Trapani ha ventidue anni. Non ha un computer.
5. Dario studia chimica e ha un lettore DVD.
6. Lo studente di medicina ha un lettore MP3.
7. Lo studente di storia non è lo studente che ha ventitré anni.
8. Una persona studia musica.

	Anni	Studia	È di	Ha un/uno
Daniele	_____	_____	_____	_____
Davide	_____	_____	_____	_____
Dario	_____	_____	_____	_____
Donato	_____	_____	_____	_____

d **Un titolo appropriato.** Read the following description and then choose an appropriate title from the list that follows.

Mario Corsetti e Gabriella Armani sono due studenti italiani. Mario ha ventidue anni ed abita a Salerno, in via Mazzini 12. Ha un fratello e tre sorelle. Frequenta l'Università di Napoli e studia legge. Gabriella è di Napoli ed abita in via Caracciolo 34. Ha diciassette anni e frequenta il liceo scientifico. A Gabriella piace viaggiare.

1. Napoli e Salerno
2. Due studenti italiani
3. Due città italiane

e **Sul treno.** In groups of three: You are on a train going from Naples to Rome. Mario Corsetti and Gabriella Armani are sitting across from you in the compartment. Introduce yourself and find out as much as you can about them. Two other students will play Mario and Gabriella.

Conoscere l'Italia

To know

a **Un po' di geografia.** Refer to the maps on pages 12 and 35 while doing this exercise.

1. Il _____ è una regione d'Italia. (nord, Bologna, Lazio)
2. Roma è la _____ d'Italia. (capitale, città, regione)
3. Roma è nella regione _____. (Lombardia, Lazio, Toscana)
4. Il Colosseo è a _____. (Torino, Firenze, Roma)
5. Il Lazio è nel _____ d'Italia. (nord, centro, sud)

© Mirec / Shutterstock

Roma è una città ricca di fontane artistiche. Questa è la splendida Fontana di Trevi.

▶ Gian Lorenzo Bernini (1598–1680) was an Italian sculptor, painter, and architect of the Baroque period. He also designed the colonnade in St. Peter's Square in Rome. (The definite article is used when referring to artists and authors by their last names only: *il Bernini, del Bernini*.)

Read the following brief passage.

CD1,
Track 14

Roma

© David Peta / Shutterstock

La capitale d'Italia è nella regione Lazio, al centro della nazione. La città eterna è chiamata anche con il nome latino di "caput mundi"[1]. A Roma ci sono monumenti antichi, chiese[2], piazze, fontane e palazzi molto belli[3]. Il Colosseo, il Pantheon, la Basilica di San Pietro, Piazza di Spagna e Piazza Navona, con le splendide fontane del Bernini, sono alcuni luoghi[4] caratteristici di questa città. Molti turisti italiani e stranieri[5] visitano Roma per ammirare le sue bellezze[6].

Il Colosseo è sempre una grande attrazione per i turisti che visitano Roma.

1. *center of the world*   2. *churches*   3. *very beautiful*
4. *places*   5. *foreign*   6. *beauties*

b **Domande.** In pairs: Ask your partner the first three questions, and your partner then will ask you the last three questions. Two- or three-word answers are acceptable. If your partner makes a mistake, give the correct answer.

1. Che cosa è il Lazio?
2. Qual è il nome latino di Roma?
3. Dov'è Roma?
4. Come si chiamano tre luoghi caratteristici di Roma?
5. Quali sono due piazze famose di Roma?
6. Chi visita Roma?

c **A Roma.** Look at the map of Rome and answer the following questions.

1. Come si chiama il fiume che passa per Roma?
2. Quale monumento importante dell'antica Roma è vicino a Piazza Navona?
3. Quale monumento famoso è vicino all'Arco di Costantino?

Viaggi in video *Roma*

Prima di guardare

Vocabolario utile

Mi aiuti?	*Can you help me?*
moneta	*coin*
tornerai	*you'll come back*
costruito	*built*
cupola	*dome*
buco	*hole*
illuminare	*to light*
luce del sole	*sunlight*
rovine antiche	*ancient ruins*
edifici	*buildings*
biglietto d'ingresso	*entrance ticket*
fiumi	*rivers*
accogliente	*friendly*
ottavo	*eighth*
colle	*hill*
cari	*expensive*

a **Roma, la città eterna.** The video you are about to watch with Gep and Pamela describes ten famous attractions in Rome. Which famous places and monuments come to mind when you think about Rome? Make a list with the help of a classmate.

▶ Mentre guarda il video

b **Cosa vediamo nel video?** Watch the video and write down the names of the attractions it features. How many of them correspond to those you and your classmate came up with for activity *a*.?

c **Vero e falso.** Indicate whether the following statements are true, based on what you see in the video.

1. Pamela non parla inglese.
2. La Fontana di Trevi è famosa per il film «*La vita è bella*».
3. La Fontana di Trevi è una fontana barocca.
4. Oggi il Pantheon è una chiesa cristiana.
5. Il biglietto per il Foro vale anche per (*is also valid for*) entrare al Colosseo.
6. Piazza Navona ha due fontane.
7. Gli abitanti di Trastevere sono tutti italiani.
8. Testaccio è un colle naturale.

Il Natale di Roma

On the 21st of April, every year Rome celebrates the day of its foundation. According to legend, the Eternal City was founded by Romulus ("Romolo" in Italian) on the 21st of April, 753 B.C. "Rome's birthday" is still celebrated today with a costume parade, historic reconstructions, and cultural and musical events.

imagebroker.net/SuperStock

d **Tutto su Roma.** Choose the expression that best completes each sentence.

1. Il Vaticano è
   a. uno Stato   b. un quartiere   c. una chiesa
2. Il Vaticano ha una popolazione di circa
   a. 400 persone   b. 600 persone   c. 800 persone.
3. Il Pantheon è un tempio costruito dai (*built by*)
   a. cristiani   b. romani   c. francesi
4. A Piazza Navona c'è la Fontana dei Quattro
   a. Colli   b. Fiumi   c. Monti
5. Trastevere è un quartiere
   a. pericoloso   b. sicuro   c. moderno
6. Villa Borghese ha molti
   a. palazzi   b. ristoranti   c. musei
7. Via Veneto è una via
   a. popolare   b. economica   c. elegante

Dopo aver guardato

e **L'articolo giusto.** Write the correct indefinite article (**un, uno, una, un'**) before each noun. The gender of nouns ending in –e is indicated between brackets ("m" for masculine and "f" for feminine).

1. ____ video
2. ____ Stato
3. ____ popolazione (f)
4. ____ fontana
5. ____ moneta
6. ____ tempio
7. ____ buco
8. ____ croce (f)
9. ____ chiesa
10. ____ visita
11. ____ quartiere (m)
12. ____ atmosfera
13. ____ piramide (f)
14. ____ colle (m)
15. ____ parco
16. ____ strada
17. ____ capolavoro

f **Esperienza personale.** Rome is referred to as *La Città Eterna* (The Eternal City). Invent a slogan for your hometown or for the town you live in and post it on *Share it!*

Presentazioni

COMMUNICATIVE OBJECTIVES

- Give personal information
- Talk about likes and dislikes
- Tell time (and tell at what time events take place)
- Talk about course subjects
- Express possession

Un gruppo di architetti discutono un progetto urbanistico.

RISORSE

 audio

 video

www.cengagebrain.com/shop/
ISBN/0495913391

 ilrn.heinle.com

Jens Lucking / Photolibrary

CD1,
Track 15

Two professionals introduce themselves.

Cultura RM / Alamy

Thinkstock Images / Getty Images

Buon giorno, sono Raffaele Ferroni.

Ho quarantasette anni.

Sono sposato e ho un figlio.

Sono professore di informatica e insegno all'Università di Bologna.

Abito con mia moglie e mio figlio in una piccola villa fuori città.

Abbiamo anche due cani e un gatto.

Mi piacciono molto gli animali.

Io mi chiamo Lisa Ferroni Melani.

Sono la sorella di Raffaele.

Ho trentadue anni.

Anch'io sono sposata, ma non ho figli.

Sono architetto e lavoro con mio marito.

Abito in un appartamento al centro di Bologna.

Mi piace abitare in città.

Ma non mi piacciono i rumori e il traffico.

Domande

1. Quanti anni ha Raffaele? È sposato o non è sposato?
2. Quanti figli ha?
3. Che cosa insegna? Dove?
4. Dove abita Raffaele?
5. A Raffaele piacciono o non piacciono gli animali?
6. Come si chiama la sorella di Raffaele? Quanti anni ha?
7. Quanti figli ha Lisa?
8. Lisa è architetto o dottoressa? Lavora con il fratello o con il marito?
9. Dove abita Lisa?
10. A Lisa piace abitare in città?
11. A Lisa piacciono i rumori e il traffico?

Domande personali

1. Quanti anni ha lei?
2. Lei lavora o studia?
3. A lei piace abitare in città o fuori città?
4. Abita in una villa, in una casa o in un appartamento? È grande o piccolo/a?
5. Abita con la famiglia o abita da solo/a?
6. Ha un cane o un gatto? Come si chiama?
7. A lei piacciono gli animali?

> Remember that **lei** means both *she* and *you* (formal). In questions such as **A lei piacciono?**, context and gestures make the meaning clear.

Situazioni

1. In groups of three: Find out where your classmates live, if they live alone, and if they like living as they do.

   >> — Dove abiti?
   — Abito a (San Francisco).
   — Abiti da solo/a?
   — Sì, abito da solo/a. *o* No, abito con (mia madre/mio padre / un amico/un'amica).
   — Ti piace abitare da solo/a (con tua madre/tuo padre / con un amico/un'amica)?
   — Sì, mi piace. (No, non mi piace.)

> Remember that **piace** is used with a singular noun or an infinitive. In this lesson you will also practice **piacciono** + plural noun: **Mi piacciono gli animali.**

2. In groups of three: Ask your classmates if they like dogs or cats, if they have a dog or a cat, and what its name is.

   >> — Ti piacciono i cani o i gatti?
   — Mi piacciono i cani (i gatti).
   — Hai un cane (un gatto)?
   — Sì, ho un cane. (No, non ho un cane.)
   — Come si chiama?
   — Si chiama (Nero).

Pratica

1. In pairs: You have just met Raffaele Ferroni at a party in Bologna. Introduce yourself and ask him if he is a professor and what he teaches. Also find out if he is married, if he has children, where he lives, and if he likes living there.

2. In pairs: You are conversing with Lisa Ferroni Melani at the same party. She asks how old you are, whether you work or study, where and with whom you are living, and if you like living there. Respond appropriately.

L'università italiana

Italy has few private universities. The handful that exist are excellent, expensive, and competitive. The most prestigious are the Bocconi and the Cattolica in Milan and the Luiss in Rome. Recently, several new private universities were created and more are being organized, but the majority of Italian universities remain public. All students with a **diploma di maturità** (equivalent to a high school diploma) can be admitted to a public university.

Italy is making strides in upgrading and modernizing its university system and making it more similar to its counterparts in the European Union. The first important change is the **autonomia universitaria,** which gives each public university the power to operate independently and the freedom to seek cooperation and financial support from public organizations and private companies. The second major change is the recent implementation of the university reform. Its main objectives are to reduce the number of years required to obtain the undergraduate degree from four to three **(la laurea breve),** and to offer all students a general education plus specific professional knowledge. This allows young people to enter the workforce earlier and to better face its demands.

There are two more levels of education after the **laurea:** the **laurea specialistica** and the **dottorato di ricerca.** These degrees correspond to the American Master and Ph.D. degrees. The reform has also introduced a system of academic credits similar to the one used in American universities.

- What makes the university system in your country similar to or different from that in Italy?

L'università è anche un piacevole luogo d'incontro per gli studenti italiani.

Tim E. White / Alamy

🔊 Vocabolario

Parole analoghe

l'animale
l'appartamento
l'architetto
il traffico

Nomi

l'amica   (female) friend
l'amico   (male) friend
il cane   dog
la casa   house
la città   city
la famiglia   family
i figli   children
il/la figlio/a   son/daughter
il gatto   cat
l'informatica   computer science
la madre   mother
il marito   husband
la moglie   wife
il padre   father
il rumore   noise
la villa   contry house

Aggettivi

grande   big
mio/a   my
piccolo/a   small
sposato/a   married
tuo/a   your

Verbi

abitare   to live
insegnare   to teach
lavorare   to work

Altre parole ed espressioni

a lei piacciono...   she likes . . . / you like . . .
a lei piacciono... ?   does she like . . . ? / do you like . . . ?
mi piacciono...   I like . . .
da solo/a   alone
dove?   where?
al centro   downtown
all'università   at the university
fuori   outside
in   in

▶ **Figli** also means *sons.*

🔊 Pronuncia

Il suono della /t/

In English, the sound /t/ is aspirated, that is, it is pronounced with a little puff of air, which you can feel on the back of your hand as you say /t/. In Italian, /t/ is never aspirated. The tip of the tongue is pressed against the back of the upper front teeth. Compare the /t/ in the English and Italian words *too* and **tu,** *telephone* and **telefono.** The sound /t/ is represented in writing by **t** or **tt.**

a Listen and repeat the following words.

CD1,
Tracks
16–19

traffico	marito	architetto
tardi	storia	città
Tommaso	presto	dottore

b **Proverbio.** Repeat the following Italian proverb.

Chi ha tempo non aspetti tempo.
Time waits for no one. (or) Do not put off until tomorrow what you can do today.

Il suono della /d/

The sound of the letter **d** in Italian, /d/, is pronounced more delicately than in English. The tip of the tongue touches the edge of the gum ridge just behind the upper front teeth, instead of being pressed against the back of the upper front teeth. The sound /d/ is spelled **d** or **dd**.

c Listen and repeat the following words.

dieci	ritar**d**o	fre**dd**o
dodici	pa**d**re	a**dd**izione
dopo	arrive**d**erla	ci**dd**ì

d **Proverbio.** Listen and repeat the following Italian proverb.

Burlando si dice il vero.
Many a true word has been spoken in jest.

 # Ampliamento del vocabolario

Materie d'insegnamento

Here is a list of some courses of study at the **liceo** or **università**. As you can see, they are mostly cognates, and thus easy to remember, although their pronunciation differs from English.

> ► Practice the vocabulary as you go to your classes: **Ho lezione di biologia (storia**, etc.**).**

l'antropologia anthropology	**il giapponese** Japanese
l'architettura architecture	**l'inglese (m.)** English
l'arte (f.) art	**l'italiano** Italian
la biologia biology	**il russo** Russian
la chimica chemistry	**lo spagnolo** Spanish
l'economia economics	**il tedesco** German
la filosofia philosophy	**la matematica** mathematics
la fisica physics	**la musica** music
la geologia geology	**la psicologia** psychology
l'informatica computer science	**le scienze naturali** natural science
la letteratura literature	
le lingue straniere foreign languages	**le scienze politiche** political science
il cinese Chinese	**la sociologia** sociology
il francese French	**la storia** history

A number of Italian nouns ending in **-ia** have English equivalents ending in **-y**, as in **biologia** *(biology)*. Note that the letters **ph** in some English words become the letter **f** in their Italian counterparts, as in *philosophy* (**filosofia**).

a **Che materia insegna?** Judging from the content of their courses, guess what subject each professor teaches.

>> la professoressa Giuliani: le poesie di Petrarca e *La Divina Commedia*
    Insegna letteratura.

1. il professor Fraschi: le sculture di Michelangelo e i dipinti *(paintings)* di Raffaello
2. la signora Papini: numeri, divisioni, addizioni ed equazioni
3. il professor Gaetani: le teorie di Freud e di Jung
4. la professoressa Sansoni: Platone, Aristotele, San Tommaso d'Aquino, Kant e l'esistenzialismo
5. il dottor Manna: i prodotti, il mercato e il capitalismo
6. il signor Scalari: vocabolario (nomi, aggettivi e verbi) e grammatica

b **Parole equivalenti.** Give the English equivalent of the following Italian nouns.

1. astronomia   4. anatomia   7. fotografia
2. cardiologia   5. filosofia   8. criminologia
3. ecologia   6. antropologia   9. astrologia

> Ex. B: Learn to recognize suffixes, such as **-ia,** to help you when reading and learning vocabulary.

c **Materie di studio.** What subjects does a person who is preparing for the following professions study?

>> psichiatra   Studia biologia e psicologia.

1. dottore in medicina   5. direttore d'orchestra
2. interprete alle Nazioni Unite 6. professore d'inglese
3. ingegnere civile   7. farmacista
4. programmatore di computer

Che ora è? Che ore sono?

È l'una.

Sono le tre.

Sono le dieci.

È l'una e un quarto.
È l'una e quindici.

Sono le quattro
e venti.

Sono le undici e mezzo.
Sono le undici e trenta.

Sono le sei meno
un quarto.

Sono le otto meno
cinque.

È mezzogiorno.
È mezzanotte.
Sono le dodici.

1. Che ora è? and **Che ore sono?** *(What time is it?)* are used interchangeably. **Sono le** + *the number of hours* is used to tell what time it is.

Che ora è? Sono le due.   *It's two o'clock.*
Che ore sono? Sono le dieci.   *It's ten o'clock.*

But:

È l'una.   *It's one o'clock.*
È mezzogiorno.   *It's noon.*
È mezzanotte.   *It's midnight.*

2. For fractions of an hour, Italian uses **e** + *minutes.*

Sono le due **e venti.**   *It's twenty after two.*
Sono le tre **e quaranta.**   *It's three-forty.*

Times after the half hour are usually expressed by subtracting minutes from the next full hour, using **meno** *(minus).*

Sono le cinque **meno dieci.**   *It's ten to five.*

Un quarto *(a quarter)* and **mezzo** *(half)* often replace **quindici** and **trenta.**

Sono le nove e **mezzo.**   *It's half-past nine.*
È l'una meno **un quarto.**   *It's a quarter to one.*

3. Italians often use the twenty-four-hour clock for official times, such as schedules and appointments.

Le banche sono aperte **dalle 8.30**   *Banks are open from 8:30 A.M.*
  alle 13.30.   to *1:30 P.M.*

The expressions **di mattina** *(in the morning)*, **del pomeriggio** *(in the afternoon)*, and **di sera** *(in the evening)* are sometimes used for clarity when not using the twenty-four-hour clock.

Sono le quattro **di mattina.**   *It's 4 A.M.*
Sono le quattro **del pomeriggio.**   *It's 4 P.M.*
Sono le dieci **di sera.**   *It's 10 P.M.*

4. A che ora? *(At what time?)* is used to ask at what time an event or action takes place. **Alle** + *time* is used in the response (**alle due, alle otto**, etc.). The only exceptions are **a mezzogiorno, a mezzanotte,** and **all'una.**

—**A che ora** arriva Anna?   — *At what time does Anna arrive?*
—Arriva **alle dieci e mezzo.**   — *She arrives at 10:30.*

—**A che ora** mangi?   — *At what time do you eat?*
—Mangio **a mezzogiorno.**   — *I eat at noon.*

> Practice telling time as you do different things throughout the day. For example, when you shower: **Sono le sette e cinque.**

d **Che ora è?** In pairs: Take turns asking and telling the time, using the clocks below.

>> — Scusa, che ora è / ore sono?
— Sono (le sette e dieci).

1.   5.   9.

2.   6.   10.

3.   7.

4.   8.

e **A che ora?** In pairs: Ask another student at what time he/she does the following things. Then reverse roles.

>> hai lezione d'italiano — A che ora hai lezione d'italiano?
— Alle dieci.

1. mangi (eat) la sera
2. arrivi all'università domani
3. studi
4. hai lezione d'inglese
5. arrivi a casa oggi pomeriggio

f **Informazioni.** In groups of three or four: You work at the information desk at the train station in Naples. Tell travelers at what time trains are arriving and whether each is early **(in anticipo)**, on time **(puntuale)**, or late **(in ritardo).**

Orario di arrivo = Scheduled arrival

>> — Scusi, a che ora arriva il treno da Bari?
— Alle undici. È puntuale.

luogo di origine	orario di arrivo	commento
Bari	11.00	11.00
Roma	7.15	7.30
Palermo	21.00	22.00
Bologna	12.00	11.45
Genova	14.00	14.00

Struttura ed uso

Plurale dei nomi

Un uomo e un **piccione**   Un uomo e cinquanta **piccioni**

1. Italian has different endings for plural nouns, according to the final letter of the singular form. Regular nouns in Italian form their plurals as follows:

If the singular form ends in:	the plural ends in:	Examples:
-o	-i	tavolo → tavoli
-io	-i	calendario → calendari
-a	-e	studentessa → studentesse
-e	-i	dottore → dottori
a consonant	no change	bar → bar
an accented vowel	no change	città → città

2. Nouns that are abbreviated forms do not change in the plural.

lo stereo (impianto stereofonico)	**gli stereo**	
la foto (fotografia)	**le foto**	
la bici (bicicletta)	**le bici**	*But:* le biciclette

3. Most nouns ending in **-co, -go, -ca,** and **-ga** add **h** in the written plural to preserve the hard sound of the **c** or **g**. **Amico** is an exception.

lago	la**ghi**		amica	ami**che**
tedesco	tede**schi**	*But:* amico		ami**ci**

a   **Plurale dei nomi.** Give the plural of the following phrases. Replace the indefinite article with any number higher than one.

>> un'isola e una montagna   tre isole e cinque montagne

1. un dottore e un architetto
2. un fratello e una sorella
3. un cane e un gatto
4. un figlio e una figlia
5. un caffè e un cappuccino

6. un ingegnere e una professoressa
7. un calendario e un orologio
8. un computer e una calcolatrice
9. un mare e un lago
10. un liceo e un'università

b   **Un quiz.** In groups of three or four: With books closed, quiz each other on plural forms. One person starts by saying a singular noun. The first person in the group to give the correct plural of that noun gives the next noun.

c   **Un inventario.** In pairs: You and a partner are helping to take inventory in an electronics store. Count how many of each item you see in the display case.

>> Una calcolatrice, due calcolatrici...

d   **Avere bisogno di.** In pairs: You are going away to school and want to stock up on certain items before leaving home. Tell your partner what you will need and how many of each item. Use the phrase **avere bisogno di** *(to need)*.

>> Ho bisogno di un..., di dieci...

e   **Comprare qualcosa.** Tell what you can buy with the following amounts of money and how many of each item. Use the verb **comprare** *(to buy)*.

>> cinque dollari   Con cinque dollari compro un quaderno
                          e dieci penne.

1. un dollaro
2. dieci dollari
3. cento dollari
4. un milione di dollari

L'articolo determinativo

Com'è bella **la** natura: **le** montagne, **il** fiume,... **gli** animali!

1. In Italian, the definite article *(the)* agrees in number and in gender with the noun it modifies. The following chart shows the singular and plural forms of the definite article.

> As with the indefinite article **uno, lo** is used to avoid too many consonant sounds clustered together.

singolare					
maschile			**femminile**		
il	before most consonants	il dottore	**la**	before consonants	la casa
lo	before *s + consonant*, and *z*	lo studente, lo zaino	**l'**	before vowels	l'università
l'	before vowels	l'architetto			

plurale					
maschile			**femminile**		
i	before most consonants	i gatti	**le**	before all feminine plural nouns	le finestre, le amiche
gli	before *s + consonant*, and *z*	gli spaghetti, gli zaini			
gli	before vowels	gli appartamenti			

2. The definite article is used to talk about specific persons, places, or things. In a series, it is used before each noun.

> The sound at the beginning of the word **gli** is similar to the *lli* in the English word *million*.

Non ho **i giornali.**   *I don't have the newspapers.*
Dove sono **il libro e la rivista?**   *Where are the book and magazine?*

3. Nouns used in a general sense also take the definite article.

L'arte è interessante, ma   *Art (in general) is interesting, but*
    mi piacciono anche **le scienze.**   *I also like the sciences (in general).*

4. The definite article is generally used with the names of languages, except after **parlare.**

Mi piace studiare **le lingue straniere,** in particolare **il russo** e **il francese.**	*I like studying foreign languages, especially Russian and French.*
Non parlo russo.	*I don't speak Russian.*

5. The definite article is used with the courtesy titles **signora, signorina,** and **signore,** and with professional titles, such as **dottore** and **professore/professoressa,** when talking *about* a person. It is not used when speaking directly *to* the person.

La signora Albinone è un'amica di mia madre.	*Mrs. Albinone is a friend of my mother's.*
But: Buona sera, signora Albinone.	*Good evening, Mrs. Albinone.*

f **Quale articolo?** Give the singular form of the definite article for each noun as in the example.

>> fiume / lago   il fiume e il lago

1. città / università
2. mare / isola
3. signore / signorina
4. amico di papà / amica di mamma
5. appartamento / villa
6. montagna / casa
7. centro / scuola
8. studente / studentessa

g **Quali articoli?** Read the list of nouns in Ex. F again, giving the plural form of each one. Be sure to use the correct definite article.

>> fiume / lago   i fiumi e i laghi

h **Ti piace (piacciono)?** In pairs: Alternate with a partner, asking whether he/she likes the following subjects.

>> chimica   S1: Ti piace la chimica?
S2: Sì, la chimica mi piace.
   (No, la chimica non mi piace.)

1. informatica
2. musica
3. scienze politiche
4. storia
5. arte
6. italiano
7. matematica
8. scienze naturali
9. spagnolo
10. fisica
11. economia
12. cinese

> Remember that plural subjects (**le scienze naturali, le scienze politiche**) require the plural form of **piacere: piacciono.**

i **Completare il brano.** You have just returned from Italy and are describing the family you stayed with. Complete the description with the correct forms of the definite article.

_____ famiglia Tedeschi abita in una villa fuori Bologna. _____ signor Tedeschi è avvocato e _____ professoressa Tedeschi insegna all'università. Hanno due figli, Renzo e Patrizia. _____ figli sono grandi e non abitano con _____ signori Tedeschi. Patrizia è sposata. Lei e _____ marito hanno tre figli. _____ figli si chiamano Angelo, Gianna e Daniela. Anche Renzo è sposato, ma non ha figli. _____ moglie di Renzo si chiama Rosa.

j **Completare le conversazioni.** Complete the conversations with the correct definite articles where necessary.

> Remember that in some cases the definite article is not used.

1. — Dove sono _____ matita e _____ quaderno?
   — Sono nello zaino.
   — E _____ libri e _____ riviste?
   — Sono sul tavolo.

2. — Che cosa studia questo semestre?
   — _____ storia orientale e _____ cinese.
   — Ah, parla _____ cinese?
   — No, non parlo _____ cinese; parlo _____ giapponese.

3. — Claudia, ti presento _____ professor Ferroni.
   — Buon giorno, _____ professor Ferroni, molto piacere.
   — E lei come si chiama?
   — Mi chiamo Claudia. Sono _____ sorella di Laura.

Aggettivi possessivi

Cara, ti presento **la mia** famiglia! Ecco **mio** padre, **mia** madre, **le mie** sorelle, **i miei** cugini...

1. The preposition **di** + *a noun* is used to express possession or relationship.

Dov'è il telefonino **di Gabriele?**	*Where is Gabriele's cell phone?*
La capitale **d'Italia** è Roma.	*The capital of Italy is Rome.*
Sono il padre **di Gina.**	*I'm Gina's father.*
Sono le sorelle **di Giacomo.**	*They are Giacomo's sisters.*

> **Di** + *a name* is equivalent to *'s* in English. Literally, **il telefonino di Gabriele** means *the cell phone of Gabriele.*

The interrogative **di chi?** means *whose?*

Di chi è l'appartamento?	*Whose apartment is it?*
Di chi sono le riviste?	*Whose magazines are they?*

2. Possessive adjectives are also used to express possession. The Italian possessive adjectives **mio** (*my*), **tuo** (*your*), **suo** (*his/her*), **nostro** (*our*), **vostro** (*your*), and **loro** (*their*) are almost always preceded by a definite article. The article and the possessive adjective agree in gender and in number with the thing possessed. Note that **loro** is invariable.

— È il quaderno di Luigi?	— Sì, è **il suo** quaderno.
— Sono le fotografie di Marilena?	— Sì, sono **le sue** fotografie.
— È il computer dei ragazzi?	— Sì, è **il loro** computer.
— E di chi è la rivista? Di Elena?	— No, è **la nostra** rivista.

3. The following chart shows the forms of the possessive adjectives.

maschile		femminile	
singolare	**plurale**	**singolare**	**plurale**
il **mio** amico	i **miei** amici	la **mia** amica	le **mie** amiche
il **tuo** amico	i **tuoi** amici	la **tua** amica	le **tue** amiche
il **suo** amico	i **suoi** amici	la **sua** amica	le **sue** amiche
il **nostro** amico	i **nostri** amici	la **nostra** amica	le **nostre** amiche
il **vostro** amico	i **vostri** amici	la **vostra** amica	le **vostre** amiche
il **loro** amico	i **loro** amici	la **loro** amica	le **loro** amiche

Note that, unlike English, Italian does not specify the gender of the possessor.

Marisa cerca **il suo** telefonino.   *Marisa is looking for* her *cell phone.*
Marco cerca **il suo** telefonino.   *Marco is looking for* his *cell phone.*

4. A possessive adjective referring to a relative is not preceded by a definite article when it occurs before a singular, unmodified noun.

Nostro figlio abita in Italia.   *Our son lives in Italy.*
Mia madre è professoressa.   *My mother is a professor.*
Insegna francese **tuo padre?**   *Does your father teach French?*

Plural nouns and **loro** + *noun* always take a definite article. The nouns **mamma, papà,** and **babbo** *(dad)* usually take a definite article.

I nostri figli abitano in Italia.   *Our children live in Italy.*
Il loro padre insegna francese.   *Their father teaches French.*
La mia mamma è professoressa.   *My mom is a professor.*

k   **Di chi è (sono)?** In pairs: Maria Luisa, Alessandra, and Giovanna are three students who share an apartment. Read the following description and then take turns with a partner asking and telling to whom each item belongs.

Maria Luisa ha molto talento nel campo musicale: studia musica al Conservatorio. Alessandra studia le lingue straniere e in particolare l'inglese e il tedesco. Giovanna è molto brava nella tecnologia: studia informatica e matematica.

>> pianoforte   S1: Di chi è il pianoforte?
                    S2: È di...

1. pianoforte
2. liste di parole in tedesco
3. libri di giapponese e di russo
4. calcolatrice
5. CD di Pavarotti
6. computer
7. dizionario di verbi irregolari
8. chitarra
9. poster di Beethoven
10. le opere complete di Shakespeare

l   Di chi sono i cani? From the pictures and the information given below, can you determine to whom each dog belongs?

> Ex. L: Both **Cesare** (Caesar) and **Nerone** (Nero) were Roman emperors. They are also popular names for dogs in Italy.

I cani di Sandra e Alessio hanno il collare *(collar)*.
Il cane di Sandra ha un nome italiano.
Il cane di Roberta ha una macchia *(spot)*.
Il cane di Giuseppe ha il nome di un imperatore romano.

>> Nerone è il cane di...

m   Aggettivi possessivi. Point out the people and things indicated in the sentences below, as in the example.

>> Marco ha un televisore.   Ecco il suo televisore.

1. Pietro e Dario hanno uno stereo.
2. Noi abbiamo due figli.
3. Lisa ha un appartamento.
4. Raffaele e sua moglie hanno una villa.
5. Valeria ha due biciclette.
6. Voi avete un cane.
7. Io ho una sorella.

n   Creare frasi. Form new sentences using the words in parentheses.

>> Dov'è la mia penna? (quaderni)   Dove sono i miei quaderni?

1. Ecco la mia amica. (amico / professore / sorelle / moglie)
2. Dov'è la nostra calcolatrice? (biciclette / libri / telefonino / cane)
3. Lavora con suo marito. (moglie / fratelli / amica / amici)
4. Ecco i vostri cappuccini! (vino / spaghetti / caffè / pasta)
5. Come si chiama il tuo professore? (sorella / studenti / figlio / gatto)
6. Hanno un problema con il loro lavoro. (famiglia / università / appartamento / computer)

o **Le nostre famiglie.** Two students are talking about their families. Complete the following descriptions with the appropriate articles (where needed) and possessive adjectives.

1. Sono Luigi Castaldo e abito a Firenze. ____ madre insegna musica e ____ padre è architetto. ____ fratelli Carlo e Stefano lavorano a Roma. ____ sorella è sposata ed abita in un appartamento a Napoli con ____ marito e con ____ figli.

2. Mi chiamo Stefania Volsi e ____ famiglia abita a Bari. ____ fratello studia legge ma ____ sorella frequenta ancora il liceo. ____ famiglia abita fuori città. ____ padre e ____ madre lavorano in centro.

p **Come si chiamano?** In pairs: Ask your partner the names of the following people.

>> suo padre   S1: Come si chiama tuo padre?
                    S2: Mio padre si chiama Brad.

1. sua madre
2. le sue sorelle
3. i suoi fratelli
4. il suo compagno/la sua compagna di camera (*roommate*)
5. i suoi attori preferiti
6. il suo dentista

> Remember that plural subjects will require plural verbs: **Come si chiamano i tuoi fatelli?**

q **Ecco.** In pairs: Show your partner the contents of your backpack. See how many objects you can point out.

>> Ecco il mio zaino. Ecco il mio libro d'italiano, le mie matite...

> **iLrn** Complete the diagnostic tests to check your knowledge of the vocabulary and grammar structures presented in this chapter.

Parliamo un po'

a **L'orario.** Ask another student what classes he/she has today and what time each class meets. Take notes and be ready to report what you find out to the class.

>> S1: Che lezioni hai oggi?
   S2: Ho lezione di...
   S1: A che ora hai lezione di (filosofia)?
   S2: Alle (due del pomeriggio).
   S1: Oggi (Alessio) ha lezione di filosofia alle due. Ha lezione di...

Lezione ___ Ora ___
Lezione ___ Ora ___
Lezione ___ Ora ___

b **All'aeroporto.** In groups of three: One person works at the flight information desk at Leonardo da Vinci Airport in Rome. The others are passengers seeking departure and arrival times of the following flights. Refer to the schedule for flight times.

>> il volo per Bologna

S1: Scusi, a che ora parte il volo per Bologna?
S2: Parte alle nove.
S1: E a che ora arriva a Bologna?
S2: Arriva alle dieci meno cinque.
S1: Grazie.

1. il primo (*first*) volo per Bruxelles
2. il volo della mattina per Brindisi
3. il volo per Boston
4. l'ultimo (*last*) volo per Bologna
5. il primo volo per Bombay
6. il volo per Brazzaville

c **L'albero genealogico.** With a partner: Ask who the people in the drawings are. Your partner will answer by naming as many relationships as he/she can. Switch roles for each family member.

>> S1: Chi è Lidia?
S2: Lidia è la moglie di Raffaele ed è anche la madre di...

d **La mia famiglia.** Prepare a family tree diagram similar to the drawing on the right, showing your own immediate family. Show it to a partner and point out each family member, telling the person's name and age.

>> Ecco mio fratello. Si chiama Giorgio e ha quindici anni.

e **Chi è?** With the same partner as in Exercise D: Choose one person from your partner's family tree. Find out as much information as you can about that person.

DA/FROM **ROMA**				
Validità/Validity dal/from al/to	Frequenza Days	Partenza Departure	Arrivo Arrival	Volo Flight
A/TO **BOLOGNA** - BLQ - GMT+1				
⊕ G. MARCONI KM. 6,4 Δ 25'				
	1234567	09.00	09.55	AZ 0232
	1234567	11.30	12.25	AZ 0242
	1234567	13.15	14.10	AZ 0234
	1234567	15.00	15.55	AZ 0230
	1234567	18.20	19.15	AZ 0238
	1234567	21.05	22.00	AZ 0236
A/TO **BOMBAY** - BOM - GMT+5,30				
⊕ SAHAR KM. 35 Δ 75'				
	3	01.00	12.50	AZ 1766
	6	18.00	09.30G1	AI 0130
	3	18.00	09.35G1	AI 0164
	7	20.55	12.30G1	AI 0152
	4 7	22.55	10.45G1	AZ 1760
A/TO **BOSTON** - BOS - GMT-5				
⊕ LOGAN ITL. KM. 5 Δ 60'				
	1 34 6	10.10	15.35	TW 0807
A/TO **BRAZZAVILLE** - BZV - GMT+1				
⊕ MAYA MAYA KM. 4 Δ 45'				
11FEB	3	22.50	06.45G1	RKAZ0055
10FEB	3	22.50	07.45G1	RKAZ0055
A/TO **BRINDISI** - BDS - +1				
⊕ PAPOLA C. KM. 6 Δ 25' NAZ.30' INT.				
	1234567	11.05	12.10	BM 0402
	1234567	16.55	18.00	BM 0064
	1234567	21.10	22.15	BM 0310
A/TO **BRUXELLES** - BRU - GMT+1				
⊕ BRUSSELS NATIONAL KM. 12 Δ 30'				
	4	07.30	09.30	QC 0004
	5	07.50	09.50	SQ 0034
	1234567	09.10	11.15	AZ 0274
	7	10.40	12.55	SN 0816
	12 456	11.35	13.50	SN 0812
	3	11.35	13.50	SN 0812
	1234567	16.00	18.05	AZ 1274
	12345 7	19.00	21.15	SN 0814

Raffaele   Lidia

Angelo   Gianna   Daniela

- name
- age
- where he/she lives
- if he/she is married
- if he/she has any children or pets
- one or two things he/she likes to do

Conoscere l'Italia

a **Vocabolario.** Study the following vocabulary. Then choose the appropriate word to complete each sentence.

caro/a expensive
la cucina cooking
il formaggio cheese
il negozio store
il parmigiano Parmesan cheese

i portici arcades
il prosciutto cured ham
il ragù meat sauce
i tortellini type of stuffed pasta
la trattoria inexpensive restaurant

1. A Bologna ci sono molti _____. (ragù, cucina, negozi)
2. Ci sono anche molte _____. (trattorie, formaggio, cucina)
3. La _____ italiana è molto buona. (caro, tortellini, cucina)
4. Oggi mangiamo in una trattoria sotto *(under)* i _____. (negozio, portici, prosciutto)
5. La trattoria non è molto _____. (cucina, parmigiano, cara)
6. Io mangio i _____ al ragù. (formaggio, tortellini, cucina)
7. E tu mangi prosciutto e _____. (trattoria, caro, formaggio)

▶ Locate Emilia-Romagna and Bologna on the map on page 12. In the thirteenth century, there were about 10,000 students at the University of Bologna.

CD1,
Track 20

Bologna

Bologna è il capoluogo dell'Emilia-Romagna. È chiamata "la Dotta"[1] perché è un importante centro di studi; qui c'è una delle università più antiche d'Europa, fondata nel 1158. Bologna è una città elegante e moderna anche se[2] nella sua architettura conserva molte caratteristiche medievali. Le strade della città sono fiancheggiate[3] da portici che permettono di passeggiare[4] anche quando fa cattivo tempo[5]. I negozi di Bologna sono molto belli ma abbastanza cari. E infine, di grande importanza per la città sono i ristoranti e le trattorie, che sono rinomati[6] perché a Bologna si mangia molto bene.

1. *"the learned one"*   2. *even if*   3. *flanked*
4. *take walks*   5. *it's bad weather*   6. *renowned*

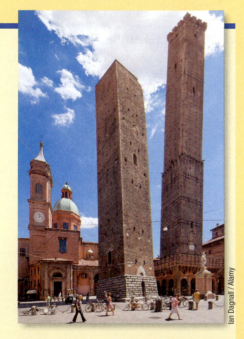

Ian Dagnall / Alamy

Bologna: Le due torri: la più alta degli Asinelli, l'altra di Garisenda, sono un caratteristico monumento medievale della città.

CD1,
Track 21

La cucina emiliana

Ti piace il parmigiano? Parma e tutta l'Emilia-Romagna sono zone di produzione del famoso formaggio.

L'Emilia-Romagna è una regione molto ricca e, per molti aspetti, all'avanguardia[1] nei settori sociali e culturali. Ma essa è famosa principalmente per la sua cucina. I tortellini e il ragù bolognesi sono noti a tutti. Il parmigiano, il formaggio che grattugiamo[2] sugli spaghetti o che mangiamo a tocchetti[3], è molto buono ed è conosciuto anche all'estero[4]. Un altro prodotto squisito di questa zona è il prosciutto di Parma, chiamato dolce[5] perché è poco salato[6].

1. *in the forefront*   2. *we grate*
3. *in small chunks*   4. *abroad*
5. *sweet*   6. *salty*

b **Vero o falso?** In pairs: Take turns identifying the following statements as true **(vero)** or false **(falso),** based on the reading.

▶ The name **parmigiano** comes from Parma, a city in Emilia-Romagna.

1. Bologna è il capoluogo del Lazio.
2. L'Università di Bologna è molto antica.
3. Una caratteristica delle strade di Bologna sono i portici.
4. I negozi di Bologna non sono cari.
5. La cucina emiliana è molto buona.
6. Il parmigiano è un formaggio romano.

c **Domande.** Answer the following questions based on the preceding passages.

1. Dov'è Bologna, nel nord o nel sud d'Italia?
2. Perché Bologna è chiamata "la Dotta"?
3. Quali sono tre caratteristiche della città?
4. Quali sono tre cose buone da mangiare della cucina emiliana?

Viaggi in video *Bologna*

Prima di guardare

Vocabolario utile

Ho capito!	*I got it!*
torre	*tower*
portici	*covered walkways*
quando fa caldo	*when it's hot*
quando piove	*when it's raining*
Che fame!	*I'm so hungry!*
lavorare nelle fabbriche	*to work in factories*
buon vivere	*good life*

a **Che ore sono?** The video that Gep and Pamela will watch depicts a day in the life of the city of Bologna. Tell at what time each event takes place.

>> 11.20 Sono le undici e venti.

1. C'è poca luce. È molto presto la mattina. (5.10)
2. È un po' più tardi. C'è una statua di Nettuno. (7.30)
3. È ancora presto. Fanno preparativi per aprire i negozi. (8.05)
4. Molte persone sono al mercato. (8.40)
5. Gli studenti arrivano all'università. (9.00)
6. È ora di mangiare. (12.15)
7. Molte persone stanno lavorando in una fabbrica. (18.20)
8. Un gruppo di amici prende l'aperitivo. (19.00)

b **La cosa: le cose.** Write the plural of some of the things seen in the video.

>> l'orologio   gli orologi

la torre	lo scherzo	il portico	la studentessa	la tagliatella
la città	il capoluogo	il turista	il professore	la fabbrica
la statua	il mercato	la suora	il teatro	la motocicletta

Corona di alloro

As a university town since the early Medieval period, Bologna has many traditions connected to university life. One is the laurel crown that students often wear upon receiving the **laurea,** a university degree.

▶ Mentre guarda il video

c **Persone che vediamo.** Pamela and Gep see several people in the video. Match the expressions in the two columns to create descriptions of the people they see.

Courtesy of Comune di Bologna – Settore Turismo

Una studentessa che porta	l'aperitivo ad un bar.
Una suora che cammina	che corre.
Una persona che fa	in una fabbrica di automobili.
Un ragazzo	per aprire i negozi.
Molte persone che lavorano	una corona d'alloro.
Alcuni negozianti che fanno preparativi	sotto i portici.
Un gruppo di amici che prendono	le tagliatelle.

d **Qual è giusta?** Choose the expression that best completes each sentence.

1. A Bologna c'è una famosa fontana con la statua di …
   a. tre cani   b. quattro santi   c. Nettuno
2. A Bologna ci sono due famose …
   a. torri medievali   b. università   c. fontane
3. I portici sono utili quando fa caldo e quando …
   a. è ora di mangiare   b. è mezzogiorno   c. piove
4. Per la laurea, una ragazza porta una corona di …
   a. rose   b. alloro   c. tortellini
5. Nel teatro anatomico gli studenti di medicina …
   a. prendono l'aperitivo   b. dissezionano i cadaveri
   c. leggono il giornale
6. Le tagliatelle sono un tipo di …
   a. pasta all'uovo   b. corso universitario   c. frutta
7. Le Lamborghini sono famose …
   a. macchine da corsa   b. montagne   c. biciclette
8. A Bologna c'è la cultura del buon …
   a. giorno   b. compleanno   c. vivere

Dopo aver guardato

e **Mmmm! Che fame!** Both Gep and Pamela are impressed by the quality of typical Bolognese dishes they see, and react with a form of the adjective **buono**. What would you say to the following delicacies? **Mmmm, buono! / Mmmm, buona! / Mmmm, buoni! / Mmmm, buone!**

la mortadella	le tagliatelle	la pasta fatta in casa
i tortellini	il pane tipico di	il vino dell'Emilia
le lasagne	Bologna	Romagna

f **Esperienza personale.** What is your favorite pasta dish? Find a recipe for this dish online and post it on *Share it!* for your classmates to try.

Che cosa fai di bello?

COMMUNICATIVE OBJECTIVES

- Talk about leisure time
- Make plans to do something
- Express wants and needs
- Specify locations

Quanto è comodo il telefonino!

CD1,
Track 22

Fabio Salvati ha fame e desidera mangiare qualcosa. Entra in un bar a Piazza di Spagna a Roma e ordina un panino e un'aranciata. Mentre aspetta, il suo telefonino squilla.

1   FABIO: Pronto, chi parla?

    PAOLA: Ciao, Fabio, sono Paola. Come stai?

    FABIO: Bene, grazie, e tu?

    PAOLA: Non c'è male. Che cosa fai di bello?

5   FABIO: Niente di speciale. Sono al bar a fare uno spuntino.

    PAOLA: Senti°, domani ho l'esame di chimica e ho bisogno del tuo aiuto.   *Listen*

    FABIO: Perché no! Passo da te oggi pomeriggio. Verso le sei, va bene?

    PAOLA: Sì.

    FABIO: Dopo, se hai voglia, andiamo a prendere un gelato.

10 PAOLA: Buona idea. Andiamo alla gelateria vicino al parco, così passeggiamo un po'.

    FABIO: D'accordo. Allora a più tardi.

Domande

1. Dove entra Fabio? Perché?
2. Che cosa ordina?
3. Chi telefona a Fabio?
4. Che cosa dice Fabio quando risponde al telefono?
5. Che cosa fa di bello Fabio?
6. Di che cosa ha bisogno Paola? Perché?
7. Dov'è la gelateria?
8. A che ora Fabio passa da Paola?

Domande personali

1. Che cosa fa lei quando ha fame?
2. Lei usa spesso il telefonino? A chi telefona?
3. Quando ha gli esami, lei studia a casa o in biblioteca? Perché?
4. Che fa di bello oggi? Ha voglia di prendere un gelato?
5. Dove va lei quando ha voglia di passeggiare? Con chi va?

Situazioni

1. You are at the bar Savoia. Order something to drink or eat from the waiter.

   >> — Desidera ordinare qualcosa, signorina (signora/signore)?

        — Un'aranciata (Un cappuccino / Un espresso / Un gelato / Un panino), per favore.

Another word for **il bar** is **il caffè**, but **il bar** is more commonly used.

2. Find out what some of your classmates feel like doing now.

>> — Che cosa hai voglia di fare adesso?
— Ho voglia di uscire (andare al bar / prendere un gelato / telefonare ad un amico/un'amica).

> Sit. 2: Practice **avere voglia di** when you want various things: **Ho voglia di un'aranciata. Adesso non ho voglia di studiare.**

Pratica

1. In pairs: Prepare a dialogue dramatizing the following situation: Laura phones Renato and wants to know what he is doing. He's not doing anything special, but he has an English exam tomorrow **(domani)** and has to study. Laura invites him to have a cappuccino at the bar Giuliani on via Napoleone. He accepts and agrees to pass by her house around six.

2. Prepare a second dialogue individually: While walking with a friend, you pass an ice cream shop. Your friend says he/she feels like having an ice cream. You agree to stop, but you don't want one. Present the dialogue to the class with another student.

Il bar italiano

Bars in Italy are popular meeting places for people of all ages. There are bars in small towns and large cities. Every neighborhood has one or more bars, and several can be found on major city streets.

In an Italian **bar** one can buy a cup of **espresso,** a **cappuccino,** a sandwich, candy, ice cream, and mineral water, as well as beer and other alcoholic beverages. Customers typically stand at the counter to drink or eat, since doing so is less expensive than sitting at a table. When ordering at the counter, customers are expected to go to the cashier **(la cassa),** pay for what they order, and take the receipt **(lo scontrino)** to the barman/barmaid **(il/la barista)** at the counter. It is customary to leave a small tip **(la mancia)** on the counter with the receipt. Customers who sit at tables order from a waiter/waitress **(il cameriere/la cameriera),** who also receives the payment. In good weather, chairs and tables are placed outside. It is a favorite pastime of many Italians and tourists to watch passersby while enjoying a **cappuccino, aperitivo,** or **digestivo.**

• What kinds of places are popular meeting spots in your town or city?

Questa elegante gelateria di Bologna vende ottimi gelati di produzione propria.

imagebroker / Alamy

Vocabolario

Parole analoghe

il bar	il parco
l'idea	l'espresso
il cappuccino	

Nomi

l'aiuto   help
l'aranciata   orange soda
la biblioteca   library
la carta   card
l'esame (*m.*)   exam
la gelateria   ice cream shop
il gelato   ice cream
il panino   sandwich
il pomeriggio   afternoon
lo spuntino   snack

Aggettivi

buono/a   good
questo/a   this

Verbi

andare (*irreg.*)   to go; **va**   he/she
   goes, you (*formal*) go;
   andiamo   we go
ascoltare   to listen (to)
aspettare   to wait
comprare   to buy
desiderare   to wish, want
entrare   to enter
fare (*irreg.*)   to do; to make
mangiare   to eat
mostrare   to show
ordinare   to order (*food*)
parlare   to speak, talk
passare   to come by
passeggiare   to walk, take a walk
prendere   to take; to have (*in the
   sense of* to eat or drink);
   to pick up
squillare   to ring
telefonare   to telephone
uscire   to go out

Altre parole

adesso   now
allora   well, then; then
ascolta   listen
chi?   who?
d'accordo   agreed, OK
domani   tomorrow
mentre   while
oggi   today
oggi pomeriggio   this afternoon
per   for; **per me**   for me
perché?   why?; **perché**   because
pronto!   hello? (*response on the
   phone*)
qualcosa   something
quando   when(ever)
verso   toward, around (*time*)

Altre espressioni

avere bisogno di   to need
avere fame   to be hungry
avere voglia di (+ *infinitive or noun*)
   to feel like (doing or having
   something)
che cosa fai di bello?   what are
   you up to?
a chi?   to whom?
con chi?   with whom?
fare uno spuntino   to have a
   snack
niente di speciale   nothing special
passo da te   I'll come by your
   house
per favore   please
va bene?   OK? is that all right?
vicino a   near

la biblioteca = *library*
la libreria = *bookstore*

◀)) Pronuncia

Il suono della /l/

In Italian, the sound of the letter **l**, /l/, is pronounced nearer to the front of the mouth than it is in English. The Italian /l/ is formed with the tip of the tongue pressed against the gum ridge behind the upper front teeth. The back of the tongue is lowered somewhat. The sound /l/ is spelled **l** or **ll**.

CD1,
Tracks
23–26

a Listen and repeat the following words.

legge	salve	Marcello
Liguria	italiano	ballare
luogo	possibile	fratello

b **Proverbio.** Repeat the following Italian proverb.

Impara dall'esperienza degli altri.
Learn from the experience of others.

Il suono della /p/

The Italian /p/ is not aspirated (that is, not accompanied by a puff of air), in contrast to the English /p/. The sound /p/ is represented in writing by **p** or **pp**.

c Listen and repeat the following words.

presto	anticipo	Appennini
piazza	speciale	appena
piace	capoluogo	coppia

d **Proverbio.** Listen and repeat the following Italian proverb.

La persona che nasce pera non può essere pesca.
The person who is born a pear cannot be a peach.

Ampliamento del vocabolario

La città

1. la stazione	9. il cinema	17. la gelateria
2. il museo	10. la banca	18. il supermercato
3. la biblioteca	11. il negozio	19. la farmacia
4. l'ospedale (*m.*)	12. l'albergo	20. il parco
5. la libreria	13. il ristorante	21. il centro
6. la chiesa	14. il bar	commerciale
7. il teatro	15. l'ufficio postale	22. il parcheggio
8. lo stadio	16. il mercato	23. la discoteca

When you go places, practice saying where they are located: **La banca è in via…**, etc.

Hermes Images / Photolibrary

Gli ipermercati sono oggi molto diffusi in tutte le regioni italiane.

a **Dare direzioni.** In pairs: Take turns giving directions to the following places in the city on page 65. Use **tra** (*between*) to pinpoint their locations.

>> ristorante   — Dov'è il ristorante?
                           — È in via Nazionale. È tra il bar e l'albergo.

1. l'ospedale   3. la gelateria   5. il supermercato
2. la banca   4. la biblioteca   6. il museo

b **Chiedere informazioni.** In pairs: You are at the park shown in the drawing on page 65. Ask a passerby if the following places are nearby **(qui vicino).**

>> una farmacia   — Scusi, c'è una farmacia qui vicino?
                         — Sì, c'è una farmacia in via Nazionale.

1. un ufficio postale   3. uno stadio   5. un bar
2. una libreria   4. un mercato   6. un ristorante

c **Luoghi, persone e cose.** In pairs: Ask another student to name the place **(luogo)** he/she associates with the following things or people.

>> il gelato   — Con quale luogo associ il gelato?
                   — Con la gelateria.

1. il cappuccino   6. gli spaghetti alla marinara
2. i libri   7. i dollari e gli euro
3. il dottore   8. Angelina Jolie
4. la medicina   9. lo sport
5. le banane e le patate   10. ballare

Espressioni con *avere*

1. avere caldo	2. avere freddo	3. avere fame	4. avere sete	5. avere sonno

Other common expressions with **avere** are:

>**avere bisogno di** (+ *noun or infinitive*)   to need, have need of
>**avere paura di** (+ *noun or infinitive*)   to be afraid of
>**avere ragione**   to be right

You have already learned **avere ... anni** and **avere voglia di.**

d   **Cosa dire?** What would you be likely to say in the following circumstances? Use an expression with **avere.**

>**>>** You're looking for something to eat.   Ho fame.

1. You're putting on a heavy sweater.
2. You're turning on the air conditioner.
3. You didn't have breakfast this morning and it's almost noon.
4. You're looking for something to drink.
5. It's late and you can hardly keep your eyes open.
6. You can't sleep because you keep hearing strange noises outside your window.

e   **Domande.** Move around the class and ask your classmates about some of their needs.

>**>>** calendario   — Hai bisogno di un calendario?
>   — Sì, ho bisogno di un calendario. (No, ho bisogno
>   di un orologio.)

1. calcolatrice	6. orologio
2. studiare oggi	7. andare al supermercato
3. lavorare	8. zaino
4. bicicletta	9. telefonare a tuo padre
5. lettore MP3	10. parlare con il professore

f **Di chi (cosa) hai paura?** Find out from two or three classmates if they are afraid of the following.

>> dei cani   — Hai paura dei cani?
                     — Sì, ho paura dei cani. (No, non ho paura dei cani;
                       ho paura dei gatti.)

1. di abitare da solo/a   3. di andare al parco la sera
2. del professore/   4. dei dentisti
   della professoressa d'italiano   5. di volare (*fly*)

Struttura ed uso

Presente dei verbi regolari in *-are*

Filomena **canta** mentre le amiche **ascoltano**.

1. Italian infinitives are made up of a stem and an ending. You learned in **Lezione 1** that infinitives end in **-are**, **-ere**, or **-ire**.

infinito	tema + desinenza	equivalente in inglese
entrare	entr + **are**	to enter
prendere	prend + **ere**	to take; to have
sentire	sent + **ire**	to hear; to feel

2. Infinitives in **-are** are the most numerous. The present tense of regular **-are** verbs is formed by adding the endings **-o**, **-i**, **-a**, **-iamo**, **-ate**, and **-ano** to the infinitive stem.

parlare	*to speak*		
singolare		**plurale**	
io parl**o**	I speak	noi parl**iamo**	we speak
tu parl**i**	you (*informal*) speak	voi parl**ate**	you (*informal*) speak
lui parl**a**	he speaks	loro parl**ano**	they speak / you (*formal*) speak
lei parl**a**	she speaks / you (*formal*) speak		

3. Here is a list of common regular **-are** verbs, many of which you already know.

abitare to live	**insegnare** to teach
arrivare to arrive	**lavorare** to work
ascoltare to listen (to)	**mandare** to send
aspettare to wait (for)	**mangiare** to eat
ballare to dance	**pagare** to pay (for)
cantare to sing	**parlare** to speak
cercare to look (for)	**passare** to pass;
chiamare to call	to spend *(time)*
cominciare to begin	**pensare (di)** to think (of)
comprare to buy	**portare** to bring; to wear
desiderare to want, wish	**ricordare** to remember
dimenticare to forget	**studiare** to study
entrare to enter	**suonare** to play a musical
frequentare to attend;	instrument
to frequent	**telefonare** to telephone
giocare to play *(a game)*	**tornare** to return
guardare to watch; to look (at)	**trovare** to find
guidare to drive	**usare** to use
imparare to learn	**viaggiare** to travel
incontrare to meet	**visitare** to visit

> To learn this list, first find all the verbs you already know, such as *studiare* and *insegnare.* Then look for the cognates.

Note: The verbs **ascoltare, aspettare, cercare, guardare,** and **pagare** do not require a preposition after the verb as their English equivalents often do.

Ascoltano la musica.   *They are listening to music.*

> Remember that subject pronouns are often omitted in Italian because the ending of the verb indicates the subject.

4. The present tense in Italian is equivalent to the present tense and the present progressive (*is . . .-ing*) in English.

Paola **studia** chimica e biologia.	*Paola studies chemistry and biology.*
Oggi **studia** per l'esame di chimica.	*She is studying for the chemistry exam today.*
Fabio **telefona** a Paola.	*Fabio calls (is calling) Paola.*

The present tense may also be used in Italian to express actions intended or planned for the near future.

— **Passi** da me domani?	— *Are you coming by my house tomorrow?*
— No, mi dispiace. Domani **lavoro.**	— *No, I'm sorry. I'm working tomorrow.*

5. In "double-verb constructions," the first verb is conjugated and the second is a dependent infinitive.

Desideri prendere un gelato?	*Do you want to have an ice cream?*
Non mi **piace ballare.**	*I don't like to dance.*

6. Verbs ending in **–care** and **–gare,** such as **cercare** (*to look for*) and **pagare** (*to pay for*), add an **h** to the infinitive stem in the **tu** and **noi** forms so that the hard sounds of the **c** and **g** are retained.

cercare	*to look for*	pagare	*to pay for*
cerco	cerchiamo	pago	paghiamo
cerchi	cercate	paghi	pagate
cerca	cercano	paga	pagano

7. Verbs ending in **–iare,** such as **cominciare** (*to begin*), **mangiare** (*to eat*), and **studiare** (*to study*), drop the **i** from the infinitive stem in the **tu** and **noi** forms.

mangiare	*to eat*
mangio	mangiamo
mangi	mangiate
mangia	mangiano

a **Dialoghi.** Complete the conversations using the correct verb form.

1. — Valeria, dove _____ (lavorare) tuo padre?
   — _____ (insegnare) musica in una scuola privata.
   — Bello! E cosa _____ (imparare) i bambini?
   — I bambini _____ (cantare) canzoni (*songs*) e _____ (ascoltare) la musica di molti paesi.

2. — Sara, che cosa fai nel corso d'italiano?
   — _____ (parlare) italiano con gli amici e _____ (studiare) il vocabolario.
   — _____ (ricordare) i verbi regolari?
   — Sì, ma _____ (dimenticare) i verbi irregolari.

3. — Davide, che cosa fai di bello oggi?
   — Niente. Ho bisogno di _____ (studiare) un paio di ore e poi _____ (passare) al supermercato e _____ (comprare) un po' di pasta per mia madre. Poi _____ (tornare) a casa prima delle due. Io e mia madre _____ (guardare) sempre insieme un programma alla tivù.
   — A che ora _____ (cominciare) il programma?
   — Alle due meno venti.

b   **Frasi complete.** Form complete sentences using a subject from the first column, a verb from the second column, and a logical ending from the last column.

>> La mamma aspetta una telefonata importante.

la mamma	ascoltare	un amico italiano / un'amica italiana
voi	aspettare	l'autobus numero 64
le studentesse	cercare	un film di Gabriele Muccino
io	guardare	un appartamento in centro
il presidente		la conversazione dei genitori
io ed un amico		una telefonata importante
tu		la musica di Lady Gaga
		Il Grande Fratello

> The Italian director Gabriele Muccino has also made films in the United States, such as *Pursuit of Happyness*.

> *Il Grande Fratello* is the very popular Italian version of the reality show *Big Brother*.

c   **Risposte.** You and a friend are asked the following questions. Answer as suggested, using the **noi** form of the verb.

>> Chi aspettate? (un amico)   Aspettiamo un amico.

1. Cercate un ristorante? (no, un bar)
2. Cosa comprate oggi? (Nutella e banane)
3. Studiate insieme più tardi? (no, domani)
4. Tornate a casa adesso? (no, più tardi)
5. Pensate di andare in discoteca adesso? (no, di prendere un gelato)
6. Cosa guardate alla televisione stasera? (un film)

d   **A turno.** In pairs: Take turns asking and answering the following questions. If your answer is negative, complete the answer in a logical way.

>> S1: Desideri un caffè?
>> S2: Sì, desidero un caffè. / No, desidero un cappuccino.

1. Torni a casa alle otto stasera?
2. Compri un giornale oggi?
3. Desideri ascoltare la musica di Zucchero?
4. Lavori oggi pomeriggio?
5. Telefoni a tua madre più tardi?
6. Mangi al bar oggi?
7. Parli con il professore oggi?
8. Giochi a tennis oggi?

> Zucchero (*Sugar*) is a popular Italian singer-songwriter who has also recorded with Sting and Andrea Bocelli.

Roma: Gli abitanti usano molto la metropolitana e il servizio di autobus.

Peter Noyce IT / Alamy

e   **Sulla metropolitana.** In pairs: On a subway in Rome, you meet an Italian university student who asks you several questions. With a partner playing the role of the Italian student, answer his/her questions with plausible responses.

>> abitare a Roma   S1: Abiti a Roma?
                       S2: No, non abito a Roma. Abito a...

1. frequentare il liceo o l'università
2. studiare molto
3. che lingua parlare a casa
4. imparare altre lingue
5. visitare molti musei a Roma
6. tornare in America fra poco
7. che cosa pensare di Roma
8. domani desiderare visitare con me il Colosseo

> Another student would be likely to use **tu** with you, so keep the conversation informal. What would it sound like if the person were older?

f   **A che ora?** In pairs: Find out from your partner at what time he/she does the following activities.

>> arrivare all'università   S1: A che ora arrivi all'università?
                             S2: Arrivo alle otto e mezzo. E tu, a che ora arrivi?
                             S1: Arrivo alle dieci.

1. arrivare all'università
2. incontrare gli amici
3. mangiare
4. lavorare
5. tornare a casa
6. studiare l'italiano
7. guardare la televisione

g   **Cosa fai di solito?** In pairs: Find out what your partner generally (**di solito**) does on Saturdays (**il sabato**) and Sundays (**la domenica**). When answering, use only verbs that you know.

>> S1: Che cosa fai di solito il sabato?
   S2: Di solito il sabato gioco a tennis, guardo la televisione, ecc.

h   **Vero o falso?** In groups of three: Decide whether or not the following statements are generally true of the students at your university.

>> Gli studenti desiderano studiare   (Non) È vero. Gli studenti (non)
   le lingue straniere.   desiderano studiare le lingue straniere.

1. Gli studenti pagano troppo (*too much*) per frequentare l'università.
2. Gli studenti frequentano sempre (*always*) le lezioni.
3. Gli studenti trovano lavoro dopo l'università.
4. Gli studenti portano vestiti (*clothes*) eleganti.
5. Gli studenti parlano molto di politica.
6. Gli studenti mangiano molto bene a scuola.
7. Gli studenti ascoltano la musica classica.
8. Gli studenti arrivano in orario alle lezioni.
9. Gli studenti guardano molto la televisione.

Preposizioni semplici e articolate

— Dov'è la mia penna? **Sul** tavolo? **Nello** zaino? **Sulla** sedia?

1. A preposition is a word used before a noun or pronoun to express its relation to another word. Here are some simple (one-word) Italian prepositions, some of which you have already learned.

a	to, at, in	**fra** (or **tra**)	between, among
con	with	**in**	in, into, at
da	from, by	**per**	for
di	of, about, from	**su**	on

The preposition **di** frequently becomes **d'** before a vowel, especially **i: Banca** *d'***Italia, un corso** *d'***informatica.**

A is used with a city or town to mean both *in* and *to*. **In** is used with larger geographical areas, such as provinces, countries, etc. **In** is also used with the names of streets. **Tra** and **fra** are interchangeable.

2. Five of the most commonly used Italian prepositions combine with definite articles to form single words. These prepositions are: **a, da, di, in,** and **su.**

Fabio è **alla** gelateria.   a + la = **alla**
Telefona a Paola **dal** bar.   da + il = **dal**
Paola desidera parlare **degli** esami.   di + gli = **degli**
Marisa è **nell'**appartamento di Paolo.   in + l' = **nell'**
I libri sono **sul** tavolo.   su + il = **sul**

You will sometimes encounter contractions with the preposition **con: con + il = col; con + i = coi.** Either form is acceptable.

3. This chart shows the most common prepositional contractions.

preposizione	articolo						
	singolare				plurale		
	il	**lo**	**l'**	**la**	**i**	**gli**	**le**
a	al	allo	all'	alla	ai	agli	alle
da	dal	dallo	dall'	dalla	dai	dagli	dalle
di	del	dello	dell'	della	dei	degli	delle
in	nel	nello	nell'	nella	nei	negli	nelle
su	sul	sullo	sull'	sulla	sui	sugli	sulle

Notice that in most cases, these contractions are a combination of the preposition and the definite article, often with a doubling of the letter **l** in the article. Only **di** and **in** change form.

4. The article is often omitted after the preposition **in** with place nouns, such as **casa, biblioteca, chiesa, città, cucina** (*kitchen*), **ufficio** (*office*), and **banca**, unless the noun is modified with another word or expression.

— Desideri studiare **in biblioteca?**
— Sì, ma studiamo **nella biblioteca** dell'università.
— È **in ufficio** il professore?
— No, è **nell'ufficio** della professoressa Franchi.

5. Some prepositions consist of more than one word. If followed by a definite article, only the last element (**a, di, da,** etc.) contracts with the definite article.

davanti a	Incontro Paolo **davanti allo** stadio.	*I'm meeting Paola in front of the stadium.*
vicino a	Lo stadio è **vicino all'**università?	*Is the stadium near the university?*
lontano da	No, è abbastanza **lontano dall'**università.	*No, it's pretty far from the university.*

i **La telefonata.** Answer the questions according to what you see in the drawing below.

Marisa, è per te la telefonata.

> Many restaurants and bars in Italy are named for the proprietor using the preposition **da** and that person's name. **Da Mario** = *Mario's Place.*

1. Da dove telefona Fabio? Da un ristorante?
2. Come si chiama la gelateria?
3. A chi telefona Fabio?
4. Con chi studia Marisa?
5. Per chi è la telefonata?
6. Di chi è il libro di economia?

j **Un pomeriggio.** Complete the paragraph by supplying appropriate contractions where necessary.

Sono le quattro (di) _____ pomeriggio e Tommaso torna (da) _____ liceo scientifico. Entra (in) _____ casa, mette lo zaino (su) _____ tavolo e telefona subito (a) _____ suo amico Tonio. Parla anche (con) _____ sorella di Tonio, e dopo mezz'ora ha voglia di ascoltare l'iPod (di) _____ suo fratello Roberto. Mentre ascolta la musica, cerca il telefonino (in) _____ zaino e telefona (a) _____ amici di scuola. Poi si siede (*sits*) davanti (a) _____ televisore e guarda un programma musicale.

k **Domande e risposte.** In pairs: Find out where the following people are. Take turns asking and answering.

>> S1: Dov'è la professoressa?
S2: È all'università.

gli animali	(a) università
gli atleti	(in) cucina
il cuoco (*cook*)	(a) libreria
la professoressa	(a) cinema
lo scrittore (*writer*)	(a) stazione
i medici	(in) castello
la regina e il re (*queen and king*)	(in) parco zoologico
l'attore e l'attrice	(in) negozio
lo scultore	(a) stadio
	(a) ospedale
	(a) museo d'arte

l **Informazioni.** In pairs: Look at the drawing on page 65. Ask a partner if one place is near another. Your partner will tell you whether the two places are close to or far from each other.

>> S1: Il supermercato è vicino al teatro?
S2: No, è lontano dal teatro. / Sì, è vicino al teatro.

m **Dove lo fai?** In pairs: Ask each other where you do the following things. Use contracted prepositions in your answers when appropriate.

>> comprare cose da mangiare
S1: Dove compri cose da mangiare?
S2: Al supermercato in via…

1. incontrare gli amici
2. lavorare
3. studiare per gli esami
4. parlare italiano
5. guardare la televisione
6. usare il computer
7. mangiare la pizza
8. comprare i libri
9. mandare le lettere

C'è, ci sono, ecco

— **Ci sono** buoni ristoranti in
questa città?
— Sì, **ecco** il mio preferito.

1. C'è (*there is*) and **ci sono** (*there are*) are used to talk about the existence or presence of things or people.

C'è un telefono pubblico nel bar.   *There is a public phone in the bar.*
Ci sono venti studenti in classe.   *There are twenty students in class.*

2. Ecco (*here is/are, there is/are*) is used when drawing attention to or pointing out things or people. It is often used in exclamatory statements.

Ecco un telefono pubblico.   *Here's a phone booth.*
Ecco Mario e Carlo!   *Look! It's Mario and Carlo!*

> **Ecco** generally calls for physical presence, signifying *Look at this!* or *Hear this!*

n **La mia camera.** In pairs: Create a list of at least ten objects in your own room and specify the number of each item. Use words you have already learned in Italian. Then try to guess some things in your partner's room.

>> S1: C'è un orologio?
  S2: Sì, c'è un orologio. / No, non c'è un orologio.

o **Ecco le mie cose.** In pairs: Reveal to a partner some of the things that you have in your backpack, purse, or pockets. Show each item to your partner after identifying it.

>> Ci sono due matite. Ecco le matite!

p **Che cosa c'è?** In groups of three or four: Establish whether the following places are near your university. Then decide how many there are and what their names are.

>> gelateria   S1: C'è una gelateria vicino all'università?
          S2: Sì, ci sono due gelaterie. C'è la gelateria Friendly's
             e c'è la gelateria Dairy Queen.

1. ospedale   6. museo
2. cinema   7. supermercato
3. albergo   8. chiesa
4. ristorante   9. centro commerciale
5. parco

iLrn Complete the diagnostic tests to check your knowledge of the vocabulary and grammar structures presented in this chapter.

Parliamo un po'

a **Cosa desideri fare?** In pairs: Interview your partner to find out some of the things he/she wants to do someday. Then tell your partner about what you want to do. Ask about:

- la città che lui/lei desidera visitare
- dove desidera abitare
- quale persona famosa desidera incontrare
- quale automobile desidera guidare
- dove desidera lavorare
- se desidera avere figli (quanti?)

b **Presentare amici.** In groups of three: You are with two friends who have never met before. Create a conversation in which you introduce your two friends to each other. They should ask each other a few questions, and then you suggest that you all go somewhere together.

S1: (Pietro), ti presento un mio amico…

S2: Piacere.

S3: Il piacere è mio. Pietro, tu studi… ?

Alcuni studenti si scambiano idee e opinioni davanti all'università

c **Com'è la tua città?** You receive the following email from a student in Italy. Write an answer in which you give some information about the city or town you live in.

Ciao, _____. Come stai?

Tutto bene qui a Lucca. Lucca non è una grande città ma ci sono molti luoghi interessanti da visitare: chiese, palazzi, teatri. C'è anche una piazza (chiamata Piazza dell'Anfiteatro) che ha la forma di un anfiteatro romano. Dove abiti tu? Com'è la tua città? È grande o piccola? Che cosa c'è da visitare? È una città interessante per un turista? Ci sono molti ristoranti? Musei? Che altre c'è?

A presto.

Mauro

d **Dov'è Firenze?** You have just arrived in Florence and ask a passerby for directions to the following places. The passerby can refer to the map to answer your questions.

il Duomo   la stazione dei treni
Piazza della Signoria   l'Albergo Reale
l'ufficio postale   il ristorante "Il pomodoro rosso"
Ponte Vecchio

e **Una telefonata.** In pairs: You are in Florence on business and call a friend who is living there. Your friend wants to meet you for dinner, but needs to know what hotel you are staying at, where it is, and what the telephone number is. He/She wants to take you to a restaurant that specializes in medieval and Renaissance Tuscan food. Ask about it, and agree on a time for your friend to come by your hotel. Use these two ads to add detail to your conversation.

Conoscere l'Italia

CD1, Track 27

a **Vocabolario.** Before reading the passage, study the following vocabulary. Then choose an appropriate word to complete each sentence.

gli abitanti inhabitants   **la bellezza** beauty   **bere** to drink
la fontana fountain   **la gente** people   **il palazzo** palace, building
la panchina bench   **il ruolo** role   **il salotto** living room
il tavolino table   **il valore** value   **la vita** life

1. _____ è *bella* è il titolo di un film di Roberto Benigni.
2. Il sinonimo di *le persone* è _____.
3. Una parola che si associa con *caffè all'aperto* è _____.
4. Le persone che abitano in un paese o in una città si chiamano _____.
5. Quando abbiamo sete, desideriamo _____ qualcosa.
6. _____ è parte di una casa.
7. L'aggettivo *bello* è associato al nome _____.

Le piazze italiane

La piazza ha un ruolo molto importante nei paesi e nelle città d'Italia. In paesi piccoli e grandi è il centro della vita degli abitanti. Bar, ristoranti, negozi, la chiesa e la banca sono spesso situati[1] nella piazza principale di un paese. Nelle grandi città ci sono molte piazze e nelle città d'arte ci sono piazze molto belle che hanno grande valore artistico. Piazza di Spagna e Piazza Navona a Roma, Piazza San Marco a Venezia, Piazza del Campo a Siena e Piazza del Duomo a Firenze sono come salotti dove la gente s'incontra[2] e socializza. In queste piazze le persone passeggiano, si siedono[3] alle panchine o occupano i tavolini dei caffè all'aperto[4]. Mentre parlano o prendono qualcosa da bere o da mangiare, esse ammirano le bellezze artistiche delle chiese, delle fontane e dei palazzi della piazza.

Una suggestiva veduta notturna di Piazza di Spagna a Roma con la chiesa di Trinità dei Monti, la famosa scalinata e la popolare fontana chiamata *La Barcaccia.*

Veduta parziale della stupenda Piazza del Campo a Siena con il Palazzo Pubblico e la Torre.

Left: © Thomas Ernsting / Bilderberg / Aurora; Right: Danilo Ascione / Shutterstock

1. *located* 2. *meet* 3. *they sit* 4. *open air*

b **Domande.** Answer the following questions based on the preceding passage.

1. Perché la piazza ha un ruolo importante nei paesi d'Italia?
2. Che cosa è situato spesso nelle piazze dei paesi d'Italia?
3. Come si chiamano due belle piazze di Roma?
4. Dov'è Piazza San Marco? E Piazza del Campo?
5. Perché alcune piazze delle città d'arte sono come salotti?
6. Cosa ammirano le persone che frequentano le piazze delle città d'arte?

• •

a **Vocabolario.** Match each definition with a word from the list in the right-hand column. There are two extra words in the list.

1. una persona con molti dollari
2. un caffè, un cinema, un ristorante
3. la persona che scrive libri
4. non italiano
5. una bella caratteristica

a. straniero (*foreign*)
b. lo scrittore (*writer*)
c. vedere (*to see*)
d. fascino (*charm*)
e. ricca (*rich*)
f. un locale (*place*)
g. meta (*destination*)

CD1,
Track 28

Caffè famosi

In alcune[1] città d'arte italiane ci sono caffè che sono famosi perché nei secoli scorsi[2] erano locali di ritrovo[3] di artisti, scrittori e intellettuali italiani e stranieri. Ancora[4] oggi alcuni di questi caffè sono aperti al pubblico e hanno sempre un certo fascino. Spesso essi sono meta di turisti curiosi di vedere da vicino[5] questi locali ricchi di storia. A Padova c'è il Caffè Pedrocchi situato nella zona universitaria della città. Al centro di Roma, in via Condotti, c'è il Caffè Greco. In Piazza San Marco, a Venezia, troviamo il Caffè Florian, fondato nel 1720 (millesettecentoventi) e in Piazza della Repubblica a Firenze è situato il Caffè Giubbe Rosse.

1. *some*   2. *in past centuries*   3. *meeting*
4. *Still*   5. *up close*

Turisti di tutto il mondo si fermano a prendere qualcosa da bere o da mangiare nel famoso Caffè Florian in Piazza San Marco a Venezia.

Christine Webb / Alamy

b **Vero o falso?** In pairs: Take turns identifying the following statements as true or false based on the reading.

1. Nei piccoli paesi d'Italia ci sono caffè famosi.
2. Nei secoli scorsi gli artisti non frequentavano questi caffè.
3. Oggi questi caffè sono la meta di molti turisti.
4. Il Caffè Pedrocchi è a Padova.
5. Il Caffè Giubbe Rosse e il Caffè Florian sono a Roma.

c **Informazioni.** Complete the following sentences based on the Caffè degli Artisti flyer (**il volantino**). Scan it for the information requested without trying to understand every word.

1. Caffè degli Artisti è a _____.
2. Sabato 19 febbraio c'è l'inaugurazione di una _____.
3. Il titolo della mostra è _____.
4. Paolo Tomei è un _____.
5. Il signor Tomei è nato a _____.
6. Studia fotografia e grafica a _____ e a _____.

Caffè degli Artisti
Roma

Artisti e autori al caffè degli Artisti

Sabato 19 febbraio 2011 ore 18

Inaugurazione della mostra di fotografie

"Paesaggi d'Italia"
di
Paolo Tomei

Paolo Tomei è nato nel 1975 a Perugia. Nel 1999 lascia l'Italia e dopo un soggiorno a Parigi e a Londra dove studia fotografia e grafica si reca a New York. Qui diventa un fotografo famoso e dopo varie mostre negli Stati Uniti, nel Messico e nel Canadà, nel 2009 torna in Italia. Ora vive a Roma.

ElenaShow / Shutterstock

Viaggi in video — *Modena*

Prima di guardare

Vocabolario utile

Che schifo!	*Gross!*
Zitta!	*Quiet!*
potere	*power*
E che ne so?	*How am I supposed to know?*
Ha in mano una bilancia.	*She has a measuring scale in her hand.*
neve	*snow*

a **C'è o non c'è?** The video concentrates on the central square of the city of Modena. Tell whether or not you expect to see the following things there. Use the expressions **C'è, Ci sono, Non c'è,** etc.

una cattedrale	una statua di una donna
una fontana	un masso di marmo rosso
un lago	dei concerti e delle manifestazioni sportive
molte macchine	una gelateria
un giardino zoologico	dei piccioni

▶ Mentre guarda il video

b **Vero o falso?** Indicate whether the following statements are true or false, based on what you see in the video.

1. Modena è in Emilia Romagna.
2. Piazza Grande è il punto centrale della città.
3. Oggi Piazza Grande è molto differente dalla piazza del periodo medievale.
4. Nella piazza di oggi ci sono molte automobili.
5. Nella città di Pamela c'è un cinema.
6. Nella piazza centrale della città di Pamela ci sono concerti degli U2.
7. "La Bonissima" ha in mano un gatto.
8. Nella città di Pamela c'è una statua di Cristoforo Colombo.

"*La Bonissima*"

The small statue of a woman that guards one entrance to the Piazza Grande in Modena has many legends connected to it. Some say the figure represents **buona stima** or good business practices to be conducted in the market. Another legend recounts that the figure represents a real person, a noblewoman who dressed in beggar's clothing to test the generosity of her fellow citizens. As Pamela surmises, the noblewoman found that the poor gave more readily than the rich of the city.

Photo Mere Made in Italy 6/Alamy

c **Alcune domande.** Try to answer the questions about the video in full sentences.

1. Perché Pamela dice "Che schifo!"?
2. Perché la Piazza Grande è importante per gli abitanti di Modena?
3. Gep dice che Piazza Grande è molto simile alle piazze di molte altre città italiane. In che senso?
4. Com'è la città di Pamela?
5. Che cos'è "La Bonissima"?
6. La signora nota una cosa interessante sugli abitanti della sua città. Che cosa?
7. Perché Gep è confuso quando Pamela parla della fontana nella sua città?

d **Nella città di Pamela.** Pamela talks a little about her own town. Can you describe the town from what she says? Is it large or small? What kinds of things are there, and what kinds of things are not there? Is there a monument that serves as a symbol of the city?

Dopo aver guardato

e **Nella tua città.** Ask a classmate about the center of his or her city or town, using the following questions.

1. La tua città è piccola o grande?
2. Qual è il punto centrale della città? Come si chiama?
3. Che cosa c'è in questo punto centrale? Ci sono negozi? C'è il palazzo comunale? C'è una grande chiesa?
4. Ci sono manifestazioni culturali o musicali? Quali, per esempio?
5. C'è una cosa che è un simbolo della tua città, come "La Bonissima" o la Preda Ringadora?

f **Esperienza personale.** Based on the information you collected in the previous activity, post a description of your classmate's hometown or city.

lezione

lezione

4

Cosa prendono i signori?

COMMUNICATIVE OBJECTIVES

- Order a snack at a restaurant
- Talk about and make plans for specific days of the week and times of day
- Accept and refuse invitations
- Talk about a variety of activities

La piazza principale di Cefalù con la meravigliosa cattedrale di influenza normanna.

RISORSE

 audio

 video

 www.cengagebrain.com/shop/ISBN/0495913391

 ilrn.heinle.com

© Mimmo Jodice / Corbis

CD1,
Track 29

> È giovedì pomeriggio. Lorenzo Genovesi e Bettina Marinaro sono seduti° a   *seated*
> un bar all'aperto° a Palermo. Desiderano bere qualcosa di fresco. Leggono il   *outdoor*
> menù e decidono anche di mangiare qualcosa.

1	LORENZO:	Cameriere, scusi, desideriamo ordinare qualcosa.	
	CAMERIERE:	Sì, subito… Bene, che cosa prendono i signori?	
	BETTINA:	Una granita° di caffè e un tramezzino° al tonno.	*ice cream with grains of frozen coffee / sandwich*
	LORENZO:	Io invece prendo un panino° al prosciutto e un tè freddo.	*made with sliced bread cut diagonally / sandwich*
5	CAMERIERE:	Molto bene. Torno subito.	*generally made with a roll*
	LORENZO:	Allora, Bettina, sei libera sabato sera?	
	BETTINA:	Credo di sì, perché? Che si fa?	
	LORENZO:	Conosci il gruppo Folclore di Sardegna?	
	BETTINA:	Sì, mi piacciono molto le danze e i canti sardi.	
10	LORENZO:	Allora si va a teatro dopodomani?	
	BETTINA:	Sì, se mi prometti che dopo lo spettacolo andiamo a fare quattro salti in discoteca.	
	LORENZO:	Perché no? La discoteca chiude molto tardi. Intanto stasera prendiamo i biglietti.	
15	BETTINA:	Sì, è bene non perdere tempo. Ah, ecco il cameriere.	
	CAMERIERE:	Signori, ecco il cappuccino e la cassata°.	*Sicilian ice cream with candied fruit*
	LORENZO:	Ma no! Avevamo ordinato° una granita di caffè, un tè freddo, un tramezzino al tonno e un panino al prosciutto.	*We ordered*
	CAMERIERE:	Oh, mi dispiace, c'è un po' di confusione. Torno subito.	

Domande

1. Dove sono Lorenzo e Bettina?
2. Che cosa desiderano?
3. Che cosa ordina Bettina? E Lorenzo?
4. Perché Lorenzo domanda a Bettina se è libera sabato sera?
5. Che cosa è in programma al teatro?
6. Quando prendono i biglietti?
7. Cosa ha voglia di fare Bettina dopo lo spettacolo?
8. Cosa porta il cameriere quando torna?

Domande personali

1. Lei va spesso ad un caffè? Con chi va? Quando va: la mattina, il pomeriggio o la sera?
2. Cosa prende di solito ad un caffè?
3. Prende spesso il caffè espresso, il cappuccino o il caffè americano? O prende il tè?
4. Le piace vedere uno spettacolo di danza moderna o di danza folkloristica?
5. Dove va a ballare lei? Quando? Con chi?

Situazioni

1. Risponda ad un amico/un'amica che domanda se lei è libero/a giovedì sera. (*Answer a friend who asks if you are free Thursday night.*)

   ➤➤ — Sei libero/a giovedì sera?

   — Sì, perché? (No, mi dispiace. / Credo di no. / No, sono impegnato/a.)

2. Lei è ad un caffè all'aperto con gli amici che ordinano cose diverse. Al cameriere, che domanda se lei prende un caffè come il suo amico/la sua amica, risponda che prende un'altra cosa. (*You are at an outdoor café with friends who order various things. To the waiter, who asks if you are ordering coffee like your friend, answer that you will have something else.*)

   ➤➤ — Cosa prendono i signori (le signore / le signorine)?

   — Un caffè (Una Coca-Cola / Un bicchiere d'acqua / Un tramezzino al tonno), per favore.

   — Un caffè anche per lei?

   — No, per me un'aranciata (una limonata / acqua minerale / una spremuta d'arancia).

3. Risponda ad un amico/un'amica che domanda che cosa si fa sabato sera. (*Answer a friend who wants to know what both of you are going to do on Saturday night.*)

   ➤➤ — Che cosa si fa sabato sera?

   — Si va a teatro (al cinema / a mangiare la pizza / a ballare / al bar / in discoteca).

POMODORO & BASILICO

PIZZERIA

V. L. Da Vinci
Tel. 065441133

helen von allman / Shutterstock

I cognomi italiani

Last names came into use in Italy in the ninth century, and by the time of the Renaissance they were fully established. Originally, many last names were descriptive, and a number of these names remain in use today. For instance:

- names based on a family's place of origin: **Genovesi** (from Genoa), **Lombardi** (from Lombardy), **Siciliani** (from Sicily).

- names drawn from an ancestor's trade or occupation: **Ferrari** (blacksmith), **Pastore** (shepherd), **Vaccaro** (cowherd), **Sarti** (tailor), **Marinaro** (sailor), **Pellegrino** (pilgrim).

- names based on a father's first name, common before last names came into use: **Di Giovanni, Di Giacomo, Di Pietro.**

- names that describe physical features or characteristics: **Biondi** (blond), **Calvino** (bald), **Grasso** (plump), **Mancini** (left-handed).

    Until 1975, an Italian woman had to take her husband's last name when she got married. Through reforms in Italian family law, a married woman now has the right to keep her family's last name, to which she adds the husband's last name.

- Do last names in your country have particular characteristics? What are they?

Nella città i cognomi delle famiglie che abitano negli appartamenti appaiono vicino al citofono.

©Photononstop / SuperStock

Pratica

1. In groups of three: You meet a friend at a bar in Palermo. Shake hands, greet one another, and find out what your friend wants to eat or drink. Call the waiter over and order for both of you.

2. Call a friend to find out if he/she is free next Saturday. Your friend is free and wants to know why you ask. Explain that you have two tickets for the theater; invite your friend, who accepts gladly and asks what's playing. Tell him/her that the name of the play (**lo spettacolo**) is *Il cameriere sardo*.

🔊 Vocabolario

Parole analoghe

la confusione
la danza
decidere
il folclore
folcloristico/a
il gruppo
moderno/a
il menù
il programma

Nomi

l'acqua (minerale)   (mineral) water
il bicchiere   (drinking) glass
il biglietto   ticket
il caffè   café; coffee
il cameriere   waiter
il canto   song, chant
la limonata   lemon soda, lemonade
il panino al prosciutto   ham sandwich
lo spettacolo   show
la spremuta d'arancia   freshly squeezed orange juice
il tè   tea
il tè freddo   iced tea
il tramezzino al tonno   tuna sandwich

Aggettivi

fresco/a   cool, fresh
impegnato/a   busy, engaged
libero/a   free
sardo/a   Sardinian

Verbi

bere   to drink
chiudere   to close
conoscere   to know

credere   to believe, think
domandare   to ask
leggere   to read
perdere   to lose
prendere   to get
promettere   to promise
vedere   to see

Altre parole ed espressioni

dopo   after
dopodomani   the day after tomorrow
intanto   meanwhile, in the meantime
invece   instead
scusi   excuse (me) (*formal*)
se   if
spesso   often
subito   right away, immediately
tardi   late
che cosa è in programma?   what's playing?
che si fa?   what are we going to do?
credo di no   I don't think so
credo di sì   I think so
di solito   usually
fare quattro salti   to dance (a little bit)
giovedì pomeriggio   Thursday afternoon
perché no?   why not?
perdere tempo   to waste time
mi dispiace   I'm sorry
le piace... ?   do you like . . . ? (*formal*)
un po' di (+ *noun*) a little bit of
sabato sera   Saturday evening
si va?   are we going?
stasera   this evening

il caffè = il bar

Fruit juice is **il succo di frutta**. The term **la spremuta d'arancia (di limone, di pompelmo)** refers only to freshly squeezed juice.

Pronuncia

La lettera h

The letter **h** is silent in Italian. It is used in some forms of the verb **avere** (**ho, hai, ha, hanno**) and in some interjections (such as **ah, oh,** and **eh**). It is also present, though never pronounced, in some foreign words currently used in Italian (for example, *hobby, habitat,* and *hotel*).

In **ch** and **gh**, the letter **h** helps to form the hard sound of **c** and **g** before the vowels **e** and **i** (**che, chi, analoghe, laghi**).

CD1,
Tracks
30–34

a Ascolti e ripeta le seguenti frasi. (*Listen and repeat the following sentences.*)

1. Quanti anni hai?
2. Oh, che peccato!
3. Dov'è l'Hotel Pilato?
4. Non ho un hobby.
5. Chiamo il cameriere?
6. Che cosa fai oggi?

Il suono della combinazione /qu/

The sound /**kw**/, as in **quando**, is usually spelled **qu**.

b Ascolti e ripeta le seguenti parole. (*Listen and repeat the following words.*)

quale	**qu**alcosa	cin**qu**anta	fre**qu**enza
qualche	**qu**ando	**qu**i	**qu**esto

c **Proverbio.** Ascolti e ripeta il seguente proverbio. (*Listen and repeat the following proverb.*)

Acqua in bocca, zitto chi lo sa.
If it is something good, keep it to yourself.

Dittonghi e trittonghi

1. A *diphthong* is a combination of two vowels pronounced as a single syllable.

ha**i**   f**i**glio   q**u**ale   se**i**   p**iù**   g**u**erra

2. A *triphthong* is a group of three vowels pronounced as a single syllable.

m**iei**   t**uoi**   g**uai**   v**uoi**

d Ascolti e ripeta le seguenti parole. (*Listen and repeat the following words.*)

dialogo	studiare	suoi	chiesa
farmacia	lezione	tuoi	cuoio
Europa	zio	miei	aiuto

e **Proverbio.** Ascolti e ripeta il proverbio. (*Listen and repeat the proverb.*)

Moglie e buoi dai paesi tuoi.
Choose a wife and oxen from your own town.

🔊 Ampliamento del vocabolario

I giorni della settimana

The days of the week in Italian, starting with Monday, are:

lunedì	mercoledì	venerdì	domenica
martedì	giovedì	sabato	

> **Lunedì** (not **domenica**) is the first day of the week on Italian calendars.

1. The days of the week are not capitalized in Italian.

2. All the days of the week except **domenica** are masculine.

3. The definite article is used with days of the week to describe repeated occurrences (*on Mondays, on Tuesdays*, etc.). The definite article is omitted when referring to only one specific day. Contrast:

Il venerdì vado al cinema.   *On Fridays (Every Friday) I go to the movies.*
Venerdì vado al cinema.   *On (this) Friday I'm going to the movies.*

The invariable adjective **ogni** is frequently used with the days of the week in the sense of *every single*.

Ogni martedì vado al caffè.   *Every single Tuesday I go to the café.*

a **Che cosa fai?** In gruppi di tre o quattro: Domandi a due o tre studenti cosa fanno in un determinato pomeriggio di questa settimana. Usi la forma **io** dei verbi in **-are** a pagina 69. (*In groups of three or four: Ask two or three students what they are doing on a particular afternoon this week. Use the **io** form of the **-are** verbs on page 69.*)

>> — Che cosa fai (lunedì / mercoledì / sabato) pomeriggio?
— Lunedì pomeriggio (studio in biblioteca).

b **Quando lavori (studi)?** In coppia: Domandi ad un altro studente/ un'altra studentessa in quali giorni lavora o studia e qual è il suo orario. (*In pairs: Ask another student which days of the week he/she works or studies and what his/her schedule is.*)

>> S1: In quali giorni lavori (studi)?
S2: Lavoro (Studio) (il lunedì e il mercoledì).
S1: Qual è il tuo orario?
S2: Il lunedì lavoro (studio) dalle (due) alle (sei del pomeriggio), il mercoledì dalle (quattro) alle (dieci di sera).

c **Altre domande.** In gruppi di tre o quattro: Domandi a tre o quattro studenti se fanno o desiderano fare certe cose in determinati giorni di questa settimana. (*In groups of three or four: Ask two or three students if they are doing or wish to do certain things on specific days this week.*)

>> sabato: lavorare
— Lavori sabato?
— Sì, lavoro sempre il sabato. (No, di solito il sabato sono libero/a.)

1. lunedì: avere lezione all'università
2. martedì pomeriggio: prendere un cappuccino con me
3. domenica sera: avere voglia di mangiare la pizza con me
4. giovedì sera: pensare di andare al cinema
5. mercoledì mattina: avere lezione d'italiano
6. venerdì sera: desiderare fare quattro salti in discoteca

Alcune espressioni di tempo

Here is a list of some useful time expressions that you can use to refer to events that occur today, tomorrow, on the weekend, and in the near future.

il/la fine settimana weekend	**domani pomeriggio** tomorrow afternoon
oggi today	**domani sera** tomorrow night
stamattina this morning	**dopodomani** the day after tomorrow
oggi pomeriggio this afternoon	**lunedì mattina** Monday morning
stasera this evening	**martedì pomeriggio** Tuesday afternoon
stanotte tonight	**mercoledì sera** Wednesday evening
la mattina (in) the morning	**giovedì notte** Thursday night
il pomeriggio (in) the afternoon	
la sera (in) the evening	
la notte (at) night	
domani tomorrow	
domani mattina (domattina) tomorrow morning	

▶ **Stamattina, stasera,** and **stanotte** are shortened forms of **questa mattina, questa sera,** and **questa notte**. Both forms are used.

▶ Choose four or five time expressions and tell a classmate what you plan to do or usually do at those times. Then ask what his/her plans are for those times.

d **La mia settimana.** In coppia: Spieghi ad un amico/un'amica quello che lei deve fare da oggi a dopodomani. (*In pairs: Explain to a friend all the things you have to do from today until the day after tomorrow.*)

>> — Oggi sono molto impegnato/a.
  Stamattina devo...
  Oggi pomeriggio devo...
  Stasera...
  Domani mattina... , ecc.

e **Il fine settimana.** In coppia: Domandi ad un amico/un'amica cosa fa di solito nel fine settimana. (*In pairs: Ask a friend what he/she usually does on the weekend.*)

>> — Cosa fai di bello nel fine settimana?
  — Di solito la mattina del sabato…

f **Domande.** Faccia le seguenti domande a due o tre studenti. (*Ask two or three students the following questions.*)

1. Come stai oggi?
2. A che ora hai lezione domani mattina?
3. Che cosa fai domani? E dopodomani?
4. Che lezione hai lunedì?
5. Hai voglia di assistere ad un concerto oggi pomeriggio?
6. Cosa guardi stasera alla televisione?
7. Che cosa fai di bello domani mattina? E domani pomeriggio?
8. Compri il giornale la mattina?

Giovani che giocano a pallavolo sulla spiaggia.

©Joerg Mueller / Visum / The Image Works

Struttura ed uso

Presente dei verbi regolari in *-ere*

I turisti **leggono** la guida e non **vedono** il Colosseo.

1. The present tense of regular **-ere** verbs is formed by adding the present-tense endings **-o, -i, -e, -iamo, -ete,** and **-ono** to the infinitive stem.

> Note that the endings for the **io, tu,** and **noi** forms are the same as for **-are** verbs.

prendere	*to take*
prend**o**	prend**iamo**
prend**i**	prend**ete**
prend**e**	prend**ono**

2. The following *-ere* verbs are regular in the present tense.

chiedere to ask for	**perdere** to lose
chiudere to close	**prendere** to take; to have
conoscere to know (*a person or a place*); to meet	(to eat or drink); to get
	promettere to promise
credere to believe	**ricevere** to receive
decidere di (+ *infinitive*) to decide to do something	**rispondere** to answer
	scrivere to write
discutere (di) to discuss (something)	**spendere** to spend (*money*)
leggere to read	**vedere** to see
mettere to put, place	**vendere** to sell

> **Discutere** also means *to argue.*

Bettina e Lorenzo **leggono** il menù.   *Bettina and Lorenzo are reading the menu.*

Decidono di chiamare il cameriere.   *They decide to call the waiter.*
Bettina **prende** un cappuccino.   *Bettina is having a cappuccino.*

— Il bar **chiude** alle dieci?   *Does the bar close at ten?*
— **Credo** di sì.   *I believe (think) so.*

a **Completare le conversazioni.** Completi le conversazioni con la forma corretta dei verbi fra parentesi. (*Complete the dialogues with the correct form of the verbs in parentheses.*)

1. — Enrico, ogni giorno io ti _____ (scrivere) una o due email,
   e tu non _____ (rispondere) mai. Ma non _____ (leggere) i miei
   messaggi?
   — Sì, sì, certo che _____ (ricevere) i tuoi messaggi e li _____
   (leggere) con piacere. Va bene, ti _____ (promettere) che d'ora in poi
   (*from now on*) ti _____ (rispondere) subito.

2. — Ciao, mamma. Vado al bar a incontrare gli amici.
   — Di nuovo al bar! Ma cosa fate lì?
   — Noi? _____ (prendere) il caffè o magari (*perhaps*) un gelato
   e _____ (discutere) di politica o di sport.
   — Ma _____ (spendere) i soldi (*money*) e _____ (perdere)
   anche tempo!
   — Un po' sì, è vero.

b **Domande e risposte.** Crei domande dagli elementi dati, e poi risponda alle domade in maniera logica. (*Complete the following sentences with the appropriate form of the verb.*)

>> tu / chiudere / la porta
   Chiudi la porta?   No, chiudo la finestra.

1. Marina / mettere / i suoi libri nello zaino
2. Tonio ed Alberto / conoscere / un atleta famoso
3. tu / vendere / la bicicletta
4. Tu e Barbara / scrivere / agli amici italiani
5. il professore / rispondere / alle domande
6. voi / discutere / di sport
7. loro / decidere di / ordinare una pizza
8. tu / chiedere / qualcosa al professore

c **Domande e risposte.** In coppia: A turno, chieda e risponda con frasi complete alle seguenti domande. (*In pairs: Take turns asking and answering these with complete sentences.*)

1. Ricevi molti messaggi? Rispondi subito?
2. Di che cosa discuti con gli amici? Di sport? Di politica? Di scuola?
3. C'è una cosa che tu perdi spesso? Che cosa?
4. Che cosa prendi di solito la mattina? Caffè? Tè? Latte?
5. Leggi molto? Che cosa leggi? Giornali? Libri? Riviste?
6. Come scrivi i tuoi compiti? Con la penna? Con il computer?
7. Vedi molti film? Dove? A casa o al cinema?
8. Conosci una persona famosa? Chi?

d **Frasi di senso compiuto.** Formuli frasi di senso compiuto per ogni soggetto della colonna a sinistra, usando le parole delle colonne a destra. (*Create coherent sentences about each subject in the left-hand column, using words from the right-hand columns.*)

>> Io scrivo sul quaderno.

io	chiedere	Valentino Rossi
i ragazzi	ricevere	la penna
i miei fratelli	perdere	al telefonino
la studentessa	leggere	informazioni al poliziotto
tu	vendere	libri di fantascienza
io ed un'amica	rispondere	Giorgio Armani
tu e lui	spendere	una telefonata dal presidente
	conoscere	cento dollari al supermercato
		due biglietti per il concerto di Fabri Fibra

e **Martedì sera.** La famiglia Giulietti è a casa martedì sera. Dica quello che fa ognuno, usando i verbi indicati in basso. (*The Giulietti family is at home Tuesday evening. Say what each person is doing, using the verbs listed below.*)

chiedere   leggere   rispondere   vedere

discutere   prendere   scrivere

Formulare le domande

— **Dove** vai? **Con chi?**
  Quando torni?
— **Perché** tante domande?

1. Questions that can be answered *yes* or *no* often use the same phrasing and word order as declarative sentences.

Desidera qualcosa da mangiare.	*He wants something to eat.*
Desidera qualcosa da mangiare?	*Does he want something to eat?*

There are three possible ways to signal that such sentences are questions:

a. by using rising intonation at the end of a question.

Sei libera sabato sera?

Andiamo a ballare?

b. by adding a tag phrase, such as **non è vero?** or **no?**

Paola prende una spremuta d'arancia, **non è vero?**

Il bar chiude a mezzanotte, **no?**

c. by naming the subject (noun or pronoun) at the end of the question instead of in its normal position at the beginning of the sentence.

Prendono qualcosa **i signori?**
Arriva anche **Bettina?**

2. Questions that ask for specific information are introduced by interrogative words. The subject, if stated, usually follows the verb.

come?	how?	**Come** stai?
che (cosa)?	what?	**Che cosa** si fa sabato sera?
chi?	who?	**Chi** va al cinema?
dove?	where?	**Dove** vai con gli amici?
quando?	when?	**Quando** comincia lo spettacolo?
quale/i?	which?	**Quale** film desideri vedere?
quanto?	how much?	**Quanto** costano i biglietti?
quanti/e?	how many?	**Quanti** anni hai?
perché?	why?	**Perché** non si va domani?

▶ **Che?, che cosa?,** and **cosa?** are interchangeable. They all mean *what?*

3. The interrogative adjectives **quale?** and **quanto?** agree in gender and number with the nouns they modify.

Quanto tempo abbiamo?
Quante granite prendete?
Quanti studenti ci sono nella tua classe?
Quante persone ci sono al tavolino?
Quale università frequenti?
Quali materie segui?

f **Formulare domande.** Trasformi ciascuna delle seguenti frasi in domande, usando gli schemi indicati. (*Transform each of the following statements into questions, using the patterns indicated.*)

>> Maria lavora oggi.   Maria lavora oggi?
                         Maria lavora oggi, non è vero?
                         Lavora oggi Maria?

1. Franco parla con la moglie.   5. Sua sorella sta bene.
2. Paola e Nicola sono a Roma.   6. Lei è italiano.
3. La discoteca chiude tardi.   7. Carlo e Cesira hanno lezione.
4. Tina è libera oggi.

g **Domande logiche.** Formuli delle domande logiche per le seguenti risposte. (*Ask logical questions for the following answers.*)

▶ Ex. G: There may be more than one possible question for some answers.

>> Marco va al cinema.   Dove va Marco? / Chi va al cinema?

1. Gli studenti d'arte sono al museo.
2. Arrivano al museo con l'autobus.
3. Tornano dal museo più tardi.
4. Guardano le sculture medievali.
5. Uno studente compra una guida del museo.
6. La professoressa arriva alle due.
7. È in ritardo perché c'è molto traffico.
8. Parla con il direttore del museo.
9. Incontra gli studenti all'università.
10. Discutono d'arte.

h **Con chi?** In coppia: Domandi ad un altro studente/un'altra studentessa con chi fa le seguenti cose. (*In pairs: Find out from another student with whom he/she does the following things.*)

▶ Ex. H: If you normally do some of these things by yourself, say: **Studio da solo/a.**

>> S1: Con chi studi?
   S2: Studio con…

1. studiare per gli esami   5. guardare la televisione
2. giocare a tennis   6. mangiare
3. abitare   7. passare le vacanze
4. discutere di sport o di politica   8. parlare al telefono

i Una foto. In coppia: Faccia vedere una fotografia di un/una parente o di un amico/un'amica. Risponda ad almeno sei domande sulla persona nella foto. (*In pairs: Show a photograph of a relative or friend to a partner. Answer at least six questions about the person in the photograph.*)

>> S1: Come si chiama?   S1: Dove abita?
    S2: Si chiama…   S2: Abita a…

j Risposte con frasi complete. Risponda alle seguenti domande con frasi complete. (*Answer the following questions with complete sentences.*)

1. Qual è il suo numero di telefono?
2. Qual è il suo giorno preferito?
3. Qual è la capitale dell'Italia? E qual è la città italiana più popolata?
4. Quali lingue parlano in Svizzera?
5. Quante sono le regioni italiane? Quante sono le province del Lazio?
6. Quali sono i principali fiumi italiani?
7. Quante settimane ci sono in un anno? E quanti mesi?
8. Quanti capitoli ci sono in questo libro? Quale lezione studiate adesso?

k Una cartolina. In coppia: Legga la cartolina scritta da un giovane americano che viaggia in Europa. Poi faccia ad un altro studente/un'altra studentessa cinque domande basate sulle informazioni scritte sulla cartolina. (*In pairs: Read the postcard below written by a young American traveling in Europe. Then ask a partner five questions about the information in the postcard.*)

Caro Giuseppe (Joe),
    Come stai? Io sto benissimo. Ora siamo a Palermo e ti scrivo dall'ufficio postale. Sono qui con Stefano e con altri amici. Stiamo nell'Albergo Tricornia. Non è molto elegante, ma costa poco. Ogni giorno visitiamo musei, chiese, ecc. La sera frequentiamo le discoteche, perché desideriamo conoscere ragazze italiane! Domani partiamo per l'Austria. Arriviamo a Chicago l'8 agosto.

        A presto,
        Michele

€ 0,52

Joe Cardarelli
700 Plains Ave
Arlington Heights,
IL 60005

U.S.A.

Verbi irregolari: *dare, fare, stare*

1. **Dare, fare,** and **stare** are irregular in some forms of the present tense.

dare *to give*		fare *to do; to make*		stare *to stay; to be*	
do	diamo	faccio	facciamo	sto	stiamo
dai	date	**fai**	fate	**stai**	state
dà	**danno**	fa	**fanno**	sta	**stanno**

> Notice the patterns in the **tu** forms and in the **loro** forms: **dai, fai, stai; danno, fanno, stanno.**

— A chi **dà** il cappuccino?
— **Do** il cappuccino al signore seduto al bar.

— Che cosa **fate** stasera?
— Non **facciamo** niente di speciale.

— Come **stanno** le tue sorelle?
— Chiara **sta** molto bene, ma Mariella **sta** un po' male.

2. **Fare** is used in many common idiomatic expressions.

fare bel tempo to be nice (*weather*)	— Oggi **fa bel tempo**?	
fare caldo to be hot (*weather*)	— **Fa caldo.**	
fare freddo to be cold (*weather*)	Sì, stamattina non **fa freddo**.	
fare una passeggiata to go for a walk	— Desideri **fare una passeggiata**?	
fare due passi to go for a short walk	— Bene, perché non **facciamo due passi?**	
fare un giro to take a ride; to take a short walk	Hai voglia di **fare un giro** in macchina con me?	
fare una gita to take a short trip	Gli studenti **fanno una gita** scolastica domani.	
fare un viaggio to take a longer trip	A dicembre **fanno un viaggio** in Italia.	
fare una domanda to ask a question	Lorenzo **fa una domanda** a Bettina.	
fare colazione to eat breakfast (*or lunch*)	— **Facciamo colazione** al bar?	
fare una fotografia to take a picture	— Sì, ma prima **faccio alcune fotografie** della piazza.	

> Italians often use **due** or **quattro** to mean *a few* or *a little*: **fare due passi, fare due chiacchiere, fare quattro salti.**

3. **Stare** in the sense of *to be* is used primarily with expressions of health.

— Come **state**?   *How are you (feeling, doing)?*
— **Stiamo** bene, grazie.   *We're fine, thank you.*

Many Italians use **stare** to mean *to be in a place*.

— Dove **sta** il papà?   *Where's Dad?*
— **Sta** ancora in ufficio.   *He's still at the office.*

4. Dare is also used in the expression **dare un esame** (*to take a test*).

— Quando **dà** gli esami?
— **Do** l'esame di storia giovedì e **do** quello d'inglese fra due settimane.

l **Sostituzioni.** Sostituisca il soggetto delle seguenti frasi con quelli indicati, coniugando il verbo nella forma appropriata. (*In the following sentences, replace the subject with those given in parentheses, changing the verb accordingly.*)

1. Che cosa fate domani? (tu / loro / la professoressa / noi)
2. Sto abbastanza bene. (il professor Massi / tu e Sergio / gli studenti / noi)
3. Diamo l'esame di storia domani. (lui / Margherita / tu / io e tu / loro)

m **Regali di compleanno.** Guardi il disegno dei regali che Francesca riceve per il suo compleanno. Dica chi dà un regalo a Francesca. (*Look at the drawing of the gifts that Francesca is receiving for her birthday. Say who is giving a gift to Francesca.*)

>> I nonni (*grandparents*) danno un regalo a Francesca.

n **Alcune domande.** Cerchi di sapere qualcosa di un altro studente/
un'altra studentessa, facendogli/le le seguenti domande. (*Find out more about
another student by asking him/her the following questions.*)

1. Fai spesso fotografie? Di che cosa?
2. Cosa fai giovedì mattina? E giovedì sera?
3. Stai a casa quando fa bel tempo?
4. Cosa dai a tua madre per il suo compleanno (*birthday*)?
5. Fai una passeggiata se fa freddo?
6. Fai una gita questo fine settimana? Con chi? Dove andate?
7. Come stai oggi? Come sta la tua famiglia?
8. Fai colazione ogni mattina? A che ora?
9. Quando dai l'esame d'italiano?

o **Che cosa fai?** Domandi ad un altro studente/un'altra studentessa che
cosa fa quando fa bel tempo, quando fa caldo e quando fa freddo. (*Ask
another student what he/she does when the weather is nice, when it is hot, and
when it is cold.*)

>> S1: Che cosa fai quando fa bel tempo?
S2: Gioco a tennis, faccio una passeggiata…

Joerg Reuther / Photolibrary

Dove sono queste persone? Che cosa fanno?

Parliamo un po'

a **Un sondaggio.** In gruppi di quattro: Faccia un sondaggio su tre compagni di scuola per sapere cosa leggono. Prenda appunti e poi riferisca i risultati alla classe. (*In groups of four: Conduct a survey with three other students to find out what they read. Take notes and then report the results to the class.*)

	Studente/Studentessa		
	1	2	3
Nome	_____	_____	_____
Legge i giornali?	_____	_____	_____
Quali?	_____	_____	_____
Quante volte alla settimana?	_____	_____	_____
Riviste?	_____	_____	_____
Quali?	_____	_____	_____
Libri?			
Quanti all'anno?	_____	_____	_____
Libri scolastici o romanzi (*novels*)?	_____	_____	_____

b **Il progetto.** In coppia: Lei deve fare insieme a un compagno/una compagna di classe un progetto che richiede almeno quattro ore. Domandi al compagno/alla compagna qual è il suo orario per i prossimi sette giorni. Cercate di trovare un periodo di tempo libero per completare il progetto. (*In pairs: You and a classmate are doing a project together that will take at least four hours. Ask your classmate what his/her schedule is for the next seven days. Try to find a time when you are both free to complete the project.*)

>> S1: Io sono libera domani mattina dalle nove all'una. E tu?
    S2: Io non sono libero. Ho lezione di chimica a mezzogiorno.
       E mercoledì pomeriggio che fai?
    S1: Mercoledì lavoro. E giovedì mattina? …

c **Ordinazioni per telefono.** In coppia: Telefoni al bar vicino all'ufficio dove lei lavora e ordini qualcosa da bere e da mangiare per se stesso/a e per altre due persone che lavorano con lei. Collabori con un altro studente/un'altra studentessa (il proprietario del bar) che risponde alla sua telefonata. (*In pairs: Phone the bar near the office where you work and order something to eat and drink for yourself and for two other people who work with you. Create a dialogue with another student who will play the part of the bar owner.*)

Bar pizzeria Il Gabbiano

034.94.90.78

Panini e tramezzini	*€3,50*
Pizzette	*€2,75*
Gelati/cono	*€1,70/2,50*
Paste	*€2,00*
Caffè	*€1,25*
Cappuccino	*€2,00*
Granite limone/caffè	*€3,30*
Acqua minerale	*€1,00*
Succo di frutta	*€1,75*
Bibite in lattina[1]	*€1,50*

1. Drinks in a can

> It is common for bars in Italian cities to deliver coffee and sandwiches to nearby workplaces. Office workers can call in their orders by telephone.

d **Dove andiamo?** In gruppi di tre: Lei è ad un caffè all'aperto con un gruppo di amici dopo le lezioni. Domandi ad ognuno degli amici che cosa ha voglia di fare dopo. Tra di voi, decidete dove andare e cosa fare. (*In groups of three: You are at an outdoor café with a group of friends after classes. Ask the others what they feel like doing later. Decide together where to go and what to do.*)

Possibili attività:

vedere un film italiano
fare quattro salti in discoteca
ascoltare un concerto
prendere qualcosa da bere

fare una passeggiata
mangiare una pizza
tornare a casa

e **Al concerto.** Questa settimana c'è una serie di concerti fantastici e lei desidera andare ad uno degli spettacoli che seguono. Decida quale concerto preferisce vedere e poi inviti un amico/un'amica ad andare con lei. Discutete anche quando e dove ha luogo il concerto e se volete fare qualcosa prima o dopo il concerto. (*This week there is a series of great concerts and you would like to go to one of the following shows. Decide which concert you prefer to see, and then invite a friend to go with you. Discuss with your friend when and where the concert will take place and if you want to do anything before or after the concert.*)

SABATO	DOMENICA	LUNEDÌ	MARTEDÌ
Edoardo Bennato *Teatro Tenda Pianeta,* *ore 21*	**883** *Teatro Tenda,* *ore 20*	**Modena City Ramblers** *New Age Club,* *ore 21*	**Pitura Freska** *Discoteca Mambù,* *ore 20.30*
Eiffel 65 *Teatro olimpico,* *ore 22*	**Laura Pausini** *Discoteca Ciao Ciao,* *ore 21*	**Pino Daniele** *Palasport, ore 2.30*	**Jovanotti** *Live Club,* *ore 19.30*

MERCOLEDÌ	GIOVEDÌ	VENERDÌ
Yuppie Flu *Teatro Tenda,* *ore 22*	**Articolo 31** *Palasport, ore 20*	**I Pooh** *Teatro Tenda,* *ore 19.30*
Ivano Fossati *Discoteca Grande Fratello, ore 19.30*	**Snaporaz** *New Age Club,* *ore 21*	**Vasco Rossi** *Discoteca Mambù,* *ore 22*

Pubblico in attesa di vedere uno spettacolo in un bel teatro italiano.

David Yoder / New York Times / Redux

Conoscere l'Italia

a **Un po' di geografia.** Completi le seguenti frasi con una parola appropriata della lista indicata. Ci sono due parole in più nella lista. (*Complete the following sentences with an appropriate word from the list. There are two extra words on the list.*)

arance   paese   greci   città
mare   storia   isola   regione

1. L'Italia è un _____.
2. La Sardegna è un' _____.
3. Genova è una _____.
4. Il Mediterraneo è un _____.
5. I _____ sono gli abitanti della Grecia.
6. L'Abruzzo è una _____ del centro Italia.

▶ As you look at the map of Italy on page 12, notice that the shape of Italy resembles that of a boot (**uno stivale**). Locate the major cities of Sicily.

▶ The Normans were ancient Scandinavian people who settled in northern France in the tenth century and later moved on to conquer Sicily.

▶ The other two active volcanos in Italy are Mount Vesuvius, near Naples, and Stromboli, on one of the Eolian Islands near Sicily.

CD1,
Track 35

La Sicilia

La Sicilia è un'isola vicino alla punta dello "stivale[1]" italiano ed è una delle più belle e pittoresche regioni del paese. Ricca[2] di storia, tradizioni e cultura, la Sicilia ha molte costruzioni artistiche di origini diverse. In questa regione ci sono anche monumenti antichi molto belli che ricordano[3] la presenza dei greci, dei romani, degli arabi e dei normanni.

Circondata dal mare Mediterraneo, la Sicilia ha spiagge[4] stupende. Le città principali della Sicilia sono Palermo, il capoluogo, Catania, Messina e Siracusa. Vicino a Catania c'è il Monte Etna, uno dei tre vulcani attivi d'Italia. Grazie al suo clima mite[5], la Sicilia produce molta frutta, specialmente arance, mandarini[6], limoni e mandorle[7].

1. *boot*   2. *Rich*   3. *call to mind*   4. *beaches*
5. *mild climate*   6. *tangerines*   7. *almonds*

**Taormina: Il teatro greco (III secolo a.C.)
e sullo sfondo, l'Etna**

luiginifrosi.it / Shutterstock

b **Domande.** Risponda alle seguenti domande basate sulla lettura. (*Answer the following questions based on the reading.*)

1. Dov'è la Sicilia?
2. Di che cosa è ricca la Sicilia?
3. Che cosa ricordano i monumenti antichi siciliani?
4. Quali sono le città principali della Sicilia?
5. Che cosa è l'Etna?
6. Che cosa produce la Sicilia?

a **Definizioni.** Prima di leggere il seguente brano, abbini le definizioni con una parola della lista a destra. Ci sono due definizioni in più nella lista. (*Before reading the following passage, match the definitions with a word from the list on the right. There are two extra definitions in the list.*)

1. l'autunno
2. sinonimo di *paese*
3. nome legato a *bello*
4. un vulcano
5. un mese dell'anno
6. un gelato particolare della Sicilia
7. è come dare un Nobel

a. l'Etna
b. la granita
c. una stagione
d. la bellezza
e. l'appuntamento
f. giugno
g. il borgo
h. dolci
i. premiare

▶ Throughout Italy, patron saints enjoy an important place in the life of small towns and big cities as well. On a specific day of the year, the patron saint is celebrated with religious ceremonies, processions, and other festive activities, such as fairs, concerts, and other entertaining events.

CD1,
Track 36

Riposto (Catania)

Le granite, l'Etna e il mare
di Gianluca Fiorentini

I dolci[1], le granite, l'Etna alle spalle che si staglia[2] sul mare. Riposto, tra Taormina e Acireale, è un borgo marinaro di indubbia[3] bellezza. Un paese ospitale in tutti i mesi dell'anno, ma in particolare con la bella stagione, con due appuntamenti da non mancare[4]: la festa del Patrono, San Pietro, che si tiene[5] il 29 giugno e l'iniziativa Capitani Coraggiosi, prevista per il 4 settembre. Con questa manifestazione, vengono premiati i migliori uomini di mare del luogo.

1. *sweets* 2. *stands out* 3. *undoubted* 4. *not to miss*
5. *is held*

Cubolmages srl / Alamy

Caratteristica veduta dal mare della cittadina siciliana Riposto. Sullo sfondo il vulcano Etna coperto di neve.

b **Vero o falso?** In coppia: A turno, identificate le seguenti frasi come vere o false secondo il brano precedente. Correggete le frasi false. (*In pairs: Take turns identifying the following sentences as true or false according to the preceding passage. Correct the false sentences.*)

▶ Sicilians have a very close rapport with the sea, and the fishing industry is an important economic resource of this region.

1. L'Etna è un vulcano della regione Campania.
2. Riposto è un paese siciliano vicino al mare.
3. Il patrono di Riposto è San Paolo.
4. La festa del patrono è il 13 giugno.
5. Con la manifestazione Capitani Coraggiosi, vengono premiate le migliori granite di Riposto.

Mike Kipling Photography / Alamy

Non manca proprio niente in questo chiosco: si vendono granite, spremute, succhi, gelati ed anche pizzette.

Viaggi in video *La Sicilia*

Prima di guardare

Vocabolario utile

rovine	*ruins*
colonna	*column*
indovinare	*to guess*
triste	*sad*
spiaggia	*beach*
sequestrati	*kidnapped*
Dai!	*Come on! Give me a break!*
Piantala!	*Cut it out!*
racconta	*tells a story*

a **Indovinare la città.** Pamela deve indovinare la regione o la città guardando gli elementi nel video. Indovini di quale città si tratta dalle caratteristiche indicate. *(Pamela has to guess the region or city from the features presented in the video. Guess which cities the following sets of clues refer to.)*

1. Emilia Romagna; pasta all'uovo; università antica; capoluogo
2. Lazio; tremila anni di storia; Musei Capitolini, Colosseo
3. Emilia Romagna; aceto balsamico; "La Bonissima"; Piazza Grande

▶ Mentre guarda il video

b **Caratteristiche della Sicilia.** Quali sono le caratteristiche della Sicilia che vediamo nel video? *(Which features of Sicily are shown in the video?)*

città vivaci e moderne	castelli medievali
rovine di templi greci	architettura araba
Monte Etna	mare e isole
alberghi di lusso	feste folcloristiche
fabbriche di macchine da corsa	mosaici romani

c **Domande.** Risponda alle domande con frasi complete. *(Answer the questions with full sentences.)*

1. Perché ci sono templi greci in Sicilia?
2. Perché Pamela dice che è un'isola deserta?
3. Cosa dice Pamela quando vede il cratere dell'Etna?
4. Perché Pamela desidera abitare nel castello medievale?
5. Il video piace a Pamela? Perché?
6. Il titolo del video è "Una terra che racconta". Perché si chiama così?

Courtesy of Regione Sicilia Dipartimento Regionale del Turismo

d **Cosa pensa Pamela?** Quali espressioni completano meglio i pensieri di Pamela? *(Which expressions best complete Pamela's thoughts?)*

1. Mi piace la musica di questo video: è molto …
   drammatica / moderna / strana.
2. Vedo molte colonne, ma l'architettura non mi sembra romana: sembra …
   barocca / araba / greca.
3. Nel video vedo molti monumenti e paesaggi
   ma è triste perché ci sono poche …
   persone / colonne / montagne.
4. Secondo me gli abitanti dell'isola sono sequestrati dagli …
   arabi / australiani / extraterrestri.
5. Mi piacerebbe moltissimo abitare in un …
   tempio greco / UFO / castello medievale.
6. Siamo in Sicilia! Sì, lo sapevo già *(I already knew it)*. Non sono …
   siciliana / intelligente / ignorante!

Architettura araba

In molte parti della Sicilia esistono ancora testimonianze della dominazione musulmana del X secolo, che finisce con la conquista normanna nel 1091. Il video cita due esempi famosi di architettura arabo-normanna: la **Cappella Palatina** di Palermo e il **Duomo di Monreale**.

©silky/Shutterstock.com

Dopo aver guardato

e **Creare la domanda.** Crei le domande appropriate per ogni risposta indicata. *(Create a logical question for each of the answers provided.)*

>> Guardano il video.   Che cosa fanno Gep e Pamela?

1. Siamo in Sicilia.
2. Sono colonne antiche.
3. Mi piace l'architettura araba.
4. Ci sono due persone sulla spiaggia.
5. Pamela desidera abitare in un castello medievale.
6. Si chiama Monte Etna.
7. Gli extraterrestri hanno sequestrato gli abitanti dell'isola.

f **Esperienza personale.** Cosa le sembra particolarmente interessante della Sicilia? Condivida le sue idee con i compagni di classe. *(What do you find most intriguing about Sicily? Share your thoughts with your classmates.)*

lezione

5

È Carnevale!

COMMUNICATIVE OBJECTIVES

- Talk about costumes and costume parties
- Describe people, places, and things
- Express preferences
- Talk about where you and others are going

Due bambine mascherate partecipano alla sfilata di Carnevale a Venezia.

RISORSE

 audio

 video

 www.cengagebrain.com/shop/ ISBN/0495913391

iLrn ilrn.heinle.com

Jan Mollet / Alamy

È la settimana di Carnevale e in tutta la città c'è un'atmosfera di allegria. Giulia Magrini e Francesca Cipriani vanno in giro per le vie del centro di Perugia. Mentre guardano le vetrine dei negozi, sentono la voce del loro amico Massimo Damiani.

CD1, Track 37

1	MASSIMO:	Salve, ragazze, come mai° siete qui?	*how come?*
	GIULIA:	Siamo qui per fare acquisti. Cerchiamo un costume originale.	
	MASSIMO:	Venite anche voi alla festa di Roberto Santini?	
	FRANCESCA:	No, non conosciamo Roberto Santini.	
5	GIULIA:	Noi andiamo al ballo in maschera all'Università per Stranieri.	
	FRANCESCA:	Ti suggerisco di venire con noi.	
	MASSIMO:	Preferisco veramente la vostra compagnia, ma...	
	FRANCESCA:	Hai già un costume particolare°?	*special*
	MASSIMO:	Sì, penso di indossare un costume semplice ed economico, una	
10		bella toga romana. Capite bene che non ho voglia di spendere	
		molto. Voi invece quali costumi avete in mente°?	*in mind*
	GIULIA:	Io preferisco un costume elegante. Desidero vestire come una	
		bella donna dell'alta società dell'Ottocento°. Il problema è che il	*19th century*
		vestito è molto caro.	
15	MASSIMO:	E tu, Francesca, chi preferisci essere?	
	FRANCESCA:	Ancora non lo so. Giulia mi suggerisce d'indossare un'uniforme	
		militare.	
	MASSIMO:	Davvero? Ti piace per caso° seguire la carriera militare?	*by chance*
	FRANCESCA:	No, ma per una sera posso° impartire ordini a tutti gli invitati.	*I can*
20	MASSIMO:	Allora, agli ordini, signor generale! Ora vado, ma forse ci vediamo	
		al ballo in maschera. Ciao.	

Domande

1. Perché c'è un'atmosfera di allegria nelle vie della città?
2. Perché sono in centro le due ragazze?
3. Perché hanno bisogno di costumi i tre amici?
4. Cosa pensa di indossare Massimo per la festa di Carnevale?
5. Perché preferisce questo costume?
6. Com'è il costume che Giulia pensa di indossare?
7. Cosa pensa di indossare Francesca?

▶ **Carnevale** is the week before Ash Wednesday, when Lent begins. People wear costumes and attend masked parties and balls. The word **Carnevale** comes from the Latin *carne* (meat) and *vale* (farewell); that is, "farewell to meat" during Lent.

Dove fare gli acquisti?

In questi ultimi anni[1] si è verificato un deciso cambiamento[2] nel modo di fare gli acquisti da parte degli italiani. Nelle periferie di quasi tutte le città, grandi e piccole, sono stati costruiti i centri commerciali. Qui è possibile fare la spesa di prodotti alimentari ed acquistare ogni altro genere di beni di consumo[3]. Infatti in quasi tutti questi centri commerciali, insieme ad un supermercato, ci sono tanti altri negozi che offrono ogni tipo di merce[4]. La popolarità di questi centri è dovuta a vari fattori, come la facile accessibilità con l'automobile, la possibilità di trovare parcheggio senza problemi e la grande quantità e varietà di merce a prezzi più economici. Inoltre i centri commerciali sono caldi d'inverno e freschi d'estate e costituiscono un piacevole punto d'incontro e di aggregazione per le persone di ogni età. Per questi motivi il numero dei negozi del centro e di quartiere[5] di molte città è notevolmente diminuito. Nelle principali vie del centro sono rimasti solamente i negozi di alta moda e di artigianato che sono per lo più meta dei turisti italiani e stranieri. Molto frequentati sono anche i mercati e i mercatini specializzati all'aperto dove è possibile fare la spesa[6] e comprare prodotti personali e per la casa.

In alcune città ci sono anche i mercati dell'usato[7], come quello di Porta Portese a Roma. Situato in una zona lungo[8] il fiume Tevere, il mercato di Porta Portese prende il nome dalla Porta Portese, una delle porte nelle mura che circondavano[9] la Roma antica. Questo mercato, dove è possibile acquistare a buon mercato[10] prodotti di ogni genere e oggetti d'arte e di antiquariato[11], ha luogo ogni domenica.

- Come sono i negozi dove gli abitanti della sua città fanno le spese?
- Nella sua città ci sono negozi piccoli e mercati all'aperto? Che cosa vendono?

Sylvain Grandadam / Photolibrary

Il mercato di Porta Portese a Roma offre un po' di tutto.

1. *In the last few years*
2. *change*
3. *consumer goods*
4. *merchandise*
5. *neighborhood*
6. *to shop for groceries*
7. *secondhand markets*
8. *along*
9. *surrounded*
10. *inexpensive*
11. *antiques*

Domande personali

1. Di solito lei va in giro per il centro? Quando? Con chi?
2. Di solito dove va a fare gli acquisti?
3. In quali occasioni lei indossa un costume?
4. Che tipo di costume preferisce indossare in queste occasioni?
5. Lei preferisce indossare un costume tradizionale o moderno?
6. Preferisce un costume semplice ed economico o un costume caro ed elegante?

> The **Tevere** (Tiber) is the river that flows through Rome.

> Walking along the main street (**il corso**) to window-shop and to meet and chat with friends is a traditional activity in Italian cities and towns.

Situazioni

1. Domandi ad un amico/un'amica dove va.

    >> — Dove vai oggi pomeriggio?
    — Vado al centro a fare acquisti (a guardare le vetrine / a prendere un gelato con gli amici / a fare due passi).

2. Lei desidera sapere come sono i negozi vicino all'università.

    >> — Come sono i negozi vicino all'università?
    — Sono cari (economici / grandi / piccoli / eleganti).

> **Vado** (*I go*) and **vai** (*you go*, informal) are present-tense forms of **andare** (*to go*).

Pratica

1. In coppia: Lei organizza una festa a casa sua. Telefoni ad un amico/un'amica e lo/la inviti. L'amico/amica desidera sapere il giorno e l'ora della festa, e domanda se lei ha bisogno di qualcosa da bere o da mangiare per gli invitati.

2. In gruppi di tre: C'è una festa di Halloween all'università. Dite quale costume indossa ciascuno (*each*) di voi e perché.

    >> — Io penso di indossare il costume (di Arlecchino) perché è un costume allegro. E tu?
    — Io...

> Halloween parties are now very popular in Italy especially among young people. Introduced by American TV programs and movies, Halloween offers the chance to wear costumes associated with ghosts and scary characters from horror films.

 # Vocabolario

Parole analoghe

l'atmosfera	elegante	l'ordine (*m.*)	la società
la carriera	il generale	originale	la toga
la compagnia	militare	il problema	l'uniforme (*f.*)
il costume	offrire	romano/a	

Nomi

l'acquisto purchase	la ragazza girl
l'allegria joy	il vestito dress
la donna woman	la vetrina store window
la festa party	la via street
l'invitato/a guest	la voce voice
l'Ottocento 19th century, the 1800s	

Verbi

capire to understand
conoscere to know
indossare to wear
preferire to prefer
seguire to follow
sentire to hear
suggerire to suggest
venire (*irreg.*) to come
vestire to dress

Aggettivi

bello/a beautiful
caro/a expensive
economico/a cheap, inexpensive
mascherato/a masked
scorso/a last, past
semplice simple

Altre parole ed espressioni

ancora yet
benissimo very well
che that; who
davvero? really?
forse perhaps
già already
mentre while
molto very, much, a lot
molti/e many
qui here
tutto/a all
andare in giro to go around
il ballo in maschera masquerade
   ball
fare acquisti to make purchases
impartire ordini to give orders
non lo so I don't know

 # Pronuncia

I suoni della /c/

The sounds of the letters **c** and **ch** in Italian differ from English. **Ch** is always pronounced **/k/**, as in *chemistry*. When the letters **c** and **cc** appear before **a**, **o**, or **u**, they are always pronounced **/k/**, as in *cold*. Before **e** and **i**, however, **c** and **cc** are pronounced like the **c** in *ancient*.

> Remember: **c** and **cc** before **e** and **i** = the sound of **c** in *ancient*.

 a Ascolti e ripeta le seguenti parole.

CD1,
Tracks
38–39

chiama	**c**ome	**c**inque	**c**iao
che	**c**osa	diffi**c**ile	vi**c**ino
an**ch**e	e**cc**o	Gre**c**ia	di**c**iotto
chimica	pe**cc**ato	pia**c**e	medi**c**ina
chiesa	**c**apitale	li**c**eale	anti**c**ipo

b **Proverbio.** Ascolti e ripeta il seguente proverbio.

Chi non risica, non rosica!
Nothing ventured, nothing gained.
(*Literally: He who doesn't take risks, doesn't nibble.*)

Ampliamento del vocabolario

Caratteristiche personali

Note that an adjective that ends in **-o** usually refers to a male and one that ends in **-a** usually refers to a female. An adjective that ends in **-e** may refer to either a male or a female.

Anna è **bassa**. Paola è **alta**.

Enrico è **grande**. Carlo è **piccolo**.

Laura è **divertente**. Marisa è **noiosa**.

Dino è **grasso**. Aldo è **magro**.

La signora Baschi è **ricca**.   La signorina Donato è **povera**.

Luisa è **allegra**. Giulietta è **triste**.

Il diavolo è **cattivo**.   L'angelo è **buono**.

Pietro è **giovane**. Il nonno è **vecchio**.

Giorgio è **calmo**. Alberto è **nervoso**.

Altre caratteristiche personali

bello/a	beautiful, handsome	**brutto/a**	ugly
dinamico/a	dynamic, energetic	**pigro/a**	lazy
disinvolto/a	carefree, self-possessed	**timido/a**	shy, timid
cortese	kind, courteous, polite	**scortese**	unkind, rude
ingenuo/a	naive	**furbo/a**	shrewd
simpatico/a	nice, pleasant	**antipatico/a**	unpleasant
gentile	kind, courteous	**sgarbato/a**	rude
onesto/a	honest	**disonesto/a**	dishonest
generoso/a	generous	**egoista**	selfish
sincero/a	sincere	**falso/a**	insincere
intelligente	intelligent	**stupido/a**	stupid
prudente	careful, cautious	**audace**	bold, daring

a **Descrizioni.** In coppia: A turno (*In turn*), descrivete le persone rappresentate nel disegno (*drawing*). Usate almeno (*at least*) quattro aggettivi in ogni descrizione.

>> Maria Montesi — Com'è Maria Montesi?
    — È ricca ed è anche...

b **L'aggettivo appropriato.** Descriva le seguenti persone con un aggettivo appropriato.

>> — La signora Fanti ha molti soldi e fa sempre molti acquisti.
    — È molto ricca.

1. Il dottor Valenti non lavora. Ha novantadue anni.
2. Marina adora ballare e cantare.
3. Mio fratello ha quindici anni e frequenta il liceo.
4. Mia sorella guarda sempre la televisione e non studia molto.
5. Tiziana non presta i libri agli amici.
6. Luigi non offre il gelato a nessuno.
7. Sandro non ha paura di parlare in classe. Parla italiano senza esitare (*without hesitating*).

c **Caratteristiche particolari.** In gruppi di tre o quattro: Domandi quali caratteristiche devono avere le seguenti persone. Usi due o tre aggettivi per persona.

>> un amico   — Quali caratteristiche deve avere un amico?
                — Un amico deve essere sincero, buono e generoso.

1. un dottore/una dottoressa
2. un attore/un'attrice
3. un professore/una professoressa
4. uno studente/una studentessa
5. un cameriere/una cameriera
6. un/un'atleta (*athlete*)

d **Chi sono io?** In coppia: Lei cerca lavoro come animatore/animatrice (*counselor*) in un campeggio per ragazzi. Descriva se stesso/a al direttore del campeggio, dicendo di dov'è, quale scuola frequenta, la sua età, le sue caratteristiche fisiche e alcuni aspetti della sua personalità.

>> — Allora, signore (signorina), mi parli un po' di lei.
   — Bene, mi chiamo...

Struttura ed uso

Concordanza degli aggettivi qualificativi

1. In Italian, descriptive adjectives (**aggettivi qualificativi**) agree in number and gender with the nouns they modify. There are two main types of descriptive adjectives: those with four forms and those with two forms.

a. Adjectives whose masculine singular form ends in **-o** have four forms.

alto *tall*		
m., sing.	alt**o**	Quel signore tedesco è **alto**.
f., sing.	alt**a**	Anche sua moglie è **alta**.
m., pl.	alt**i**	I figli del signore sono **alti**.
f., pl.	alt**e**	Anche le sue sorelle sono **alte**.

Note: Adjectives ending in **-io** drop the second **i** in the masculine plural: **vecchio/vecchi.**

▶ Adjectives with four endings are more numerous, but many common adjectives, such as **giovane** and **grande**, have two endings.

▶ The possessive adjectives that you learned in **Lezione 2** all have four forms with the exception of **loro**, which is invariable: **il loro costume, le loro amiche,** etc.

▶ Remember, it is the gender and number that agree, not necessarily the final letter: **una festa elegante**.

b. Adjectives whose masculine singular form ends in **-e** have two forms.

elegante *elegant*		
m., sing.	elegant**e**	È un vestito **elegante**.
f., sing.	elegant**e**	Ritorno da una festa **elegante**.
m., pl.	elegant**i**	In questa città i negozi sono **eleganti**.
f., pl.	elegant**i**	Mi piacciono le vetrine **eleganti**.

2. When an adjective modifies two or more nouns of different gender, the masculine plural form is always used.

Francesca e il suo ragazzo sono **simpatici**.

Francesca and her boyfriend are nice.

La signora e il signore sono molto **generosi**.

The lady and gentleman are very generous.

3. Some adjectives of nationality have four forms, some two.

americano, -a, -i, -e
australiano, -a, -i, -e
italiano, -a, -i, -e
messicano, -a, -i, -e
russo, -a, -i, -e
spagnolo, -a, -i, -e
tedesco, -a, -hi, -he

canadese, -i
cinese, -i
francese, -i
giapponese, -i
inglese, -i
irlandese, -i

a **Ricchi e poveri.** Completi la seconda frase con un aggettivo di significato opposto a quello della prima frase.

>> Antonella è allegra. Luigi e Filippo _____.
Luigi e Filippo sono tristi.

1. Alberto è povero. Anna e Massimo _____.
2. Laura è buona. Le sue sorelle _____.
3. Teresa è intelligente. Claudio _____.
4. Gianni è giovane. Alfredo _____.
5. Le figlie di Paolo sono piccole. I suoi figli _____.
6. Luisa è grassa. Angelo ed io _____.
7. La sorella di Elena è bella. I suoi fratelli _____.
8. Io sono alto. Tu e Riccardo _____.

b **Aggettivi di nazionalità.** Dia la nazionalità delle seguenti persone.

>> Céline Dion è del Canadà.
    Céline Dion è canadese.

1. David Beckham e Victoria Adams vengono dall'Inghilterra.
2. Il re (*king*) Juan Carlos abita in Spagna.
3. François Hollande è della Francia.
4. Yao Ming è della Cina.
5. Nicole Kidman e Hugh Jackman sono originari dell'Australia.
6. Bono abita in Irlanda.
7. Audrina Patridge e Heidi Montag sono degli Stati Uniti.
8. L'imperatore Akihito abita in Giappone.

c **Ad una festa.** In coppia: Ecco un disegno di alcune persone ad una festa veramente fantastica. Con un compagno/una compagna, descrivete le caratteristiche fisiche e personali dei partecipanti alla festa e dite anche che cosa fanno.

d **La mia città.** Descriva i luoghi indicati nella sua città, usando la forma appropriata di aggettivi come **nuovo, moderno, grande, vecchio, piccolo, buono,** ecc.

>> le chiese   Le chiese della mia città sono moderne (grandi, ecc.).

1. i ristoranti
2. l'ufficio postale
3. gli alberghi
4. l'ospedale
5. il museo
6. le scuole
7. l'università
8. i cinema

Posizione degli aggettivi con i nomi

— Guarda! Ho una **nuova macchina.**
— Scusa, ma questa non è una **macchina nuova!**

1. In Italian, most descriptive adjectives follow the nouns they modify.

— Penso di indossare una **toga romana.**
— *I think I'll wear a Roman toga.*
— Ecco un **costume semplice!**
— *Now that's a simple costume!*
— Io porto un'**uniforme militare.**
— *I'm wearing a military uniform.*

2. Certain common descriptive adjectives, such as **bello, buono, nuovo,** and **piccolo,** ordinarily precede the noun they modify. When they follow the noun, it is usually for emphasis or contrast.

— Abitano in una **piccola villa** fuori Roma
— *They live in a small villa outside Rome.*
— Ma non è una **villa piccola.** È grande!
— *But it's not a small villa at all. It's big!*

Here is a list of some common adjectives that generally precede the noun.

altro/a	other	**grande**	large; great
bello/a	beautiful; nice	**lungo/a**	long
bravo/a	good; capable	**nuovo/a**	new
brutto/a	ugly; unpleasant	**piccolo/a**	small
buono/a	good	**stesso/a**	same
caro/a	dear	**vecchio/a**	old
cattivo/a	bad	**vero/a**	true
giovane	young		

Note: **Altro** and **stesso** always precede the noun.

> Using these adjectives after the noun tends to emphasize the literal meaning of the adjective. For example, **una nuova macchina** means that the car is new to the speaker, but not necessarily new; **Una macchina nuova** implies that the car is brand new.

> The word **caro** before a noun means *dear*: **un caro amico**; after a noun, it means *expensive*: **un costume caro.**

3. When **buono** directly precedes a singular noun, it usually has shortened forms similar to those of the indefinite articles **un/uno/una/un'**.

Antonio è un **buon** ragazzo. È anche un **buono** studente.

Antonio is a good boy. He's also a good student.

Tiziana è una **buona** pianista. È una **buon'**amica di Tonio.

Tiziana is a good pianist. She's a good friend of Tonio.

4. When **bello** directly precedes the noun it modifies, it has forms similar to the definite article.

maschile		femminile	
singolare	plurale	singolare	plurale
il **bel** museo	i **bei** musei	la **bella** città	le **belle** città
il **bello** stadio	i **begli** stadi	la **bell'**isola	le **belle** isole
il **bell'**albergo	i **begli** alberghi		

But: Gli alberghi sono **belli**.

e **Completare il brano.** Completi la descrizione con la forma appropriata degli aggettivi indicati tra parentesi. Metta gli aggettivi nella posizione corretta.

>> Frequento una (grande) _____ università _____.
Frequento una grande università.

Abito in una (piccolo) _____ casa _____ per (internazionale) _____ studenti _____. Quest'anno ci sono quattro (nuovo) _____ studenti _____. Ilsa è una (bravo) _____ ragazza _____ tedesca. Laure e Mireille sono due (giovane) _____ studentesse _____ che sono della (stesso) _____ città _____ della Francia. Ivan è un _____ (russo) ragazzo _____. È una (simpatico) _____ persona _____ e un (vero) _____ amico _____.

f **Opinioni diverse.** In coppia: Lei e un amico/un'amica avete opinioni differenti su quasi (*almost*) tutto. Quando lei dice che una cosa è bella, l'amico/a dice che è brutta, e viceversa. Esprimete il vostro punto di vista sulle seguenti cose, secondo l'esempio.

>> la città di Los Angeles   S1: Che bella città!
    S2: Che brutta città!

1. i libri di Harry Potter
2. la lingua tedesca
3. la famiglia di Homer Simpson
4. i negozi di Rodeo Drive
5. la musica di Andrea Bocelli
6. le idee di Stephen Colbert
7. la tradizione di Carnevale
8. il giorno di San Valentino

g **Che cosa hai?** In coppia: Chieda ad un amico/un'amica se ha le seguenti cose. Se risponde di sì, domandi se sono belle.

>> orologio   S1: Hai un orologio?
S2: Sì, ho un orologio.
S1: È bello l'orologio?
S2: Sì, è un bell'orologio.

1. cane   4. computer   6. stereo
2. macchina (*car*) 5. televisore   7. appartamento
3. bicicletta

h **Persone famose.** In gruppi di tre o quattro: Fate una lista di persone famose che voi associate con le seguenti qualità.

>> bello   S1: Brad Pitt è un bell'uomo.
S2: Cameron Diaz è una bella donna.

1. ricco   4. alto   7. divertente
2. intelligente   5. basso   8. antipatico
3. vecchio   6. brutto

Presente dei verbi regolari in *-ire*

1. The present tense endings for regular **-ire** verbs are **-o, -i, -e, -iamo, -ite,** and **-ono.** These verbs follow two patterns: that of **dormire** (*to sleep*) and that of **capire** (*to understand*). The endings are the same for both groups, but verbs like **capire** insert **–isc–** between the stem and the ending in all forms except the **noi** and **voi** forms.

dormire	*to sleep*	capire	*to understand*
dorm**o**	dorm**iamo**	cap**isco**	cap**iamo**
dorm**i**	dorm**ite**	cap**isci**	cap**ite**
dorm**e**	dorm**ono**	cap**isce**	cap**iscono**

Il film **finisce** ma Pietro **dorme**.

▶ Notice that verbs such as **dormire** have the same endings as the **-ere** verbs, except for the **voi** form.

▶ As you learn new **-ire** verbs, conjugate them in your head so that you will remember whether they are like **dormire** or **capire**. To determine to which group a particular **-ire** verb belongs, count backwards from the last letter of the infinitive. If the fifth-to-the-last letter is a consonant, it is probably conjugated like **dormire**; if it is a vowel, it is probably conjugated like **capire** (notice the exception **restituire**).

2. The following **-ire** verbs are regular in the present tense.

Verbs like **dormire**		Verbs like **capire**	
aprire	to open	**finire**	to finish
offrire	to offer	**ubbidire**	to obey
partire	to leave, depart	**preferire**	to prefer
seguire	to follow; to take (*courses*)	**pulire**	to clean
sentire	to hear; to feel	**restituire**	to give back
servire	to serve; to be useful	**spedire**	to send
soffrire	to suffer	**suggerire**	to suggest

Note: The verbs **finire** and **suggerire** require the preposition **di** before an infinitive. English uses the *-ing* form to express the same idea.

— Quando **suggerisci di** partire?   — *When do you suggest leaving?*
— Quando **finiamo di** studiare.   — *When we finish studying.*

3. The verb **preferire**, however, is followed immediately by an infinitive.

— **Preferisci prendere** l'autobus   — *Do you prefer to take the bus*
oggi pomeriggio?   *this afternoon?*
— No, veramente **preferisco**   — *No, actually I prefer to*
partire ora.   *leave now.*

i **Cosa fanno?** Risponda alle domande con una frase appropriata della lista indicata. Metta il verbo nella forma corretta.

>> Cosa fa il professore?   Insegna all'università.

dormire molto
spedire lettere
capire tutto
servire il caffè
ubbidire
seguire corsi di anatomia
partire e arrivare
aprire la porta alla mamma
soffrire d'insonnia

1. Cosa fanno le persone pigre?
2. Cosa fa una persona intelligente?
3. Cosa fanno i viaggiatori (*travelers*)?
4. Cosa fanno i cani buoni?
5. Cosa fa il ragazzo cortese?
6. Cosa fa una persona che non dorme?
7. Cosa fanno i camerieri?
8. Cosa fanno gli studenti di medicina?

j   **Un giorno all'università.** Aldo descrive una sua giornata all'università. Completi la descrizione in maniera appropriata con la forma corretta di uno dei verbi indicati. Usi ogni verbo una volta sola.

restituire	dormire
aprire	offrire
preferire	pulire
seguire	prendere
spedire	

Di solito, la mattina io non _____ fino a tardi perché _____ andare all'università presto. Vado all'università alle otto, ma prima _____ un po' il mio appartamento. Poi incontro Giuseppe al bar e lui mi _____ un caffè. _____ il caffè e poi andiamo a lezione di storia. Di solito noi non _____ i libri quando il professore parla per tutta l'ora. Alla fine della lezione _____ la penna a Giuseppe e lo saluto. Io resto all'università perché _____ un corso di matematica il pomeriggio. Torno a casa all'una e poi _____ un'email ad un'amica di Pisa.

k   **Cosa preferite?** In gruppi di tre o quattro: Domandi agli altri studenti del gruppo quale delle due cose indicate preferiscono.

>> ascoltare la musica / guardare la televisione

     S1: Preferite ascoltare la musica o guardare la televisione?

     S2: Io preferisco guardare la televisione.

     S3: Io invece preferisco ascoltare la musica. / Anch'io preferisco...

1. studiare la mattina presto / studiare la sera tardi
2. le persone disinvolte / le persone timide
3. i cani / i gatti
4. andare in bicicletta / andare in motocicletta
5. la cucina italiana / la cucina cinese
6. il gelato al cioccolato / il gelato alla vaniglia
7. avere caldo / avere freddo
8. i film dell'orrore (*horror*) / i film romantici
9. la Coca-Cola / l'acqua minerale

l   **Domande.** In coppia: Faccia le seguenti domande ad un altro studente/ un'altra studentessa.

1. Capisci l'italiano o il francese? E il tedesco?
2. A che ora comincia la lezione d'italiano? A che ora finisce?
3. Di solito, a che ora finisci di studiare la sera?
4. Quante materie segui? Quali sono le materie che segui? Quale preferisci?
5. Fino a che ora dormi il sabato mattina? E la domenica mattina?
6. Preferisci ascoltare la musica mentre studi o no?
7. Chi pulisce la tua camera (*room*)? Quando?
8. Soffri di allergie? D'insonnia? Di nostalgia?

Verbi irregolari: *andare e venire*

1. The verbs **andare** and **venire** are irregular in some forms of the present tense.

andare	*to go*		venire	*to come*	
vado	andiamo		**vengo**	veniamo	
vai	andate		**vieni**	venite	
va	**vanno**		**viene**	**vengono**	

> Note that the preposition **da** is often used with verb **venire**: **Vengo dall'ufficio. Tu da dove vieni?**

2. **Andare** and **venire** require the preposition **a** before an infinitive.

Oggi non **andiamo a mangiare** al ristorante.

Today we aren't going to the restaurant to eat.

Gli amici di mio fratello **vengono a fare** colazione con noi.

My brother's friends are coming to have breakfast with us.

m **Completare i dialoghi.** Completi i dialoghi con le forme appropriate di **andare e venire.**

— Ciao, Simona. Da dove _____?
— _____ dal lavoro.
— Desideri _____ con me ad una festa?
— Sì! Ma prima _____ a casa a cambiarmi *(change)* il vestito.

— Dove _____ la tua famiglia in vacanza *(on vacation)*?
— Mamma e papà _____ a Miami.
— E tu non _____ con loro?
— No, io preferisco _____ a sciare con gli amici.

n **Alla stazione.** Dopo le vacanze in Italia, alcuni turisti europei cambiano treno alla stazione di Roma. Dica da dove vengono e dove vanno.

>> Partenza da: Rimini / Destinazione: Copenaghen / il signore danese
Il signore danese viene da Rimini e va a Copenaghen.

FERROVIE DELLO STATO

Partenza da: PALERMO
Destinazione: LIONE

1. il signore francese

FERROVIE DELLO STATO

Partenza da: SORRENTO
Destinazione: AMBURGO

2. la famiglia tedesca

FERROVIE DELLO STATO

Partenza da: SPERLONGA
Destinazione: BARCELLONA

3. gli studenti spagnoli

FERROVIE DELLO STATO

Partenza da: NAPOLI
Destinazione: LONDRA

4. la signorina inglese

FERROVIE DELLO STATO

Partenza da: AGRIGENTO
Destinazione: AMSTERDAM

5. i giovani olandesi

FERROVIE DELLO STATO

Partenza da: TAORMINA
Destinazione: LUCERNA

6. la signora svizzera

o **Il fine settimana.** In coppia: Indichi ad un altro studente/un'altra studentessa tre luoghi dove lei va questo fine settimana. Dica anche che cosa va a fare e con chi va.

>> S1: Dove vai questo fine settimana?
S2: Vado al parco a fare una passeggiata con la mia amica. E poi vado...

p **Attività varie.** In coppia: Un amico/un'amica decide di fare le seguenti cose questo fine settimana. Dica dove va per fare queste attività.

>> ballare con gli amici   S1: Vado a ballare con gli amici.
S2: Tu vai alla nuova discoteca.

1. vedere un bel film
2. studiare per un esame
3. comprare un vecchio costume
4. vedere la partita di calcio *(soccer game)*
5. spedire un regalo alla mia fidanzata
6. mangiare un bel gelato
7. vedere le vetrine dei negozi eleganti
8. fare due passi

iLrn Complete the diagnostic tests to check your knowledge of the vocabulary and grammar structures presented in this chapter.

Parliamo un po'

Venite ad un
Ballo in maschera
martedì, 21 febbraio
alle 21.00
Via Garibaldi 62, Viareggio

Costume obbligatorio!!!

Perché non porti anche un amico o
un'amica?

a **Un ballo in maschera.** In coppia:

S1: Lei ha ricevuto (*received*) questo invito per un ballo in maschera. Telefoni a S2 e lo/la inviti alla festa. Poi risponda alle domande dell'amico/a.

S2: Un amico/Un'amica le telefona per invitarla ad un ballo in maschera. Lei accetta, ma vuole sapere quando e dov'è la festa, se ha bisogno di indossare un costume particolare e quale costume pensa di indossare l'amico/a.

b **Che bella foto!** In coppia. Un suo amico è andato a Perugia nel periodo di Carnevale e ha visto *(saw)* molti bambini in costumi carini. Per posta elettronica, le ha mandato questa fotografia di una festa a cui ha partecipato. Descriva la foto ad un compagno/una compagna che ascolta con il libro chiuso e che disegna *(draws)* la scena che lei descrive. Poi confrontate il disegno con la fotografia originale.

JTB Photo Communications, Inc. / Alamy

S1: Nella foto ci sono bambini che...

S2: Quanti bambini ci sono?...

S1: A sinistra *(on the left)* c'è

S2: E dove sono...?

c **Una persona che ammiro.** In gruppi di tre o quattro: Descriva agli altri studenti una persona che lei ammira *(admire)*: una persona famosa o storica, oppure un membro della sua famiglia o una persona che lei conosce. Dica com'è questa persona e perché l'ammira.

d **Un mio amico/Una mia amica.** In coppia: Pensi ad un suo buon amico/una sua buon'amica. Un altro studente chiede informazioni su questa persona. Risponda dando spiegazioni *(explanations)*.

> **>>** S1: Il tuo amico è generoso o egoista?
> S2: Oh, è molto generoso. Dà sempre regali agli amici.

> ▶ Keep your descriptions simple and use words and phrases you are familiar with. Use only the present tense.

e **Le preferenze.** Intervisti un altro studente/un'altra studentessa per sapere quali sono le sue preferenze. Prenda appunti e riferisca le informazioni alla classe. Ecco alcuni suggerimenti per fare le domande:

— Dove andare il fine settimana? Ad una festa? Al cinema? ecc.

— Che tipo di film? Di fantascienza? Dell'orrore? Romantico? Comico? ecc.

— Che tipo di ristorante? Elegante? Semplice? Italiano? Francese? ecc.

— Che tipo di persone? Intelligenti? Allegre? ecc.

— Dove fare acquisti? In quali negozi?

> **>>** S1: Dove preferisci andare il fine settimana?
> S2: Preferisco andare...

Conoscere l'Italia

a **Un po' di geografia.** Completi le seguenti frasi con la forma appropriata di una parola della lista indicata. C'è una parola in più nella lista.

monte   fiume   capoluogo   cittadina   città
valle   lago   abitante   penisola   palazzo

1. Il Po è un _____ molto grande.
2. Firenze è una grande _____ ma Fiesole è una _____.
3. Il _____ Bianco (Blanc) è tra l'Italia e la Francia.
4. La _____ del Po è nel nord Italia.
5. Anche il _____ di Garda è nel nord Italia.
6. Firenze è il _____ della Toscana.
7. L'Italia e la Spagna sono due _____.
8. Gli _____ della città di Roma sono più di tre milioni.

CD1, Track 40

L'Umbria

Situata nel centro d'Italia, questa regione è molto bella. Essa è chiamata "Umbria verde[1]" per il colore dei monti e delle valli dell'Appennino umbro[2], ricchi di boschi e di pascoli[3]. In questa regione, che non ha il mare, scorre[4] il fiume Tevere mentre va verso Roma. Qui c'è anche il lago Trasimeno, il più grande della penisola dopo i laghi del nord Italia.

L'Umbria è una regione tranquilla; non ha città molto grandi e i suoi abitanti sono poco meno di[5] un milione. Il capoluogo è Perugia, città importante fin dall'[6] epoca degli Etruschi. L'altra città grande è Terni, conosciuta per le sue industrie e le sue fabbriche[7].

Ma sono le varie cittadine medievali, come Orvieto, Spoleto, Gubbio, Todi e Assisi, che caratterizzano l'Umbria. In esse ci sono belle chiese romaniche[8], conventi e palazzi storici[9] e ancora oggi sono circondate da mura[10] antiche. Molti turisti italiani e stranieri visitano continuamente queste cittadine, specialmente Assisi, luogo di nascita[11] di San Francesco.

Perugia: La piazza principale della città con il Palazzo dei Priori e la Fontana Maggiore.

©Terry Harris PCL / SuperStock

1. *green*   2. *Umbrian*   3. *woods and pastures*   4. *flows*
5. *a little less than*   6. *since*   7. *factories*   8. *romanesque*
9. *historical*   10. *walls*   11. *birthplace*

► The Etruscans (**Etruschi**) were an ancient people (800 to 200 B.C.) who lived in the region of Etruria, which included parts of present-day Umbria, Tuscany, and Lazio.

b **Informazioni.** Dia le seguenti informazioni basate sul brano precedente.

1. Nome particolare di questa regione ...
2. Fiume che scorre nell'Umbria ...
3. Lago umbro ...
4. Il capoluogo dell'Umbria ...
5. Altre città importanti dell'Umbria ...
6. Numero di abitanti dell'Umbria ...
7. Caratteristiche delle cittadine medievali dell'Umbria ...
8. Tre cittadine umbre ...

By permission of Due Mondi Viaggi.

a **Definizioni.** Prima di leggere il seguente brano, abbini (*match*) le definizioni con una parola della lista di destra. Cerchi di indovinare il significato delle parole che non sono familiari.

1. due periodi della storia
2. persone che visitano città e paesi
3. aggettivo derivato dalla parola *arte*
4. ingrediente della cucina italiana
5. un prodotto artistico
6. una celebrazione
7. un artista
8. luoghi di concerti e di spettacoli

a. artistico
b. l'olio d'oliva
c. il musicista
d. la ceramica
e. Medioevo e Rinascimento
f. teatri
g. turisti
h. una festa

CD1,
Track 41

Le attrazioni dell'Umbria

L'Umbria è una regione ricca di tradizioni culinarie, artigianali e folcloristiche. I prodotti principali della cucina umbra sono il tartufo[1], l'olio d'oliva, il prosciutto, le salsicce[2] e il vino. L'artigianato[3] è un'altra attrazione. Le ceramiche artistiche di Deruta, Orvieto, Gubbio e Città di Castello e i tessuti e i ricami[4] di Assisi sono molto conosciuti in Italia e all'estero[5].

Però le attrazioni principali sono le varie attività folcloristiche, le sagre[6] popolari e i vari festival culturali che hanno luogo[7] in Umbria. Molte feste folcloristiche hanno le loro origini nel Medioevo e nel Rinascimento[8]. Esse sono ricche di costumi multicolori e gare[9] sportive di antica tradizione. Le sagre celebrano i buoni prodotti locali come il tartufo, gli asparagi, i funghi[10] e le ciliege[11] che vengono presentati in tipici piatti regionali e venduti al pubblico. L'Umbria Jazz ed il Festival di Spoleto sono invece le

Queste ceramiche sono in vendita nei negozi di Città di Castello.

più importanti manifestazioni culturali di fama internazionale. Musicisti e cantanti[12] di jazz di tutto il mondo partecipano all'Umbria Jazz e i loro concerti hanno luogo nei bei teatri di varie cittadine umbre. Il Festival di Spoleto ha luogo a Spoleto da più di cinquanta anni. Durante tre settimane d'estate spettacoli teatrali, danze, concerti, mostre[13] di pittura[14] e scultura, conferenze su temi scientifici e letterari e rassegne[15] cinematografiche trasformano la tranquilla cittadina di Spoleto in un centro internazionale d'arte e cultura.

1. *truffle*	2. *sausages*	3. *handicrafts*	4. *fabrics and embroidery*
5. *abroad*	6. *feasts*	7. *take place*	8. *Renaissance*
9. *competitions*	10. *mushrooms*	11. *cherries*	12. *singers*
13. *exhibits*	14. *painting*	15. *reviews*	

b **Vero o falso?** In coppia: A turno, identificate le seguenti frasi come vere o false, secondo il brano precedente. Correggete (*Correct*) le frasi false.

1. Due prodotti usati nella cucina italiana sono il tartufo e l'olio d'oliva.
2. In Umbria l'artigianato non ha una lunga tradizione ed è poco praticato.
3. Le cittadine di Deruta e Città di Castello sono conosciute per le loro ceramiche.
4. La sagra del tartufo celebra questo importante prodotto regionale.
5. Una cittadina umbra conosciuta per i suoi ricami è Gubbio.
6. Umbria Jazz è un festival dedicato al jazz locale.
7. Il Festival di Spoleto ha luogo a Orvieto.

▶ The Spoleto Festival or Festival dei Due Mondi was founded in 1957 by Giancarlo Menotti, the composer of *Amahl and the Night Visitors* and other musical compositions.

Chuck Pefley / Photolibrary

Viaggi in video · *Perugia*

Prima di guardare

Vocabolario utile

ha luogo	*takes place*
Che dice?	*What is she saying? (Verb **dire**)*
collina verde	*green hill*
pozzi	*wells*
Pazzesco!	*That's wild / insane!*
sorriso	*smile*
scala mobile	*escalator*

a **La cosa … le cose.** Dia il plurale delle seguenti espressioni.

>> la città vivace   le città vivaci

1. la manifestazione culturale
2. l'evento importante
3. la collina verde
4. il pozzo antico
5. la fontana illuminata
6. la lunga iscrizione
7. la scala mobile
8. il piccolo treno
9. la cosa interessante
10. l'etrusco simpatico

b **Per descrivere meglio.** Pamela commenta su alcune cose che vede nel video. Aggiunga la forma appropriata dell'aggettivo indicato per ogni frase.

>> Guarda, Gep: un pozzo! (etrusco)   Guarda, Gep: un pozzo etrusco!

1. Guarda, Gep: una fontana! (illuminato)
2. Che cos'è? Ah… è un treno. (piccolo)
3. Mah, devo dire: mi piace questa musica! (classico)
4. Eh, sì: Perugia è famosa per le manifestazioni. (culturale)
5. Ci sono tante colline vicino a Perugia. (verdi)
6. Non capisco questa parola. (inglese)
7. Vedi, Gep? È una tomba degli etruschi. (simpatico)

▶ Mentre guarda il video

c **Le domande.** Risponda alle domande con frasi complete.

1. Perché Pamela non capisce la narrazione del video?
2. Gep parla di una forte presenza internazionale a Perugia. Perché c'è questa presenza?
3. In quale mese ha luogo Umbria Jazz?
4. Perché Gep dice che Perugia è come "un nido di aquile"? Cosa vuol dire questa expressione, secondo te?
5. Perugia è vicino a quale fiume?
6. Perché gli etruschi hanno creato i pozzi?
7. Qual è il simbolo della città?
8. Che cos'è Eurochocolate?

Umbria Jazz

Nel mese di luglio, Perugia e tutta l'Umbria diventano il centro di un importantissimo festival di jazz con concerti e lezioni offerte da artisti internazionali. La musica classica, invece, è rappresentata ad agosto da **Music Fest Perugia**.

©Tahoo/Shutterstock.com

d **Etrusco o moderno?** Gli etruschi vissero/sono vissuti (*lived*) quasi 3000 anni fa, ma nella fantasia bizzarra di Pamela vivono ancora. Decidi se le seguenti cose fanno parte del mondo antico o del mondo moderno.

1. un festival di musica jazz
2. un pozzo che porta acqua alla città
3. una tomba con sarcofago
4. una manifestazione sul cioccolato
5. una scala mobile
6. un treno che parte dalla stazione
7. una lunga iscrizione in un alfabeto estraneo
8. una ragazza che parla inglese

Dopo aver guardato

e **Quale preferisci?** Chieda ad un compagno quali tra le cose indicate preferisce.

>> gelato al cioccolato / gelato alla vaniglia
    Quale preferisci: il gelato al cioccolato o il gelato alla vaniglia?
    Io preferisco il gelato al cioccolato. E tu? Quale preferisci?

1. La musica classica / la musica jazz
2. le montagne / il mare
3. gli etruschi / i romani
4. Eurochocolate / Umbria Jazz
5. visitare una tomba etrusca / visitare una galleria d'arte
6. una città vivace e moderna / una città tranquilla e verde
7. andare al parco / andare in discoteca

f **Esperienza personale.** Perugia è famosa anche perché ospita due festival importanti: Umbria Jazz e Eurochocolate. Qual è il più bel festival a cui sei andato? Scrivi un post e condividi un video, se ce l'hai.

Dov'è andato in vacanza?

COMMUNICATIVE OBJECTIVES

- Describe past actions and events
- Talk about vacations and vacation plans
- Express dates
- Tell when past actions took place

Due giovani si fanno una foto ricordo con il telefonio.

RISORSE

 audio

 video

www.cengagebrain.com/shop/
ISBN/0495913391

 ilrn.heinle.com

Ghislain & Marie David de Lossy / Getty Images

Edoardo Filippini e Valerio Marotta sono seduti ad un tavolo della pizzeria Il Marinaio. Mentre mangiano una pizza, loro parlano.

CD1, Track 42

1	EDOARDO:	Giovedì scorso sono andato dal meccanico per un controllo alla mia macchina e ho visto Sergio Pellegrini.	
	VALERIO:	Ma che dici? Non è partito a giugno per gli Stati Uniti?	
	EDOARDO:	No, ha cancellato la sua vacanza all'estero. Comunque° ho	*However*
5		visto il suo ultimo acquisto.	
	VALERIO:	Che cosa ha comprato?	
	EDOARDO:	Una bella moto di marca giapponese.	
	VALERIO:	Accidenti! Ma allora non va più in vacanza?	
	EDOARDO:	Oh, sì, ma ha cambiato programma°. Intanto, beviamo	*(his) plans*
10		qualcosa? Hai ordinato la birra o il vino?	
	VALERIO:	Ho ordinato una bottiglia di vino rosso. Questa pizza è	
		buona, ma mette molta sete°.	*it makes one very thirsty*
	EDOARDO:	(*alla cameriera*) Signorina, il vino, per favore.	
	LA CAMERIERA:	Va bene, subito.	
15	VALERIO:	Dunque, dove va in vacanza Sergio?	
	EDOARDO:	Ha deciso di andare al Parco Nazionale delle Cinque Terre°.	*famous park in the region of Liguria*
		Parte il due agosto. Va con la sua moto nuova.	
	VALERIO:	Anch'io sono stato alle Cinque Terre l'estate scorsa. Mi è	
		piaciuto molto.	
20	EDOARDO:	Che cosa hai visto lì?	
	VALERIO:	Ho visto cittadine pittoresche, spiagge stupende e	
		panorami favolosi.	
	EDOARDO:	Ah, ecco il vino. Salute!°	*To your health!*

Domande

1. Dove sono Edoardo e Valerio?
2. Dov'è andato Edoardo giovedì scorso? Perché?
3. Che cosa ha comprato Sergio Pellegrini?
4. Che cosa ordinano i due giovani? Perché?
5. Che cosa ha deciso di fare Sergio?
6. Quando è stato alle Cinque Terre Valerio?
7. A Valerio è piaciuto il Parco Nazionale delle Cinque Terre? Che cosa ha visto?

COMPLIMENTI!!
Hai percorso 382 scalini, sei a Corniglia, al centro delle Cinque Terre
BENVENUTO

CONGRATULATIONS!
you have climbed 382 steps you are in Corniglia, the center of the Cinque terre
WELCOME

GLÜCKWUNSCH
Sie haben 382 Stufen überwunden!

Danita Delimont / Alamy

I giovani italiani

I giovani italiani non sono molto diversi dai loro coetanei[1] americani. Molti di loro frequentano la scuola secondaria superiore e, dopo aver ottenuto il diploma di maturità[2], alcuni incominciano a lavorare mentre altri s'iscrivono[3] all'università o ad istituti di studi superiori come l'Accademia di Belle Arti o il Conservatorio di Musica. Durante le vacanze estive, molti giovani vanno al mare o in montagna. Alcuni vanno all'estero in vacanza e per imparare una lingua straniera.

Spesso i giovani italiani che studiano all'università vivono a casa con i loro genitori[4]. Le università sono presenti nelle maggiori città italiane e quindi non è necessario trasferirsi[5] in un'altra parte del Paese. Anche per ragioni economiche e per la mancanza[6] di adeguati appartamenti a buon mercato, è più conveniente vivere in famiglia.

I giovani passano il tempo libero in modi diversi. Praticano lo sport, ascoltano la musica, vanno a ballare in discoteca, organizzano feste e spesso fanno gite in macchina o in motocicletta. Amano anche passeggiare con gli amici per le vie del centro e i loro luoghi d'incontro preferiti sono le paninoteche[7], i bar, le pizzerie e i centri commerciali.

● Cosa fanno lei e i suoi amici nel tempo libero?

Greg Elms / Getty Images

Un gruppo di amici s'incontra e socializza

1. *people of the same age*   2. *after receiving a high school diploma*   3. *enroll*   4. *parents*
5. *to move*   6. *lack*   7. *sandwich shops*

Domande personali

1. Dove va lei quando ha voglia di mangiare una pizza?
2. Che cosa preferisce bere quando mangia una pizza?
3. Lei ha la moto, la macchina o la bicicletta? Di che marca è? Quale marca preferisce?
4. Come guida, lentamente o velocemente?
5. Preferisce le macchine americane, giapponesi o italiane? Perché?

Situazioni

1. Domandi ad un amico/un'amica dov'è andato/a il mese o l'anno scorso.

   ▸▸ — Dove sei andato/a il mese (l'anno) scorso?
   — Sono andato/a in Italia (a Roma / in Canadà / a Londra / al mare / in montagna).

2. Un compagno/una compagna di scuola le domanda che cosa lei ha deciso di fare durante le prossime vacanze. Gli/Le risponda.

   ▸▸ — Che cosa hai deciso di fare durante le prossime vacanze?
   — Ho deciso di fare una gita (rimanere in città / andare in Europa / non fare niente di particolare).

▸ Most Italian universities are government-operated. There are few private universities in Italy.

▸ The **moto** and **motorino** (*motor scooter*) are the preferred means of transportation of many young people in Italy. They are exciting, fast, and easy to park.

Pratica

1. In coppia: Lei pensa di comprare una moto o un motorino e desidera andare a vedere alcuni modelli. Telefoni ad un amico/un'amica e gli/le chieda di accompagnarla. L'amico/a risponde che non può (*cannot*) e dice perché.

2. In gruppi di tre: Lei è con il suo ragazzo/la sua ragazza in una pizzeria. Prima chiamate il cameriere e ordinate una pizza e qualcosa da bere; poi parlate di una gita in campagna per il fine settimana. Lei preferisce andare con la moto e il suo ragazzo/la sua ragazza con la macchina. Alla fine prendete una decisione sul mezzo (*means*) da usare.

🔊 Vocabolario

Parole analoghe

il Canadà	pittoresco/a
cancellare	la pizza
il meccanico	la pizzeria
nazionale	stupendo/a
il panorama	

Nomi

agosto August
la birra beer
la bottiglia bottle
la cameriera waitress
la cittadina small town
il controllo check, inspection
l'estate (*f.*) summer
giugno June
la macchina car
la marca make, brand name
la moto(cicletta) motorcycle
la spiaggia beach
la vacanza vacation
il vino wine
il ragazzo boy, boyfriend
la ragazza girl, girlfriend

Aggettivi

favoloso/a fabulous
giapponese Japanese
rosso/a red
ultimo/a latest, last (*in a series*)

Verbi

cambiare to change
dire to say; to tell
deciso decided (*past participle of* **decidere**)
piaciuto liked (*p.p. of* **piacere**)
rimanere to remain; to stay
visto or **veduto** seen (*p.p. of* **vedere**)
stato been (*p.p. of* **essere**)

Altre parole ed espressioni

accidenti! my goodness!
come as, like
dunque well then
lentamente slowly
lì there
sempre always
velocemente fast
all'estero abroad
in vacanza on vacation
non… più no longer
gli Stati Uniti the United States

▶ **La moto** is feminine, even though it ends in **-o**, because it is the shortened form of **la motocicletta**.

🔊 Pronuncia

I suoni della /r/

The Italian /r/ (spelled **r**) and /rr/ (spelled **rr**) are pronounced differently from English /r/. Italian /r/ is "trilled" once—that is, pronounced with a single flutter of the tip of the tongue against the gum ridge behind the upper front teeth. This produces a sound similar to the /tt/ in the English words *bitter, better, butter* when they are pronounced rapidly. The sound /rr/ is produced with a multiple flutter of the tip of the tongue.

a Ascolti e ripeta le seguenti parole.

CD1, Tracks 43–44

Rosanna	sera	ritardo	torre	Ferrari
grazie	Mario	giorno	arriva	arrivederci
Roma	storia	porto	carro	terra

b **Proverbio.** Ascolti e ripeta il seguente proverbio.

Dal dire al fare, c'è di mezzo il mare.
Easier said than done.

Penne all'arrabbiata

©Irabel8 / Dreamstime.com

Ampliamento del vocabolario

Le stagioni e i mesi dell'anno

| **la primavera** | **l'estate** (*f.*) | **l'autunno** | **l'inverno** |
| aprile, maggio, giugno | luglio, agosto, settembre | ottobre, novembre, dicembre | gennaio, febbraio, marzo |

1. The months of the year are not capitalized in Italian.

    aprile   *April*   **luglio**   *July*

2. The preposition **a** is generally used with names of the months to express *in.*

    A febbraio vado in Italia.   *In February I'm going to Italy.*

The prepositions **in** and **di (d')** are used with names of the seasons to express *in.*

in primavera	*in spring*
in autunno	*in fall*
d'estate	*in summer*
d'inverno	*in winter*

> Practice dates you consider important, such as your birthday, your parents' anniversary, etc.

3. In English, days of the month are usually expressed in ordinal numbers (the first, the nineteenth). In Italian, only the first day of the month is expressed with an ordinal number; the other days are expressed with cardinal numbers.

È il **primo (di)** novembre.	*It's the first of November. (It's November 1.)*
È il **due (cinque, diciassette, ecc.) (di)** dicembre.	*It's the second (fifth, seventeenth, etc.) of December.*

Note: The definite article **il** is always used before the number to express dates. The preposition **di** between the day and the month is optional.

4. The adjectives pertaining to the four seasons are: **primaverile, estivo/a, autunnale,** and **invernale.**

È una bella giornata **primaverile.**	*It's a beautiful spring day.*
Ho un bel vestito **estivo.**	*I have a beautiful summer dress.*

a **In vacanza.** In gruppi di tre: Immaginate di avere abbastanza tempo e soldi (*money*) per fare quattro vacanze all'anno. Dite dove andate quest'anno, quando partite e quando tornate.

>> In primavera vado in vacanza in Italia. Parto il 20 aprile e torno il 28 maggio… E tu?

b **Domande.** In coppia: Faccia alcune domande ad un compagno/una compagna per avere le seguenti informazioni. Prenda appunti per poi (*to then*) riferire i risultati alla classe.

>> cosa fa durante i mesi d'estate — Che cosa fai durante i mesi d'estate?
— A luglio vado…

1. quale stagione dell'anno preferisce e perché
2. quale mese preferisce di più (*the most*) e perché
3. quale mese preferisce di meno (*the least*) e perché
4. quali sport pratica d'inverno e quali d'estate
5. in quale mese preferisce visitare l'Italia e perché
6. qual è il mese in cui (*in which*) studia di più

c **Date importanti.** In coppia: Domandi ad un compagno/una compagna la data o almeno (*at least*) il mese di questi giorni importanti.

>> — Quando è il giorno di San Valentino?
— È il 14 febbraio.

1. la giornata (*day*) della mamma
2. il compleanno di George Washington
3. la giornata di Cristoforo Colombo
4. la festa del Lavoro (*Labor*)
5. il giorno del Ringraziamento (*Thanksgiving*)
6. il giorno delle elezioni politiche nazionali
7. il giorno dell'Anno Nuovo (*New Year*)
8. il giorno dell'Indipendenza degli Stati Uniti

d **Versi rimati.** Impari (*Learn*) i seguenti versi rimati sui mesi.

Trenta giorni ha novembre,
con aprile, giugno e settembre,
di ventotto ce n'è uno,
tutti gli altri ne han trentuno.

Alcune espressioni di tempo al passato

Here is a list of some common expressions used to refer to events in the recent and the more distant past.

Espressioni con *ieri*

ieri   yesterday
ieri mattina   yesterday morning
ieri pomeriggio   yesterday afternoon
ieri sera   last night
l'altro ieri   the day before yesterday

Espressioni con *scorso*

sabato scorso   last Saturday
la settimana scorsa   last week
il mese scorso   last month
l'anno scorso   last year

Espressioni con *fa*

un'ora fa   one hour ago
due giorni (settimane, mesi, anni) fa   two days (weeks, months, years) ago
molto tempo fa   a long time ago
poco tempo fa   not long ago, a little while ago
qualche tempo fa   some time ago
quanto tempo fa?   how long ago?

> Practice these expressions by applying them to things you have done: **Ho visto un film ieri sera.**

e **Domande.** In coppia: Domandi ad un amico/un'amica quanto tempo fa ha fatto le seguenti cose. L'amico/a risponde usando un'espressione di tempo appropriata.

>> — Quando hai finito la scuola media?
— (Cinque) anni fa.

1. Quando sei andato/a al bar con gli amici?
2. Quando hai ordinato una pizza a domicilio (*home delivery*)?
3. Quando hai comprato il computer?
4. Quando sei arrivato/a all'università?
5. Quando hai deciso di studiare l'italiano?

f **Altre domande.** In coppia: Domandi ad un compagno/una compagna quando è andato/a ai seguenti posti (*places*).

>> — Quando sei andato/a al cinema?
— Ieri pomeriggio.

1. Quando sei andato/a in biblioteca?
2. Quando sei andato/a in vacanza?
3. Quando sei andato/a al mare?
4. Quando sei andato/a dal dentista?
5. Quando sei andato/a a teatro?

Struttura ed uso

Passato prossimo con *avere*

— **Hai ordinato** il vino?
— No, **ho cambiato** idea.

1. The **passato prossimo** (present perfect) is used to describe actions and events that have occurred in the past, particularly in the recent past. It is often accompanied by an expression specifying a particular time, such as **ieri, domenica scorsa,** or **un'ora fa.**

> Review past time expressions on the preceding page.

— Sai, **siamo tornati** ieri dalle vacanze in Abruzzo.	— *You know, we just got back yesterday from a vacation in Abruzzo.*
— Cosa **avete veduto** lì?	— *What did you see there?*
— **Abbiamo visitato** alcuni parchi nazionali.	— *We visited some national parks.*
— Bello! Anch'io **sono stata** in Abruzzo l'anno scorso.	— *Great! I've been to Abruzzo too, last year.*

2. The **passato prossimo** is a compound tense that consists of two parts: the present-tense form of an auxiliary verb, either **avere** or **essere,** and the past participle of the main verb. Most Italian verbs form the **passato prossimo** with the auxiliary **avere.** These verbs are mostly transitive, that is, they take a direct object that answers the question *what?* or *whom?*

Hanno mangiato	(che cosa?)	una pizza.
Ha passato	(che cosa?)	le vacanze in America.
Abbiamo ordinato	(che cosa?)	i panini e l'aranciata.
Ho veduto	(chi?)	Sergio.
Hanno incontrato	(chi?)	Edoardo.

3. The past participle of regular verbs is formed by adding:

-**ato** to the stem of **-are** verbs: (comprare) **compr + ato** = comprato
-**uto** to the stem of **-ere** verbs: (vendere) **vend + uto** = venduto
-**ito** to the stem of **-ire** verbs: (capire) **cap + ito** = capito

Most **-ere** verbs have irregular past participles. See page 149.

4. Here is the **passato prossimo** of the regular verbs **comprare, vendere,** and **capire.**

comprare	vendere	capire
ho comprato	ho venduto	ho capito
hai comprato	hai venduto	hai capito
ha comprato	ha venduto	ha capito
abbiamo comprato	abbiamo venduto	abbiamo capito
avete comprato	avete venduto	avete capito
hanno comprato	hanno venduto	hanno capito

5. The **passato prossimo** is equivalent to either the present perfect or the simple past in English.

Hanno finito i compiti.   *They have finished their homework.*
                                  They finished their homework.

Ho incontrato Sergio.   *I have met Sergio.*
                                  I met Sergio.

Note: The form of the **passato prossimo** is the same in a question and in a negative statement, unlike English past tenses.

Hanno finito i compiti?   *Have they finished (Did they finish) their homework?*

Non **ho incontrato** Sergio.   *I haven't met (didn't meet) Sergio.*

6. The adverbs of time **già** (*already*), **ancora** (*yet*), **mai** (*ever, never*), and **sempre** (*always*) usually occur between the auxiliary verb and the past participle.

— Avete **già** pagato?   — *Have you already paid?*
— No, non abbiamo **ancora** ordinato!   — *No, we haven't ordered yet!*

In a question, the adverb **mai** with the **passato prossimo** means *ever.* In a negative sentence it means *never.*

— Hai **mai** guidato una motocicletta?   — *Have you ever driven a motorcycle?*
— No, non ho **mai** avuto l'occasione.   — *No, I've never had the opportunity.*

a **Ad una festa.** Lei è andato/a recentemente ad una festa con il suo ragazzo/la sua ragazza. Racconti (*Tell*) che cosa è successo alla festa secondo i suggerimenti indicati.

>> io / ricevere un invito alla festa
  Io ho ricevuto un invito alla festa.

1. noi / guidare la macchina di papà
2. tu / portare molte persone alla festa
3. gli amici / servire panini e Coca-Cola
4. noi / ascoltare la musica degli anni '80
5. un amico / cantare canzoni di Elvis Presley
6. noi / ballare fino a tardi
7. il mio ragazzo (la mia ragazza) / mangiare troppo
8. tutti / parlare delle elezioni universitarie

b **Trasformazioni.** Metta le frasi nel passato prossimo.

>> Compro una macchina usata.
  Ho comprato una macchina usata.

1. Ho un problema con la macchina.
2. Porto la macchina dal meccanico.
3. Il meccanico guarda attentamente la macchina.
4. Ascolta il motore.
5. Controlla il motore.
6. Prova l'acceleratore.
7. Trova il problema.
8. Finisce di ripararla (*fix it*) dopo poco tempo.
9. Pago il meccanico con la carta di credito.

c **Frasi logiche.** Dica che cosa hanno fatto due giorni fa le persone della colonna a sinistra. Formuli frasi logiche usando i verbi della seconda colonna e finendo con le parole della terza colonna.

>> Due giorni fa io ed un amico abbiamo pulito la macchina.

noi	passare	la macchina
tu e tua sorella	giocare	un regalo dal fratello
il meccanico	ricevere	con i videogiochi
la professoressa	ordinare	Graceland
tu	pulire	una moto giapponese
io ed un amico	visitare	un MP3 di Andrea Bocelli
i dottori	comprare	la pizza con il salame
io	imparare	le vacanze a Las Vegas
	ascoltare	a ballare il tango

d **Hai mai...?** Trovi nella classe una persona che ha fatto una delle seguenti cose. Quando ha trovato la persona, scriva il suo nome vicino all'attività.

>> visitare l'Europa   S1: Hai mai visitato l'Europa?
                          S2: No, non ho mai visitato l'Europa. / Sì, ho visitato l'Europa.

1. trovare dieci dollari per strada _____
2. mangiare i calamari _____
3. frequentare un liceo privato _____
4. studiare una lingua asiatica _____
5. lavorare in un negozio _____
6. giocare a rugby _____
7. incontrare una persona famosa _____
8. seguire un corso di antropologia _____

> **Calamari** (*squid*) is a popular dish in Italy, often fried.

e **Domande.** In coppia: Domandi ad un altro studente/un'altra studentessa se ha fatto le seguenti cose in questo mese. Se risponde di sì, chieda più informazioni.

>> avere un esame difficile   S1: Hai avuto un esame difficile in questo mese?
                            S2: Sì, ho avuto un esame difficile nel corso di… / No, non ho ancora (*yet*) avuto un esame difficile.

1. ricevere una lettera
2. studiare in biblioteca
3. vedere un bel film
4. viaggiare fuori dagli Stati Uniti
5. trovare un nuovo amico/una nuova amica
6. cercare un lavoro
7. dimenticare un appuntamento importante

f **Che cosa e quando?** In coppia: Chieda ad un amico/un'amica tre cose che ha fatto sabato scorso. Domandi anche a che ora ha fatto ogni cosa.

> S1: Che cosa hai fatto sabato scorso?
  S2: Ho mangiato al ristorante.
  S1: A che ora hai mangiato?
  S2: Alle…

Passato prossimo con *essere*

È **entrato** qua… ed **è**
uscito là.

1. The **passato prossimo** of some Italian verbs is formed with the auxiliary
verb **essere.** These verbs are intransitive; they do not take a direct object.
Many of them involve movement.

Sergio **è partito** lunedì.	*Sergio left on Monday.*
È andato alle Cinque Terre.	*He went to Cinque Terre.*
È tornato venerdì.	*He returned on Friday.*

2. The past participle of verbs conjugated with **essere** always agrees with
the subject of the sentence in gender and number.

Tutti sono partiti per le vacanze.	*Everyone left for vacation.*
Valerio è andato in America.	*Valerio went to America.*
Gina e Flavia sono andate in Grecia.	*Gina and Flavia went to Greece.*
Solo **Maria** è restata a casa.	*Only Maria stayed at home.*

> To remember gender and
> number agreement, think of the
> past participle of an intransitive
> verb as an adjective, such as
> *bello: Marisa è bella, Marisa è*
> *uscita,* etc.

3. Here is a list of some common regular verbs that form the **passato**
prossimo with the auxiliary **essere.**

andare	*to go*	I giovani sono andati all'estero.
arrivare	*to arrive*	L'aeroplano è arrivato in ritardo.
diventare	*to become*	Silvia è diventata nervosa.
entrare	*to enter*	Siamo entrati in un bar.
partire	*to depart, leave*	Gloria è partita per le Alpi.
restare	*to stay, remain*	Io sono restato in albergo.
tornare	*to return*	Siete tornati in un momento difficile.
uscire	*to go out*	Papà è uscito due minuti fa.

4. The verb **piacere** also uses **essere** as its auxiliary in the **passato prossimo.** When the person or thing liked is singular, the verb is singular; when it is plural, the verb is plural.

La città di Vernazza mi **è piaciuta.**   *I liked the town of Vernazza.*
E mi **sono piaciute** molto le spiagge lì.   *And I really liked the beaches there.*

g **Cambiamenti.** Cambi il soggetto della descrizione quattro volte, usando **Marco, io, Gina e Daria e i ragazzi.** Faccia i cambiamenti necessari al participio passato dei verbi.

Ieri Melissa è andata alla Biblioteca Vaticana. È uscita di casa presto. È arrivata al Vaticano alle nove meno un quarto. È entrata in biblioteca quindici minuti dopo ed è restata lì fino all'una. Poi è tornata a casa con l'autobus.

h **In vacanza.** Dica dove sono andate in vacanza l'anno scorso queste persone e che cosa hanno fatto lì.

>> Mia sorella è andata ad Aspen e ha sciato.

io	a New York	visitare le piramidi
tu ed un amico	alle isole Bahama	giocare con i canguri (*kangaroos*)
mia sorella	ad Aspen	frequentare le discoteche del luogo
mamma e papà	a Parigi	incontrare Topolino (*Mickey Mouse*)
tu	in Egitto	sciare
il mio professore	in Australia	dormire sulla spiaggia
	a EuroDisney	comprare molti vestiti eleganti

Vernazza è una delle caratteristiche cittadine della costa ligure.

Jeremy Reddington / Shutterstock

i **Domande.** Domandi a cinque studenti dove sono andati in vacanza recentemente. Prenda appunti per poi riferire le informazioni alla classe.

>> S1: Dove sei andato/a in vacanza recentemente?
 S2: Sono andato/a a…
 S1: Michele è andato a Disney World, Ruben è andato a New York, Carla ed io siamo restate a casa…

j **Un racconto.** In coppia: Ricordate la storia di Cenerentola (*Cinderella*)? Raccontate la storia, con l'aiuto dei suggerimenti indicati e usando il passato prossimo.

Vocabolario utile			
la sorellastra	*stepsister*	**il topolino**	*mouse*
la fata madrina	*fairy godmother*	**il cavallo**	*horse*
la carrozza	*carriage*	**la scarpetta**	*slipper*

Cenerentola era (*was*) una povera ragazza che abitava con due sorellastre antipatiche. Un giorno…

1. arrivare / l'invito al ballo
2. le due sorellastre / andare al ballo / senza Cenerentola
3. la fata madrina / arrivare
4. la fata / creare / un vestito bellissimo
5. i topolini / diventare / cavalli
6. Cenerentola / andare al ballo / in carrozza
7. Cenerentola / incontrare / il principe
8. loro / ballare / insieme
9. Cenerentola / tornare a casa / a mezzanotte
10. il principe / seguire / Cenerentola
11. Cenerentola / perdere / la scarpetta
12. Cenerentola / arrivare a casa / prima delle sorellastre

E poi… ? (Completi la storia.)

k **Contrasti.** Metta in contrasto quello che le seguenti persone fanno di solito con quello che hanno fatto due giorni fa (l'anno scorso, ieri, ecc.).

>> Di solito arrivo in ritardo alla lezione d'italiano, ma due giorni fa…

Di solito arrivo in ritardo alla lezione d'italiano, ma due giorni fa sono arrivato/a in anticipo.

1. Di solito parto per l'Europa a febbraio, ma l'anno scorso…
2. Di solito torniamo a casa alle dieci, ma ieri sera…
3. Di solito non beviamo Coca-Cola, ma sabato scorso…
4. Di solito loro ascoltano la musica classica, ma domenica…
5. Di solito Luisa esce (*goes out*) con Orazio, ma venerdì sera…
6. Di solito preferiscono la pizza, ma la settimana scorsa…
7. Di solito finisco i compiti (*homework*) in anticipo, ma lunedì…
8. Di solito puliamo l'appartamento il sabato, ma questa settimana…
9. Di solito non mi piace il programma *Saturday Night Live*, ma ieri sera…

Participi passati irregolari

Cenerentola **è rimasta** troppo tempo al ballo.

1. Many Italian verbs, particularly **-ere** verbs, have irregular past participles. A list of common verbs with irregular past participles follows. A more complete list appears in Appendix E. Asterisks indicate that the **passato prossimo** is formed with **essere.**

aprire (*to open*)	**aperto**	perdere (*to lose*)	**perso**
bere (*to drink*)	**bevuto**		**(perduto)**
chiedere (*to ask for*)	**chiesto**	prendere (*to take*)	**preso**
chiudere (*to close*)	**chiuso**	*rimanere (*to remain*)	**rimasto**
decidere (*to decide*)	**deciso**	rispondere (*to answer*)	**risposto**
dire (*to say*)	**detto**	*scendere (*to descend*)	**sceso**
discutere (*to discuss*)	**discusso**	scrivere (*to write*)	**scritto**
*essere (*to be*)	**stato**	soffrire (*to suffer*)	**sofferto**
fare (*to do; to make*)	**fatto**	spendere (*to spend*)	**speso**
leggere (*to read*)	**letto**	vedere (*to see*)	**visto**
mettere (*to put*)	**messo**		**(veduto)**
*morire (*to die*)	**morto**	*venire (*to come*)	**venuto**
*nascere (*to be born*)	**nato**	vincere (*to win*)	**vinto**
offrire (*to offer*)	**offerto**		

— Cosa **hai fatto** ieri sera?
— Niente di speciale. **Sono stato** con alcuni amici al bar.
— Fino a che ora **siete rimasti** lì?
— Fino a tardi! **Abbiamo discusso** di politica.

— *What did you do last night?*
— *Nothing special. I was with some friends at a bar.*
— *How long did you stay there?*
— *Late! We discussed politics.*

2. Perdere and **vedere** have both regular and irregular past participles. The irregular forms are more commonly used.

— Ieri ho **perso** lo zaino.   — Ieri ho **visto** Sergio.
— Hai **perduto** anche i libri?   — Hai **veduto** anche il suo ultimo acquisto?

3. Stato is the past participle of both **essere** and **stare.** Their forms are identical in the **passato prossimo,** but their meaning is usually clear from the context.

— Maura **è stata** a scuola ieri?   — *Was Maura at school yesterday?*
— No, **è stata** a casa tutta la giornata.   — *No, she stayed at home all day.*

l **Contrari.** Dia il contrario del verbo espresso nel passato prossimo.

>> Sergio ha vinto dieci dollari.   Sergio ha perso dieci dollari.

1. La professoressa ha aperto la finestra.
2. Abbiamo vinto la partita oggi.
3. Chi ha scritto l'articolo sul giornale?
4. Niccolò Machiavelli è nato a Firenze.
5. Hai trovato la penna?
6. Cosa hanno chiesto al professore?
7. Sono andati con il treno delle dieci e un quarto.

> Niccolò Machiavelli (1469–1527) was a Florentine writer, statesman, and political theorist.

m **Cose fatte.** In coppia: Qui ci sono due liste di cose da fare per lei e per un suo amico/una sua amica. A turno, chiedete se ognuno (*each*) ha fatto le cose della sua lista.

>> S1: Hai fatto la passeggiata con il cane?
   S2: Sì, ho già fatto la passeggiata con il cane. / No, non ho (ancora) fatto la passeggiata con il cane.

S1	S2
mettere la macchina nel garage	fare la passeggiata con il cane
pulire l'appartamento	leggere il giornale
fare i letti (*beds*)	rispondere all'email
portare le bottiglie al supermercato	bere il caffè
chiudere tutte le finestre	dormire un po' nel pomeriggio

n **Informazioni.** In coppia: Un compagno/Una compagna le domanda se recentemente lei ha fatto le seguenti cose. Se risponde di sì, dica quando le ha fatte.

>> scrivere una tesina (*paper*)   S1: Hai scritto una tesina recentemente?
   S2: No, non ho scritto una tesina recentemente. / Sì, ho scritto una tesina la settimana scorsa.

1. vedere un bel film
2. dire una bugia (*lie*)
3. fare una passeggiata
4. leggere un libro noioso
5. spendere più di $100 al ristorante
6. venire a lezione in ritardo
7. essere fuori dagli Stati Uniti
8. prendere un mezzo pubblico (*public transportation*)
9. rimanere in casa 24 ore
10. perdere una cosa preziosa

o **La camera di Sergio.** In coppia: Guardate i due disegni (*drawings*). Il primo fa vedere com'era ieri pomeriggio la camera di Sergio. Il secondo disegno fa vedere com'è oggi la stessa camera. Dica al compagno/alla compagna tre o quattro cose che Sergio ha fatto fra ieri e oggi.

Vocabolario utile: la lettera (*letter*), la porta (*door*), il letto (*bed*)

>> S1: Sergio ha / è…
S2: Ha / È anche…

Verbi irregolari: *bere, dire, uscire*

1. The verbs **bere** (*to drink*), **dire** (*to say*), and **uscire** (*to go out*) are irregular in the present tense. Here are their forms.

bere		dire		uscire	
bevo	beviamo	dico	diciamo	esco	usciamo
bevi	bevete	dici	dite	esci	uscite
beve	bevono	dice	dicono	esce	escono

— Cosa **bevete**?
— Noi **beviamo** acqua minerale, ma Sergio **dice** che preferisce **bere** limonata.
— **Esci** ancora con Laura?
— No, non **usciamo** più insieme. Lei **dice** che sono noioso!

— *What are you drinking?*
— *We're drinking mineral water, but Sergio says he prefers to drink lemonade.*
— *Do you still go out with Laura?*
— *No, we don't go out together anymore. She says I'm boring!*

▶ **Uscire** means both *to go out* (of a building) in the literal sense and *to go out* in the sense of dating.

2. The past participles of **bere** and **dire** are irregular: **bevuto** and **detto**. **Uscire** is regular in the **passato prossimo** but is conjugated with **essere**.

Siamo usciti ieri sera per festeggiare il compleanno di Paolo.

Last night we went out to celebrate Paolo's birthday.

Gli **abbiamo detto** "Auguri!" e **abbiamo bevuto** alla sua salute.

We said "Best wishes!" and drank to his health.

p **Che cosa fanno?** Dica che le persone tra parentesi fanno le seguenti cose.

1. Gabriella beve un caffè ed esce di casa. (io / Gabriella e Valeria / voi / tu)
2. Dice "buongiorno" al direttore dell'ufficio. (la segretaria / noi / i ragazzi)
3. Dopo il lavoro esce con due amiche. (tu e Gabriella / io / Gabriella e sua madre / Marco)
4. Dice alle amiche che oggi non beve niente. (Francesco / noi / tu / i due giovani)

q **Un sondaggio.** In coppia: Un sondaggio sull'alcol. Domandi ad un compagno/una compagna:

1. se beve alcolici
2. che cosa beve
3. quando e quanto beve
4. se i suoi genitori bevono alcolici
5. se gli amici bevono alle feste o quando escono la sera
6. se gli studenti della vostra università bevono poco o molto
7. se l'uso eccessivo di bevande alcoliche è un problema serio nella vostra università

r **Un'intervista.** Intervisti un altro studente/un'altra studentessa per sapere:

- se esce spesso
- dove va quando esce
- con chi preferisce uscire
- cosa fa quando esce
- se è uscito/a sabato scorso; dov'è andato/a

>> S1: Esci spesso?
   S2: Sì, abbastanza spesso: due o tre volte alla settimana.
   S1: Dove vai…

iLrn Complete the diagnostic tests to check your knowledge of the vocabulary and grammar structures presented in this chapter.

Parliamo un po'

a **Il tempo libero.** In gruppi di tre o quattro: Ecco le attività preferite dagli europei durante le ore libere di un giorno lavorativo (*working*): guardano la televisione, incontrano amici, ecc. Il numero indica il tempo dedicato in media (*on average*) a fare l'attività. Con due o tre amici, create uno schema simile per gli studenti della vostra università: Quali sono le attività più popolari fra gli studenti? Quanto tempo dedicano a queste attività?

>> Gli studenti qua dormono in media sei ore al giorno. Vanno a ballare…

b **Durante la settimana.** In coppia: Domandi ad un compagno/una compagna se nell'ultima settimana ha fatto le attività indicate nell'Esercizio A. Se risponde di sì, chieda altre informazioni.

>> S1: Hai letto un libro questa settimana?
S2: Sì, ho letto un libro.
S1: Quale libro? Ti è piaciuto? ecc.

c **Una gita.** In coppia: Descriva ad un amico/un'amica una gita che lei ha fatto recentemente. Dica dov'è andato/a, quando, con chi, perché, quanto tempo è rimasto/a là, che cosa ha fatto, cosa è successo e quando è tornato/a.

>> Domenica scorsa ho fatto una gita a (in)…

d **Fotografie di un viaggio.** In coppia: Recentemente Anna ed Aldo hanno passato le vacanze a Cocoruba. Ecco alcune fotografie che hanno fatto là, ma non sono in ordine cronologico. Trovate l'ordine corretto e poi raccontate alla classe che cos'è successo durante il loro viaggio.

Vocabolario utile: le camicie (*shirts*), la piscina (*pool*), in aereo (*by plane*)

>> Recentemente Anna ed Aldo sono andati in vacanza a Cocoruba. Hanno viaggiato in…

e **Un viaggio alle Cinque Terre.** In coppia: Recentemente avete fatto un bellissimo viaggio alle Cinque Terre. Ecco alcune note che avete scritto rapidamente in un diario. Usate le note per ricostruire il viaggio.

giovedì	*Arrivare a Monterosso in treno. Albergo Villa Margherita.*
venerdì	*Visita del paese, Santuario della Madonna. Cena:*
	trattoria Gianni Franzi, spaghetti al pesto!
sabato	*Mattina: spiaggia. Treno a Vernazza alle 14.35.*
	Hotel l'Eremo sul Mare.
domenica	*Visitare il vecchio porto, castello. Sera:*
	discoteca La Cantina delle Sirene, fino alle…
lunedì	*Altra spiaggia! Escursione al monte Roccioso.*
martedì	*Tornare a casa.*

Monterosso al Mare
Vernazza
Corniglia
La Spezia
Manarola
Riomaggiore

*Mare
Ligure*

0   6 Chilometri
0   4 Miglia

Conoscere l'Italia

a **Definizioni.** Abbini le definizioni con una parola della lista a destra. Ci sono due parole in più nella lista.

1. si trovano vicino al mare
2. sono due regioni del nord Italia
3. è un'isola italiana
4. sono regioni del centro Italia
5. sono montagne dell'Italia del Nord
6. è una regione del sud Italia
7. un prodotto della terra
8. è sinonimo di *zona*
9. organizzazione di nazioni d'Europa
10. una città molto piccola

a. l'Abruzzo, il Lazio e il Molise
b. un paese
c. la Sardegna
d. il vino
e. nazionale
f. Unione Europea
g. le dune
h. la Calabria
i. il territorio
j. l'area
k. il Piemonte e la Valle d'Aosta
l. le Alpi

I parchi nazionali italiani

CD1,
Track 45

Ci sono oggi in Italia ventuno parchi nazionali con altri tre in via di istituzione[1]. Le aree protette italiane occupano il 10% (dieci per cento) del territorio nazionale e includono anche lagune e dune vicino alla costa. Ci sono aree protette in quasi tutte le regioni e l'Abruzzo, la Calabria e la Sardegna hanno il maggior[2] numero di parchi. I primi parchi nazionali sono il Parco Nazionale del Gran Paradiso (1947), situato sulle Alpi, fra il Piemonte e la Valle d'Aosta, e il Parco Nazionale d'Abruzzo (1951), situato sugli Appennini, fra l'Abruzzo, il Lazio e il Molise. Tutti gli altri parchi sono più recenti e molti sono stati istituiti con l'aiuto[3] di fondi dell'Unione Europea. I parchi servono per proteggere specie di animali e vegetazione, per conservare[4] l'arte, l'architettura e le tradizioni dei paesi di queste zone e per promuovere[5] i loro prodotti tipici, come formaggio, vino, olio ed altre specialità.

Uno stambecco nel suo ambiente naturale in un parco alpino.

Roca/Shutterstock

1. *about to be established*   2. *largest*   3. *help*   4. *to save*   5. *to promote*

b **Informazioni.** Dia le seguenti informazioni basate sul brano precedente.

1. Sono ventuno i…
2. Il 10% del territorio italiano è costituito da…
3. Tre delle regioni che hanno il maggior numero di parchi sono…
4. Sulle Alpi, fra il Piemonte e la Valle d'Aosta, c'è il Parco…
5. Sugli Appennini è situato il Parco…
6. Molti parchi sono stati istituiti…
7. Nei parchi nazionali sono protette…
8. Nei paesi situati nelle aree protette vengono conservate anche…
9. Alcuni prodotti tipici delle zone protette sono…

a **La parola giusta.** Completi le seguenti frasi con le parole appropriate fra quelle indicate tra parentesi.

1. La (zona / riviera / terra) è un territorio della costa.
2. I piccoli paesi si chiamano anche (città / aree / borghi).
3. New York è una città, non (una cittadina / un terreno / un parco).
4. Il Mediterraneo che circonda l'Italia è un (lago / fiume / mare).
5. Fra la terra e il mare c'è (la costa / la cittadina / il parco).
6. Un sinonimo di *campo* è terreno che deriva da (arte / costa / terra).
7. La (studentessa / umanità / Facoltà) di Architettura è un dipartimento dell'università.

CD1,
Track 46

Il Parco Nazionale delle Cinque Terre

Istituito nel 1999 (millenovecentonovantanove), il Parco Nazionale delle Cinque Terre si trova sulla Riviera della Liguria. Il nome *Cinque Terre* deriva dai cinque borghi situati lungo[1] la costa in questo parco. Queste pittoresche cittadine sono Riomaggiore, Manarola, Corniglia, Vernazza e Monterosso al Mare. Le caratteristiche di questo parco sono i versanti scoscesi[2] che scendono a picco[3] sul mare. I muri a secco[4] proteggono i terreni terrazzati[5] dove sono coltivati i vigneti[6]. L'UNESCO ha iscritto questo bel parco fra i beni[7] del Patrimonio Mondiale dell'Umanità. La Facoltà di Architettura dell'Università di Genova e l'Ente Parco[8] hanno organizzato campi di lavoro[9] per restaurare il paesaggio. Due delle attività di questi campi di lavoro sono la ricostruzione dei muri a secco e il restauro dei sentieri[10] abbandonati. Studenti universitari italiani e stranieri partecipano a queste attività.

Una bella veduta del Parco Nazionale delle Cinque Terre.

Federico Rostagno/iStockphoto

1. *along*
2. *steep slopes*
3. *vertically*
4. *dry walls*
5. *terraced*
6. *vineyards*
7. *property*
8. *Park Agency*
9. *work fields*
10. *paths*

▶ Look at the map on page 12 and locate Liguria and Genova.

▶ UNESCO = United Nations Educational, Scientific, and Cultural Organization

▶ **Patrimonio Mondiale** = *World Heritage*

b **Che cosa ricorda?** Dia il nome o la descrizione dei seguenti aspetti del Parco Nazionale delle Cinque Terre.

1. anno dell'istituzione del Parco Nazionale delle Cinque Terre
2. regione dov'è situato
3. perché il nome *Cinque Terre*
4. i nomi delle cinque cittadine situate nel parco
5. caratteristiche di questo parco
6. quello che ha fatto l'UNESCO
7. hanno organizzato i campi di lavoro alle Cinque Terre
8. partecipano ai campi di lavoro per restaurare il parco

Viaggi in video — *Cinque Terre*

Prima di guardare

Vocabolario utile

sentiero	*path*
collegare	*link*
bandiera	*flag*
prendere in affitto	*to rent*
fare bagni	*to go swimming*
andare a pescare	*to go fishing*
focaccia	*flatbread typical of Liguria*
pensionato	*retired*
presepe	*nativity scene*
correre	*to run*
tramonto	*sunset*

a **Che bello!** Pamela è sempre molto entusiasta per le cose che vede nel video. Commenti sulle seguenti cose nel video con la forma corretta dell'aggettivo **bello**.

>> cane   Che bel cane!

villaggi	delfini
tramonto	spiaggia
scarpette da ginnastica	presepi
negozio	hobby
appartamentino	posto

▶ Mentre guarda il video

b **Cosa ha fatto Gep?** Durante il video, Gep ha parlato con Pamela di un suo viaggio alle Cinque Terre. Dia la forma corretta nel passato prossimo dei verbi indicati.

Gep (1. essere) una volta alle Cinque Terre. (2. Andare) lì con la sua famiglia. Loro (3. rimanere) lì una settimana. Sua madre (4. trovare) un appartamento in affitto a Monterosso e così la famiglia (5. dormire) in quest'appartamentino. Durante il giorno Gep e sua sorella (6. fare) bagni e anche (7. visitare) gli altri villaggi. Un giorno Gep e suo padre (andare) a pescare. (8. Vedere) anche dei delfini. Gep e la sua famiglia (9. mangiare) nello stesso ristorante ogni sera. A Gep (10. piacere) molto stare a Monterosso.

Sentiero Azzurro, directed by Simon Samuel

c **Chi?** Nel video abbiamo sentito tre abitanti di Cinque Terre che parlano della loro vite. A chi si riferiscono le seguenti frasi, al signor Mario, ad Alessandro o a Christine?

1. È la proprietaria di un negozio di scarpe e articoli sportivi.
2. È nato a Manarola.
3. Ha fatto molti lavori nella vita.
4. Ha quasi quarant'anni.
5. Ha suonato in un'orchestra su una nave.
6. Lavora con suo marito.
7. Da cinque anni produce il vino tipico delle Cinque Terre.
8. Lavora all'aria aperta in un posto bellissimo.
9. Ora dedica il suo tempo libero ad un hobby interessante: i presepi.
10. Il suo lavoro gli dà molta soddisfazione.
11. Ha aperto il negozio nel 2012.

d **Domande.** Risponda alle domande con frasi complete.

1. A Gep è piaciuta la vacanza con la sua famiglia nelle Cinque Terre?
2. Che cos'è il "Sentiero azzurro?"
3. Che cosa ha fatto Gep a Cinque Terre?
4. Perché hanno mangiato sempre nello stesso ristorante?
5. Qual è l'hobby del signor Mario?
6. Perché Alessandro è molto soddisfatto del suo lavoro?
7. Che tipo di negozio gestiscono Christine e suo marito?
8. Per Pamela, qual è la vita ideale?

L'alluvione del 2011

Nell'ottobre del 2011, dopo un lungo periodo di pioggia (*rain*), si è verificata nella zona delle Cinque Terre una terribile alluvione, che ha causato danni soprattutto a Vernazza e a Monterosso, dove ha lasciato un deposito di alcuni metri di fango (*mud*) nella via principale del paese. Ha anche distrutto molte parti del famoso "Sentiero azzurro" che collega i cinque villaggi.

epa european pressphoto agency/ b.v. / Alamy

Dopo aver guardato

e **Un'intervista.** In coppia: Immaginate di intervistare una delle persone nel video: Mario, Alessandro o Christine. Potete chiedere:

come si chiama	informazioni sulla famiglia
quanti anni ha	che tipo di lavoro fa
di dov'è e dove abita	se gli piace abitare nelle Cinque Terre
ecc.	

f **Esperienza personale.** Faccia una ricerca sul web per vedere cosa c'è da fare nelle Cinque Terre. Poi immagini di aver fatto un viaggio lì con gli amici. Scriva un post che racconta quello che avete fatto e i posti che avete visitato. Includa anche dei web link ai siti delle cose più divertenti da fare.

Il mercato all'aperto

COMMUNICATIVE OBJECTIVES

- Describe your daily routine and ask others about their routines
- Inquire about and express prices
- Talk about food and food preferences and quantities
- Make requests and suggestions; give orders and advice

Il mercato all'aperto è ancora oggi una caratteristica di molte città italiane.

RISORSE

 audio

 video

 www.cengagebrain.com/shop/ISBN/0495913391

iLrn ilrn.heinle.com

Mark Edward Smith / Photolibrary

**CD1,
Track 47**

Gabriella Marchi abita e lavora a Genova. Il sabato mattina le piace alzarsi tardi. Di solito si sveglia verso le nove e dopo colazione si prepara per uscire. Si lava, si veste e poi va a fare la spesa. Al mercato all'aperto del suo quartiere c'è una buona scelta di frutta e verdura ed è tutto a buon mercato.

Oggi Gabriella si ferma alla bancarella di un fruttivendolo.

1	FRUTTIVENDOLO:	(*Ad alta voce°*) Comprate queste belle arance! Guardate che bell'uva! È una delizia°. (*A Gabriella*) Buon giorno, signorina, mi dica°.	*loudly* *delight, delicious* *may I help you?*
	GABRIELLA:	Vorrei degli spinaci. Quanto costano?	
5	FRUTTIVENDOLO:	Un euro e settanta centesimi al chilo.	
	GABRIELLA:	Un chilo, per favore.	
	FRUTTIVENDOLO:	Subito.	
	GABRIELLA:	E l'uva, quanto costa?	
	FRUTTIVENDOLO:	Due euro. È dolce come il miele°. Prenda, assaggi.	*honey*
10	GABRIELLA:	Sì, grazie… Veramente buona, ma mi sembra un po' cara.	
	FRUTTIVENDOLO:	Signorina, in tutto il mercato non c'è di meglio.	
	GABRIELLA:	Se lo dice lei… Allora faccia° anche un chilo d'uva, per favore.	*give me*
	FRUTTIVENDOLO:	Bene, desidera qualche altra cosa?	
	GABRIELLA:	No, grazie. Per oggi è tutto.	
15	FRUTTIVENDOLO:	Allora, sono tre euro e settanta centesimi. (*Alla moglie*) Maria, sii gentile, da' anche degli odori° alla signorina!	*herbs*
	GABRIELLA:	Grazie, ecco i soldi.	

Domande

1. Di solito a che ora si sveglia Gabriella Marchi il sabato mattina?
2. Che cosa fa dopo colazione?
3. Dove va a fare la spesa?
4. Che cosa assaggia Gabriella al mercato?
5. Cosa compra Gabriella dal fruttivendolo? Quanto costano gli spinaci? Quanto costa l'uva?
6. Quanto spende in tutto Gabriella?

Domande personali

1. Lei a che ora si sveglia la mattina? A che ora si alza?
2. A lei piace alzarsi presto o tardi? E il sabato? E la domenica?
3. Che cosa beve la mattina a colazione? Latte? Caffè? Tè? Spremuta d'arancia?
4. Lei quando va a fare la spesa? Ogni giorno? Una volta alla settimana? Due o tre volte alla settimana?
5. C'è un mercato all'aperto o un supermercato vicino a casa sua?
6. Lei esce a fare acquisti il sabato? Quali acquisti fa? Dove?

> ▶ In January 2002, the euro, whose symbol is €, became the official currency of most member nations of the European Union (EU). In Italy, the euro takes the place of the lira. Similar to the American dollar, the euro is made up of 100 cents (**centesimi**).

Il mercato rionale[1]

I mercati rionali all'aperto o coperti sono opportuna-mente[2] distribuiti in varie zone centrali e periferiche delle città italiane. Questi hanno una funzione impor-tante nella vendita di ortaggi[3], frutta, carne e pesce[4]. Alcuni di questi mercati una volta erano[5] specializzati nella vendita di prodotti particolari che hanno dato il nome al mercato stesso[6]. Un esempio è Campo dei Fiori a Roma, dove, fino ai primi decenni di un secolo fa, ogni martedì le donne arrivavano[7] in città dalla campagna per vendere fiori[8].

Con lo sviluppo[9] del supermercato, l'importanza del mercato rionale è diminuita. La donna moderna, che è entrata nel mondo del lavoro, non ha più tempo per andare al mercato ogni giorno ed ha trovato più conveniente fare la spesa al supermer-cato una volta alla settimana. Ma per molta gente il mercato rionale, oltre[10] ad esercitare un certo fascino folcloristico, rimane il luogo dov'è ancora possibile comprare cibi freschi[11] e a buon mercato.

- Chi fa la spesa nella sua famiglia?
- Ci sono mercati all'aperto di frutta e verdura nella sua città? Ci sono anche negozi di alimentari specializzati?

Kevin Galvin / Alamy

Particolare invitante di una salumeria di Courmayeur nella Valle d'Aosta

1. *local, neighborhood*
2. *conveniently*
3. *vegetables*
4. *meat and fish*
5. *were*
6. *itself*
7. *used to arrive*
8. *flowers*
9. *development*
10. *besides*
11. *fresh food*

Situazioni

1. In coppia: Domandi ad un amico/un'amica a che ora si alza il sabato.

    >> — A che ora ti alzi il sabato?
    — Mi alzo alle dieci (presto / molto tardi / a mezzogiorno).

2. In coppia: Suggerisca qualcosa al suo compagno/alla sua compagna che desidera sapere cosa fare stasera.

    >> — Che si fa stasera?
    — Perché non andiamo al cinema (incontriamo gli amici al bar / guardiamo la televisione / andiamo in discoteca)?

Pratica

1. Dica cosa fa una persona che abita con lei da quando si sveglia la mattina fino a quando esce di casa. A che ora si sveglia? È di buon umore (*mood*) o di cattivo umore? Legge il giornale? Ascolta la radio?

2. In coppia: Lei è ad un mercato all'aperto di Genova e chiede a un fruttiven-dolo un chilo di patate, un chilo d'uva e due chili di arance. Preparate un dialogo appropriato e presentatelo alla classe.

> In Italy, weight is measured in kilograms (**il chilo**). A chilo equals 2.2 pounds.

> Vendors at open-air markets generally give herbs (**odori**) to their customers for free.

Vocabolario

Parole analoghe

l'euro
la frutta
spendere
gli spinaci

un frutto
tutti i frutti

Nomi

l'arancia orange
la bancarella stall
il centesimo cent
la colazione breakfast
il fruttivendolo fruit vendor
gli odori herbs
il quartiere neighborhood
la scelta choice
i soldi money
l'uva grape(s)
la verdura green vegetables

Aggettivo

dolce sweet

Verbi

alzarsi to get up
assaggiare to taste
costare to cost
dare to give; da' give
fermarsi to stop
lavarsi to wash (oneself)
prepararsi to get ready
svegliarsi to wake up
vestirsi to get dressed

Altre parole ed espressioni

poi then, afterwards
presto early
veramente really
a buon mercato inexpensive
al chilo per kilo (metric weight)
fare la spesa to shop (for food)
in tutto all together
mi sembra it seems to me, I think
Quanto costa (costano)? How much is it (are they)?

fare spese (shopping in general)

In Italian, **euro** is an invariable masculine noun: **l'euro / gli euro.**

5 gusti
1. dolce
2. agro
3. amaro
4. salato
5. unami

Soldi is the most common way to say *money*. Other words are **il denaro** and **la moneta. La moneta** also means *coin* and *currency*.

Pronuncia

I suoni della /s/

The letter **s** has two sounds in Italian, /s/ as in *sing* and /z/ as in *rose*. The sound /s/ is represented by the letters **s** and **ss**. The sound /z/ is represented by the letter **s**. In standard Italian, **s** is pronounced /z/ when it appears between two vowels (intervocalic **s**) and before **b, d, g, l, m, n, r,** and **v.**

Remember that in most common Italian words, the intervocalic **s** is pronounced /z/.

a Ascolti e ripeta le seguenti parole.

CD1,
Tracks
48–49

salve	costa	benissimo	casa
signora	scusa	permesso	penisola
spero	stai	dottoressa	sport
stazione	presto	studentessa	strada

b **Proverbi.** Ascolti e ripeta i seguenti proverbi.

Se non si misura, misurato sarà.
Judge yourself, or others will judge you.

Non c'è rosa senza spine.
Life is not a bed of roses.
(Literally: There is no rose without thorns.)

🔊 Ampliamento del vocabolario

I cibi

Gli alimentari (*food products*)

l'aceto   vinegar
il brodo   broth
il burro   butter
il formaggio   cheese
il latte   milk
l'insalata (*f.*)   salad
la minestra   soup
l'olio d'oliva   olive oil
il pane   bread
la pasta   pasta
la pastasciutta   pasta dish
il pepe   pepper
il prosciutto   cured ham
il riso   rice
il salame   salami
il sale   salt
l'uovo (*m.*) egg, le
   uova (*f. pl.*)   eggs
lo zucchero   sugar

La carne (*meat*)

l'agnello   lamb
la bistecca   steak
il maiale   pork
il pollo   chicken
il tacchino   turkey
il vitello   veal

Il pesce (*fish*)

l'aragosta   lobster
i calamari   squid
i gamberi   shrimp
il merluzzo   cod
gli scampi   prawns
la sogliola   sole
le vongole   clams

La frutta

l'albicocca   apricot
l'ananas (*m.*)   pineapple
l'arancia   orange
la banana   banana
la ciliegia   cherry
la fragola   strawberry
il limone   lemon
la mela   apple
la pera   pear
la pesca   peach
il pompelmo   grapefruit
l'uva grape(s)

Il dolce (*dessert*)

la crostata   pie
il gelato   ice cream
la pasta   pastry
il tiramisù   cake with coffee,
   mascarpone cheese, cream, and
   chocolate
la torta   cake

La verdura

l'aglio (*m.*)   garlic
gli asparagi   asparagus
i broccoli   broccoli
il carciofo   artichoke
la carota   carrot
la cipolla   onion
i fagiolini   string beans
i funghi   mushrooms
la lattuga   lettuce
la melanzana   eggplant
la patata   potato
il peperone   green
   pepper
i piselli   peas
il pomodoro   tomato
gli spinaci   spinach
gli zucchini   zucchini squash

▶ Practice food vocabulary when eating and shopping.

▶ **Pasta** is the general name for every type of cooked and uncooked pasta. **Pastasciutta** refers to an already cooked pasta dish, such as spaghetti, fettuccine, linguine, etc.

▶ **Gli zucchini** can also be feminine, **le zucchine**.

a **Cosa mangi?** In coppia: Risponda ad un amico/un'amica che vuole sapere se lei mangia questi cibi.

>> carciofi   S1: Mangi i carciofi?

S2: Sì, mangio i carciofi qualche volta. / No, non ho mai mangiato i carciofi.

i calamari	l'aragosta
il tiramisù	i broccoli
il prosciutto	le carote

b **Cosa preferisci?** In coppia: Domandi ad un amico/un'amica cosa preferisce mangiare e bere a pranzo e a cena (*at lunch and dinner*). Prenda appunti e poi riferisca le informazioni alla classe.

>> S1: Cosa preferisci mangiare e bere a pranzo?

S2: A pranzo preferisco…

S1: E a cena?

c **Domande.** In coppia: Faccia le seguenti domande personali ad un altro studente/un'altra studentessa.

1. Preferisci la carne o il pesce?
2. Quale tipo di carne preferisci?
3. Quante volte alla settimana mangi il pesce?
4. Qual è il tuo pesce preferito?
5. Mangi la verdura? Quali verdure preferisci?
6. Che frutta mangi di solito? Mangi la frutta ogni giorno?
7. Preferisci la spremuta d'arancia o di pompelmo?
8. Se stai a dieta per un giorno, che cosa mangi?
9. Di solito usi il burro, la margarina o l'olio d'oliva?
10. Ti piacciono i dolci? Quali dolci preferisci?

d **Preparare una cena.** In gruppi di tre: Preparate una cena per due persone che avete conosciuto in Italia. Decidete il menù includendo l'antipasto, il piatto principale, il dolce, la frutta e le bevande (*drinks*). Poi fate una lista delle cose da comprare.

Andrea Matone / Alamy

Una grande varietà di pesce è in vendita in questa bancarella di un mercato rionale.

I numeri da 100 in poi

100 = **cento**		1.000 = **mille**
101 = **centouno**		1.100 = **millecento**
120 = **centoventi**		1.420 = **millequattrocentoventi**
150 = **centocinquanta**		2.000 = **duemila**
200 = **duecento**		3.000 = **tremila**
300 = **trecento**		4.000 = **quattromila**
400 = **quattrocento**		5.000 = **cinquemila**
500 = **cinquecento**		10.000 = **diecimila**
600 = **seicento**		15.000 = **quindicimila**
700 = **settecento**		100.000 = **centomila**
800 = **ottocento**		200.000 = **duecentomila**
900 = **novecento**		1.000.000 = **un milione**

> ▶ A period is used instead of a comma in numbers in the thousands: 10,500 = 10.500 in Italian.

> ▶ A comma is used instead of a decimal point to express fractional amounts 1.5 = 1,5 in Italian.

1. The plural of **mille** is **mila.** It is attached to the preceding number.

duemila	*two thousand*
tremila	*three thousand*

2. **Milione (milioni)** requires **di** plus a noun when no other number follows **milione (milioni).**

un milione **di euro**	*a million euros*
due milioni **di persone**	*two million people*
But: un milione duecentomila dollari	*one million two hundred thousand dollars*

CIBI	UN CUCCHIAINO DI OLIO (oliva, mais, girasole)	UN CUCCHIAINO DI ZUCCHERO	QUATTRO BISCOTTI SECCHI	UNA BRIOCHE NON RIPIENA	UNA FETTA DI CROSTATA CON MARMELLATA	UNA LATTINA DI ARANCIATA O ALTRA BIBITA	UNA LATTINA DI BIRRA	UN QUARTO DI LITRO DI VINO
CALORIE	45	20	123	206	339	127	112	190

Quante calorie ci sono in un cucchiaino di zucchero? E in una fetta di crostata con marmellata? E in una lattina di aranciata? Dove sono più calorie, in quattro biscotti secchi o in una fetta di crostata con marmellata?

e Leggere. Legga ad alta voce.

>> 150 biglietti   centocinquanta biglietti

1. 365 giorni
2. 1.000 dollari
3. 400 orologi
4. 15.000 persone
5. 950 negozi
6. 1.000.000 di euro
7. 2.000 anni
8. 1.420 studenti

f Quanto costa? In coppia: Risponda ad un compagno/una compagna che le domanda quanto costano queste cose in Italia. Usi i prezzi suggeriti per rispondere alle domande.

>> un televisore / €400   — Quanto costa un televisore?
                           — Costa quattrocento euro.

1. un motorino Piaggio / €1.750
2. una macchina Fiat / €15.000
3. un'automobile Ferrari / €160.000
4. un buon telefonino / €180
5. una bicicletta / €950
6. un buon computer / €1.500
7. un pranzo per due in un ristorante elegante / €150
8. una settimana in una buona pensione / €800

Struttura ed uso

Verbi riflessivi

La mamma prima veste il suo bambino e poi **si veste.**

1. A reflexive verb is a verb whose action refers back to the subject, such as *I hurt myself* or *They enjoyed themselves.* Reflexive verbs are always accompanied by a reflexive pronoun: **mi, ti, si, ci, vi, si.** The verb itself is conjugated according to the tense and the subject. Here is the present tense of the verb **divertirsi.**

divertirsi *to enjoy oneself, have fun*	
io **mi diverto**	noi **ci divertiamo**
tu **ti diverti**	voi **vi divertite**
lui/lei **si diverte**	loro **si divertono**

— **Vi divertite** in classe?	— *Do you enjoy yourselves in class?*
— **Ci divertiamo** quando parliamo.	— *We have fun when we talk.*

2. Reflexive verbs are more common in Italian than in English. Many Italian reflexives express ideas that are not normally expressed reflexively in English.

Gianni **si alza** alle otto.	*Gianni gets up (raises himself) at eight o'clock.*
Poi **si veste.**	*Then he gets dressed (dresses himself).*
Poi **si mette** a studiare.	*Then he begins (puts himself down) to study.*

> Practice the reflexive verbs as you go about your daily routine: **Sono le otto; mi alzo. Adesso mi lavo,** etc.

3. Here is a list of some common reflexive verbs in Italian.

addormentarsi to fall asleep	**mettersi a** + *infinitive* to begin to, start to
alzarsi to get up	
annoiarsi to be bored	**preoccuparsi (di)** to worry (about)
chiamarsi to be called (call oneself), be named	
divertirsi to enjoy oneself, have fun	**prepararsi** to get ready
	prepararsi per + *infinitive* to prepare oneself to, get ready to
fermarsi to stop	**sentirsi** to feel
lavarsi to wash (oneself)	**svegliarsi** to wake up
mettersi to put on (clothing)	**vestirsi** to get dressed

— Come **vi sentite,** signori?
— **Ci sentiamo** molto meglio, grazie.

— *How are you feeling, gentlemen?*
— *We're feeling much better, thank you.*

Mi preoccupo di mio figlio, che **si annoia** a scuola.

I'm worried about my son, who gets bored at school.

4. The reflexive pronoun generally comes before the conjugated verb. In the infinitive form, it is usually attached to the end of the infinitive, which drops the final **-e.**

Claudia non **si ferma** a Padova.
Preferisce **fermarsi** a Ferrara.
Vi addormentate presto?
Cercate di **addormentarvi** presto.

Claudia is not stopping in Padova.
She prefers to stop in Ferrara.
Do you fall asleep early?
Try to fall asleep early.

5. In the **passato prossimo,** reflexive verbs always take the auxiliary verb **essere.** The past participle agrees with the subject.

Claudia **si è fermata** a Ferrara.
Le ragazze **si sono lavate.**
Ci siamo messi a studiare.

Claudia stopped in Ferrara.
The girls washed themselves.
We started studying.

a **Cambiamenti.** Cambi il soggetto della seguente descrizione tre volte, prima ad **Alessia,** poi a **noi** e poi **ai miei fratelli.** Faccia tutti i cambiamenti necessari dei verbi e dei pronomi riflessivi.

Ogni giorno mi alzo alle sette. Mi lavo e mi vesto velocemente: mi metto i jeans e una T-shirt e mi preparo per uscire. Torno a casa alle quattro e mi metto a studiare. La sera mi diverto a guardare la televisione. Vado a letto (*bed*) alle dieci e mi addormento subito.

Ogni giorno Alessia…

b **Frasi originali.** Formuli frasi originali usando il presente dei verbi e le parole ed espressioni delle tre colonne.

>> Mio padre si annoia a casa.

A	B	C
mio padre	svegliarsi	prima di uscire
un'amica ed io	vestirsi	un appuntamento importante
tu	annoiarsi	comprare il latte
voi	addormentarsi	a mezzogiorno
io	dimenticarsi di	i jeans di Armani
gli amici	prepararsi per	rapidamente
la mia compagna	mettersi	a casa
di camera	sentirsi	dopo il *David Letterman Show*
		in biblioteca
		male dopo la festa

c **Dove sono andato.** In coppia: Dica ad un compagno/una compagna tre luoghi dove lei è andato/a la settimana scorsa (ad una festa, al cinema, ad un concerto, a casa, ecc.). Poi dica se si è divertito/a o annoiato/a là.

>> S1: La settimana scorsa sono andato/a in discoteca.
S2: Ah sì? Ti sei divertito/a?
S1: Sì, mi sono divertito/a molto! / No, mi sono annoiato/a.
S2: Perché ti sei divertito/a? (ecc.)

> Remember that **divertirsi** means *to have fun.* **Ti sei divertito/a?** means *Did you have fun?*

d **Informazioni.** In coppia: Dica ad un compagno/una compagna a che ora di solito lei fa le seguenti cose e a che ora le ha fatte ieri. Poi chieda al compagno/alla compagna le stesse informazioni.

>> svegliarsi   S1: Di solito mi sveglio alle… Ieri mi sono svegliato/a alle… E tu, a che ora ti svegli?
S2: Di solito…

1. alzarsi
2. lavarsi
3. vestirsi
4. fare colazione
5. mettersi a studiare
6. tornare a casa
7. addormentarsi

e **Il mio sabato.** Dica ad un compagno/una compagna che cosa lei fa di solito il sabato mattina. Cerchi di usare i verbi riflessivi dove appropriato.

>> Il sabato mattina mi sveglio alle… , mi alzo…

f **Domande.** In coppia: Rispondete alle seguenti domande personali.

1. Come si chiamano tua madre e tuo padre? Hai sorelle o fratelli? Come si chiamano?
2. Ti addormenti sempre facilmente? Cosa fai se non puoi *(if you can't)* addormentarti?
3. Ti senti bene quando ti alzi presto? A che ora ti alzi normalmente?
4. Ti annoi o ti diverti quando stai solo/a?
5. Ti metti i jeans ogni giorno? Gli studenti di quest'università si mettono spesso i jeans?
6. Ti piace vestirti elegantemente? Quando? Ogni giorno o in occasioni speciali?
7. Come ti prepari per un esame importante? Per un appuntamento importante?
8. Di che cosa ti preoccupi? Degli esami? Della famiglia?

Imperativo informale (*tu, noi, voi*)

Al Foro Romano? **Andate** a destra; **continuate** per mezzo chilometro. **Prendete** l'autobus e **scendete** al Colosseo. Poi **chiedete** a un polizotto!

1. The imperative is used for commands, pleas, and appeals. In the imperative, the **tu, noi,** and **voi** forms of regular verbs are identical to the corresponding present tense forms with one difference: the final **-i** of the **tu** form of **-are** verbs changes to **-a.**

imperativo positive			
	tu	**noi**	**voi**
-are verbs	Guarda!	Guardiamo!	Guardate!
-ere verbs	Prendi!	Prendiamo!	Prendete!
-ire verbs	Senti!	Sentiamo!	Sentite!
-ire verbs (**-isc**)	Finisci!	Finiamo!	Finite!

2. Negative **tu** commands are formed with **non** + *infinitive*. Negative **noi** and **voi** commands use the present tense, as in affirmative commands.

imperativo negative			
	tu	**noi**	**voi**
-are verbs	**Non guardare!**	**Non guardiamo!**	**Non guardate!**
-ere verbs	**Non prendere!**	**Non prendiamo!**	**Non prendete!**
-ire verbs	**Non finire!**	**Non finiamo!**	**Non finite!**

Gabriella, **compra** un chilo di spinaci, ma non **comprare** gli asparagi.

Gabriella, buy a kilo of spinach, but don't buy any asparagus.

— **Andiamo** a prendere un film in DVD!

— Let's go pick up a DVD!

— Sì, ma non **prendiamo** un film dell'orrore.

— Yes, but let's not get a horror film.

Ragazzi, **ascoltate** attentamente. Non **parlate!**

Guys, listen closely. Don't talk!

3. When a reflexive verb is used in a command, the reflexive pronoun follows and is attached to the verb. In negative **tu** commands of reflexive verbs, the infinitive drops the final **-e** before the pronoun **ti.**

Adesso **lavatevi** e poi **vestitevi!** Giulia, **svegliati!** Non **addormentarti** in classe!

Wash up now and then get dressed. Giulia, wake up! Don't fall asleep in class!

4. **Essere** and **avere** are irregular in the **tu** and **voi** forms of the imperative. Five other verbs—**andare, dare, dire, fare,** and **stare**—have irregular **tu** imperatives. The other imperative forms of these verbs are regular, including the negative forms.

andare	**va'** (vai) andiamo andate	*essere*	**sii** siamo **siate**
avere	**abbi** abbiamo **abbiate**	*fare*	**fa'** (fai) facciamo fate
dare	**da'** (dai) diamo date	*stare*	**sta'** (stai) stiamo state
dire	**di'** diciamo dite		

▶ Note the apostrophe after **va', da', di', fa',** and **sta'.** The longer forms **vai, dai, fai,** and **stai** can also be used as **tu** commands.

Nerone, **sta'** fermo!   **Da'** la scarpa a papà!   Nerone, **sii** buono!

g **Ordini.** Dica alle persone indicate fra parentesi di fare le azioni che seguono.

>> (la sua amica Marta) guardare questa rivista
   Marta, guarda questa rivista!

1. (il suo amico Sandro)   venire al ballo in maschera con noi
                                 arrivare verso le otto
                                 metterti un bel costume

2. (lei e due amici [noi])   portare Lidia a fare una gita domani
                                 andare ai Castelli romani
                                 mangiare in un ristorante caratteristico

3. (i suoi fratelli)   bere il vino locale
                                 pulire bene l'appartamento
                                 preparare l'insalata
                                 mettere in ordine la cucina
                                 aspettare la telefonata di papà

4. (sua sorella Marina)   non uscire senza l'ombrello
                                 non stare fuori tutta la notte
                                 tornare prima delle undici
                                 telefonare se ci sono problemi

h **Ordini e contrordini.** In gruppi di tre: S1 dice a S2 di fare le cose indicate. Poi, S3 dice di non fare quelle cose.

>> scrivere la data di oggi   S1: (Cristina), scrivi la data di oggi!
                                    S2: (comincia a scrivere)
                                    S3: (Cristina), non scrivere la data di oggi!
                                    S2: (non scrive più o scrive un'altra data)

1. parlare italiano   6. venire qua
2. prendere la penna da…   7. mettersi a leggere
3. dare la penna a…   8. aprire le finestre (*windows*)
4. alzarsi subito   9. aspettare qui
5. fare una passeggiata   10. andare alla porta (*door*)

i   **Consigli.** Lei fa delle domande e dà dei consigli a un amico/un'amica che desidera perdere peso (*to lose weight*).

>> mangiare le verdure   S1: Tu mangi le verdure?
                                      S2: No, non mangio le verdure.
                                      S1: Male! Mangia molte verdure!

1. mangiare la frutta fresca / le verdure / i dolci / il salame
2. bere il latte / gli alcolici / la birra / l'acqua minerale
3. fumare
4. usare lo zucchero / l'olio / il sale / il burro
5. praticare lo sport
6. dormire poco / molto
7. fare ginnastica
8. stare a dieta

j   **Suggerimenti.** Dica ad un amico/un'amica di fare le seguenti cose, usando la forma **tu** dell'imperativo dei verbi indicati.

>> fare una foto   Fa' una foto (Fai una foto)!

1. essere generoso/a
2. andare a sciare
3. stare zitto/a (*quiet*)
4. dare un dollaro ad un…
5. avere pazienza
6. addormentarsi
7. fare colazione
8. dire qualcosa in italiano a un amico/un'amica
9. mangiare un gelato

k   **Cosa devo fare?** In gruppi di tre: Una persona del gruppo fa la parte di uno studente/una studentessa che è recentemente arrivato/a alla vostra università e vuole sapere come comportarsi (*to behave*). Date consigli al nuovo studente/alla nuova studentessa, usando l'imperativo.

>> S1: Dove devo mangiare?
     S2: Mangia a…
     S3: No, non mangiare a… , mangia a… !

1. Dove devo mangiare?
2. Quali corsi devo seguire?
3. Cosa devo fare il fine settimana?
4. Dove posso studiare?
5. Dov'è possibile trovare un lavoro a tempo parziale?
6. Cosa devo fare per prendere buoni voti (*to get good grades*)?
7. Dove devo fare gli acquisti?
8. Come posso conoscere nuovi amici?

> **Dove devo… ?** = *Where should I … ?*
> **Come posso… ?** = *How can I … ?*

l   **Tre ordini.** In coppia: Dica a un compagno/una compagna di fare tre cose. Dopo aver eseguito questi ordini, il compagno/la compagna dice a lei di fare tre cose.

>> Judy, prendi questa fotografia. Metti la fotografia nello zaino di Francesco e poi va' fuori.

Imperativo formale (*lei*)

Scusi, mi **dia** una mano, per favore.

Formal commands with **lei** are used less frequently than other command forms. The imperative of regular and many irregular verbs is formed by dropping the final **-o** from the present tense of the **io** form and adding **-i** to the stem of **-are** verbs and **-a** to the stem of **-ere** and **-ire** verbs.

▶ You have seen these forms since **Lezione 4** in the instructions for activities and exercises.

infinito	forma *io* del presente	imperativo con *lei*
scusare	scuso	scusi
prendere	prendo	prenda
sentire	sento	senta
finire	finisco	finisca

Here are some useful formal commands of regular and irregular verbs.

Mi dia	*Give me*	Mi dia un chilo di mele, per favore.
Mi scusi	*Excuse me*	Mi scusi, mi dispiace molto.
Venga	*Come*	Venga con noi, signora!
Vada	*Go*	Vada alla stazione, e poi…
Faccia	*Make / Do*	Non faccia così, signora.
Mi dica	*Say / Tell me*	Mi dica quanto costa, per cortesia.
Senta	*Listen*	Senta, che ore sono?
Guardi	*Look*	Guardi, signorina, per me va bene.
Prenda	*Take*	Prenda questa mela; è buonissima.

m **Cambiamenti.** Le seguenti frasi con l'imperativo sono informali. Come cambiano in una situazione formale?

>> Vieni con noi alla festa!   Venga con noi alla festa!

1. Senti, come sta tua sorella?
2. Vai a destra (*right*) e segui via Napoleone.
3. Fai una passeggiata!
4. Prendi un bicchiere e prova questo vino.
5. Di' il tuo nome alla professoressa!
6. Guarda, Antonio, non è un problema.
7. Scusa, Caterina. Non ho tempo oggi.

n **Imperativi logici.** Lei è in Italia e parla con le seguenti persone. Crei imperativi logici per ogni situazione.

- una commessa (*salesperson*) in un negozio di alimentari
- un cameriere ad un bar all'aperto
- il professore alla lezione d'italiano
- un agente ad un'agenzia di viaggi
- il bigliettaio (*ticket seller*) all'acquario di Genova

o **Dialogo.** In coppia: Uno studente/Una studentessa è andato/a al mercato all'aperto per comprare frutta e verdura per una cena. L'altro studente è il fruttivendolo. Create un dialogo usando imperativi formali come i seguenti.

Mi dica che cosa…
Guardi…
Prenda…
Mi dia un chilo di…
ecc.

By permission of Acquario di Genova

Partitivo con *di*

— Nonna, cosa metti nel tiramisù?
— Ci metto **del** caffè, **dei** biscottini, **del** mascarpone e **degli** ingredienti segreti.

1. The concept *some* (known as the partitive) is usually expressed in Italian by **di** + *definite article*.

Per la cena di stasera devo comprare **del** prosciutto,	*For dinner tonight I have to buy some ham,*
dello zucchero,	*some sugar,*
dell'olio d'oliva,	*some olive oil,*
della carne,	*some meat,*
dell'insalata,	*some salad greens,*
dei piselli,	*some peas,*
degli spinaci e	*some spinach, and*
delle patate.	*some potatoes.*

> Remember that **di** combines with a definite article: **di + il = del.**

2. The partitive is not used if the quantity is specified.

Mi dia **mezzo chilo di** spinaci, per favore.
Mangiano **molta** insalata.

The partitive is never used in negative sentences and is often omitted in questions.

Qui non vendono pane.	*They don't sell bread here.*
I miei amici non bevono vino.	*My friends don't drink wine.*
Vuoi **(dell')** acqua minerale?	*Would you like some mineral water?*

3. The partitive can also be expressed with **un po' di** with singular nouns and **alcuni/e** with plural nouns.

Devo comprare **un po' di** frutta e **alcune** patate.

p **Cambiamenti.** Cambi le seguenti frasi al plurale.

>> Ho visto un film.
Ho visto dei film.

1. Ho scritto un'email.
2. Desidero una matita e una penna.
3. Ho passato un giorno con un'amica.
4. Ho preso un gelato al bar qui vicino.
5. Ho comprato un CD di musica italiana.
6. E poi ho comprato un'altra rivista.
7. Ho chiamato un amico.
8. Abbiamo passato un'ora insieme.

q **Al ristorante.** Una signora ordina da mangiare in un ristorante. Completi la conversazione con la forma corretta del partitivo dove necessario.

— Che cosa desidera la signora?
— Per antipasto, mi dia _____ prosciutto della casa. Poi come primo piatto prendo _____ spaghetti al sugo. Per secondo prendo _____ vitello. E che verdura avete?
— Abbiamo _____ insalata…
— Avete _____ spinaci?
— No, mi dispiace. Non ci sono più _____ spinaci. Però abbiamo _____ broccoli e _____ carote.
— Allora no, non prendo _____ verdura.
— Da bere, desidera _____ vino rosso, signora?
— No, grazie. Non bevo _____ vino. Piuttosto mi porti _____ acqua minerale, per favore.

r **Ingredienti necessari.** Cosa le serve (*What do you need*) per preparare le seguenti cose?

>> una buona pizza
Mi servono del formaggio, dei pomodori…

1. una buona pizza
2. un'insalata capricciosa
3. un panino enorme
4. un minestrone
5. una macedonia di frutta (*fruit salad*)
6. una sua specialità

▶ **Un'insalata capricciosa** is a mixed salad with variable ingredients. If you see the word **capricciosa** on a menu, the ingredients are probably a result of both availability and the whim of the cook.

Parliamo un po'

a **Un sondaggio.** Faccia una breve intervista a tre studenti per sapere:

	Studente/Studentessa		
	1	2	3
la frutta che preferiscono	_____	_____	_____
la frutta che non mangiano	_____	_____	_____
le verdure che preferiscono	_____	_____	_____
le verdure che non mangiano	_____	_____	_____
la cucina (cinese, italiana, ecc.) che preferiscono	_____	_____	_____
i cibi che non mangiano	_____	_____	_____
i piatti (*dishes*) che preferiscono	_____	_____	_____
i piatti che non piacciono	_____	_____	_____

b **Una festa fra amici.** In gruppi di quattro: Voi desiderate organizzare una festa per dodici amici. Desiderate offrire panini, insalata, pizza e bibite analcoliche (*nonalcoholic drinks*). Fate una lista dei prodotti necessari e delle quantità di essi per tutte le persone.

>> (panini) un chilo di prosciutto, 24 panini, della lattuga…

panini	*pizza*	*insalata*	*bibite*
_____	_____	_____	_____
_____	_____	_____	_____
_____	_____	_____	_____
_____	_____	_____	_____

c **Agli ordini!** In coppia: Con un compagno/una compagna, dia almeno tre forme dell'imperativo per ogni situazione indicata.

>> Una madre parla al bambino cattivo.
  Finisci gli spinaci! Non parlare! ecc.

- Una madre parla al bambino cattivo.
- Lei parla al compagno/alla compagna di camera (*roommate*) molto pigro/a.
- Un turista chiede informazioni per andare alla stazione.
- Un medico parla al paziente.
- Una professoressa parla agli studenti.
- Lei parla agli amici. È venerdì sera e desiderate uscire.
- I genitori parlano alla figlia che parte per l'università.

d **Agli ordini (cont.).** In coppia: Con lo stesso compagno/la stessa compagna, scegliete una delle situazioni dell'Esercizio C e create un dialogo incorporando gli imperativi dell'Esercizio C.

>> Una madre parla al bambino cattivo.
  BAMBINO: Mamma, posso andare a giocare?
  MADRE: Pippo, finisci gli spinaci!
  BAMBINO: Ma non ho fame!
  MADRE: Non parlare! … , ecc.

e **Un furto misterioso.** In gruppi di quattro: C'è stato un furto (*robbery*) nella casa di una famiglia ricca della sua città. Il furto è accaduto (*took place*) tra le otto e le dieci di ieri sera. Create la scena dell'interrogatorio secondo i suggerimenti indicati.

S1: È l'investigatore privato che interroga le tre persone sospette. Domanda ad ognuna delle tre persone dov'è stata ieri sera, con chi e che cosa ha fatto.

S2: È andato/a ad una festa con un compagno/una compagna, ma si è sentito/a male ed è andato/a via presto da solo/a.

S3: È rimasto/a a casa a lavorare su un articolo e si è addormentato/a presto.

S4: È andato/a a vedere un film con un amico. È tornato/a a casa dopo mezzanotte.

>> S1: E lei che cosa ha fatto ieri sera?
  S2: Sono andata ad una festa in casa di amici.
  S1: È andata da sola? ecc.

Conoscere l'Italia

a **In cerca di aggettivi.** Nel brano che segue, cerchi l'aggettivo derivato da ciascuna delle parole indicate. Poi inserisca nella frase la forma appropriata dell'aggettivo.

>> (collina) Questo paese è molto _____.
   Questo paese è molto collinoso.

1. (Liguria) Il golfo di Genova è nel Mare _____.
2. (fama) Uno dei personaggi _____ della Liguria è Cristoforo Colombo.
3. (geografia) Gli aspetti _____ di questa regione sono interessanti.
4. (tropico) Qui ci sono molti fiori _____.
5. (costa) Le cittadine _____ della regione sono spettacolari.
6. (monte) I terreni _____ sono difficili da coltivare.
7. (turista) La zona è ricca di attrazioni _____.

La Liguria

**CD1,
Track 50**

La Liguria è una regione con caratteristiche geografiche molto particolari. A sud della Liguria c'è il Mare Ligure; ad ovest la Francia, a nord il Piemonte e ad est ci sono l'Emilia-Romagna e la Toscana. In questa regione la catena delle Alpi si unisce con gli Appennini così che il territorio ligure è molto montuoso e collinoso. Coltivato a terrazze[1], il terreno dà prodotti di tipo mediterraneo. Sulle terrazze si coltivano ulivi, vigneti[2], frutta e agrumi[3]. Sulla costa invece si coltivano fiori e piante tropicali.

La zona costiera della Liguria è stretta[4] e piena di scogli[5]. Genova, il capoluogo regionale, divide la costa in Riviera di Levante e Riviera di Ponente[6]. Con le sue spiagge sabbiose[7] e i suoi golfi pittoreschi, la riviera ligure è una delle più famose località turistiche d'Italia. Il clima mite[8] della zona favorisce il turismo anche nei mesi invernali. Portofino, Portovenere, Rapallo e Sanremo sono cittadine liguri che attraggono sempre molti visitatori. Portofino è un promontorio molto suggestivo, con i suoi piccoli porti e strade panoramiche. Sanremo, con i suoi fiori, grandi alberghi e bellissime ville, grazie al suo clima favorevole, è il luogo di villeggiatura preferito di molti europei. Il mare è certamente la ricchezza della Liguria; rende il clima della regione mite e attrae annualmente milioni di turisti. Il mare è certamente la ricchezza della Liguria: rende mite il clima della regione, è un'eccellente via di comunicazione ed offre una grande abbondanza di pesce.

1. *terraces*   2. *vineyards*   3. *citrus fruit*   4. *narrow*
5. *cliffs*   6. *Eastern Riviera and Western Riviera* 7. *sandy*   8. *mild*

Leksele / Shutterstock

Portofino, con le sue case colorate, è una pittoresca cittadina della Liguria.

▶ Locate Liguria, Mare Ligure, and Genova on the map of Italy on page 12. **Quale paese straniero confina con la Liguria? Con quali regioni italiane confina la Liguria?**

▶ Look at the physical map of Italy on page 10. Notice how the Alps run into the Apennines in Liguria.

▶ Look again at the map of Italy on page 12 and find the locations of the two Rivieras.

b **Domande.** Risponda alle seguenti domande basate sulla lettura.

1. Come si chiama il mare della Liguria?
2. Come si chiamano le catene montuose che si uniscono in Liguria?
3. Qual è il capoluogo della Liguria?
4. Che cosa si coltiva sulle terrazze liguri? E sulla costa?
5. Quali sono le caratteristiche della zona costiera ligure?
6. Quali sono alcune cittadine pittoresche della costa ligure?
7. Quale cittadina di villeggiatura preferiscono molti europei? Perché?
8. Perché è caratteristica Portofino?
9. Che cosa rappresenta il mare per la Liguria? Perché?

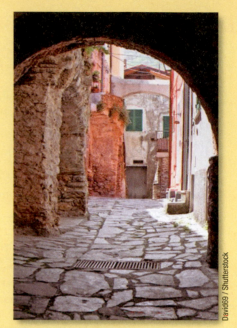

Una via caratteristica di una cittadina ligure.

a **Definizioni.** Prima di leggere il seguente brano, abbini le definizioni con una parola della lista di destra. Ci sono due parole in più nella lista.

1. aggettivo di Genova
2. persone che praticano il commercio
3. un periodo della storia
4. persone che si occupano di finanza
5. persone che vanno per mari e oceani
6. persone che possiedono banche
7. gli abitanti di Genova
8. un'erba aromatica
9. un tipo di formaggio

a. il basilico
b. i navigatori
c. il condimento
d. i genovesi
e. il Medioevo
f. i banchieri
g. genovese
h. l'oliva
i. i finanzieri
j. il parmigiano
k. i commercianti

▶ The term "blue jeans" may derive from the blue cloth trousers that Genovese sailors used to wear.

CD1,
Track 51

Un grande porto di mare

Genova, chiamata "la Superba[1]", ha una gloriosa tradizione storica legata[2] principalmente alla sua posizione geografica. La fortuna e il prestigio di Genova sono associati con il mare. I genovesi sono sempre stati gente di mare[3]. Fin dal Medioevo hanno avuto una grande flotta[4] navale e sono stati bravi navigatori, commercianti, finanzieri e banchieri. Oggi Genova è uno dei più importanti porti di mare d'Italia ed è anche un grande centro commerciale e industriale. Genova è la città natale[5] di molti personaggi famosi quali Simone Boccanegra, Cristoforo Colombo, Goffredo Mameli, Giuseppe Mazzini, Eugenio Montale e Niccolò Paganini.

Genova: Una veduta della città.

La Liguria, e Genova in particolare, hanno contribuito anche alla bontà[6] e alla varietà della cucina italiana. Un contributo particolare è il pesto alla genovese[7]. Questo condimento è fatto di foglie di basilico, pinoli e aglio pestati[8], formaggio pecorino[9], parmigiano e olio d'oliva. Il pesto è utilizzato principalmente per condire i piatti di pasta e si usa anche per dare più sapore al minestrone e al sugo di pomodoro[10].

1. *"the Proud One"*	2. *tied*	3. *seafaring people*
4. *fleet*	5. *birthplace*	6. *goodness*
7. *Genovese style*	8. *basil leaves, pine nuts, and garlic pounded together*	
9. *sheep's milk cheese*	10. *to season pasta dishes*	

▶ **Simone Boccanegra** (1339–1363) was doge of the Republic of Genoa. His life inspired Giuseppe Verdi's opera of the same name.
Cristoforo Colombo (1451–1506) was an explorer, credited with the discovery of America.
Goffredo Mameli (1827–1849) was a patriot and poet. He is the author of the Italian national anthem.
Giuseppe Mazzini (1805–1872) was a patriot whose actions and writings contributed to the unification of Italy.
Eugenio Montale (1896–1981) was a poet who received the Nobel Prize for Literature in 1975.
Niccolò Paganini (1782–1840) was a violinist and a composer. He composed *Concerti*, *Capricci* and *Sonate*.

b **Che cosa ricorda?** Dia il nome o la descrizione delle seguenti caratteristiche di Genova.

1. nome dato a Genova
2. a che cosa è legata la storia genovese
3. sono gente di mare
4. attività dei genovesi fin dal Medioevo
5. tre personaggi famosi nati a Genova
6. condimento tipico di Genova e come viene utilizzato
7. quattro ingredienti del pesto alla genovese

Viaggi in video *Genova*

Prima di guardare

Vocabolario utile

Ti faccio vedere	*I'll show you*
con la nave	*by ship*
cappello	*hat*
barba	*beard*
pescatori	*fishermen*
un sacco di confusione	*a lot of confusion*
sorelle gemelle	*twin sisters*
occhiali	*eyeglasses*

a **Dal presente al passato.** Ecco una descrizione di un viaggio che una famiglia ha fatto a Genova. I verbi indicati sono al presente indicativo. Scriva il passato prossimo di ogni verbo.

>> **Mangiamo** in un bar all'aperto.
Abbiamo mangiato in un bar all'aperto.

Io e mio marito Aldo (1.) **decidiamo** di fare una vacanza con i nostri figli. (2.) **Passiamo** quattro giorni splendidi a Genova. (3.) **Dormiamo** in un albergo abbastanza economico in centro. Venerdì mattina (4.) **visitiamo** il famoso acquario e poi nel pomeriggio (5.) **andiamo** a vedere la cosiddetta Casa di Cristoforo Colombo. La sera (6.) **proviamo** pesce fresco e specialità della Liguria in un ristorante vicino al porto. Sabato mattina Aldo (7.) **porta** i figli sulla funicolare per visitare i castelli sopra la città. Io invece (8.) **mi sveglio** tardi e (9.) **faccio** un po' di shopping in centro. Domenica (10.) **fa** caldo e (11.) **andiamo** ad un parco acquatico fuori città. I ragazzi (12.) **si divertono** moltissimo. Lunedì (13.) **torniamo** a casa, stanchi ma contenti.

▶ Mentre guarda il video

b **Lavoro, arte o amore?** Armando e Amanda sono a Genova per lavoro. Annalisa è qui per un'esperienza artistica. Amelia e Alberto preferiscono un fine settimana romantico. Indichi a chi interessano le seguenti attività a Genova.

dormire in un albergo moderno con WI-FI
usare mezzi di trasporto efficienti
invitare clienti a pranzo in un ristorante elegante
passeggiare nelle piccole strade
guardare il tramonto sul porto
mangiare all'aperto in un ristorantino intimo
visitare una galleria d'arte
vedere esempi dell'architettura di Renzo Piano
scrivere impressioni della città su un diario
fare fotografie dei pescatori al porto
dormire fino a mezzogiorno

c **Chi lo dice?** Ecco alcuni commenti scritti sul sito *TripAdvisor*. Chi sono gli autori: Armando e Amanda, Annalisa o Amelia e Alberto?

«Siamo arrivati a Genova con la nostra BMW 760Li. Per fortuna l'albergo era grande e moderno e abbiamo potuto parcheggiare lì».

«Siamo arrivati a Genova con la nave. È stato bellissimo guardare il sole che tramontava: molto romantico»!

«Sono arrivata con il treno locale. Il treno era lento, ma così ho potuto fare degli schizzi (*sketches*) della città, le chiese …»

«Venerdì sera abbiamo trovato un ristorantino piccolo ma caratteristico, vicino al porto. Una tavola per due, pesce, aragosta ….Magico»!

«Sabato mi sono dedicata alla visita dei musei: la Galleria di Palazzo Rosso la mattina e il Museo di Architettura e Scultura il pomeriggio».

«Dopo la conferenza abbiamo invitato i nostri colleghi a pranzo, una cosa leggera perché nel pomeriggio c'erano più riunioni».

La casa di Cristoforo Colombo

Il grande esploratore è nato a Genova nel 1451, ed è possibile visitare un museo chiamato "Casa di Cristoforo Colombo". La verità, però, è che la casa è una ricostruzione, creata nel quartiere dove si crede sia nato Colombo.

travelbild.com/Alamy

Dopo aver guardato

d **Un viaggio a Genova.** In coppia: Descrivete il viaggio di alcuni personaggi del video. Usate il passato prossimo.

>> Armando e Amanda sono andati a Genova per una settimana di lavoro. Sono partiti…

e **Un gioco d'alfabeto.** In coppia: Avete visto come tutti i personaggi immaginati da Pamela hanno nomi che cominciano con la A (Alberto, Amanda, ecc.)? Cercate di creare frasi con varie parole che cominciano con la stessa lettera.

>> Aldo e Alice amano andare in Australia. Bruno e Bettina ballano nel bellissimo bagno. Ecc.

f **Esperienza personale.** Secondo le attività viste nel video, descrive in un post un suo fine settimana ideale a Genova. Menzioni un minimo di 5 attività.

lezione

8

In famiglia

COMMUNICATIVE OBJECTIVES

- Express wants and obligations
- Describe and talk about family
- Talk about travel wants and plans

Una famiglia italiana pranza in giardino.

RISORSE

audio

video

www.cengagebrain.com/shop/
ISBN/0495913391

ilrn ilrn.heinle.com

CD2, Track 2

La famiglia Orlandi è a cena. Il padre Carlo e la madre Luciana sono seduti a tavola con i loro due figli Stefano e Alessandra. Stefano ha appena° ottenuto il diploma di maturità scientifica e Alessandra frequenta il liceo classico.

just

1	ALESSANDRA:	Papà, ti devo dire una cosa. L'ho già detta alla mamma e lei è d'accordo.
	IL PADRE:	Di che cosa si tratta?
	ALESSANDRA:	A luglio la mia amica Giuliana va in macchina nel Veneto
5		e mi ha chiesto di andare con lei. Tu la conosci Giuliana, non è vero?
	IL PADRE:	Ma non è quella tua amica che ha preso la patente solo qualche mese fa? No, non se ne parla proprio°!
	LA MADRE:	Ma, Carlo, Giuliana è una brava ragazza ed è molto
10		responsabile!
	IL PADRE:	Luciana, ti prego. Alessandra viene in montagna con noi. E tu, Stefano, hai deciso quale facoltà universitaria vuoi frequentare?
	STEFANO:	Veramente no, non l'ho ancora scelta. Anzi°, a dire la verità,
15		penso di non iscrivermi all'università per quest'anno.
	IL PADRE:	Che cosa hai detto? Ho sentito bene?
	STEFANO:	Sì, papà. Voglio andare un anno in Inghilterra per imparare meglio l'inglese.
	LA MADRE:	Stefano, questa idea è nuova. Tu sei sempre stato in famiglia
20		e non sei mai andato all'estero. Sei sicuro di poter stare da solo e lontano da casa per un anno intero?
	IL PADRE:	E poi come pensi di pagare tutte le spese?
	STEFANO:	Ho già messo da parte° un bel po' di soldi e poi posso sempre cercare un lavoro.
25	LA MADRE:	Stefano, ti sembra proprio una buona idea?
	IL PADRE:	Ma sì, Luciana, non è poi una cattiva idea. Vivere all'estero per un anno, il contatto con altri giovani e un'esperienza di lavoro gli faranno certamente bene°.

Let's forget it!

Indeed

I've already saved

will certainly do him good

Domande

1. Dov'è la famiglia Orlandi?
2. Cosa fanno i figli?
3. Dove vuole andare Alessandra? Con chi vuole andare?
4. Che cosa pensa di fare Stefano? Perché?
5. Il padre è d'accordo con i programmi dei figli? Perché?
6. E che cosa pensa la madre?

> In Italy, the main meal (**il pranzo**) is eaten between 1 and 2:30 P.M. **La cena** is a lighter meal eaten between 8 and 10 P.M.

Domande personali

1. Lei lavora durante l'anno accademico? Dove? Perché?
2. Cosa fa di solito durante l'estate?
3. Che programma ha fatto lei per l'estate prossima? E per l'anno prossimo?
4. I suoi genitori che cosa dicono dei suoi programmi?
5. Lei discute spesso con i suoi genitori? Di che cosa discute?

La famiglia italiana

Negli ultimi anni la società italiana ha subito[1] molti cambiamenti[2]. Secondo l'Eurispes (Istituto di studi politici, economici e sociali), questi cambiamenti sono molto evidenti nell'istituzione famigliare. Gli studi di questo istituto presentano un panorama completamente nuovo della famiglia italiana, dove solo il 50% segue il modello tradizionale: padre e madre regolarmente sposati che vivono con i loro figli nella stessa casa.

L'altra metà[3] delle famiglie è composta da conviventi[4], persone single, nuclei monoparentali[5] e coppie[6] senza figli. Un aspetto demografico importante della famiglia italiana contemporanea è la crescita[7] zero delle nascite. Molte coppie sposate o conviventi preferiscono non avere figli o avere solo un figlio. La maggior parte dei bambini nati negli ultimi anni sono infatti figli di coppie di immigrati extracomunitari che contribuiscono a fare dell'Italia un paese sempre più multirazziale, multietnico e multiculturale.

• La famiglia nel suo paese ha caratteristiche simili a quelle della famiglia italiana? Spieghi le similarità e le differenze.

Allison Michael Orenstein / Photolibrary

Una giovane famiglia si diverte al parco.

1. *has undergone*   2. *changes*   3. *half*
4. *couples living together*   5. *single parent*
6. *couples*   7. *growth*

Situazioni

1. Domandi ad un amico/un'amica cosa vuole fare stasera.

>> — Cosa vuoi fare stasera?
— Voglio andare al cinema (fare due passi / fare acquisti / fare quattro salti in discoteca).

2. Reagisca a quello che dice un suo compagno/una sua compagna di scuola sui suoi programmi.

>> — Penso di non lavorare quest'estate (lavorare un anno in Italia / non finire l'università / cambiare facoltà).
— Che cosa hai detto? (Ho sentito bene? / Sei sicuro/a di poterlo fare? / Perché?)

Pratica

1. In coppia: Domandi ad un amico/un'amica perché ha scelto questa università e quale facoltà ha scelto o pensa di scegliere. Poi si prepari a spiegare i motivi (*reasons*) delle sue scelte.

2. In coppia: Reagisca alla notizia (*news*) di un amico/un'amica che ha appena trovato un lavoro come bagnino (*lifeguard*) e che la invita a cercare un lavoro estivo. Preparate un dialogo appropriato.

>> S1: Ho appena…
   S2: Davvero? Sono…
   S1: Perché non cerchi…
   S2: …

 # Vocabolario

Parole analoghe

il contatto   la mamma
l'esperienza   responsabile

Nomi

la cena   supper
la cosa   thing
la facoltà   school (*of medicine, law, etc.*)
i genitori   parents
il programma   plan
la spesa   expense
la tavola   table

Verbi

discutere   to argue, discuss
dovere   to have to, must
iscriversi   to enroll
ottenere   to obtain, get
pensare di   to intend to, to think to
scegliere (*p.p.* scelto)   to choose
trattarsi (di)   to be about
vivere (*p.p.* vissuto)   to live

Aggettivi

intero/a   entire, whole
prossimo/a   next
quello/a   that

Altre parole ed espressioni

meglio   better
troppo   too
essere d'accordo   to agree
con lei   with her
lontano da   far from
in montagna   to the mountains
la patente di guida   driver's license
non… ancora   not . . . yet
non… mai   never
un bel po' di   quite a lot of
ti prego   I beg you

La tavola refers mainly to the dinner table; il tavolo refers to the object itself: La famiglia è a tavola but Il tavolo è troppo piccolo.

🔊 Pronuncia

I suoni delle combinazioni /sc/ e /sch/

The combination of the letters **sc** is pronounced in two ways, depending on the vowel that follows it: soft /ʃ/, as in **pesce**, before **e** and **i**; and hard /sk/, as in **pesca**, before **a, o,** and **u.** The letter combination **sch** is always pronounced hard /sk/, as in **freschi.** Thus some words have an **h** in the plural to retain the hard pronunciation: **tedesco → tedeschi.**

🔊 **a** Ascolti e ripeta le seguenti parole.

CD2,
Tracks
3–4

scienze	la**sc**iare	**sc**orso	To**sc**ana	fre**sch**e
pro**sc**iutto	u**sc**ire	**sc**uola	tede**sc**o	di**sch**i
sciare	cono**sc**ere	di**sc**oteca	**sc**rivere	ma**sch**i

b **Proverbio.** Ascolti e ripeta il seguente proverbio.

Tanto cresce l'avarizia, quanto cresce il danaro.
Greed is never satisfied.
(Literally: Avarice grows as money increases.)

▶ Ex. B: In what situations could you use this proverb?

🔊 Ampliamento del vocabolario

La famiglia e i parenti

la nipotina

i genitori parents	**la nipote** granddaughter; niece
il nonno grandfather	**il patrigno** stepfather
la nonna grandmother	**la matrigna** stepmother
i nonni grandparents	**il suocero** father-in-law
i parenti relatives	**la suocera** mother-in-law
lo zio uncle	**il genero** son-in-law
la zia aunt	**la nuora** daughter-in-law
il cugino (male) cousin	**il cognato** brother-in-law
la cugina (female) cousin	**la cognata** sister-in-law
il nipote grandson; nephew	

il nipotino

la vedova -widow
il vedovo - widow

Note: Masculine plural nouns, such as **gli zii** and **i cugini,** may refer to all-male groups or to a mixed group of males and females. Context usually makes the meaning clear.

il fratellastro - step brother
la sorella stra - step sister

Altre espressioni utili

la coppia couple	**essere sposato/a** to be married
innamorarsi to fall in love	**essere separato/a** to be
fidanzarsi to become engaged	separated
sposarsi to get married	**divorziare** to divorce
convivere to live together	**essere divorziato/a** to be divorced

essere   single

a   **Domande.** Risponda alle seguenti domande personali.

1. Lei è fidanzato/a? È sposato/a?
2. Pensa di sposarsi?
3. Secondo lei, è bene sposarsi molto giovane? Perché?
4. Ha un cognato? Quando si è sposata sua sorella?
5. Ha una cognata? Quando si è sposato suo fratello?
6. Ha uno zio / una zia? Dove abita? È single o sposato/a?
7. Lei ha cugini? Quanti? Dove abitano?

b   **L'albero genealogico.** In coppia: Assuma il ruolo di Marisa o di Luigi ed indichi al suo compagno/alla sua compagna il grado di parentela (*relationship*) con gli altri membri della famiglia, secondo l'albero genealogico che segue.

>> Paolo Martinelli è mio nonno.

La famiglia Martinelli

Maria Salvatorelli   Paolo Martinelli

Franca Baresi   Mario Martinelli   Giuseppe Martinelli   Matilde Ratiglia

Silvia   Luigi   Marisa   Antonio   Gianni   Elena

C **La famiglia di Matilde.** In coppia: Immagini di conoscere Matilde Ratiglia e di rispondere al suo compagno/alla sua compagna che fa alcune domande sulla famiglia di Matilde. Cerchi le risposte nell'albero genealogico presentato nell'Esercizio B.

1. Come si chiama il marito di Matilde?
2. Chi sono i suoi figli?
3. Chi è Paolo Martinelli?
4. Chi sono Silvia e Luigi?
5. Chi è Franca Baresi? E Mario Martinelli?
6. Chi è Marisa? E Maria Salvatorelli?
7. Com'è la famiglia di Matilde, piccola o grande?

Lei viaggia?

La guida

guidare (velocemente / lentamente) to drive (fast / slowly)
noleggiare un'automobile, una macchina to rent a car
parcheggiare to park
il parcheggio a pagamento pay parking
la stazione di servizio gas station
la benzina gasoline
fare controllare l'olio (le gomme, i freni) to have the oil (tires, brakes) checked
fare il pieno to fill it up

Viaggiare

l'agenzia di viaggi travel agency
fare le prenotazioni (prenotare) to make reservations
il biglietto aereo (ferroviario) airline (train) ticket
il passaporto passport
il viaggio trip
il volo flight
la valigia suitcase
i bagagli luggage
fare le valige to pack the suitcases

▶ In Italy, **la benzina** is sold by the liter (**il litro**); 4 liters = approx. 1 gallon.

Franco Origlia / Getty Images

Facciamo il pieno di benzina adesso?

d **Gita in montagna.** In coppia: Lei va in montagna per tre giorni con un amico/un'amica. Telefoni all'albergo Stella Alpina e faccia le prenotazioni.

>> S1: Albergo Stella Alpina, buon giorno.
S2: Buon giorno. Desidero fare…

e **In albergo.** In coppia: Lei è arrivato/a in macchina in un'albergo di Pisa. Domandi al portiere dov'è una stazione di servizio perché deve fare il pieno. Poi vuole anche sapere dove può parcheggiare la macchina. Il portiere risponde che c'è una stazione di servizio vicino all'albergo e il parcheggio a pagamento è tra la chiesa e l'ufficio postale. Preparate un dialogo appropriato.

>> — Scusi, mi può dire…
— C'è…

f **Prenotazioni.** In coppia: Lei deve andare all'estero. Telefoni ad un'agenzia di viaggi per prenotare un volo per Roma. L'agente le risponde che solo il sabato c'è un volo diretto per Roma e le domanda se lei ha già il passaporto. Prima di fare le valige, lei vuole sapere quanti bagagli può portare e se può noleggiare una macchina in anticipo.

>> — Buon giorno, signore (signora/signorina). Mi dica.
— Buon giorno. Ho bisogno di…

Due studentesse in partenza alla stazione ferroviaria.

Struttura ed uso

Dovere, potere e volere

Dobbiamo pulire la casa.

Ma non **vogliamo!**

1. The verbs **dovere** (*to have to*), **potere** (*to be able*), and **volere** (*to want*) are modal verbs; that is, they are usually followed by a dependent infinitive.

— Papà, ti **dobbiamo dire** una cosa.
— Cosa **dovete dirmi?**

Alessandra **può venire** in montagna con noi.
Stefano **può andare** a studiare in Inghilterra.

— Tu **vuoi fare** lezioni di guida?
— Sì, **voglio prendere** la patente.

2. Dovere, potere, and **volere** have irregular forms in the present tense.

	dovere *must, to have to, ought to*	potere *can, to be able to*	volere *to want; to wish*
io	**devo**	**posso**	**voglio**
tu	**devi**	**puoi**	**vuoi**
lui/lei	**deve**	**può**	**vuole**
noi	**dobbiamo**	**possiamo**	**vogliamo**
voi	**dovete**	**potete**	**volete**
loro	**devono**	**possono**	**vogliono**

> ▶ Remember that triphthongs, as in **vuoi** and **puoi**, are pronounced as a single syllable. Notice that **può** has a written accent.

3. The past participles of **dovere, potere,** and **volere** are regular. The **passato prossimo** of **dovere, potere,** and **volere** is formed with either **avere** or **essere,** depending on the infinitive that follows. If the infinitive is transitive (can take a direct object), use **avere.** If it is intransitive (cannot take a direct object), use **essere** and make the past participle agree with the subject. If there is no infinitive, **avere** is used.

Maria ha dovuto finire i compiti.	*Maria had to finish her homework.*
È dovuta stare a casa.	*She had to stay home.*
Non hanno voluto pagare i biglietti.	*They didn't want to pay for the tickets.*
— Sono potuti uscire con voi?	*— Were they able to go out with you?*
— Non hanno voluto.	*— They didn't want to.*

> The use of the auxiliary **avere** with all verbs is increasing: you may hear **Hanno voluto uscire con noi.**

a **Non si può.** Dica che le seguenti persone non possono fare certe attività. Usi la forma appropriata del presente di **potere.**

>> Vogliono uscire...   ma non possono.
    Vuole mangiare...   ma non può.

1. Voglio fare una passeggiata...
2. Vuoi comprare una moto...
3. Vuole andare in centro a fare acquisti...
4. Le sorelle vogliono fare colazione...
5. Mia cognata vuole visitare Venezia...
6. Volete vedere un film...

b **Frasi logiche.** Formuli frasi logiche con un soggetto dalla prima colonna, un verbo modale dalla seconda e una frase dipendente dall'ultima.

>> Alessandra vuole passare le vacanze con un'amica.

Stefano	volere	passare le vacanze con un'amica
Alessandra	non volere	scegliere una facoltà universitaria
i figli	potere	andare nel Veneto da sola
la madre	non potere	chiedere un favore al papà
il padre	dovere	venire in montagna con i genitori
i genitori	non dovere	iscriversi all'università
Giuliana		imparare l'inglese
		permettere ad Alessandra di viaggiare
		prendere una decisione
		pagare le spese del viaggio
		vivere all'estero

c **Cambiamenti.** Metta tutto il paragrafo al passato prossimo.

Giuliana non vuole passare l'estate a casa. Vuole lavorare in un campeggio per bambini nel Veneto. Può andare da sola o può viaggiare con un gruppo di altri studenti. Deve chiedere il permesso al papà. Deve avere anche il permesso della mamma.

d **Un viaggio.** In coppia: Parlate di un viaggio che volete fare in Italia.
Decidete:

- quando potete partire
- come volete viaggiare (in treno? in aereo? quale linea? noleggiare
  una macchina?)
- le città che volete visitare in Italia
- cosa volete vedere (musei? monumenti? come vivono gli italiani?)
- cosa volete fare (mangiare? comprare? andare a trovare parenti?)
- quando dovete tornare negli Stati Uniti

Dopo, riferite i vostri progetti alla classe.

>> Noi vogliamo andare in Italia. Possiamo partire il 3 marzo con
l'Alitalia...

e **Dovere e potere.** In coppia: Dica ad un altro studente/un'altra studentessa:

- tre cose che ha dovuto fare la settimana scorsa e quando le ha fatte
- tre cose che non ha potuto fare l'anno scorso e perché

>> La settimana scorsa ho dovuto scegliere i corsi per il prossimo
semestre. Ho scelto i corsi mercoledì mattina.
L'anno scorso non sono potuto/a andare in California perché...

Pronomi diretti

— Hai visto Luciano?
Abbiamo un appuntamento e
non **lo** posso trovare.
— Io non **l'**ho visto.

1. The direct object of a verb is the thing or person directly affected by the
action of the verb. It answers the question *what?* or *whom?* The direct
object can be replaced by a pronoun to avoid repetition.

— Luciana, conosci **Angelo?**   — *Luciana, do you know Angelo?*
— Sì, **lo** conosco.   — *Yes, I know him.*

— Stefano ordina **la pizza?**   — *Is Stefano ordering the pizza?*
— Sì, **la** ordina.   — *Yes, he's ordering it.*

— Chi invita **i parenti?**   — *Who is inviting the relatives?*
— Mariella **li** invita.   — *Mariella is inviting them.*

2. This chart shows the forms of the direct-object pronouns.

singolare		plurale	
mi	*me*	ci	*us*
ti	*you*	vi	*you*
lo	*him, it*	li	*them (m.)*
la	*her, it, you (formal)*	le	*them (f.)*

> The direct-object pronouns **lo** and **la** often contract before verbs that begin with a vowel sound: **Amo Roberto; L'amo.**

3. The direct-object pronoun usually precedes a conjugated verb.

— **Mi** aspetti dopo la lezione?   — *Will you wait for me after class?*
— Sì, **ti** aspetto.   — *Yes, I'll wait for you.*

However, when a direct-object pronoun is used in an infinitive phrase, the infinitive drops its final **-e** and the pronoun is attached.

La televisione? La guardo spesso.   *Television? I watch it often.*
   Mi piace **guardarla.**   *I like to watch it.*
I genitori? Li vedo spesso. Ho   *My parents? I see them often.*
   voglia di **vederli** adesso.   *I feel like seeing them now.*

When direct-object pronouns are used with the modal verbs **dovere, potere,** or **volere** followed by an infinitive, the pronoun may either precede the conjugated verb or be attached to the infinitive.

Ho studiato l'inglese, ma **lo**
   voglio imparare meglio.   ⎫   *I've studied English, but I want*
Ho studiato l'inglese, ma voglio ⎬   *to learn it better.*
   imparar**lo** meglio.   ⎭

Ho sentito le parole, ma non **le** ⎫
   posso capire.   ⎬ *I heard the words, but I can't*
Ho sentito le parole, ma non   ⎭   *understand them.*
   posso capir**le.**

> Both positions are common, but current usage seems to favor the pronoun before the verb: **Ti devo dire una cosa.**

Direct-object pronouns are attached to the end of **tu, noi,** and **voi** imperatives and the word **ecco.**

Vuoi il panino? Prendi**lo!**   *Do you want the sandwich? Take it!*
Ascoltate**mi!**   *Listen to me!*
Ecco**ci** qua!   *Here we are!*

4. When the direct-object pronouns **lo, la, li,** and **le** precede a verb in the **passato prossimo,** the past participle of the verb agrees with the direct-object pronoun.

Ha scritto la lettera e **l'**ha spedit**a.**   *She wrote the letter and she sent it.*
Ha cercato lavoro e **l'**ha trovat**o.**   *He looked for a job and he found it.*
Abbiamo visto le amiche e **le**   *We saw our friends and we*
   abbiamo salutat**e.**   *greeted them.*
Hanno preparato i fagiolini e   *They prepared the green beans*
   li hanno mangiat**i.**   *and they ate them.*

> The direct-object pronouns **la** and **lo** normally elide with forms of the auxiliary verb **avere; le** and **li** do not.

Agreement of the past participle is optional with the direct-object pronouns **mi, ti, ci, vi.**

— Ragazzi, **vi** ha ⎰ **invitato** ⎱ Filippo?
⎰ **invitati** ⎱

— Sì, **ci** ha ⎰ **invitato.**
⎰ **invitati.**

Vedi questa statua? **L'**ho **fatta** io!

f **Lo mangi o no?** In coppia: Domandi ad un compagno/una compagna se mangia o beve le seguenti cose.

>> gli spinaci   S1: Mangi gli spinaci?
S2: Sì, li mangio. / No, non li mangio.

>> il caffè   S1: Bevi il caffè?
S2: Sì, lo bevo. / No, non lo bevo.

1. la carne   4. il latte   7. la birra messicana
2. il tè   5. gli asparagi   8. i carciofi
3. le vongole   6. le melanzane   9. il pesce

g **Sostituzioni.** Nei seguenti paragrafi, il complemento diretto è ripetuto molte volte. Lo sostituisca con il pronome diretto dove appropriato per evitare (*avoid*) questa ripetizione inutile.

1. Giuliana è una mia amica. Conosci Giuliana? Chiamo Giuliana ogni giorno. Incontro Giuliana sempre all'università. Vedo Giuliana ogni pomeriggio dopo la lezione d'inglese. Quando esco la sera, invito sempre Giuliana. A volte trovo Giuliana piuttosto noiosa, ma considero Giuliana una buona amica.

2. Ogni giorno Piero mangia due tramezzini al tonno. Prepara i tramezzini al tonno prima di uscire. Mette i tramezzini al tonno nello zaino e porta i tramezzini al tonno a scuola. Mangia i tramezzini al tonno a mezzogiorno e quando finisce di mangiare i tramezzini al tonno, si sente soddisfatto.

In questo dipinto del 1855, l'artista inglese Dante Gabriel Rossetti rappresenta l'incontro fra Dante e Beatrice.

Ashmolean Museum, University of Oxford, UK / The Bridgeman Art Library

h **Dante e Beatrice.** Il giovane poeta Dante ama Beatrice ma, come sempre in amore, ci sono problemi. Qui Dante parla con un suo amico dei suoi problemi amorosi. Legga tutto il dialogo per vedere cosa dicono. Poi completi la conversazione con i pronomi appropriati.

— Non so che cosa succede a Beatrice. Non _____ ama più.
   Non _____ chiama più. Ogni volta che _____ incontro per strada,
   lei non _____ saluta. E io _____ amo tanto!

— Dante, Dante! Certo che Beatrice _____ ama. Forse (*Maybe*) suo
   padre non le permette di chiamar _____. E forse non vuole
   salutar _____ per strada perché è sempre in compagnia delle amiche.
   Scrivi una poesia e manda _____ a Beatrice!

— Buona idea!

Dante Alighieri tells the story of his love for Beatrice in *La vita nuova*, a collection of lyric poems and explanatory prose written in 1295.

i **Una festa.** In coppia: Voi organizzate una festa per il prossimo sabato e dovete dividere il lavoro. Una persona chiede all'altra se può fare le seguenti cose. L'altra risponde sì o no, usando un pronome diretto.

>> invitare gli amici   S1: Puoi invitare gli amici?
                                  S2: Sì, li posso invitare. / Sì, posso invitarli.
                                      No, non li posso invitare. / No, non
                                      posso invitarli.
                                  S1: Allora li invito io.

1. comprare le bibite   3. portare un lettore MP3   5. decorare la casa
2. preparare i panini   4. portare i CD   6. organizzare i giochi

j **L'hai preso?** Lei ed un compagno/una compagna siete in partenza per un breve viaggio. Chieda al compagno/alla compagna se ha preso le seguenti cose necessarie per il viaggio.

>> la valigia   S1: Hai preso la valigia?
                     S2: Sì, l'ho presa.

1. il biglietto   5. la videocamera
2. il passaporto   6. i bagagli
3. i panini   7. la macchina fotografica
4. la guida turistica

k **Un quiz.** Piccolo quiz su italiani famosi.

1. Chi ha scritto *La Divina Commedia*?
2. Chi ha scoperto (*discovered*) l'America?
3. Chi ha inventato la radio?
4. Chi ha fatto il primo telescopio?
5. Chi ha portato gli spaghetti dall'Oriente?
6. Chi ha scritto la musica de *La traviata*?
7. Chi ha dipinto gli affreschi (*painted the frescoes*) della Cappella Sistina?
8. Chi ha scoperto la fissione atomica?

l **Chi ha fatto queste cose?** Trovi nella sua classe una persona che ha fatto le seguenti cose.

>> studiare la storia dell'arte   S1: Hai mai studiato la storia dell'arte?
                                       S2: Sì, l'ho studiata. / No, non l'ho mai
                                            studiata.

1. ascoltare *Le Quattro Stagioni* di Vivaldi
2. mangiare la pizza bianca
3. vedere il film *Il postino*
4. visitare le isole Hawaii
5. leggere *La Divina Commedia* di Dante
6. conoscere un uomo politico importante

> **Le Quattro Stagioni** are four violin concertos by Venetian composer **Antonio Vivaldi (1678–1741)**, each representing a different season.

Aggettivi e pronomi dimostrativi *questo* e *quello*

1. The demonstratives **questo** (*this / these*) and **quello** (*that / those*) can function as either adjectives or pronouns. As adjectives, they modify nouns and always precede the noun. As pronouns, they replace the nouns and stand alone. In either case, they agree with the noun in gender and number.

— **Questa valigia** è troppo piccola.   — *This suitcase is too small.*
— **Quella** è abbastanza grande.   — *That one is big enough.*

— Conosci **quei ragazzi?**   — *Do you know those guys?*
— Quali? **Quelli?**   — *Which ones? Those?*

2. The adjective **questo** has the four regular forms of an adjective ending in **-o.** It can be shortened to **quest'** before singular nouns beginning with a vowel.

Vedi **questa** fotografia? **Queste** ragazze sono le mie nipoti e **quest'**uomo è mio nonno.	*See this picture? These girls are my nieces and this man is my grandfather.*

3. The adjective **quello** follows the same pattern of agreement as the adjective **bello.**

aggettivo dimostrativo *quello*	
singolare	**plurale**
quel ragazzo	**quei** ragazzi
quello studente	**quegli** studenti
quell'amico	**quegli** amici
quella ragazza	**quelle** ragazze
quell'amica	**quelle** amiche

Quella signora è la moglie dell'ambasciatore francese.	*That woman is the wife of the French ambassador.*
Quegli americani sono amici di Umberto Eco.	*Those Americans are friends of Umberto Eco's.*
Quel ragazzo è il figlio del primo ministro.	*That boy is the prime minister's son.*
Quei giovani sono giornalisti.	*Those young people are journalists.*

4. As pronouns, **questo** and **quello** each have four regular forms.

pronome dimostrativo *questo* e *quello*			
singolare	**plurale**	**singolare**	**plurale**
questo	questi	quello	quelli
questa	queste	quella	quelle

Quel passaporto è mio, ma **quello** è di mia moglie.	*That passport is mine, but that one is my wife's.*
Questa moto è italiana, ma **queste** sono giapponesi.	*This motorcycle is Italian, but these are Japanese.*
Quest'orologio è di marca svizzera, ma **quello** è un Timex.	*This watch is a Swiss brand, but that one is a Timex.*
Quel CD è nuovo, ma **questo** è uscito due anni fa.	*That CD is new, but this one came out two years ago.*

m **In cartoleria.** In coppia: Lei è in una cartoleria (*book / stationery store*) e chiede il prezzo di vari articoli al commesso.

>> matite (€2,25)   S1: Quanto costano quelle matite?
   S2: Queste matite costano due euro e venticinque centesimi.

1. rivista (€2,50)
2. dizionario (€80)
3. penne (€2,35)
4. carta telefonica (€10)
5. giornali (€1,50)
6. calcolatrice (€7,50)
7. calendario (€12,75)
8. quaderni (€4,50)

n **Un teleromanzo.** In coppia: Mentre guarda un teleromanzo (*soap opera*) con un amico/un'amica, spieghi (*explain*) chi sono i personaggi (*characters*) secondo il modello.

>> Questa ragazza è buona, ma quella è cattiva.
   Quel signore è ricco, ma questo ha perduto tutti i soldi.

1. Quel giovane è simpatico, ma…
2. Questa donna è sposata, ma…
3. Quei bambini abitano con la madre, ma…
4. Quell'uomo è molto generoso, ma…
5. Queste ragazze lavorano in un ospedale, ma…
6. Quella signora soffre di amnesia, ma…
7. Quel ragazzo è il figlio di quella signora, ma…

o **Al mercato all'aperto.** In coppia: Lei è al mercato all'aperto e desidera comprare le seguenti cose. Con un compagno/una compagna che fa la parte del venditore, dica che cosa desidera secondo il modello.

>> ciliege / mezzo chilo   S1: Mezzo chilo di ciliege, per favore.
   S2: Queste ciliege o quelle?
   S1: Queste, per favore.

1. fagiolini / un chilo
2. prosciutto / un etto (*100 grams*)
3. spinaci / mezzo chilo
4. uva / due chili
5. pane / un po' di
6. funghi / un cestino (*basket*)
7. pere / due chili
8. pomodori / tre chili

p **Domande.** In coppia: Domandi ad un altro studente/un'altra studentessa dove ha comprato almeno quattro cose che lui/lei ha.

>> S1: Dove hai comprato quello zaino?
   S2: Questo? In libreria.

q **Una foto di famiglia.** In gruppi di quattro: Faccia vedere agli altri studenti del gruppo una fotografia di famiglia o di amici. Dica chi sono le persone nella foto, usando i dimostrativi dove possibile e risponda alle domande degli altri studenti.

>> — Ecco una foto di tre amici. Questo ragazzo si chiama Franco e quello si chiama Tim. Questo abita nella mia città ma quello adesso abita in California…
   — E chi è questa ragazza? ecc.

iLrn Complete the diagnostic tests to check your knowledge of the vocabulary and grammar structures presented in this chapter.

Parliamo un po'

a **La famiglia.** In coppia: Prepari un albero genealogico come a pagina 191 con tre generazioni della sua famiglia (con zii, cugini, ecc.). Poi dica ad un compagno/una compagna il nome e l'età di ogni membro della famiglia.

>> Questo è mio nonno. Si chiama Paolo e ha sessantadue anni.

b **Conoscere un amico/un'amica.** In coppia: con un compagno/una compagna crei un'intervista sul seguente argomento.

S1: Lei lavora per il giornale della sua università e deve intervistare uno studente straniero/una studentessa straniera. Lei vuole sapere:
- il suo nome
- dove abita la sua famiglia
- il numero di fratelli e sorelle
- nomi ed età di fratelli e sorelle
- che lavoro fanno i suoi genitori
- da quanto tempo è negli Stati Uniti
- perché è venuto/a a quest'università
- se gli piace essere qui e perché

S2: Lei è uno studente italiano/una studentessa italiana venuto/a negli Stati Uniti per mezzo di un programma di scambio (*exchange*) culturale. Un/a giornalista vuole farle alcune domande per un articolo che scrive sul giornale dell'università. Risponda con le informazioni indicate.
- nome: Francesco/a De Sia
- abita a: Verona
- famiglia: padre: presidente di banca; madre: farmacista; un fratello: 20 anni, Dante; due sorelle: Eugenia e Bettina, 16 e 15 anni
- negli Stati Uniti da: settembre
- perché?: studiare informatica, praticare l'inglese

c **Un viaggio all'estero.** In gruppi di tre: Una persona del gruppo è uno studente/una studentessa che vuole passare l'estate all'estero. Le altre due sono i genitori, che non sono d'accordo con il figlio/la figlia.

> STUDENTE/STUDENTESSA: Dica dove vuole andare e spieghi ai genitori perché vuole fare questo viaggio, cosa vuole fare esattamente e i vantaggi del viaggio. Deve convincere i genitori a dare il loro permesso.
>
> GENITORI: Volete sapere tutti i particolari di questo viaggio, anche se non vi piace l'idea. Se quello che vi dice vostro figlio/vostra figlia non vi piace, dovete convincere il figlio/la figlia a rimanere a casa per l'estate.

d **Vi piace viaggiare?** Parli con altri tre studenti per sapere:

se viaggiano spesso o raramente   _____ _____ _____
dove preferiscono andare   _____ _____ _____
come preferiscono viaggiare   _____ _____ _____
con chi viaggiano   _____ _____ _____
se portano molti bagagli   _____ _____ _____
la destinazione dell'ultimo viaggio fatto _____ _____ _____

e **La famiglia a Venezia.** In coppia: Ecco alcune fotografie che lei ha fatto durante un viaggio a Venezia con la sua famiglia. Racconti ad un compagno/una compagna alcune cose che sono successe durante il viaggio.

— Siamo arrivati a Venezia il…   — Mio fratello ha…
— I miei genitori hanno…   — Abbiamo dovuto…
— Abbiamo fatto un giro in…   — Il gondoliere ha…
— Mia sorella non ha voluto…   — Siamo stati a…

> ▶ **Non volere** in the **passato prossimo** often means *refused to.*

Conoscere l'Italia

a **Definizioni.** Abbini le definizioni con una parola della lista di destra. Ci sono due parole in più nella lista.

1. abitante di una città
2. persone che visitano città e paesi stranieri
3. aggettivo derivato da *mare*
4. una forma di governo
5. un animale feroce
6. un tipo di chiesa
7. sinonimo di *bar*
8. sinonimo di *ricco*
9. nome derivato da *bello*
10. disegno decorativo di vari colori

a. la repubblica
b. la bellezza
c. la basilica
d. splendido/a
e. marinaro/a
f. il mosaico
g. il cittadino
h. prospero/a
i. i turisti
j. il canale
k. il leone
l. il caffè

▶ Locate Venezia on the map of Italy on page 12.

Venezia

CD2, Track 5

Venezia, una delle più belle e affascinanti città del mondo, è costruita su centodiciotto isole. In questa città non ci sono automobili, autobus o motorini. Le vie di Venezia sono i canali. Barche[1], motoscafi[2], vaporetti[3] e bellissime e romantiche gondole sono i mezzi[4] che portano la gente da una parte all'altra della città. A Venezia ci sono centocinquanta canali e quattrocento ponti[5]. I veneziani chiamano il canale "rio", la piazza "campo", una piccola piazza "campiello" e la via "calle". Il ponte più famoso è l'elegante Ponte del Rialto che attraversa il Canal Grande, il più largo[6] canale della città. C'è poi il Ponte dei Sospiri[7] che collega il Palazzo Ducale con il Palazzo delle Prigioni[8]. In questo palazzo è stato prigioniero Giacomo Casanova.

Chiamata "la Serenissima[9]", o la città di San Marco o del Leone alato[10], Venezia è stata una delle più prospere repubbliche marinare del Medioevo. Oggi questa città attrae molti turisti e visitatori italiani e stranieri che vengono a vedere le sue bellezze artistiche e a partecipare alle sue varie attività culturali. Il centro della vita veneziana è Piazza San Marco, uno splendido salotto[11] all'aria aperta, dove i cittadini e i turisti vanno a socializzare e ad ammirare la meravigliosa architettura della città. In questa piazza sono situati la basilica di San Marco con i suoi bei mosaici, il Campanile[12] e il Palazzo Ducale. In Piazza San Marco ci sono molti bei negozi e caffè. Qui c'è anche il famoso Caffè Florian, frequentato nel passato da artisti e scrittori stranieri.

Blaz Kure / Shutterstock

Piazza San Marco, il salotto di Venezia, è sempre affollata da turisti italiani e stranieri.

▶ **Giacomo Casanova (1725–1798)** was a Venetian adventurer and libertine whose last name has become synonymous with "don Juan." (**Quel ragazzo è un vero casanova.**)

1. *Boats*	2. *motorboats*	3. *steamboats*	4. *means*
5. *bridges*	6. *wide*	7. *Sighs*	8. *Prisons*
9. *the most Serene*	10. *winged*	11. *living room*	12. *Belltower*

b **Vero o falso?** Indichi se le seguenti frasi sono vere o false secondo il brano precedente. Corregga le frasi false.

1. Le città italiane sono costruite sull'acqua.
2. A Venezia ci sono molte automobili.
3. La gondola è un tipo di barca usata a Venezia.
4. A Venezia ci sono molti ponti.
5. Le vie di Venezia si chiamano "campi".
6. Un nome di Venezia è "la Superba".
7. Una bella basilica veneziana è dedicata a San Marco.
8. Nel passato il Caffè Florian è stato frequentato da studenti.

a **La parola giusta.** Prima di leggere il brano sul Veneto, completi le seguenti frasi con la parola appropriata fra quelle indicate tra parentesi.

1. Nel Veneto ci sono belle località (montagne / montane).
2. In questo territorio ci sono (industriale / pianure) e colline.
3. Dai vigneti veneti si producono (dei vini / un'agricoltura) speciali.
4. Ci sono (colline / raffinerie) di petrolio in questa zona.
5. I (prodotti / nomi) delle industrie locali sono esportati in tutto il mondo.
6. Le industrie (turisti / venete) danno ricchezza agli abitanti della regione.

Una regione ricca

CD2
Track 6

Il Veneto è una delle regioni più ricche d'Italia. Nella pianura[1] del Po domina l'agricoltura e sulle colline venete si producono vini famosi quali[2] il Valpolicella, il Soave e il Bardolino. Vicino a Venezia, sulla terra ferma[3], si trovano molte industrie chimiche e siderurgiche[4] e raffinerie di petrolio. Nelle aziende[5] venete si producono tessuti[6] e abbigliamento[7], calzature[8] e articoli in pelle[9]. Missoni e Benetton, due nomi molto conosciuti nel mondo della moda[10] internazionale, sono veneti. Nel Veneto sono fabbricati anche mobili[11] e occhiali di marca[12] venduti in tutto il mondo. Negli ultimi venti anni

Verona: Interno dello splendido anfiteatro romano (I secolo d.C.).

1. *plain* 2. *such as* 3. *mainland* 4. *ironworking* 5. *business companies* 6. *textiles*
7. *clothing* 8. *footwear* 9. *leather* 10. *fashion* 11. *furniture* 12. *brand-name eyeglasses*

molte piccole aziende sono nate nel Veneto e i loro prodotti sono esportati in Paesi europei ed extraeuropei. Anche gli articoli dell'artigianato[13] veneto, come i vetri[14] di Murano e i merletti[15] di Burano, sono molto ricercati[16].

La regione veneta attrae molto turismo; ogni anno il Veneto riceve un gran numero di visitatori italiani e stranieri. Oltre a Venezia, anche Verona, Vicenza e Padova richiamano l'attenzione dei turisti. Gli eroi shakespeariani, Giulietta e Romeo, e l'Arena, il meraviglioso anfiteatro romano, sono le due maggiori attrazioni di Verona. I numerosi capolavori architettonici[17] di Andrea Palladio invece sono le attrazioni di Vicenza, chiamata anche la città palladiana. A Padova poi c'è il Santuario[18] di Sant'Antonio. In questa città si possono ammirare gli stupendi affreschi di Giotto e di Mantegna. Nel Veneto ci sono anche belle spiagge e montagne. Il Lido di Venezia è la spiaggia più elegante dell'Adriatico. Cortina d'Ampezzo, centro di villeggiatura invernale ed estiva[19] delle Dolomiti, è una delle più belle località montane d'Italia.

13. *craftsmanship*	14. *glassworks*	15. *laces*	16. *sought after*
17. *architectural masterpieces*	18. *Shrine*	19. *winter and summer*	

► Locate Veneto on the map of Italy on page 12. **Con quali regioni confina il Veneto? Con quale paese straniero confina? Come si chiama il mare a sudest del Veneto? Che cos'è il Po? Dov'è il Po, nel nord o nel sud del Veneto?**

► Locate Verona and Padova on the map of Italy on page 12.

► Murano and Burano are two small islands in the Venetian lagoon.

b **Informazioni.** Dia le seguenti informazioni basate sul brano precedente.

1. si produce sulle colline venete
2. importanti industrie e aziende venete
3. due personaggi veneti del mondo della moda
4. alcuni prodotti fabbricati nel Veneto
5. attrazioni di Verona
6. attrazioni di Vicenza
7. attrazioni di Padova
8. una spiaggia elegante del Veneto
9. un famoso e importante centro di villeggiatura delle montagne venete

► **Andrea Palladio (1508–1580)** was a Renaissance architect, greatly admired by Thomas Jefferson.
Sant'Antonio (1195–1231) was a Franciscan monk from Lisbon who died near Padova.
Giotto (1267–1337) was a painter whose frescoes can be admired also in Florence, Rome, and Assisi.
Andrea Mantegna (1431–1506) was a Renaissance painter.

► The **Dolomiti** are a characteristic group of Alpine mountains.

© Bojan Brecelj / Corbis

Un anziano artista del vetro all'opera nel suo laboratorio di Murano

Viaggi in video *Verona*

Prima di guardare

Vocabolario utile

incantevole	*charming*
attraversata da un fiume	*crossed by a river*
il primo bacio	*the first kiss*
Che emozione!	*How exciting!*
opere liriche	*grand operas*
amanti	*lovers*
mano nella mano	*hand in hand*
Ti vergogni?	*Do you feel ashamed?*
ha governato	*ruled*
righe	*stripes*
affreschi	*frescoes*
balcone	*balcony*

a **Voglio, devo, posso.** Completi le frasi usando i verbi *volere, potere, dovere*. Usi ciascun verbo modale almeno due volte.

>> Quest'estate io … *voglio andare in vacanza in Italia.*

1. Domani io …
2. Mio padre dice sempre che …
3. I miei amici non …
4. La mia insegnante/Il mio insegnante …
5. Il Presidente …
6. Pamela non …
7. Noi …
8. Gep …

L'Arena di Verona

L'Arena di Verona è un anfiteatro romano che si trova nel centro storico della città. È l'anfiteatro antico meglio conservato (*best preserved*), grazie ai restauri realizzati dal seicento a oggi. In estate c'è un famoso festival lirico, ma anche i tour di gruppi e cantanti moderni fanno spesso tappa (*often stop over*) qui.

Courtesy of Provincia di Verona Turismo

b **Questo e quello.** Scelga la forma corretta degli *aggettivi* e dei *pronomi dimostrativi* tra parentesi.

>> (Questo / Questa / Quest') è una statua romana.

Courtesy of Provincia di Verona Turismo

1. (Quest' / Queste / Questo) è il teatro romano.
2. (Quello / Quell' / Quella) è l'Arena di Verona.
3. (Questo / Quest' / Queste) opera è l'Aida.
4. (Queste / Questa / Questi) sono le Arche Scaligere.
5. (Quella / Quelle / Quelli) sono chiese gotiche.
6. (Queste / Questa / Questo) finestra ha uno stile orientale.
7. (Quello / Quelli / Quell') edificio è barocco.
8. In (quella / quello / quelle) piazza c'è un mercato.
9. Dov'è (quello / quella / quel) ponte?
10. Che bella (quest' / queste / questo) opera d'arte!

▶Mentre guarda il video

c **Quale delle tre?** Scelga la risposta giusta alle domande qui sotto.

1. Che cosa è l'Adige?
   a. un ponte   b. un palazzo   c. un fiume
2. Per cosa è famosa l'Arena di Verona?
   a. per i concerti   b. per l'opera lirica   c. per la danza
3. Cosa sono le Arche Scaligere?
   a. chiese   b. torri   c. tombe
4. Quando ha governato a Verona la famiglia Della Scala?
   a. nel XX secolo   b. nel XIV secolo   c. nel XV secolo
5. Di che colore sono le righe che caratterizzano molti monumenti veronesi?
   a. bianche e rosse   b. bianche e nere   c. rosse e nere
6. Quando c'è il mercato a Piazza delle Erbe?
   a. tutti i giorni   b. il sabato e la domenica   c. dal lunedì al venerdì

d **Voglio andare a Verona!** Colleghi la prima metà di ogni frase con il finale giusto.

1. Al teatro romano, la gente può...
2. Gep non vuole...
3. Pamela vuole...
4. Pamela deve...
5. Gep deve...

a. avvertire Pamela: la storia degli amanti di Verona è anche tragica.
b. avere ancora un po' di pazienza.
c. rispondere alla domanda di Pamela perché si vergogna.
d. vedere concerti, spettacoli di teatro e di danza.
e. scoprire chi sono gli amanti di Verona.

Dopo aver guardato

e **Romeo e Giulietta.** In coppia: Scrivete un breve riassunto della storia di Romeo e Giulietta. Se non ricordate qualche dettaglio, usate l'immaginazione.

f **Esperienza personale.** Verona è famosa per la storia di Romeo e Giulietta, ispirazione per la famosa tragedia di Shakespeare. Scrivete un post su un'opera di Shakespeare che lei ha letto o anche visto a teatro.

Un anno all'estero

**Una bella veduta
della città di Bari.**

COMMUNICATIVE OBJECTIVES

- Describe the weather
- Describe your past
- Tell how often you do certain activities

RISORSE

audio

video

www.cengagebrain.com/shop/
ISBN/**0495913391**

ilrn.heinle.com

CD2,
Track 7

Susanna Di Palma è una studentessa universitaria di Bari. Oggi, 25 gennaio 2014, manda un messaggio di posta elettronica al suo amico Roberto, un giovane di Milano.

1   Da: Susanna Di Palma
A: robertobiondi@vento.it°
Oggetto: Viva° l'Erasmus

Caro Roberto,
5   pensavo di scriverti prima, ma finora° sono stata molto occupata. Ti ricordi di quando l'estate scorsa mi consigliavi di andare a studiare un anno all'estero con il Programma Erasmus? Ebbene, grazie a° te e al tuo incoraggiamento, vado a trascorrere il prossimo anno accademico in Spagna e precisamente a Barcellona. Ieri mi ha telefonato il mio
10   professore per darmi la bella notizia.
Siccome° non sono mai stata in Spagna, sono contenta di poter fare questa esperienza. Ho in mente di fare un viaggio a Barcellona a giugno per conoscere un po' la città. C'è una nave che due volte alla settimana parte la sera da Civitavecchia e arriva a Barcellona il
15   pomeriggio del giorno seguente. Che ne dici di venire con me?
Tutti dicono che Barcellona è molto bella. È ricca di opere d'arte e di monumenti antichi e moderni, di attività sociali e culturali e i suoi abitanti sono veramente simpatici. Ci sono anche molti giovani stranieri che, come me, ogni anno vanno a studiare alle accademie e
20   all'università di questa città. Di solito lì fa bel tempo. C'è sempre il sole e d'inverno non fa molto freddo.
Tu come stai? Che tempo fa lì? Piove e c'è la nebbia come sempre? Ieri ricordavo i giorni passati con te in agosto sulle spiagge del Gargano e provavo molta nostalgia… A proposito non mi hai ancora
25   mandato le foto fatte alle Isole Tremiti°. Perché non le mandi come allegato in un tuo prossimo messaggio?
Per ora ti lascio e ti saluto con affetto. Un abbraccio.

Susanna

The @ symbol in email addresses is called **chiocciola** *in Italian. The dot is called* **punto** / *Long live*

until now

Well, thanks to

Since

See page 230 (Conoscere l'Italia)

Domande

1. Chi è Susanna e di dov'è?
2. Perché manda un messaggio al suo amico Roberto?
3. Che cosa consigliava Roberto a Susanna l'estate scorsa?
4. Che cosa desidera fare Susanna a giugno? Perché?
5. Che cosa dicono tutti di Barcellona?
6. Che tempo fa di solito a Barcellona?
7. Che cosa ricordava ieri Susanna?

Domande personali

1. Lei manda messaggi di posta elettronica? A chi?
2. Qual è il suo indirizzo elettronico?
3. Riceve spesso messaggi? Da chi?
4. Lei scrive in italiano qualche volta? Cosa scrive?
5. Conosce una città antica e bella? Quale?
6. Oggi fa bel tempo o cattivo tempo?
7. A volte lei prova nostalgia? Di chi o di che cosa?

Situazioni

1. Domandi ad un amico/un'amica che tempo fa nella sua città in ogni
   stagione dell'anno.

   >> — Che tempo fa nella tua città in primavera (d'estate / in autunno /
        d'inverno)?
       — Fa fresco (freddo / cattivo tempo / caldo / bel tempo).

2. Domandi ad un amico/un'amica che cosa pensava di fare ieri sera.

   >> — Che cosa pensavi di fare ieri sera?
       — Pensavo di fare una passeggiata nel parco (fare due passi con gli
        amici / fare quattro salti in discoteca / prendere un gelato con te),
        ma dovevo studiare.

Pratica

1. Lei frequenta un corso estivo all'università. Scriva ad un amico italiano/
un'amica italiana e parli di queste cose nel suo messaggio:

- come sta
- che cosa studia
- che tempo fa
- quello che fa di bello
- di che cosa o di chi prova nostalgia
- se ha conosciuto qualche persona interessante

2. Lei è in vacanza. Scriva una cartolina (*postcard*) ad un amico italiano/
un'amica italiana. Dica da quanto tempo è lì e racconti (*tell*) quello che ha
visto e ha fatto finora.

Studiare all'estero

Per conoscere un altro paese e imparare bene una lingua straniera, non c'è niente di meglio del contatto diretto con la gente del luogo dove si parla la lingua. Oggi per i giovani italiani è più facile fare un'esperienza all'estero grazie a una serie di programmi di sostegno[1] istituiti dall'Unione europea. Questi programmi permettono a tutti i giovani europei di studiare, ricevere una formazione[2] o fare ricerca[3] in un altro stato dell'Unione di loro scelta[4]. Sotto l'ombrello del programma Socrates, istituito per sviluppare l'istruzione europea, si trova l'Erasmus che prevede lo scambio[5] di studenti universitari fra i vari stati dell'Unione. Gli studenti ammessi all'Erasmus ricevono una borsa di studio[6] che permette di vivere e studiare all'estero.

Ma in Italia esistono anche accademie, istituti e università che organizzano corsi di lingua, arte e cultura per tutti gli stranieri. Ogni anno giovani da tutte le parti del mondo arrivano in Italia per imparare l'italiano e conoscere il Paese. Mentre trascorrono un soggiorno piacevole in Italia, essi imparano ad apprezzare i costumi[7] e la vita sociale degli italiani.

- Lei conosce qualcuno che ha studiato all'estero? Le piacerebbe studiare un giorno in una scuola di un paese straniero?

Studenti universitari a lezione in un'aula molto affollata.

1. *support*   2. *training*   3. *research*   4. *choice*   5. *exchange*   6. *scholarship*   7. *appreciate the customs*

UNIVERSITA' PER STRANIERI
PERUGIA

CERTIFICAZIONE DI CONOSCENZA
DELLA LINGUA ITALIANA

Alliance Française
Generalitat de Catalunya
Goethe Institut
Instituto Cervantes
University of Cambridge Local Examinations
Syndicate (UCLES)
Università per Stranieri di Perugia
Universidade de Lisboa
National Institute for Educational Measurement (CITO)
Danish Consortium

By permission of Università per Stranieri di Perugia

▶ Perugia and Siena each have a **Università per Stranieri**. Both universities attract a large number of foreign students who come from all over the world to study the language and culture of Italy.

▶ Look up the webpage of the **Università per Stranieri di Perugia** at www.unistrapg.it and find a language course appropriate for you. Look for the university's email address and ask for further information if necessary.

🔊 Vocabolario

Parole analoghe

l'accademia
accademico/a
culturale
elettronico/a
la foto(grafia)
l'incoraggiamento
il messaggio
il monumento
occupato/a
precisamente
sociale
la Spagna

Nomi

l'abbraccio   hug
l'affetto   affection
l'allegato   attachment
il/la giovane   young person
l'indirizzo   address
la nave   ship
la nebbia   fog
la notizia   news
la posta   mail
il tempo   weather

Aggettivi

antico/a   old, ancient
contento/a   glad
straniero/a   foreign

Verbi

consigliare   to advise
lasciare   to leave (behind)
provare   to feel; to experience
salutare   to greet
trascorrere (*p.p.* **trascorso**)   to
   spend (*time*)

Altre parole ed espressioni

piove   it rains, it is raining
prima   before
tutti   everybody
a proposito   by the way
avere in mente   to intend; to have
   in mind
c'è il sole   it's sunny
Che tempo fa lì?   What's the
   weather like there?
come sempre   as usual
due volte   twice
fa bel tempo   it's nice weather
fa caldo   it's hot
fa cattivo tempo   it's bad weather
fa freddo   it's cold
fa fresco   it's cool
l'indirizzo elettronico   email
   address
l'opera d'arte   work of art
pensare di (+ *infinitive*)   to plan to
   (do something)
la posta elettronica   email
provare nostalgia (di)   to be
   homesick

▶ Like **la moto, la foto** is a feminine noun. It is a shortened form of **fotografia**.

▶ **ph** = **f** in many Italian words: **fotografia, filosofia, Filadelfia,** etc.

CD2,
Tracks
8–9

🔊 Pronuncia

I suoni della /g/

The letter **g** (or **gg**) is pronounced hard /g/, as in **gatto,** before the letters **a, o,** and **u.** The combination **gh** is always pronounced hard. Before **e** and **i,** **g** (or **gg**) is pronounced soft /ǧ/, as in **gennaio.**

a Ascolti e ripeta le seguenti parole.

grazie	luo**gh**i	le**gg**e	**g**iorno
dialo**g**o	pa**gh**i	via**gg**iare	orolo**g**io
gatto	alber**gh**i	o**gg**i	ori**g**inale
lin**g**ue	botte**gh**e	forma**gg**io	re**g**ione

b **Proverbio.** Ascolti e ripeta il seguente proverbio.

Gambe mie, non c'è vergogna di fuggire quando bisogna.
Fear lends wings. (Literally: Legs of mine, there's no shame in fleeing when necessary.)

Ampliamento del vocabolario

Che tempo fa?

È il primo maggio. Fa bel tempo. C'è il sole ed è sereno.

È il sette gennaio. Fa freddo. Nevica e tira molto vento.

È il quindici agosto. Fa caldo. È molto umido.

È il dieci ottobre. Fa fresco ed è nuvoloso.

Espressioni utili

Che tempo fa?   What's the weather like?

Fa bel tempo.   It's nice weather.

Fa caldo.   It's hot.

Fa cattivo tempo.   It's terrible weather.

Fa freddo.   It's cold.

Fa fresco.   It's cool.

Fa molto caldo (freddo, fresco).   It's very hot (cold, cool).

Nevica.   It's snowing.

Piove.   It's raining.

Tira (molto) vento.   It's (very) windy.

C'è la nebbia.   It's foggy.

C'è il sole.   It's sunny.

È afoso. C'è afa.   It's sultry (muggy).

È nuvoloso.   It's cloudy.

È sereno.   It's clear.

> **la neve** = *snow*

> **la pioggia** = *rain*

a   **Il clima.** In coppia: Un giovane italiano/Una giovane italiana che desidera visitare la sua città vuole sapere com'è il clima (*climate*) lì. Gli/Le spieghi com'è.

1. Che tempo fa ad agosto nella tua città?
2. In quali mesi fa molto freddo?
3. Nevica spesso d'inverno?
4. Com'è l'estate nella tua città?
5. Tira vento qualche volta?
6. In quali mesi c'è la nebbia?
7. In quali mesi piove di più?

> **coperto** = *overcast*
> **rovesci** = *showers*
> **temporali** = *storms*

b **Previsioni del tempo.** In coppia: Domani il suo compagno/la sua compagna di camera va a fare una gita e vuole sapere le previsioni del tempo. Gli/Le dica come sarà il tempo nei prossimi tre giorni.

>> — Sai che tempo fa domani?
— Sì, domani...

▶ Look up the names of five or six regions on the map of Italy on page 12. Then describe the weather in each, according to the weather map, on page 216.

c **Domande.** In coppia: Domandi ad un altro studente/un'altra studentessa che cosa fa in condizioni di tempo diverse.

>> — Cosa fai quando (fa bel tempo)?
— Quando fa bel tempo...
— E quando (piove)?

Alcune espressioni di tempo con ogni, volta, di, tutti/e

▶ To remember these expressions, name things you do **una volta al giorno, di rado, ogni estate, tutte le sere, ogni sabato,** etc.

Ogni

ogni anno (mese, settimana, giorno)   each year (month, week, day)
ogni estate (autunno, inverno, primavera)   each summer (fall, winter, spring)
ogni lunedì (martedì, ecc.)   each Monday (Tuesday, etc.)
ogni tanto   once in a while

Volta

a volte   at times, sometimes
una volta (due volte) al giorno (alla settimana, al mese, all'anno)   once (twice) a day (a week, a month, a year)
qualche volta   sometimes

Di

di quando in quando   from time to time
di rado   seldom
di solito   usually
di tanto in tanto   every now and then

Tutti/Tutte

tutti i giorni (i mesi)   every day (month)
tutte le sere (le settimane)   every evening (week)

d **Espressioni di tempo.** In coppia: Risponda brevemente alle domande che le fa un altro studente/un'altra studentessa. Nelle risposte, usi un'espressione di tempo appropriata come **volta, di, ogni** o **tutti/e.**

>> fare la spesa — Fai la spesa?
   — Sì, ogni settimana. / No, non la faccio mai.

1. studiare in biblioteca
2. alzarsi presto la domenica
3. andare allo stadio con i tuoi amici
4. telefonare ai tuoi genitori
5. guardare la televisione
6. ascoltare la musica
7. leggere il giornale
8. fare gite con gli amici
9. sciare

Tre ragazzi si divertono con i loro snowboard sulla neve.

Struttura ed uso

Imperfetto

Quando **ero** bambina, **abitavo** in una bella casa ed **avevo** un gatto e un cane.

1. The imperfect is a past tense used to talk about things that used to happen or that were going on over a period of time in the past. The following chart shows the imperfect forms of regular verbs in **-are**, **-ere**, and **-ire**.

	provare	**scrivere**	**sentire**
io	provavo	scrivevo	sentivo
tu	provavi	scrivevi	sentivi
lui/lei	provava	scriveva	sentiva
noi	provavamo	scrivevamo	sentivamo
voi	provavate	scrivevate	sentivate
loro	provavano	scrivevano	sentivano

2. The verbs **essere, bere, dire,** and **fare** are irregular in the imperfect.

essere	bere	dire	fare
ero	bevevo	dicevo	facevo
eri	bevevi	dicevi	facevi
era	beveva	diceva	faceva
eravamo	bevevamo	dicevamo	facevamo
eravate	bevevate	dicevate	facevate
erano	bevevano	dicevano	facevano

> Note that **essere** is really the only verb that is irregular in the imperfect. **Bere, dire,** and **fare** use irregular stems that you have already seen.

3. The imperfect is used to describe:

a. the way things or people were.

Lisa **era** una bella bambina.
Non **aveva** problemi a scuola.
Aveva i capelli lunghi.

Lisa was a beautiful child.
She had no problems at school.
She had long hair.

b. habitual actions in the past.

Andavamo ogni anno al mare.
Facevamo passeggiate con la
    mamma mentre il papà **si**
    addormentava sulla spiaggia.
A volte **venivano** anche i nostri
    cugini.
Ci divertivamo molto insieme.

We used to go to the shore every year.
We would take walks with Mom
    while Dad would fall asleep
    on the beach.
Sometimes our cousins would
    come as well.
We used to have a lot of fun together.

c. actions in progress in the past when something else happened or while
    something else was happening.

Dormivamo quando è entrato.
Pensavo al nostro viaggio
    quando mi hai chiamato.
Susanna **leggeva** mentre Roberto
    faceva fotografie.

We were sleeping when he came in.
I was thinking about our trip
    when you called me.
Susanna was reading while Roberto
    was taking pictures.

> Reflexive pronouns precede reflexive verbs conjugated in the imperfect.

d. weather, time of day, age, health, and mental and psychological states
    in the past.

Faceva cattivo tempo ieri e non
    siamo usciti.
Erano le otto e mezzo quando è
    tornata a casa.
Avevo diciannove anni quando
    sono andata a Barcellona.
Si sentiva male ieri sera.
I genitori **si preoccupavano**
    per i loro bambini.

The weather was bad yesterday
    and we didn't go out.
It was eight-thirty when she
    came home.
I was nineteen years old when I
    went to Barcelona.
He felt sick last night.
The parents were worried about
    their children.

a **Descrizione.** La nonna descrive com'era la vita quando lei era giovane. Faccia la parte della nonna, sostituendo il soggetto delle frasi con i nuovi soggetti indicati tra parentesi.

1. Ai miei tempi, i treni arrivavano in orario. (la posta / gli studenti)
2. La gente aveva pochi soldi. (noi / la mia famiglia / io)
3. I generi alimentari non costavano tanto. (l'università / le case / le macchine)
4. I politici non dicevano bugie (*lies*). (il governo / noi bambini / io)
5. Le donne stavano in casa. (mia madre / i ragazzi piccoli)
6. La vita era più semplice allora. (le cose / l'amore)

b **Domande.** In coppia: Domandi ad un compagno/una compagna dov'era e cosa faceva ieri nelle ore indicate.

>> alle 8.45 di sera
S1: Dov'eri e cosa facevi alle nove meno un quarto ieri sera?
S2: Ero nella camera di un amico. Guardavamo un film stupido.

1. alle 6.50 di mattina
2. alle 9.00 di mattina
3. a mezzogiorno in punto
4. alle 4.06 del pomeriggio
5. alle 11.10 di sera
6. a mezzanotte

c **Che cosa facevi?** In coppia: Chieda ad un altro studente/un'altra studentessa se faceva le seguenti cose quando aveva tredici anni.

>> amare la scuola
S1: Quando avevi tredici anni, amavi la scuola?
S2: Sì, amavo la scuola. / No, non l'amavo.

1. frequentare il liceo
2. dovere pulire la tua camera
3. avere un amico preferito/un'amica preferita
4. discutere con i tuoi genitori
5. mangiare volentieri le verdure
6. praticare uno sport
7. uscire con i ragazzi/le ragazze
8. ubbidire sempre ai genitori

d **Intervista.** Intervisti un altro studente/un'altra studentessa per sapere com'era e cosa preferiva fare quando aveva sei anni. Prenda appunti e poi riferisca le informazioni alla classe. Lei vuole sapere:

- se era timido/a o disinvolto/a; pigro/a o dinamico/a; gentile o sgarbato/a, ecc.
- se aveva molti o pochi amici e come si chiamavano
- se gli/le piaceva la scuola e quale materia preferiva
- quali trasmissioni televisive guardava
- come si divertiva e se aveva un giocattolo (*toy*) preferito

>> — Com'eri quando avevi sei anni? Eri timida?
— No, non ero timida. Non avevo paura di niente...

e **Descrizioni.** In coppia: Susan è andata a Perugia per un corso d'italiano intensivo all'Università per Stranieri. È arrivata a Perugia due settimane prima dell'inizio delle lezioni e ogni giorno faceva le stesse cose. Guardate i disegni in basso e a turno dite che cosa faceva Susan durante la sua prima settimana a Perugia.

f **Ricordi.** Ricorda la sua prima settimana all'università (al liceo)? Com'era? Descriva ad un amico/un'amica questa prima settimana. Gli dica:

- quanti anni aveva
- dove abitava
- che tempo faceva
- se conosceva altri studenti
- cosa faceva nel tempo libero
- se era contento/a e perché
- se aveva paura e di che cosa
- se provava nostalgia per la famiglia

Espressioni negative

Non dirlo a **nessuno, neanche** al tuo ragazzo!

Non dirlo a **nessuno, nemmeno** a tua sorella!

1. The following chart shows some commonly used negative expressions in Italian. You have already learned some of them.

Non... **affatto** not at all	**Non** mi piace **affatto** questa città.	
Non... **mai** never	**Non** parliamo **mai** inglese in classe.	
Non... **niente (nulla)** nothing	**Non** capisco **niente**.	
Non... **nessuno** nobody	**Non** conosco **nessuno** qui a Bari.	
Non... { **neanche** / **nemmeno** not even / **neppure**	**Non** c'è stata **nemmeno** (**neanche, neppure**) una giornata di sole.	
Non... **più** not any more	**Non** provo **più** nostalgia del mio paese.	
Non... **ancora** not yet	**Non** ho **ancora** ricevuto le fotografie.	
Non... **né... né** neither . . . nor	**Non** fa **né** caldo **né** freddo qui.	

2. **Non** + *verb* + *second negative* is the usual construction for a negative expression.

Non hai capito **nulla**!   *You didn't understand anything!*
Non arrivi **mai** in orario.   *You never arrive on time.*

3. **Niente** or **nessuno** can precede the verb. When they do, **non** is omitted.

Niente è impossibile.   *Nothing is impossible.*
Nessuno vuole venire.   *Nobody wants to come.*

g Cambiamenti. Le cose possono cambiare molto nel corso di un anno. Il seguente brano parla di come andavano una volta le cose per Daniele e di come gli vanno adesso. Legga il brano, dando le espressioni negative appropriate.

Quest'anno le cose vanno bene per Daniele, ma l'anno scorso non andavano _____ bene. Recentemente ha trovato un lavoro, ma l'anno scorso non lavorava _____. Adesso esce sempre, ma prima non usciva _____. Adesso ha un televisore e un registratore DVD, ma l'anno scorso non aveva _____ il televisore _____ il registratore DVD. Adesso si compra anche vestiti alla moda, ma l'anno scorso non si comprava _____. Adesso tutti lo chiamano, ma l'anno scorso _____ lo chiamava. Prima aveva molti problemi e preoccupazioni, ma quest'anno non ha _____ problemi _____ preoccupazioni. Prima era sempre sfortunato (*unlucky*), ma adesso non è _____ sfortunato.

h Un messaggio. Lei ha ricevuto la seguente email da una sua amica che studia questo semestre a Siena. Quest'amica le fa molte domande su come vanno le cose all'università. Risponda al messaggio con un'espressione negativa per ogni domanda.

Caro/a —

come stai? Qui in Italia sto tanto bene, ma penso spesso alla nostra università. Qui piove quasi ogni giorno. Fa ancora bel tempo lì? Ma dimmi, cosa fai per le vacanze di Natale? Vedi spesso i nostri amici? Hai già trovato un lavoro per l'anno prossimo? Studi ancora filosofia? Vai spesso alle feste? E con chi esci, con Monica o con Daria? Hai ricevuto le foto e le cartoline che ti ho mandato? Quante partite ha vinto la nostra squadra (*team*) di hockey? E quando puoi venire in Italia?

Ci sentiamo,
Melissa

i Lo fai ancora? In coppia: Chieda ad un altro studente/un'altra studentessa se lei fa ancora queste cose o se non le fa più.

>> vivere con i suoi genitori
>> S1: Vivi con i tuoi genitori?
    S2: No, non vivo più con i miei genitori. / Sì, vivo ancora con
        i miei genitori.

1. andare in vacanza con la famiglia?
2. guardare i cartoni animati (*cartoons*)?
3. dormire con l'orsacchiotto (*teddy bear*)?
4. vedere gli amici della scuola elementare?
5. frequentare ancora il liceo?
6. avere ancora paura del buio (*dark*)?
7. credere a Babbo Natale (*Santa Claus*)?

j **Vero o falso?** In coppia: Decidete se le seguenti frasi descrivono accuratamente la vostra classe d'italiano. Se una frase non è vera, cambiatela.

>> Parlate sempre inglese durante la lezione.
Sì, parliamo sempre inglese durante la lezione. / No, non parliamo sempre inglese durante la lezione. / No, non parliamo mai inglese durante la lezione.

1. Tutti hanno paura di parlare durante la lezione.
2. Gli studenti trovano molto facile la grammatica.
3. Finite sempre tutti gli esercizi della lezione.
4. Ascoltate canzoni e poesie durante la lezione.
5. Avete visto film italiani durante la lezione.
6. Avete finito la lezione undici.
7. Avete carte geografiche e poster turistici nell'aula (*classroom*).
8. C'è uno studente che parla perfettamente l'italiano.

k **Intervista.** In coppia: Intervisti un altro studente/un'altra studentessa per sapere:

- due cose che non fa mai
- due cose che una volta faceva ma che non fa più
- due cose che non ha mai fatto ma che vuole fare

GmbH / Alamy

Una ragazza osserva dal treno un bel panorama di montagna.

Pronomi personali di forma tonica

— Vuoi ballare con **me?**
— No, preferisco ballare
   con **lui.**

1. Disjunctive or stressed pronouns are used as objects of prepositions.
They are also used instead of direct-object pronouns for emphasis
or clarity.

— È per **me** la telefonata?
— No, non è per **te;** è per **me.**

— Vuoi uscire con **noi?**
— No, mi dispiace. Arriva una mia amica e devo parlare con **lei.**

— Mi hai visto ieri con Claudio?
— No, ho visto **lui,** ma non ho visto **te.**

2. The following chart shows the disjunctive pronouns with the preposition
con.

singolare		plurale	
con **me**	*with me*	con **noi**	*with us*
con **te**	*with you*	con **voi**	*with you*
con **lui**	*with him*	con **loro**	*with them, with you*
con **lei**	*with her, with you (formal)*		*(formal)*

▶ Notice that except for **me** and **te**, the disjunctive pronouns are identical to subject pronouns.

3. Da + *disjunctive pronoun* can mean *on one's own* or *by oneself.*

Devo fare tutto **da me.**	*I have to do everything by myself.*
Fa' i compiti **da te.**	*Do the homework on your own.*

The disjunctive pronoun **sé** is used instead of **lui/lei** and **loro** to mean *himself/herself/themselves* and the formal *yourself.*

Il bambino si veste **da sé.**	*The child gets dressed on his own.*
Signorina Luzzi, faccia l'esercizio **da sé.**	*Miss Luzzi, do the exercise yourself.*

l **È vero?** Risponda alle domande con pronomi di forma tonica.

>> È vero che abiti vicino al professore?   Sì, abito vicino a lui.

1. È vero che vieni con noi?
2. È vero che hai ricevuto un regalo dal tuo ragazzo?
3. È vero che vai in montagna con i tuoi genitori?
4. È vero che pensavi a me?
5. È vero che lavori con mia zia?
6. È vero che non ci sono altri studenti come te?
7. È vero che arrivi prima dei tuoi compagni?
8. È vero che hai comprato qualcosa per me?

m **Descrizioni.** I ragazzi della scuola elementare Maria Montessori sono tutti molto indipendenti. Un alunno descrive cosa facevano i compagni la settimana scorsa. Faccia la parte dell'alunno e dica che i ragazzi facevano le varie attività da sé.

>> Carlo: studiare la matematica   Carlo studiava la matematica da sé.

1. Angelina: pulire la lavagna
2. Gilda e Susi: imparare l'inglese
3. io: fare i disegni
4. i bambini: preparare da mangiare
5. Tonino: usare il computer
6. tu: giocare con i videogiochi
7. noi: fare tutto

> Italian educator and psychiatrist **Maria Montessori (1870–1952)** developed a method of preschool and elementary education that stresses physical freedom and individual initiative.

n **Domande.** In coppia: Domandi al compagno/alla compagna se conosce queste persone. Il compagno/La compagna risponde con pronomi tonici.

>> Andrea Bocelli / Sophia Loren
   S1: Conosci Andrea Bocelli e Sophia Loren?
   S2: Conosco loro / lui ma non lei / lei ma non lui. / Non conosco né lui né lei.

1. Cecilia Bartoli / Jovanotti
2. Nanni Moretti / Lina Wertmuller
3. Celine Dion / i Cavalieri della Notte
4. Roberto Benigni / Nicoletta Braschi
5. Miuccia Prada / Giorgio Armani
6. Ellen DeGeneres / Pippo Baudo

> **Nanni Moretti** and **Lina Wertmuller** are both renowned film directors. The actor and director **Roberto Benigni** often costars with his wife, **Nicoletta Braschi**. **Pippo Baudo** is a long-popular TV host. **Jovanotti** is a popular singer.

> **iLrn** Complete the diagnostic tests to check your knowledge of the vocabulary and grammar structures presented in this chapter.

Parliamo un po'

a **Roma oggi e ieri.** In gruppi di tre o quattro: Immaginate la vita degli antichi romani. Che cosa mangiavano? Che cosa bevevano? Come si divertivano? Quale lingua parlavano? Che altro facevano?

See also the photo of the *Colosseo* in **Lezione 1**.

Travel-Shots / Alamy

Pompei: Turisti visitano le rovine.

Cubolmages srl / Alamy

Pompei: Alcuni turisti visitano un'antica villa romana.

b **Dove hai conosciuto il tuo/la tua partner?** In gruppi di tre: Discutete i tre luoghi o modi migliori (*best*) e peggiori (*worst*) per incontrare un/una compagno/a. Poi comparate i vostri risultati con quelli di altri gruppi. Qual è il luogo più popolare dove si possono conoscere altre persone?

c **L'Università per Stranieri.** In coppia: A Perugia e a Siena ci sono università statali per studenti non italiani che desiderano imparare o perfezionare l'italiano. Guardate le seguenti informazioni e programmate un periodo di studio a Perugia. Poi riferite i vostri programmi alla classe. Potete parlare:

- del corso che volete seguire
- perché avete scelto questo corso particolare
- in quale stagione potete fare il corso
- quando volete dare l'esame CELI
- a quale livello pensate di dare l'esame

d **Un messaggio elettronico da Perugia.** Da quattro settimane lei è a Perugia, dove segue un corso intensivo di lingua e cultura italiana in preparazione per l'esame CELI 3. Scriva un'email ad un amico/un'amica della sua classe per descrivere come va il programma, che cosa studia, se le piace la città e alcune cose che ha fatto finora. Quando ha finito di scrivere il messaggio, lo dia ad un'altra persona nella classe, che risponde al suo messaggio con un'altra email.

e **La previsione meteorologica.** In gruppi di due o tre: Voi lavorate per la radio della vostra università e dovete preparare una previsione del tempo per oggi e i prossimi due giorni nella vostra città o regione. Spiegate le condizioni meteorologiche attuali e che tempo fa domani e dopodomani. Potete anche dare qualche consiglio utile.

>> Stasera fa fresco con una temperatura massima di… con la possibilità di…
Allora non dimenticate di…
Domani invece…
È una buona occasione per…

BENVENUTI all'UNIVERSITÀ PER STRANIERI DI PERUGIA!

L'Università per Stranieri di Perugia è la più antica e prestigiosa istituzione italiana nell'attività di ricerca e insegnamento dell'italiano L2, rilascia certificati linguistici dal 1987 ed è stata la prima istituzione italiana a certificare la conoscenza dell'italiano L2.

Gli esami di certificazione dell'italiano generale CELI dell'Università per Stranieri di Perugia valutano l'abilità dei candidati nell'**italiano generale**, vale a dire l'italiano in uso non solo nell'interazione sociale, ma anche in ambienti di studio e/o di lavoro.
Gli esami CELI prevedono cinque livelli progressivi: dall'elementare all'avanzato, dove per avanzato si intende il parlante eccellente del CELI 5.

Il Ministero dell'Istruzione, dell'Università e della Ricerca ha riconosciuto il CELI 3 come titolo valido per attestare la conoscenza della lingua necessaria per iscriversi all'università in Italia e il CELI 5 come titolo valido per attestare la conoscenza della lingua italiana necessaria per insegnare nelle scuole ed istituti statali.

Gli esami CELI si svolgono due volte all'anno: a **giugno** e a **novembre**.

Corsi di Laurea (di 1° livello – 180 crediti formativi)

Comunicazione Internazionale
Promozione della Lingua e della Cultura Italiana nel mondo
Lingua e Cultura Italiana (L2)

Master

Master in Didattica dell'Italiano lingua non materna (Corso di prova)

Corsi di perfezionamento e aggiornamento

Corsi di aggiornamento per insegnanti di italiano all'estero
Corso di lingua italiana contemporanea
Corso di storia dell'arte

Vocabolario utile:
la ricerca (*investigation*), **rilasciare** (*to issue*), **valutare** (*to evaluate*), **corso di aggiornamento** (*refresher course*)

> If you are interested in this program, see its website at http://www.unistrapg.it/.

Conoscere l'Italia

a **Definizioni.** Prima di leggere il seguente brano, abbini le definizioni con una parola della lista a destra. Ci sono due parole in più nella lista.

1. che cosa è l'Italia
2. che cosa sembra la forma dell'Italia
3. il contrario di *moderno*
4. aggettivo per un terreno in pianura
5. è determinato dal tempo che fa
6. una stagione dell'anno
7. è un insieme di isole
8. è circondata dal mare
9. è un territorio molto alto
10. parte di terra che va verso il mare

a. l'estate
b. la montagna
c. il clima
d. la posizione
e. l'arcipelago
f. l'isola
g. una penisola
h. il promontorio
i. antico
j. il villaggio
k. pianeggiante
l. uno stivale

La Puglia

CD2, Track 10

Valeria73 / Shutterstock

Una veduta dei trulli di Alberobello, pittoresco paese della Puglia

Nella configurazione della penisola italiana, la Puglia occupa una posizione particolare: quella che va dallo sperone[1] (il Gargano) al tallone[2] dello stivale. Il territorio di questa regione è prevalentemente pianeggiante[3] e permette la coltivazione della vite[4], dell'olivo e dei cereali. Un'altra attività importante del luogo è la pastorizia[5]. Grazie al suo clima mite e ai suoi pascoli[6], fin dai tempi antichi la Puglia era la meta della transumanza[7] dei pastori[8] d'Abruzzo. Alla fine di ogni estate, questi lasciavano le loro montagne e portavano le loro greggi di pecore[9] a pascolare[10] nei ricchi campi[11] della pianura pugliese, chiamata il Tavoliere della Puglia. La posizione strategica di questa regione sul Mediterraneo fu un'attrazione prima per gli antichi greci e poi per i romani che la colonizzarono. Diventò di nuovo importante nel Medioevo perché dai porti di questa regione partirono le prime crociate verso la Terra Santa.

► Locate La Puglia on the map on page 12, and then locate the promontorio del Gargano and the isole Tremiti.

► **Medioevo** = *Middle Ages*. Historical period from 476, year of the fall of the Roman Empire, to 1492.

► **Terra Santa** = *Holy Land*: places in Palestine where Jesus Christ lived.

► **crociate** = *crusades*: military expeditions carried out in the Middle Ages by European Christians in order to conquer the Holy Land.

1. *spur*   2. *heel*   3. *flat*   4. *vines*   5. *sheep-raising*
6. *pastures*   7. *transhumance (movement to other pastures)*
8. *shepherds*   9. *flocks of sheep*   10. *to graze*   11. *fields*

© John Heseltine/CORBIS

Un'incantevole spiaggia del promontorio del Gargano nella Puglia

Oggi la Puglia attrae molti turisti. D'estate molta gente va a trascorrere le vacanze nei villaggi turistici sulle coste del Gargano. Da qui partono i battelli[12] per le pittoresche Isole Tremiti, piccolissimo arcipelago nell'Adriatico al largo del promontorio del Gargano. Un'altra attrazione di questa regione è l'ottagonale Castel del Monte fatto costruire nel 1240 dall'imperatore Federico II di Svevia al ritorno dalla crociata. Di particolare interesse poi è la terra dei "trulli", abitazioni tipiche di alcuni paesi pugliesi. Oltre a Fasano, Ostuni e Martina Franca, c'è Alberobello dove si trova un intero quartiere[13] di queste case caratteristiche, alcune delle quali sono aperte al pubblico.

12. *boats*   13. *neighborhood*

▶ **Castel del Monte:** gothic-style castle in the province of Bari.

▶ **Svevia** = *Swabia*: name given by the Romans to a historic region in southwestern Germany.

▶ Because both Castel del Monte and the "trulli" of Alberobello deserve special protection due to their importance, in 1996, UNESCO declared them World Heritage Sites.

b **Informazioni.** Dia le seguenti informazioni basate sul brano precedente.

1. la posizione della Puglia
2. caratteristica del terreno pugliese
3. coltivazioni della Puglia
4. lo è il clima della Puglia
5. perché, in tempi antichi, i pastori d'Abruzzo venivano nella Puglia
6. popoli che colonizzarono la Puglia
7. attrazioni turistiche della Puglia
8. quando e chi ha fatto costruire il Castel del Monte
9. nome di abitazioni peculiari di alcuni paesi della Puglia

a **Alla ricerca di vocaboli.** Legga il brano che segue e cerchi i seguenti vocaboli.

1. aggettivi derivati da *economia, agricoltura, industria* e *commercio*
2. un sinonimo di *nazione*
3. un sinonimo di *capitale*
4. parte di mare protetta dove le navi possono fermarsi
5. una forma geometrica

CD2,
Track 11

Bari, Brindisi e Taranto

Bari, Brindisi e Taranto sono tre città di mare della Puglia e le loro attività economiche sono legate al porto di ciascuna[1] di esse. Il porto di Bari, sull'Adriatico, è ben collegato[2] con la Grecia e con i paesi balcani. Capoluogo della regione, Bari è anche un centro agricolo e industriale. Ogni anno a settembre ha luogo in questa città la Fiera di Levante[3]. Con la presentazione di molti prodotti agricoli e industriali, questa fiera favorisce gli scambi commerciali con i paesi del Mediterraneo. Brindisi, sull'Adriatico, e Taranto, nell'omonimo[4] golfo sul mar Ionio, sono importanti porti militari. Anche da Brindisi, come da Bari, ci sono collegamenti giornalieri[5] con la Grecia. Oggi tutte e tre queste città formano il triangolo di sviluppo[6] industriale del Mezzogiorno[7] grazie alle varie industrie chimiche, petrolifere, siderurgiche[8], tessili e alimentari della zona.

Veduta parziale del porto di Taranto

Cubolmages srl / Alamy

1. *each one*	2. *connected*	3. *Fair of the East*
4. *homonymous (same name)*	5. *daily connections*	6. *development*
7. *South*	8. *steel*	

b **Informazioni.** Dia le seguenti informazioni basate sul brano precedente.

1. il nome del mare che circonda la penisola italiana
2. lo è Bari
3. quello che hanno in comune Bari, Brindisi e Taranto
4. hanno collegamenti giornalieri con la Grecia
5. il mare sul quale è situata la città di Taranto
6. l'importanza della Fiera di Levante
7. le attività presenti nel triangolo industriale del Mezzogiorno

Viaggi in video · *La Puglia*

Prima di guardare

Vocabolario utile

costruito	*built*
binari del treno	*train tracks*
fatica	*hard work*
gli sposi	*bride and groom*
finto	*fake/pretend*
regista	*film director*
mi commuovo	*I get emotional*
riesci a	*you manage to*
viaggio di nozze/luna di miele	*honeymoon*

a **Dove hanno girato quel film?** Dalle descrizioni, indovini in quale delle seguenti regioni italiane hanno girato i seguenti film:

Basilicata   Campania   Lazio   Lombardia
Sicilia   Toscana   Veneto

1. ***Vacanze romane*** (*Roman Holiday*) Audrey Hepburn e Gregory Peck s'innamorano nella città eterna.
2. ***Camera con vista*** (*Room with a View*) Helena Bonham Carter vive la vera passione in un albergo fiorentino.
3. ***The Tourist*** Johnny Depp, professore di matematica, incontra l'affascinante e misteriosa Angelina Jolie su un treno diretto a Venezia.
4. ***Ocean's Twelve*** George Clooney incontra il suo arcirivale criminale in una villa stupenda sul lago di Como.
5. ***Il padrino*** (*The Godfather*) In fuga dalla malavita newyorchese, Al Pacino sposa una ragazza del paese della sua famiglia.
6. ***La passione di Cristo***. (*The Passion of the Christ*) Rappresentazione degli ultimi giorni della vita di Gesù Cristo filmato tra i "Sassi" di Matera.
7. ***Star Wars, episodio I e II.*** Il palazzo della principessa Amidala nella città di Naboo viene rappresentato dal palazzo reale di Caserta, non troppo lontano da Napoli.

b **Quando ero piccolo.** In coppia: Gep dice che quando era piccolo andava spesso in bicicletta. Parlate di attività che facevate quando eravate piccoli.

Quando ero piccolo andavo sempre in bicicletta, ma non lo faccio più.
Quando ero piccola dormivo con un orsacchiotto (*teddy bear*).
No, io non dormivo mai con un orsacchiotto. (Ecc.)

Courtesy of Regione Puglia, Ufficio sviluppo del Turismo

Castel del Monte

Su una collina isolata nel comune di Andria sorge un famoso castello che si chiama Castel del Monte. È uno dei molti castelli costruiti dall'imperatore Federico II prima della sua morte nel 1250. Il castello ha una forma molto particolare: ottagonale. Gli storici non sanno esattamente quale funzione avesse.

© Tilo G/Shutterstock.com

▶Mentre guarda il video

c **Domande.** Risponda alle domande con frasi complete.

1. Come si chiama il castello che vede la coppia in bicicletta?
2. È un vero matrimonio quello che vede la coppia in bicicletta? Perché?
3. Perché il regista del film è arrabbiato?
4. Secondo Gep, perché la Puglia è una regione ideale per girare un film?
5. Quali dei film menzionati da Gep ha visto Pamela?
6. Qual è il film preferito di Pamela?

Dopo aver guardato

d **Che bel matrimonio!** Pamela descrive il matrimonio che ha visto nel video. Cambi i verbi indicati dal presente all'imperfetto indicativo.

>> Lo sposo **abita** a Lecce   Lo sposo abitava a Lecce

La sposa (1.) **è** una ragazza magnifica. (2.) **È** abbastanza giovane, forse (3.) **ha** 23 o 24 anni. (4.) **Indossa** ovviamente un abito lungo e bianco che però è molto semplice. Ci (5.) **sono** tutti i parenti che (6.) **mangiano** e (7.) **festeggiano** le nozze dei due sposi. (8.) **Bevono** spumante; (9.) **si divertono** insomma. Finito il pranzo gli invitati (10.) **ballano** per molte ore e gli sposi (11.) **devono** baciarsi ogni volta che gli invitati li (12.) **incitano** con "Bacio! Bacio! Bacio!".

e **Un viaggio in bicicletta.** In coppia: Immaginate di aver fatto un viaggio in bicicletta in Puglia, poi raccontate il vostro viaggio alla vostra classe. Potete parlare:

delle attività che facevate   di dove avete dormito
delle persone che incontravate   di alcune difficoltà del viaggio
delle città e dei luoghi che avete visto di una cosa simpatica che vi è successa

f **Esperienza personale.** Qual' è il suo film italiano preferito? Scriva il titolo, il posto dove ha luogo la storia, e una descrizione breve. Se non ha mai visto un film italiano, chieda ai suoi compagni di classe di suggerirgliene uno!

Ad una mostra cinematografica

COMMUNICATIVE OBJECTIVES

- Talk about cinema, fashion, and clothing
- Describe movies
- Describe the color, size, and fabric of clothing
- Narrate and describe events in the past
- Talk about people and places you know and what you know how to do

Venezia: Palazzo del Cinema dove ogni anno ha luogo la Mostra Internazionale d'Arte Cinematografica.

RISORSE

 audio

 video

www.cengagebrain.com/shop/ ISBN/0495913391

 ilrn.heinle.com

CD2,
Track 12

Marco e Giuliana incontrano il loro amico Alessandro.

1	MARCO:	*Ciao Alessandro, la settimana scorsa ti ho cercato, ma non eri mai in casa. Dove sei andato?*
	ALESSANDRO:	*A Venezia, alla Mostra Internazionale del Cinema.*
	GIULIANA:	*Davvero? Quanti personaggi famosi hai visto? Erano*
5		*simpatici gli attori? E le attrici indossavano abiti eleganti?*
	ALESSANDRO:	*So che c'erano registi internazionali e stelle del cinema americano, ma io non ho avuto l'occasione di vederli.*
	MARCO:	*E allora cosa facevi lì se non hai visto nessuno?*
	ALESSANDRO:	*Ero con mia sorella che con i suoi compagni di classe ha*
10		*vinto un concorso con un documentario sulla moda italiana.*
	GIULIANA:	*Che cosa interessante! Tu sai bene che la moda, i vestiti e gli accessori sono la mia passione!*

Allora ti piacerà° il nostro documentario dove le giacche e i   *you'll like*

ALESSANDRO: *pantaloni neri di Armani sono presentati in contrasto con*   *Armani and Versace are*

15   *i colori sgargianti delle gonne e delle camicette di Versace°.*   *important fashion houses*

MARCO: *Anch'io sono curioso di vedere questo documentario. Ma*   *located in Milan.*

dimmi, hai visto qualche bel film italiano o straniero? Ora il

cinema italiano è in ripresa, non è vero?

ALESSANDRO: *Sì, certo. Sono andato a vedere un film molto bello di*

20   *Giuseppe Tornatore°. Ho visto anche un film cinese con*   *Giuseppe Tornatore is a film*

i sottotitoli in inglese. Però per leggere l'inglese non ho   *director.*

seguito bene le immagini e alla fine non ci° ho capito proprio   *about it*

un bel niente.

Domande

1. Perché Alessandro non era mai in casa la settimana scorsa?
2. Con chi era Alessandro alla Mostra Internazionale del Cinema? Perché?
3. Di che cosa tratta il documentario della sorella di Alessandro?
4. Quanti film ha visto Alessandro a Venezia?
5. Quali film italiani ha visto? Ha visto anche qualche film straniero? Quale?

▶ Since 1935 the **Mostra Internazionale del Cinema di Venezia** has taken place every year for two weeks in the latter part of August and early September. During this festival, many Italian and foreign pictures are shown and the best film is awarded **Il Leone d'Oro** (*the Gold Lion*).

Domande personali

1. A lei piacciono i film americani? E i film stranieri? Perché?
2. Lei conosce il nome di qualche altro festival del cinema? Quale?
3. Come si chiama il suo attore preferito? E la sua attrice preferita? Ha un/una regista preferito/a?
4. Le piace vedere film doppiati o in lingua originale con i sottotitoli in inglese?
5. Che cosa pensa lei della moda? La segue? Conosce il nome di alcuni stilisti famosi del suo paese?
6. Quale città è la capitale della moda nel suo paese?

Situazioni

1. Domandi ad un compagno/una compagna che cosa indossava ieri.

   >> — Che cosa indossavi ieri?
   — Indossavo (una gonna e una giacca molto semplici / un vestito elegante / i pantaloni e la camicetta / la maglia e i jeans).

2. Domandi ad un amico/un'amica che tipi di film gli/le piacciono.

   >> — Che tipi di film ti piacciono?
   — Mi piacciono (i film drammatici / le commedie musicali / i film dell'orrore / i film d'azione).

3. Domandi ad un amico/un'amica qual è il suo attore/la sua attrice preferito/a.

   >> — Qual è il tuo attore preferito/la tua attrice preferita? Perché?
   — Mi piace Meryl Streep perché è un'attrice brava e simpatica.

Pratica

1. Scriva cinque o sei frasi basate su quello che dicono i tre amici nel dialogo a pagina 235. Per esempio:

   >> La settimana scorsa Marco ha cercato Alessandro, ma...

2. In coppia: Immagini di essere andato/a ad un festival del cinema. Adesso racconti al suo amico/alla sua amica:

   - quando e dove si è svolto il festival
   - con chi è andato/a lei
   - che cosa avete visto
   - se si è divertito/a

3. Scriva quattro o cinque frasi sull'ultimo film che ha visto e dica perché le è piaciuto o non le è piaciuto.

   >> — L'ultimo film che ho visto è…

Il cinema italiano

Durante gli anni '80 e '90 il cinema italiano ha avuto un periodo di crisi profonda. La concorrenza[1] della televisione e della Rete[2], i prezzi alti dei biglietti, i film in DVD hanno allontanato[3] gli spettatori dalle sale cinematografiche. Come conseguenza, molti cinema sono stati chiusi e tutta l'industria cinematografica ne ha sofferto.

Durante la crisi però alcuni film italiani hanno avuto riconoscimenti[4] a livello internazionale. Hanno ricevuto l'Oscar per il miglior film straniero *Nuovo Cinema Paradiso* (1990) di Giuseppe Tornatore, *Mediterraneo* (1992) di Gabriele Salvatores e *La vita è bella* (1999) di Roberto Benigni. Il Festival di Cannes ha invece premiato[5] *La vita è bella* (1998), *Il ladro[6] di bambini* (1992) e il regista Nanni Moretti per il suo film autobiografico *Caro diario* (1994) e per *La stanza del figlio* (2001). Infine *La Bestia nel Cuore* di Francesca Comencini è stato scelto come uno dei migliori film stranieri per gli Oscar del 2006 e *Baarìa* di Giuseppe Tornatore è stato selezionato per rappresentare l'Italia agli Oscar del 2010.

Da qualche anno il cinema italiano è in ripresa e comincia a riacquistare[7] una sua identità. Andare al cinema è tornato di moda, grazie anche alla creazione di centri multisale che in locali nuovi, piccoli e accoglienti[8] offrono allo spettatore la possibilità di scegliere film e orari diversi. Gli italiani amano vedere i film americani, naturalmente in versione doppiata. Anche i film italiani sono molto popolari, specialmente quelli comici, che sono per lo più interpretati da attori conosciuti per mezzo della televisione.

- Lei sa in che condizione è il cinema americano? È in crisi, in ripresa o gode (*is enjoying*) di molta popolarità negli Stati Uniti e all'estero?

Melampo Cinematografica/The Kobal Collection/Sergio Strizzi

L'attore-regista Roberto Benigni durante la lavorazione del film *La vita è bella*.

▶ Numerous Italian film artists work in the American motion picture industry. Among recipients of Oscars are the costume designer **Milena Canonero**, composer **Ennio Morricone**, scene designer **Dante Ferretti**, and photography directors, such as **Vittorio Storaro, Peppino Rotunno**, and **Dante Spinotti**.

1. *competition*
2. *the Internet*
3. *kept away*
4. *recognition*
5. *awarded a prize*
6. *thief*
7. *regain*
8. *comfortable*

Vocabolario

Parole analoghe

l'accessorio
l'attore
l'attrice
l'azione
il cinema
il colore
la commedia
il contrasto
curioso/a
il documentario
drammatico/a
il festival
il film
l'immagine
i jeans
la passione
presentare

Nomi

l'abito dress
la camicetta blouse
il concorso contest
la giacca jacket
la gonna skirt
la maglia sweater
la moda fashion
la mostra exhibit

i pantaloni trousers, pants
il personaggio celebrity
il/la regista (film) director
il sottotitolo subtitle
la stella star
lo/la stilista designer
i vestiti (pl.) clothing
il vestito dress, suit
la vita life

Aggettivi

doppiato/a dubbed
nero/a black
sgargiante gaudy
preferito/a favorite

Verbi

indossare to wear
trattare (di) to be about, to deal with

Altre parole ed espressioni

perciò therefore
la commedia musicale musical comedy
i film dell'orrore horror movies
alla fine in the end
proprio un bel niente absolutely nothing
essere in ripresa to have a revival

▶ **I vestiti** and **gli abiti** both mean *clothing*.

▶ *l'abito = il vestito. L'abito* is more formal; *il vestito* is more commonly used. Both refer to a woman's dress or a man's suit.

Pronuncia

Il suono di /gl/ + /i/

CD2,
Tracks
13–14

The sound of the letters **gli** is like the *lli* in *million*. It is articulated with the top of the tongue against the hard palate or roof of the mouth.

a Ascolti e ripeta le seguenti parole.

quegli	Puglia	moglie
figli	foglio	famiglia
sugli	maglietta	figlia
negli	taglia	foglia

b **Proverbi.** Ascolti e ripeta i seguenti proverbi.

Sbagliando, s'impara.
One learns by making mistakes.

Non dar consigli a chi non li chiede.
Never give advice unless asked.

Ampliamento del vocabolario

L'abbigliamento, i tessuti e i colori

1. la camicetta	6. la cravatta	11. la giacca	16. il cappello
2. la gonna	7. la maglia	12. il cappotto	17. le scarpette da
3. il vestito	8. la maglietta	13. i guanti	ginnastica
4. il giaccone	9. i jeans	14. i calzini	18. i sandali
5. la camicia	10. i pantaloni	15. gli stivali	19. le scarpe

Altri articoli di abbigliamento

la borsa handbag, purse
le calze (*f. pl.*) stockings, hose
i calzoncini shorts

il costume da bagno bathing suit
l'impermeabile (*m.*) raincoat

Espressioni utili

calzare to fit (*shoes, gloves*)
indossare to wear; to put on
levarsi to take off (*clothing*)
la misura size (*clothing, shoes*)
spogliarsi to undress

il numero size (*shoes*)
portare to wear
la taglia size (*clothing*)
a quadri checked
a righe striped
a tinta unita solid color

▶ Due to American influence, many English words related to fashion and clothing are used in Italy: "casual," "jeans," "top," "blazer," etc.

▶ Practice clothing vocabulary by associating specific clothes with seasons and weather expressions.

I tessuti e i materiali

il cotone	cotton	**il poliestere**	polyester
il cuoio (la pelle)	leather, hide	**il rayon**	rayon
la lana	wool	**la seta**	silk
il lino	linen	**il velluto a coste**	corduroy

I colori

arancione   azzurro/a   bianco/a   blu   giallo/a   grigio/a

marrone   nero/a   rosso/a   rosa   verde   viola

1. The definite article is used with articles of clothing (not the possessive adjective, as in English). The possessive adjective is used only when necessary to clarify ownership.

Mi metto **la** camicia.	*I put on my shirt.*
Scusa, quella è la **mia** giacca, non la tua!	*Excuse me, that's my jacket, not yours!*

When describing more than one person putting on or taking off the same article of clothing, the piece of clothing is in the singular.

I ragazzi si levano **il cappotto.**	*The boys take off their coats.*
Maria e Giulia indossano **il costume da bagno.**	*Maria and Giulia are wearing their bathing suits.*

2. Adjectives of color whose masculine singular form ends in **-o** agree in number and gender with the nouns they modify. The adjectives **arancione**, **blu**, **marrone**, **rosa**, and **viola** are invariable.

---

a **Preferenze.** In coppia: Risponda ad un compagno/una compagna che vuole sapere che cosa lei preferisce mettersi nelle seguenti occasioni.

>> per andare ad una festa elegante   — Che cosa ti metti per andare ad una festa elegante?
— Mi metto un vestito di seta.

1. domani quando vai a fare una gita al mare
2. questo pomeriggio se piove
3. stasera per andare a mangiare una pizza con gli amici
4. sabato sera per andare ad un concerto di musica classica
5. domenica per andare ad un concerto rock allo stadio

b **Abbigliamento.** In coppia: A turno, identificate due o tre articoli di abbigliamento che indossate oggi.

>> Io porto una gonna di cotone, una camicetta di lino e i sandali neri.

c **I colori.** In gruppi di tre o quattro: Domandi a ciascuno studente/studentessa di che colore è l'abbigliamento degli altri studenti del gruppo.

>> — (Jennifer), di che colore è la camicia di (John)?
— È (azzurra).

d **Completare il dialogo.** In coppia: Lei ha bisogno di scarpe e stivali ed entra in un negozio di calzature. Insieme ad un compagno/una compagna completi il seguente dialogo fra lei e il commesso/la commessa (*salesclerk*), usando le seguenti parole o espressioni. Ci sono due parole in più nella lista.

metto	pelle
la misura	un paio
i pantaloni	nere
marrone	lana
scarpe	la borsa
42	

LEI: Buon giorno!
COMMESSO/A: Buon giorno. Desidera?
LEI: Ho bisogno di un paio di _____ di _____.
COMMESSO/A: Di che colore?
LEI: Mah, _____. Il nero va bene con tutto.
COMMESSO/A: E _____?
LEI: Il 42.
COMMESSO/A: Vuole altro?
LEI: Sì, _____ di stivali _____.
COMMESSO/A: Sempre il numero _____?
LEI: No, il 42 e mezzo perché con gli stivali _____ sempre i calzini di _____.
COMMESSO/A: Bene. Si accomodi, prego. Torno subito.

e **Preparare un dialogo.** In coppia: Lei è in un negozio per comprare un vestito. Insieme a un compagno/una compagna prepari un dialogo appropriato fra lei e il commesso/la commessa. Ricordate di includere la taglia, il tessuto, il colore e il prezzo.

>> COMMESSO/A: Buona sera! In che cosa posso servirla?
LEI: Buona sera. Ho bisogno di...

Il cinema

doppiare to dub	**lo sceneggiatore/la**
girare to film	**sceneggiatrice** screenwriter
l'attore actor	**i cartoni animati** cartoons
l'attrice actress	**la commedia musicale** musical
la colonna sonora soundtrack	comedy
gli effetti speciali special	**il film d'azione** action movie
effects	**il film di fantascienza** science
la sceneggiatura screenplay	fiction movie
il produttore producer	**il film giallo** thriller, mystery
il/la regista director	**il film dell'orrore** horror movie

Thrillers are called **film gialli** because of the yellow book covers that have traditionally identified mystery and crime novels.

f **Domande.** In coppia: Risponda alle domande che le fa un amico/un'amica per conoscere le sue preferenze sul cinema.

1. Hai visto un film di fantascienza di recente? Quale? Com'erano gli effetti speciali?
2. Ti piacciono i film gialli? Qual è il tuo preferito? Sai il nome di qualche regista di film gialli? Che film ha diretto?
3. Qual è l'ultimo film di cartoni animati che hai visto? Quali sono tre film di cartoni animati che preferisci? Perché?
4. Hai dei CD della colonna sonora di alcuni film? Quali sono?
5. Quali film non ti piacciono? I film dell'orrore? Le commedie musicali? Perché?

g **Il suo film preferito.** In coppia: Parli con un amico/un'amica del suo film preferito. Oltre alla trama (*plot*) dica anche i nomi dello sceneggiatore/della sceneggiatrice, del produttore, del/della regista e dove il film è stato girato.

Cinema Eurcine
Via Liszt, 28
00100-Roma

Sala 1 Posto: H-18
BAARIA
Data: 15/10/2009
Orario: 19:10
Prezzo: 5,50 eur
Suppl.: 0,00 eur
Totale: 5,50 eur

Circuito Cinema Srl
P.iva 05099391004
Cod. Sistema: 00027793
Emesso da: int1
In data:15/10/2009 18:45
S/F 02-63-81-1D-C9-F0-5D-B5
Card A0052664 - Prog 115394
Tipo Evento: Cinema / PT-PLATEA

R4-Ridotto anziani

Lo spettatore che da un controllo venisse trovato sprovvisto del presente tagliando sarà soggetto alle sanzioni previste dalla vigente normativa. Biglietto valido esclusivamente per il giorno, l'ora e il film in programmazione indicati.
LR00735751

Vincenzo Pinto/Getty Images

Le chiavi di casa, un film di Gianni Amelio, presentato alla Mostra del Cinema di Venezia.

Struttura ed uso

Contrasto fra l'imperfetto ed il passato prossimo

1. The **imperfetto** and the **passato prossimo** describe two different types of past actions. Compare the sentences on the left, which use the **imperfetto,** and those on the right, which use the **passato prossimo.**

Ogni anno **andava** alla mostra del cinema a Venezia.	La settimana scorsa **è andata** a vedere una mostra di documentari.
Qualche volta **vedeva** delle stelle del cinema.	Questa volta **ha visto** Monica Bellucci.

2. The **imperfetto** describes habitual, recurring, or ongoing actions, whereas the **passato prossimo** describes specific completed actions. Time expressions such as **ogni anno, sempre, spesso,** and **di solito,** often signal recurring actions. Expressions such as **la settimana scorsa, ieri sera, due ore fa,** and **stamattina,** often signal specific past actions.

Si alzavano **sempre** presto.	*They always used to get up early.*
Spesso guardavo la televisione.	*I often watched television.*
Si sono alzati tardi **stamattina.**	*They got up late this morning.*
Ieri sera ho guardato un bel programma alla televisione.	*Last night I saw a good program on television.*

3. When both tenses occur in the same sentence, the **imperfetto** describes an action in progress when another event happened. The other event is expressed in the **passato prossimo.**

Giancarlo **controllava** la posta elettronica quando **sono arrivate** le sue amiche.	*Giancarlo was checking his email when his friends arrived.*
Giravano un film in centro e **mi sono fermato** a guardare.	*They were making a movie downtown and I stopped to watch.*

La commessa **ha aperto** la porta mentre mi **spogliavo!**

4. In narratives, the **imperfetto** describes the characters' qualities and habitual actions, their emotions and thoughts, the setting, time, weather, and other background information. The **passato prossimo** is used to relate specific events or actions that took place.

Cappuccetto Rosso (*Little Red Riding Hood*) **era** una brava bambina che **andava** spesso a trovare la nonna che **abitava** dall'altra parte del bosco (*woods*). Un giorno **ha preparato** un cestino (*basket*) con dei panini ed **è partita** di buon'ora...

Salvatore **era** un bravo bambino siciliano che **abitava** con sua madre. **Passava** tutte le ore libere al cinema invece di andare a scuola. Un giorno sua madre l'**ha trovato** lì: l'**ha portato** a casa e **ha detto**...

a **Domande.** In coppia: Domandi ad un compagno/una compagna che cosa faceva quando gli/le ha telefonato. Il compagno/La compagna risponde secondo i suggerimenti.

>> spogliarsi S1: Cosa facevi quando ti ho telefonato?
　　　　　　　　 S2: Quando mi hai telefonato, mi spogliavo.

1. leggere un romanzo (*novel*) emozionante
2. discutere con mia sorella
3. fare una torta
4. vestirsi
5. guardare un bel programma alla televisione
6. dormire tranquillamente
7. parlare con il mio ragazzo/la mia ragazza
8. prepararsi per la lezione di storia

b **Mentre lavoravo.** In coppia: Dica ad un compagno/una compagna una o due cose che sono successe ieri mentre lei faceva le seguenti attività.

>> lavorare Ieri mentre lavoravo, ho visto Marco e Paola.

1. uscire di casa　　　　4. mangiare
2. studiare　　　　　　　5. guardare la televisione
3. guidare la macchina　　6. dormire

c **Spiegazioni.** Tiziana spiega ad una sua collega che cosa ha fatto ieri sera con il fidanzato Carlo. Dia la forma appropriata del passato prossimo o dell'imperfetto dei verbi indicati tra parentesi, secondo il contesto.

Ieri sera? Niente. Ieri sera io e Carlo _____ (essere) a casa, _____ (annoiarsi) e finalmente _____ (decidere) di andare al cinema. Veramente io non _____ (avere) nessuna voglia di uscire: _____ (piovere) a catinelle (*it was raining cats and dogs*). Ma Carlo _____ (guardare) il giornale e alla fine _____ (scegliere) un film giapponese.
　　Quando noi _____ (arrivare) al cinema non c'_____ (essere) nessuno. Pensa! Noi _____ (essere) soli in questo cinema. E non solo: il film _____ (essere) in lingua originale; cioè il giapponese. Io non _____ (capire) un bel niente!

d **A che età.** In coppia: Dica ad un amico/un'amica quanti anni aveva quando ha fatto le seguenti cose.

>> cominciare a frequentare la scuola
   S1: Quanti anni avevi quando hai cominciato a frequentare la scuola?
   S2: Avevo quattro anni quando ho cominciato a frequentare la scuola.

1. imparare ad andare in bicicletta
2. innamorarsi (*to fall in love*) per la prima volta
3. uscire per la prima volta con un ragazzo/una ragazza
4. andare al primo ballo
5. prendere la patente di guida
6. viaggiare da solo/a per la prima volta

e **Racconto.** Racconti la storia di Pinocchio, completando le frasi con la forma appropriata dell'imperfetto o del passato prossimo del verbo in corsivo.

1. C'era una volta un uomo di nome Geppetto che *volere* avere un figlio.
2. Desiderava tanto questo figlio che un giorno *fare* un burattino di legno (*wooden puppet*).
3. Amava il burattino di legno, ma purtroppo il burattino non *essere* un vero bambino.
4. Una notte, mentre Geppetto dormiva, *venire* una fata (*fairy*) azzurra.
5. La fata Turchina voleva aiutare Geppetto e *dare* vita a Pinocchio.
6. Geppetto era contentissimo quando *alzarsi* quella mattina e *vedere* un vero bambino al posto del burattino.
7. Pinocchio era un bravo ragazzo e ogni mattina *uscire* di buon'ora per andare a scuola.
8. Un giorno, mentre Pinocchio andava a scuola, (Pinocchio) *incontrare* il Gatto e la Volpe (*fox*).

> *Le avventure di Pinocchio* by **Carlo Collodi (1826–1890)** was published in 1881 in an Italian magazine for children. Since then, it has become a favorite story around the world.

f **Un bel ricordo.** In coppia: Ricorda il giorno più bello della sua vita? Forse era una gita fatta con la famiglia, un appuntamento con una persona speciale o una vittoria sportiva. Prepari almeno sei frasi per descrivere quest'avvenimento e poi racconti la storia ad un altro studente/un'altra studentessa. Lei può parlare di:

- quanti anni aveva
- che tempo faceva
- perché era contento/a
- dove e con chi era
- cosa è successo

g **Dialogo.** In coppia: Create insieme un dialogo basato sulla situazione indicata qui sotto.

>> S1: Scusi, ieri ho lasciato qui qualcosa.
  S2: ...

S1:

Ieri mattina alle 8.45 lei si è fermato/a ad un bar vicino al suo posto di lavoro per prendere un caffè. Si è seduto/a ad un tavolino vicino alla porta. Quando più tardi è arrivato/a al lavoro, ha notato che non aveva più i guanti. Erano guanti di pelle nera e molto costosi. Ora, torni al bar e chieda al barista se ha trovato i suoi guanti. Risponda alle sue domande.

S2:

Lei lavora in un bar del centro. Questa mattina, una persona entra e dice che ha perso i guanti nel bar. Aiuti questa persona e domandi com'erano i guanti, dov'era seduto/a quando li ha perduti, come li ha perduti e che ora era.

Plurale di alcuni nomi ed aggettivi

1. Feminine nouns and adjectives that end in **-ca** and **-ga** form the plural in **-che** and **-ghe**.

— Che bella **giacca bianca!** Ma non è molto **pratica**.
— È vero. Le **giacche bianche** non sono **pratiche**.

— Guarda! Una **manica** (*sleeve*) è più **lunga** dell'altra.
— È vero! Ma tutt'e due le **maniche** sono troppo **lunghe**.

2. Feminine nouns ending in **-cia** and **-gia** whose stress falls on the **i** form the plural in **-cie** and **-gie**.

— La **farmacia** è aperta?
— No, tutte le **farmacie** sono chiuse.

— Hai detto una **bugia** (*lie*)?
— No, non dico mai **bugie**.

Feminine nouns ending in **-cia** and **-gia** that are stressed on any other syllable generally drop the **i** and form the plural in **-ce** and **-ge**.

la **faccia grigia**   le **facce grige**
la lunga **spiaggia**   le lunghe **spiagge**

Exception: la **camicia**   le **camicie**

> The **i** in words such as **faccia** or **spiaggia** is not pronounced: it is included to give a soft /**c**/ or /**g**/ sound. In the plural (**-ce, -ge**), the **i** is no longer necessary and is generally dropped.

Una **faccia simpatica**   Alcune **facce** meno **simpatiche**

3. Some masculine nouns and adjectives ending in **-co** form the plural in **-chi,** and others form the plural in **-ci.** If the stress is on the next-to-last syllable, use **-chi.**

il **parco tedesco**	i **parchi tedeschi**
il **gioco** divertente	i **giochi** divertenti
il bambino **stanco** (*tired*)	i bambini **stanchi**

If the stress is on the third-to-last syllable, use **-ci.**

un **medico simpatico**	due **medici simpatici**

Exceptions to this rule are:

un **amico**	tre **amici**
il **greco** (*Greek*)	i **greci**
il **nemico** (*enemy*)	i **nemici**
un **porco** (*pig*)	molti **porci**

4. Masculine nouns and adjectives ending in **-go** generally form the plural in **-ghi,** regardless of stress.

Questo **dialogo è lungo.**   Questi **dialoghi** sono **lunghi.**

But nouns ending in **-ologo,** referring to professions, form the plural in **-ologi.**

il **radiologo**	i **radiologi**
uno **psicologo**	molti **psicologi**

h) **Dare il plurale.** Dia il plurale delle seguenti espressioni.

>> il parco nazionale   i parchi nazionali

1. la farmacia moderna
2. la spiaggia bianca
3. la biblioteca magnifica
4. il viaggio lungo
5. la ciliegia dolce
6. lo psicologo tedesco
7. la conversazione telefonica
8 l'unico luogo

i) **Completare le frasi.** Completi le seguenti frasi con la forma appropriata dei nomi o aggettivi in **-go** e in **-co** della lista.

lungo	psicologo	nemico	albergo
analogo	biologo	lago	simpatico

1. Quegli _____ seguono le teorie (*theories*) di Freud.
2. Quei _____ lavorano nello stesso laboratorio.
3. I _____ italiani sono magnifici!
4. *Sistema* e *system* sono parole _____.
5. Tutti gli _____ della città sono vicino alla stazione.
6. Ti piacciono i miei amici? Sì, sono molto _____.
7. A volte cari amici possono diventare (*become*) _____.
8. È ottobre e le notti diventano più _____.

j **Per te, tutti sono simpatici.** In coppia: S1 formula frasi con le cose e gli aggettivi che seguono. S2 risponde che per S1, tutte quelle cose sono come dice lui/lei.

>> luogo / romantico   S1: Questo luogo è romantico.
                           S2: Per te, tutti i luoghi sono romantici!

1. lezione / lungo   4. gioco / simpatico
2. spiaggia / bello   5. domanda / logico
3. medico / antipatico   6. film / artistico

k **Domande.** Domandi ad un compagno/una compagna se ha le seguenti cose.

>> giacca / di lino   S1: Hai una giacca di lino?
                           S2: Sì, ho due giacche di lino. / No, non ho nessuna
                               giacca di lino.

1. un paio di pantaloni / bianco
2. un abito da sera / lungo
3. una camicia / con le maniche lunghe
4. una camicia / con le maniche corte
5. un paio di jeans / classico
6. calzini / a righe
7. una maglia di poliestere / grigio
8. una cravatta / eccentrico

> Use the word **paio** (*pair*) for pants, socks, and shoes. The plural of **paio** is **paia**: **Ho un paio di jeans e tre paia di pantaloni di lana.**

Guardare i vestiti nelle vetrine non costa niente.

Hermes Images/Photolibrary

Sapere e conoscere

— **Conosci** mio fratello?
— Siete fratelli? Non lo **sapevo!**

1. The verbs **conoscere** and **sapere** both mean *to know* in Italian, but they describe different types of knowledge. **Conoscere** means *to be acquainted* or *familiar with someone or something*. It is often used when talking about knowing people or places, and can also be used with languages. **Conoscere** used in the **passato prossimo** means *to meet*.

— **Conosci** l'Inghilterra?

— *Do you know England? (Have you been there?)*

— Sì, la **conosco** molto bene. Purtroppo non **conosco** l'inglese.

— *Yes, I know it very well. Unfortunately I don't know English.*

— I tuoi genitori **conoscono** Valeria?

— *Do your parents know Valeria?*

— No, non l'**hanno** ancora **conosciuta.**

— *No, they haven't met her yet.*

2. **Sapere** *means to have knowledge of something* or *to know certain information.*

Sai chi è Giuseppe Tornatore?

Do you know who Giuseppe Tornatore is?

Sapete dove hanno girato quella scena?

Do you know where they filmed that scene?

No, non lo **sappiamo.**

No, we don't know.

Sapere + *infinitive* means *to know how to do something.*

Mio figlio ha solo tre anni e già **sa leggere** e **scrivere.**

My son is only three and he already knows how to read and write.

> Notice that there is no word corresponding to the English *how* in *to know how.* All you need is **sapere** + *infinitive.*

3. **Sapere** is irregular in the present tense. Here are its forms.

sapere	
so	sappiamo
sai	sapete
sa	sanno

l **La scelta corretta.** Scelga la forma corretta di **conoscere** o **sapere** secondo il contesto.

1. — (Conosci / Sai) chi ha vinto il premio alla mostra del cinema?
   — Sì, lo (conosco / so). Giuliano Forini l'ha vinto.
   — Fantastico!
   — Perché fantastico? Lo (conosci / sai)?
   — Sì che lo (conosco / so); è un mio amico.

2. — È vero che tutti i giovani italiani (conoscono / sanno) l'inglese?
   — Beh, molti lo studiano. Spesso (conoscono / sanno) leggere e scrivere l'inglese.
   — E lo (conoscono / sanno) parlare?
   — Questo è il problema. (Conoscono / Sanno) la grammatica, ma pochi lo (conoscono / sanno) parlare bene.

3. — Scusi, per caso lei (conosce / sa) dov'è il ristorante Il Gabbiano?
   — Sì, è qui vicino. Ma Il Gabbiano è chiuso il lunedì.
   — Ah, non lo (conoscevo / sapevo). Lei (conosce / sa) un altro buon ristorante qui vicino?
   — Sì, c'è il ristorante Zi' Luisa, ma non (conosco / so) se è aperto.

> Restaurants in Italy are required by law to be closed one day a week for what is called a **riposo settimanale**.

m **Informazioni.** In coppia: Parlate di una persona nella vostra classe. Domandi al compagno/alla compagna se ha queste informazioni sull'altra persona, se conosce i suoi amici, ecc.

>> come si chiama   S1: Sai come si chiama quel ragazzo?
                       S2: No, non lo so. / Sì, lo so. Si chiama Jeff.

   i suoi amici   S1: Conosci i suoi amici?
                       S2: No, non li conosco. / Sì, li conosco. Sono tutti simpatici.

1. dove abita
2. il suo numero di telefono
3. se ha il ragazzo/la ragazza
4. che cosa studia
5. se ha sorelle
6. la sua famiglia
7. il suo migliore amico/la sua migliore amica (*best friend*)
8. che fa questo fine settimana

n **Intervista.** Scriva se lei conosce le seguenti persone, cose o luoghi, o se sa fare le seguenti attività. Poi domandi ad altri tre studenti se sanno fare le stesse cose o conoscono le stesse persone. Alla fine, confrontate le liste per vedere quale delle tre persone ha il maggior numero di risposte uguali alle sue.

>> ballare il valzer (*waltz*)   S1: Sai ballare il valzer?

S2: Sì, so ballare il valzer, ma non troppo bene. / No, non so ballare, ma voglio imparare, ecc.

	io	1	2	3
1. suonare la chitarra	___	___	___	___
2. molte persone italiane	___	___	___	___
3. il francese	___	___	___	___
4. giocare a scacchi (*chess*)	___	___	___	___
5. una pittura di Botticelli	___	___	___	___
6. un paese europeo	___	___	___	___
7. guidare la motocicletta	___	___	___	___
8. una persona famosa	___	___	___	___

▶ **Sandro Botticelli (1445–1510)** was a Florentine painter. Two of his most famous works are *Primavera* and *La nascita di Venere (The Birth of Venus)*.

o **Quello che so fare.** In coppia: Dica ad un compagno/una compagna tre cose che lei sa fare molto bene, tre cose che non sa fare e tre cose che lei vuole imparare a fare.

>> Io so guidare molto bene la macchina.
Non so parlare cinese.
Voglio imparare a sciare.

p **L'amico artista.** Parli di un suo amico e completi il seguente brano con le forme corrette dei verbi **sapere** o **conoscere** secondo il contesto.

Il mio amico Giacomo non _____ ballare, ma _____ suonare il pianoforte e _____ cantare molto bene. Difatti _____ molte canzoni moderne. _____ anche delle romanze d'opera e _____ cantarle in varie lingue straniere. Oltre all'italiano, Giacomo _____ bene il francese, il tedesco e l'inglese. Ma è soprattutto un bravo artista ed io lo _____ da quando frequentavamo il liceo. Se lo vuoi _____, te lo presento. Eccolo che arriva!

iLrn Complete the diagnostic tests to check your knowledge of the vocabulary and grammar structures presented in this chapter.

Parliamo un po'

a **Un film preferito.** In coppia: Racconti ad un compagno/una compagna la storia di un film che le piace molto. Dica:

- chi sono il/la regista e gli attori
- chi sono i personaggi principali
- dove ha luogo (*takes place*) il film
- che cosa succede nel film
- perché le piace

b **Raccontiamo un film!** In coppia: Guardate le foto prese da alcuni film italiani molto famosi e cercate di immaginare una storia che va con una di esse. Potete usare la fantasia per inventare i nomi dei personaggi, caratteristiche personali e altre informazioni. Usate i tempi passati appropriati.

>> C'era una ragazza bellissima che si chiamava… Aveva… Le piaceva molto… Un giorno ha incontrato… e poi ha deciso…

Gli attori Burt Lancaster e Claudia Cardinale in una bella scena del film *Il gattopardo* (1963) diretto da Luchino Visconti

Roberto Benigni bacia la sua principessa (Nicoletta Braschi) in una suggestiva scena del film *La vita è bella* (1997)

Marcello Mastroianni e Anita Eckberg davanti alla Fontana di Trevi nel film *La Dolce Vita* (1960) di Federico Fellini

c **Quale film vedere?** In coppia: Lei desidera andare al cinema e chiama una sua amica/un suo amico per invitarla/lo a venire con lei. L'unico problema è che a lei piacciono i film romantici e all'amica/o piacciono i film di fantascienza o i film gialli. Usando questo programma, decidete quale film volete vedere, dove e a che ora.

>> — Pronto, chi parla?
   — Ciao, sono… Senti, vuoi andare al cinema con me stasera?
   — Sì, volentieri! Quali film danno? (*What's playing?*) ecc.

CINEMA

ALCAZAR	PASQUINO
Via Merry del Val 14	Piazza S. Egidio 1
Uomini senza donne	**Il signore degli anelli**
di A. Longini, con Alessandro Gassman 16,45 – 18,40 – 20,35 – 22,30	di P. Jackson, con Elijah Wood 10,30 – 13,45 – 16,00 – 18,15 – 20,30
EDEN SALA 1	**QUIRINETTA**
Via Cola di Rienzo 74	Via Marco Minghetti 4
Una lunga lunga lunga notte di amore	**La strana storia di Olga 'O'**
di F. Ferzetti, con Ornella Muti 16,15 – 18,20 – 20,30 – 22,40	di A. Bonifacio, con Serena Grandi 15,30 – 17,50 – 20,10 – 22,30
GIULIO CESARE	**TIBUR**
Via Giulio Cesare 15	Via degli Etruschi 36
Omicidio al telefono	**Guerre stellari: episodio 3**
di Frank Klox, con Antonio Zequila 16 – 19 – 22	di S. Spielberg 15 – 17,30 – 20 – 22,30

d **Gli stilisti.** In coppia: Voi siete due stilisti abbastanza moderni ed
eccentrici. Per una grande festa a Hollywood, quattro persone vi hanno
chiesto di creare vestiti originali. Sono:

Un regista   Un'attrice non più   Un attore   Una cantante
eccentrico   giovane   popolare   scandalosa

Create nuovi "look" per i vostri clienti famosi. Indicate abbigliamento,
tessuti e colori. Poi preparate una descrizione delle creazioni per la classe.

Conoscere l'Italia

a **Definizioni.** Abbini le definizioni con una parola della lista di destra. Ci sono due parole in più nella lista.

1. aggettivo derivato da *Lombardia*
2. nome da cui deriva l'aggettivo *famoso*
3. il contrario di *brutto/a*
4. luogo dove si rappresentano commedie, tragedie e opere
5. una scuola di belle arti
6. sinonimo di *nazione*
7. luogo dove si possono ammirare pitture e altre opere d'arte
8. sinonimo di *via*
9. sinonimo di *caro/a*
10. persona che crea articoli di abbigliamento
11. sinonimo di *molto*

a. il museo
b. il teatro
c. costoso/a
d. il paese
e. il negozio
f. bello/a
g. lombardo/a
h. la strada
i. la fama
j. lo stilista
k. l'accademia
l. estremamente
m. splendido/a

CD2,
Track 15

Milano

Milano è il capoluogo della Lombardia. Con quasi due milioni di abitanti, è la città più popolosa d'Italia dopo Roma. Milano è il centro commerciale, industriale e bancario d'Italia e allo stesso tempo svolge un ruolo[1] molto importante nell'arte e nella cultura del paese. Prestigiosi istituti universitari quali il Politecnico, l'Università statale, l'Università Cattolica e l'Università Commerciale Bocconi si trovano a Milano. Riviste di ogni categoria e importanti giornali come *Il Corriere della Sera, La Gazzetta dello Sport* e *Il Sole-24 Ore* sono pubblicati in questa città. E mentre Roma è il centro del cinema, Milano è la sede[2] di importanti spettacoli teatrali e dell'opera. Qui si trova il Teatro alla Scala, il più famoso teatro lirico[3] del mondo. L'attrazione artistica più bella di Milano è il Duomo, un capolavoro di architettura gotica. Brera, una delle migliori[4] accademie di belle arti d'Italia, è a Milano. Nel palazzo dell'accademia c'è la Pinacoteca[5] di Brera, una delle collezioni di dipinti[6] più ricche d'Italia. In questo museo si possono ammirare, oltre alle opere[7] di Tintoretto, Mantegna, Tiepolo, Caravaggio ed altri, anche i dipinti di pittori[8] più moderni come Modigliani, Boccioni, Carrà e Morandi.

L'elegante Galleria di Milano è un rinomato luogo d'incontro.

blackpixel/Shutterstock

1. *plays a role* 2. *seat* 3. *opera house* 4. *best*
5. *art gallery* 6. *paintings* 7. *works* 8. *painters*

Ma il capoluogo lombardo è anche la capitale della moda italiana. A Milano hanno luogo sfilate di moda[9] che sono prestigiose come quelle di Parigi. Nella zona milanese intorno a via Monte Napoleone, conosciuta con il nome di "Montenapo", si trovano negozi di moda che sono tra i più belli del mondo. Altre eleganti strade di questa zona sono via della Spiga, via Sant'Andrea e via Alessandro Manzoni. In queste strade sono situati i negozi di stilisti di fama internazionale come Ferré, Versace, Armani, Krizia e molti altri. Le creazioni vendute in questi negozi sono veramente splendide, ma esse sono anche estremamente costose.

9. *fashion shows*

Un interessante autoritratto del pittore futurista Umberto Boccioni (1882–1916).

▶ **Tintoretto (1518–1594)**, **Tiepolo (1736–1776)**, and **Caravaggio (1571–1610)** were painters. **Amedeo Modigliani (1884–1920)** was a painter and sculptor.

▶ **Umberto Boccioni (1882–1916)** was a futurist painter and sculptor. **Carlo Carrà (1881–1966)** and **Giorgio Morandi (1890–1964)** were painters.

b **Informazioni.** Dia le seguenti informazioni basate sul brano precedente.

1. tre caratteristiche di Milano
2. tre università milanesi
3. due giornali pubblicati a Milano
4. il nome del teatro lirico milanese
5. la più bella attrazione artistica di Milano
6. il nome dell'accademia di belle arti di Milano
7. tre pittori le cui opere sono nella Pinacoteca di Brera
8. come sono le sfilate di Milano
9. vie milanesi dove ci sono eleganti negozi di moda
10. tre stilisti italiani di fama internazionale

a **La parola giusta.** Prima di leggere il seguente brano, completi l'attività che segue con le parole appropriate fra quelle indicate. Ci sono tre parole in più nella lista.

vestire
gusto
indossare
sportiva

abbigliamento
accessori
moda
cambiamenti

A Tiziana piace _____ elegantemente. Va spesso ai negozi di _____ e legge anche molte riviste di _____. Veste sempre con molto _____ e compra _____ moderni, ma semplici che vanno molto bene con i suoi vestiti.

CD2,
Track 16

Vestire bene

Per quasi tutti gli italiani, vestire bene è molto importante. Essi prestano molta attenzione allo stile del loro abbigliamento, alla qualità della stoffa e degli accessori e alla combinazione dei colori.

Gli uomini e le donne di una certa età[1] vestono con un gusto classico e raffinato che non segue molto i cambiamenti stagionali della moda.

I giovani invece vivono con la moda e la seguono di pari passo[2]. Ad ogni cambiamento di stagione, nuovi articoli d'abbigliamento, nuove linee e nuovi colori appaiono sul mercato. I giovani li accettano subito e talvolta[3] aggiungono alcune variazioni più o meno personali. Infatti non dobbiamo dimenticare che la moda giovanile rimane pur sempre[4] una moda semplice, spigliata[5] e sportiva.

Vestiti molto eleganti sono in mostra in questo negozio di Armani.

1. *middle-aged*   2. *keep up with it*   3. *sometimes*   4. *always*   5. *carefree*

b **Un titolo adatto.** Fra i seguenti scelga il titolo adatto al brano appena letto.

1. La moda giovanile
2. Gli stilisti italiani
3. L'importanza del vestire
4. La moda e le donne

c **Domande.** Risponda alle seguenti domande sulla moda.

1. Di solito come veste la gente in Italia? E nel suo paese?
2. Com'è la moda giovanile in Italia? E nel suo paese?
3. Dove si presta più attenzione alla moda, in Italia o nel suo paese? Perché?
4. Agli anziani interessa la moda sportiva? Perché?
5. Nella sua città ci sono molti o pochi negozi di moda giovanile? Perché?

Viaggi in video *Milano*

Prima di guardare

Vocabolario utile

sviluppo	*development*
affollato	*crowded*
passaggio coperto/galleria	*arcade*
pavimento	*floor*
in cima	*on top*
bosco	*woods*
vescovo	*bishop*
fortezza	*fortress, stronghold*
filobus	*trolley bus*

a **Cambiare al plurale.** Scriva il plurale di alcune cose che vedrà nel video.

>> la capitale economica   le capitali economiche

il passaggio coperto
la cattedrale gotica
la basilica famosa
la vita frenetica
il palazzo antico
l'arte rinascimentale
il trasporto pubblico
il prodotto tecnologico

▶ Mentre guarda il video

b **Conosce Milano?** Risponda alle seguenti domande sulla città di Milano.

1. Quando è avvenuto lo sviluppo economico di Milano?
2. Cos'è la Galleria Vittorio Emanuele II?
3. Cos'è il Duomo di Milano?
4. Chi era Sant'Ambrogio?
5. Cosa c'è oggi dentro al Castello Sforzesco?
6. Com'è il trasporto pubblico a Milano?
7. Cosa sono i Navigli?

Dopo aver guardato

c **Conoscere e sapere.** Completi le frasi di Pamela e Gep scegliendo il verbo giusto.

1. Tutti **sanno/conoscono** che Roma è la Capitale politica dell'Italia.
2. Devi **sapere/conoscere** che negli anni '50 e '60 Milano ha avuto un grande sviluppo economico e industriale.

3. Ma tu, perché **sai/conosci** così bene Milano?
4. **Sai/conosci** chi era Sant'Ambrogio?
5. **Sai/conosci**, Gep, che quando ero bambina sognavo di essere una principessa e di vivere in un castello?
6. **Sai/Conosci** bene il mondo della moda tu!

d **Gep racconta un giorno a Milano.** Coniughi i verbi tra parentesi all'imperfetto o al passato prossimo.

Ieri era sabato e quindi (*avere*) _____ la giornata libera dal lavoro. (*svegliarsi*) _____ tardi e sono andato a fare una passeggiata. Ho attraversato la Galleria Vittorio Emanuele II e (*arrivare*) _____ in Piazza Duomo. Era un bella giornata di sole e (*esserci*) _____ tanta gente: bambini che giocavano, artisti di strada che (*cantare*) _____ o (*fare*) _____ numeri da circo, coppie che (*passeggiare*) _____ mano nella mano.

Ho pranzato con Marco, un mio amico, e poi insieme (*andare*) _____ al Castello Sforzesco. Volevamo vedere una mostra d'arte, ma (*incontrare*) _____ suo fratello: (*prendere*) _____ un caffè con lui e abbiamo fatto tardi per la mostra. Mentre (*tornare*) _____ a casa, Marco (*pensare*) _____ di chiamare due amiche per invitarle a uscire. Così (*andare*) _____ tutti e quattro sui Navigli a prendere l'aperitivo. Le ragazze (*essere*) _____ simpatiche e carine, quindi dopo l'aperitivo (*cenare*) _____ in un piccolo ristorante e poi siamo andati a ballare in un locale molto carino. È vero: a Milano c'è sempre qualcosa da fare!

e **Esperienza personale.** Come le piace vestirsi? Che tipo di abiti indossa? Quali colori preferisce? Usa degli accessori come ad esempio cappelli, sciarpe o—per le donne—borse, collane, ecc.? Scriva un post dove descrive lo stile che lei preferisce.

L'Ultima Cena (*The Last Supper*)

L'Ultima Cena, detto anche Il Cenacolo, uno dei più famosi dipinti di Leonardo da Vinci, si trova a Milano, nel refettorio (*refectory, dining hall*) del convento di Santa Maria delle Grazie. Purtroppo, i materiali usati da Leonardo sono poco resistenti all'umidità, e per questo motivo L'Ultima Cena ha subito (*has undergone*) numerosi restauri (*restoration work*). Oggi, per vedere L'Ultima Cena è obbligatorio prenotare in anticipo la visita.

Renata Sedmakova/Shutterstock

lezione

11

La settimana bianca

COMMUNICATIVE OBJECTIVES

- Make plans for recreation
- Refer to parts of the body
- Express likes and dislikes
- Make polite requests and commands

Courmayeur è una famosa località sciistica della Valle d'Aosta.

RISORSE

 audio

 video

 www.cengagebrain.com/shop/ISBN/0495913391

 ilrn.heinle.com

CD2,
Track 17

Flavia Mellini e Patrizia Carboni, due ragazze torinesi, si incontrano per programmare un breve soggiorno sulla neve.

1	FLAVIA:	Allora, Patrizia, andiamo a sciare?
	PATRIZIA:	Sì. Ma ho bisogno di un nuovo paio di sci.
	FLAVIA:	Ti posso mostrare i miei sci? Se ti piacciono, puoi andare a comprarli dove li ho comprati io.
5	PATRIZIA:	Se non costano molto, vanno bene anche per me.
	FLAVIA:	Allora sei d'accordo per una settimana bianca al Sestriere?
	PATRIZIA:	Certo. In quale albergo andiamo a stare? Trovare un posto a buon prezzo non è facile.
10	FLAVIA:	Lo so. Tutta la zona è molto cara, ma ho un'idea. Recentemente mio zio ha comprato un appartamento non molto lontano dalle piste. Forse possiamo stare lì per una settimana.
	PATRIZIA:	Che fortuna! Perché non gli telefoni allora? Ecco, prendi il mio telefonino.
	FLAVIA:	Ma come andiamo, in treno o in macchina?
15	PATRIZIA:	Forse possiamo prendere la macchina di mio fratello. Stasera gli chiedo se ce la presta°. Lui, poverino°, si è rotto un braccio due giorni fa e non può guidare.
	FLAVIA:	Mi dispiace, non lo sapevo.
20	PATRIZIA:	Niente di grave, sono cose che capitano. Ma adesso telefona a tuo zio, così possiamo definire tutto il programma.
	FLAVIA:	Va bene. Dammi il tuo telefonino... Mio zio non risponde. Ora gli lascio un messaggio e noi ci sentiamo stasera. D'accordo?

lends it to us / poor thing

Domande

1. Perché si incontrano Flavia e Patrizia?
2. Di che cosa ha bisogno Patrizia?
3. Dove può comprare gli sci Patrizia?
4. Dove decidono di andare a sciare le due amiche?
5. Dove pensano di andare a stare?
6. Perché pensano di potere prendere la macchina del fratello di Patrizia?

Domande personali

1. Lei è andato/a a sciare qualche volta? Dove? Con chi?
2. Lei preferisce gli sport estivi o invernali?
3. Lei pensa di andare a sciare presto? Ha bisogno di comprare qualche cosa prima di partire? Che cosa?
4. Le piace andare in montagna o preferisce andare al mare? Perché?
5. Ha la macchina o la moto? Lei presta volentieri la sua macchina o la sua moto a suo fratello, a sua sorella o ad un amico/un'amica?
6. Si è mai rotto/a un piede (*foot*) o un braccio? Quando? Dove?

▶ Locate Torino on the map on page 12. **Sestriere,** an internationally famous mountain resort, is not far from Torino.

▶ Young Italians customarily spend **una settimana bianca** in the Alps or Apennines during the winter.

Situazioni

1. Domandi ad un amico/un'amica se gli/le piace lo sport.

>> — Ti piace lo sport?
— Sì, mi piace sciare e nuotare. (Sì, mi piacciono tutti gli sport. / No, non mi piace lo sport. / No, non sono molto sportivo/a.) E a te?

2. Risponda ad un compagno/una compagna che vuole sapere se lei e il suo amico/la sua amica vi sentite spesso.

>> — Tu e il tuo amico/la tua amica vi sentite spesso?
— Sì, ci sentiamo spesso. (No, non ci sentiamo spesso. / Ci sentiamo tutti i giorni. / Ci sentiamo ogni fine settimana.)

Lo sci in Italia

In Italia moltissimi giovani praticano lo sci. D'inverno, intere famiglie approfittano[1] del fine settimana e di periodi di vacanza per passare con piacere qualche giorno sulla neve.

Molte sono le località italiane famose conosciute anche all'estero. Sulle Alpi, hanno fama internazionale il Sestriere, Madonna di Campiglio e Cortina d'Ampezzo. Grazie alla sua posizione vicino a centri sportivi alpini di grande importanza, la città di Torino è stata la sede delle Olimpiadi invernali nel febbraio 2006. Sugli Appennini, nell'Italia centrale, i centri di sci più frequentati sono Campo Felice, Roccaraso e Campo Imperatore, che è situato alle pendici[2] del Gran Sasso, la vetta[3] più alta degli Appennini.

Anche la scuola incoraggia[4] lo studente verso lo sci. Durante l'inverno, "settimane bianche" sulla neve sono organizzate per gli studenti più giovani. In speciali centri sportivi e sotto la guida[5] di maestri di sci[6],

questi giovani vengono a contatto con la neve ed imparano a sciare.

• Si usa fare la settimana bianca nel suo paese? Quali sono i luoghi preferiti per le vacanze d'inverno?

La settimana bianca in montagna è una buona occasione per incontrarsi con gli amici.

Marco_Sc/Shutterstock

1. *take advantage*   2. *slopes*   3. *peak*
4. *encourages*   5. *guidance*   6. *ski instructors*

Pratica

1. In coppia: Componete un dialogo basato sulle seguenti informazioni:
È una giornata molto calda di agosto a Torino. La temperatura è di 34 gradi
centigradi e lei vuole andare a fare una gita in montagna. Lei telefona ad
un amico/un'amica per sapere se vuole venire in montagna. Non avete la
macchina e quindi decidete di andare in montagna con il treno. Partite alle
11.30 e arrivate alle 12.00. La sera tornate a casa alle 20.00. Presentate il
vostro dialogo alla classe.

2. Usi la fantasia per descrivere in dieci frasi quello che può essere successo
a lei e a un amico/un'amica quando siete andati/e al Sestriere. Dica come
siete andati/e, per quanto tempo, dove avete dormito, che tempo faceva, chi
avete conosciuto e se vi siete divertiti/e facendo qualche cosa.

© Cengage Learning®

Vocabolario

Parole analoghe

definire
sportivo/a
lo sport

Nomi

il braccio (le braccia)   arm(s)
la fortuna   luck, fortune
la neve   snow
il paio (le paia)   pair
la pista   trail
il posto   place
il prezzo   price
lo sci   ski, skiing
il soggiorno   stay
il telefonino   cell phone
la zona   area

Verbi

capitare   to happen
incontrarsi   to meet each other
nuotare   to swim
prestare   to lend, loan
programmare   to plan; to program
rompere (*p.p.* **rotto**)   to break

rompersi (**un braccio,** ecc.)   to break (an arm, etc.)
sciare   to ski
sentirsi   to talk to each other
stare   to stay

Aggettivi

breve   short
facile   easy
grave   serious
torinese   from Turin

Altre parole ed espressioni

appena   as soon as
ci   to us
forse   perhaps
gli   to him
recentemente   recently
ti   to you
volentieri   gladly
dammi   give me
a buon prezzo   at a good price
fare una telefonata   to make a phone call
Che fortuna!   What luck!

> **Il braccio** and **il paio** become feminine in the plural: **le braccia, le paia.**

Pronuncia

Il suono della combinazione /gn/

CD2,
Tracks
18–19

In Italian, the letters **gn** are pronounced with a nasal palatal sound much like *ny* in *canyon*. Most English speakers are familiar with this sound in the word **lasagne.**

a Ascolti e ripeta le seguenti parole.

signore	sognare	Bologna	bagno
bisogna	Romagna	gnocchi	spagnolo
lavagna	insegna	lasagne	ingegnere

b   **Proverbi.** Ascolti e ripeta i seguenti proverbi.

Beltà e follia, vanno spesso in compagnia.
Beauty and folly often walk hand in hand.

Ogni principio è difficile.
Every beginning is difficult.

Ampliamento del vocabolario

Il corpo umano

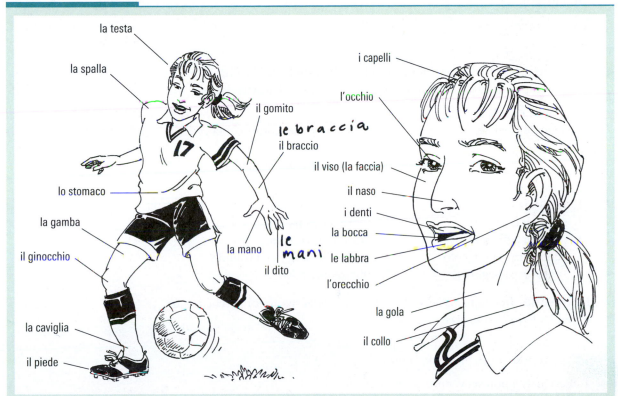

1. Note that **il braccio** and **il dito** are irregular in the plural.

il braccio   le braccia
il dito   le dita

2. Although the noun **mano** ends in **-o,** it is feminine. The plural ending is **-i: la mano, le mani.** The noun **capelli** (*hair*) is used in the plural in Italian:

Ho **i capelli** biondi.   *I have blond hair.*

Altre parole ed espressioni

Ti (Le) fa male la testa?   Do you have a headache?

Mi fa male la gola.   My throat hurts.

Mi fanno male i piedi.   My feet hurt.

Mi sono fatto male al piede sinistro (destro).   I hurt my left (right) foot.

Ho la febbre.   I have a fever.

i capelli biondi (castani, neri, grigi)   blond (brown, black, gray) hair

i capelli lunghi (corti)   long (short) hair

gli occhi blu (verdi, castani)   blue (green, brown) eyes

a   **Associazioni.** In coppia: Domandi ad un altro studente/un'altra studentessa quali parti del corpo associa con le seguenti attività fisiche. L'articolo appropriato deve essere usato con le parole.

>> giocare a pallone (*soccer*)   — Quale parte del corpo associ con giocare a pallone?
                                            — Il piede (i piedi / la gamba / le gambe)…

1. ascoltare la musica
2. suonare la chitarra
3. pensare agli esami
4. vedere uno spettacolo
5. fare una passeggiata

6. parlare con gli amici
7. giocare a tennis
8. mangiare una pizza
9. odorare (*to smell*) un profumo
10. salutare un amico

b   **Domande.** In coppia: Domandi al suo amico/alla sua amica perché ieri ha o non ha fatto alcune cose.

>> — Perché ieri non hai potuto pensare a niente?
     — Perché mi faceva male la testa.

1. Perché ieri non sei venuto/a a lezione?
2. Perché ieri non hai mangiato niente?
3. Perché ieri non hai fatto una passeggiata nel parco?
4. Perché ieri sei dovuto/a andare dal dentista?
5. Perché ieri non hai potuto cantare?
6. Perché ieri non hai fatto i compiti?
7. Perché ieri sei stato/a a letto tutto il giorno?
8. Perché ieri non sei andato/a a sciare?

c   **Descrizione.** In coppia: Preparate la descrizione di un personaggio storico o celebre usando solo le sue caratteristiche fisiche e personali. Sfidate (*Challenge*) un'altra coppia ad identificarlo.

>> Non era molto giovane. Aveva i capelli neri ed era alto e magro. Aveva un aspetto serio e intelligente. È stato presidente degli Stati Uniti più di cento anni fa. (*Abraham Lincoln*)

Oggetti personali utili

1. l'asciugacapelli (m.)
2. l'asciugamano
3. il dentifricio
4. le forbici
5. il pettine
6. il rasoio (elettrico)
7. il sapone
8. lo shampoo
9. la spazzola per capelli
10. lo spazzolino da denti
11. lo specchio
12. la spugna

Espressioni utili

asciugarsi le mani (la faccia)   to dry one's hands (face)

fare/farsi il bagno   to take a bath

fare/farsi la doccia   to take a shower

guardarsi allo specchio   to look at oneself in the mirror

lavarsi i denti   to brush one's teeth

lavarsi le mani (la faccia)   to wash one's hands (face)

radersi (la barba)   to shave (one's beard)

pettinarsi i capelli   to comb one's hair

tagliarsi i capelli (le unghie)   to cut one's hair (nails)

d **Necessità.** Dica di che cosa lei ha bisogno in queste circostanze.

>> Lei vuole tagliarsi le unghie perché sono molto lunghe.
   Ho bisogno delle forbici.

1. Lei deve andare a mangiare e vuole lavarsi le mani.
2. Lei deve uscire subito, ma ha i capelli bagnati (*wet*).
3. Si è messo/a un vestito nuovo e vuole guardarsi per vedere come le sta.
4. Ha finito di mangiare e vuole lavarsi i denti.
5. Desidera tagliarsi i capelli che sono troppo lunghi.
6. Ha la barba lunga e ha bisogno di radersi.
7. Tira vento e i suoi capelli sono in disordine.
8. Ha fatto la doccia e desidera asciugarsi.

e **Cosa portare.** In coppia: Insieme ad un suo amico/una sua amica lei va a passare un fine settimana di ottobre a New York. Per non portare oggetti uguali, decidete quali cose ognuno di voi porta nella borsa da viaggio (*travel bag*).

>> — Allora, per questo fine settimana a New York,
       io porto…
   — Io invece porto…

Cabine della teleferica che trasportano gli sciatori sulle piste.

nikolpetr/Shutterstock

Struttura ed uso

Pronomi indiretti

— Papà, **mi presti** cinquanta euro?
— Perché?
— Domani è il compleanno della nonna e voglio **farle** un bel regalo.

1. The indirect object of a verb is a person or thing that indirectly receives the action of the verb. Many verbs that imply giving (**dare, offrire, mandare, portare, preparare, regalare**) and verbs of communication (**parlare, dire, domandare, rispondere, telefonare, scrivere, insegnare**) take indirect objects.

> ◆ Indirect objects in Italian always use a preposition when stated: usually **a,** but sometimes **per.** Notice that English does not always use a preposition.

Regalo un paio di sci **a Gianluca** e do una camicetta **a Carla.**

I'm giving a pair of skis to Gianluca and I'm giving Carla a blouse.

Scrivo un'email **a mio zio** per vedere se può prestare la macchina **a noi.**

I'll write an email to my uncle to see if he can lend us his car.

2. An indirect object can be replaced by a pronoun. Here are the forms of the indirect-object pronouns.

	singolare		plurale
mi	to / for me	**ci**	to / for us
ti	to / for you	**vi**	to / for you
gli	to / for him	**loro** or **gli**	to / for them
le	to / for her	**loro**	to / for you (formal)
le	to / for you (formal)		

3. Like direct-object pronouns, indirect-object pronouns generally precede a conjugated verb. In a phrase that includes an infinitive, they attach to the end of the infinitive. In a phrase with the modal verbs **dovere, potere,** or **volere,** the pronoun can either precede the conjugated verb or be attached to the infinitive.

Gli telefono appena torno a casa.	*I'll call him as soon as I get home.*
Ho una cosa importante da chieder**gli.**	*I have something important to ask him.*
Forse **ci** può prestare la macchina. ⎫ Forse può prestar**ci** la macchina. ⎭	*Maybe he can lend us his car.*

Indirect-object pronouns follow and combine with **tu, noi,** and **voi** imperatives but precede the verb in formal commands.

Datemi una mano!	**Mi dia** una mano!	*Give me a hand!*
Digli la verità.	**Gli dica** la verità.	*Tell him the truth.*

4. The indirect-object pronoun **loro** always follows the verb. In conversational Italian, **gli** is used more commonly than **loro** to mean *to (for) them.*

— Quando hai parlato con i tuoi genitori?   — *When did you speak to your parents?*

— Ho parlato **loro** (**Gli** ho parlato) sabato scorso.   — *I talked to them last Saturday.*

— Come rispondi alle persone che ti dicono "Buon appetito!"?   — *How do you answer people who wish you "Buon appetito!"?*

— Dico **loro** (**Gli** dico) "Grazie, altrettanto!"   — *I tell them, "Thank you, same to you!"*

> Italians often say **"Buon appetito!"** (*"Enjoy your meal!"*) at the beginning of a meal. The usual response is **"Grazie, altrettanto!"**

5. In the **passato prossimo,** the past participle does not agree with a preceding indirect-object pronoun as it does with direct object pronouns.

— Hai telefonato alla direttrice della scuola?   — *Did you phone the school principal?*

— Sì, **le** ho **telefonato.**   — *Yes, I called her.*

6. The following verbs require indirect-object pronouns to specify to whom or for whom something is done, said, etc. You know most of these verbs already.

chiedere	to ask for	Gli chiedo informazioni.
consigliare	to advise	Non le consiglio questo libro.
dare	to give	Mi ha dato un CD per Natale.
dire	to say	Gli dico "Grazie".
dispiacere	to be sorry; to mind	Le dispiace ripetere?
domandare	to ask	Domandiamo loro dove vanno.
insegnare	to teach	La professoressa ci insegna i pronomi.
mandare	to send	Mando loro un fax.

offrire	to offer	Posso offrirvi un caffè?
parlare	to speak	Le parlavo ieri del viaggio.
prestare	to lend	Mio fratello ci presta la sua macchina.
regalare	to give as a gift	Cosa vi ha regalato la nonna?
rispondere	to answer	Non gli ha risposto ancora?
scrivere	to write	La mia ragazza mi scrive ogni giorno.
spedire	to send	Lei può spedirci il suo curriculum.
spiegare	to explain	Non le posso spiegare perché è così.
telefonare	to call	Gli telefono appena arrivo a casa.

a **Una persona gentile.** Lei è molto gentile ed è sempre pronto/a a prestare le sue cose agli altri studenti del suo dormitorio. Guardi quello che dicono gli altri e poi offra loro uno degli articoli della colonna di destra.

>> — Devo radermi la barba.
   — Allora ti presto il mio rasoio.

1. Ho voglia di tagliarmi i capelli.   l'asciugamano
2. Andiamo a lavarci i denti.   il dentifricio
3. Patrizia ha le mani sporche. Deve lavarle. il sapone
4. Sergio ha bisogno di fare la doccia.   il rasoio
5. Mi fa male la testa!   il lettore
6. Abbiamo comprato un album di Shakira   la spazzola
   e vogliamo ascoltarlo.   la maglia di lana
7. Ho i capelli in disordine.   le forbici
8. Mariangela ha freddo.   l'aspirina

b **Varie telefonate.** Lei parte per una settimana bianca, ma ha bisogno di varie cose prima di partire. Dica che telefona alle seguenti persone e che chiede loro di prestarle le cose indicate.

>> il mio amico / una maglia   Telefono al mio amico e gli chiedo
                                         di prestarmi una maglia

1. mia sorella / un paio di sci
2. i genitori / dei soldi
3. la mia amica / una valigia
4. un compagno di scuola / i pantaloni da sci
5. i miei amici / la macchina
6. lo zio / l'appartamento in montagna

c **Risposte.** Risponda alle domande usando pronomi diretti o indiretti.

>> — Parli agli amici?   — Sì, parlo loro. / Sì, gli parlo.
   — Vedi gli amici?   — Sì, li vedo.

1. Scrivi al tuo ragazzo?   5. Hai risposto alla professoressa?
2. Parli a me?   6. Hai mandato le email?
3. Vedi gli altri ragazzi?   7. Hai fatto i compiti?
4. Usi il dentifricio Colgate?   8. Hai telefonato ai tuoi genitori?

d Conversazione. In coppia: Parli con un amico/un'amica per sapere se è generoso/a o no. Indichi se lui/lei fa le seguenti cose spesso, ogni tanto o mai.

>> prestare la macchina al tuo amico/alla tua amica
   S1: Presti la macchina alla tua amica?
   S2: Le presto la macchina ogni tanto. / Non le presto mai la macchina.

	spesso	ogni tanto	mai
1. regalare vestiti vecchi ai poveri	_____	_____	_____
2. scrivere email ai tuoi genitori	_____	_____	_____
3. telefonare regolarmente a tua madre	_____	_____	_____
4. offrire aiuto agli altri studenti	_____	_____	_____
5. prestare soldi agli amici	_____	_____	_____
6. dare soldi ai poveri	_____	_____	_____

e Reazioni. Dica come lei risponde nelle seguenti situazioni.

>> Le persone le dicono "Grazie".
   Quando le persone mi dicono "Grazie", io rispondo loro "Prego".

1. Le persone le dicono "Buon appetito!"
2. Le persone le domandano "Che ore sono?"
3. Il professore le dice "Capisce?"
4. Sua madre le domanda "Dove vai?"
5. Un amico le dice "Salute!"
6. Un'amica le chiede "Puoi prestarmi 20 dollari?"
7. Gli amici le dicono "In bocca al lupo!"

f Un quiz. Lei è una persona romantica? Faccia il seguente quiz per scoprire se lei è molto o poco romantico/a con la persona amata.

1. Per San Valentino:
   a. gli/le dà un libro di poesie.
   b. gli/le dà una scatola (*box*) di Baci.
   c. gli/le dà una cartolina con Spongebob.

2. Quando non siete insieme:
   a. gli/le telefona cinque volte al giorno.
   b. gli/le telefona una volta al giorno.
   c. gli/le manda un breve messaggino.

3. Quando siete usciti per la prima volta:
   a. gli/le ha parlato di arte e di viaggi.
   b. gli/le ha parlato di sport e della famiglia.
   c. gli/le ha parlato di Pokemon.

4. Quando lui/lei le chiede, "Tu mi ami veramente?":
   a. gli/le risponde, "Con tutto il cuore (*heart*)!"
   b. gli/le risponde, "Sì, perché?"
   c. gli/le risponde, "Sì, come una sorella/un fratello!"

Salute is said to someone who sneezes. **In bocca al lupo** (*in the wolf's mouth*) is said to wish someone good luck on a test. The usual response is **Crepi il lupo!** (*May the wolf die!*)

Baci are chocolate-hazelnut candies made by the Perugina company. **Baci** also means *kisses*. **Messaggini** are text messages.

Costruzioni con *piacere*

Mi **piace** gennaio...
e **mi piace** febbraio...
ma non **mi piacciono** i mesi
estivi!

> Practice using **piacere** with items you see around you: **Mi piace la televisione. Non mi piace questa fotografia.** Then do the same with plural items: **Mi piacciono le tue scarpe,** etc.

1. The verb **piacere** expresses the English concept *to like*, but literally means *to be pleasing to* or *to give pleasure to.* In order to say that you like Italian cinema, for example, you must say literally that Italian cinema is pleasing to you. In the following sentence, **il cinema italiano** is the subject of the verb. The person to whom it gives pleasure is the indirect object **mi.**

Mi piace il cinema italiano. | *Italian cinema pleases me. (I like Italian cinema.)*

A plural subject requires a plural verb.

Mi piacciono i film italiani. | *Italian films please me. (I like Italian films.)*

> Remember that **piacere** is almost always used in the third-person singular or plural. To tell someone you like him/her, you can use: **Tu mi piaci.** It is more common to say: **Tu mi sei molto simpatico/a.**

2. When the subject is an infinitive, the singular form of **piacere** is used.

— **Vi piace dormire** in albergo? | — *Do you like sleeping in a hotel?*
— No, **ci piace dormire** nel nostro letto. | — *No, we like to sleep in our own bed.*

3. When the indirect object of **piacere** is a noun or a disjunctive pronoun, the preposition **a** is used.

— **A Marisa** e **ad Angelo** piace sciare? | — *Do Marisa and Angelo like to ski?*
— Piace **a lui,** ma **a lei** non piace affatto. | — *He likes it, but she doesn't like it at all.*

> To say that someone doesn't like something, use **non + piacere: non mi piace** = *I don't like*; **mi dispiace** = *I'm sorry.*

4. **Piacere** is conjugated with **essere** in the **passato prossimo.** The past participle agrees with the subject.

— Signora, le **è piaciuta** la **sfilata** di ieri sera? | — *Did you enjoy the fashion show last night, ma'am?*
— Sì, alcuni **vestiti** mi **sono piaciuti** molto. | — *Yes, I liked some of the dresses very much.*
— Le **sono piaciute** le **creazioni** di Versace? | — *Did you like the designs by Versace?*
— A me no, ma a mia figlia **sono piaciute** molto. | — *I didn't, but my daughter liked them a lot.*

g **Cosa piace?** In coppia: Dica se queste cose piacciono o non piacciono alle persone indicate.

>> Mary Poppins / i bambini   S1: A Mary Poppins piacciono i bambini?
                                 S2: Sì, le piacciono. / No, non le piacciono.

1. Jacob Black / i vampiri
2. Bart Simpson / il suo skateboard
3. Braccio di Ferro (*Popeye*) / gli spinaci
4. Serena Williams / giocare a tennis
5. Squidward / suonare il clarinetto
6. i cani / i gatti
7. Pinocchio / le bugie
8. gli studenti universitari / gli esami

h **Perché?** Dica perché le persone non hanno fatto le attività indicate secondo il modello.

>> Gli amici non sono andati in discoteca…
   Gli amici non sono andati in discoteca perché non gli piace (non piace loro) ballare.

1. I miei nonni non hanno viaggiato in aereo perché…
2. La tua amica non ha visitato i musei perché…
3. I suoi genitori non hanno sciato perché…
4. Gli studenti non hanno finito i compiti perché…
5. Voi non siete andati/e al ristorante cinese perché…
6. La zia non ha comprato la camicia di lino perché…
7. Noi non abbiamo preparato la cena perché…

i **In un'agenzia di viaggi.** In gruppi di tre: Uno di voi lavora in un'agenzia di viaggi e deve capire i gusti dei suoi clienti. Gli altri due sono marito (S3) e moglie (S2) che non vanno mai d'accordo. Domandate e rispondete come nel modello.

>> gli alberghi di lusso   S1: Vi piacciono gli alberghi di lusso?
                             S2: A me piacciono, ma a lui no.

   viaggiare in treno   S1: Vi piace viaggiare in treno?
                             S3: A me non piace, ma a lei sì.

1. viaggiare in Europa
2. i paesi del Mediterraneo
3. i grandi musei
4. i monumenti storici
5. prendere il sole su una spiaggia tranquilla
6. le crociere (*cruises*)
7. la cucina esotica
8. sciare

j **Al ristorante.** In coppia: Racconti ad un amico/un'amica l'ultima volta che lei è andato/a a mangiare in un ristorante. L'amico/a chiede se le è piaciuto il ristorante e se le sono piaciute le cose che ha ordinato.

>> — Sono andato/a al ristorante...
— Ah, e ti è piaciuto?
— Sì, (No, non) mi è piaciuto molto / abbastanza / affatto.
— E che cosa hai mangiato?
— Ho ordinato i tortellini, la...
— I tortellini ti sono piaciuti? ecc.

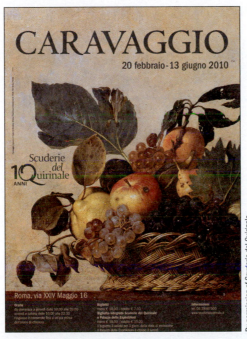

**Le Scuderie del Quirinale a Roma sono un museo
che ospita spesso mostre molto interessanti.**

k **I gusti.** In coppia: Con un compagno/una compagna, dica tre cose che piacciono e due cose che non piacciono alle persone indicate.

1. Pina è una ragazza molto romantica e sentimentale. Legge sempre libri tristi ed è sempre con la testa fra le nuvole.
2. Daria è una ragazza che ama le avventure e il pericolo (*danger*). Non rimane mai in un posto per molto tempo. Preferisce essere sempre in movimento.
3. Giorgio e Nadia sono due vegetariani che mangiano sempre prodotti biologici e genuini. Pensano spesso all'ambiente (*environment*) e ai diritti degli animali.
4. Antonio è un signore molto tradizionale e non vuole mai vedere cambiamenti e innovazioni. Preferisce il mondo di cinquant'anni fa.
5. Pietro e Gigi sono due ragazzi moderni e trasgressivi (*rebellious*) che amano solo le cose più recenti e scandalose. Odiano (*They hate*) tutte le cose del passato.

Verbi riflessivi con significato di reciprocità

1. To express reciprocal actions, expressed in English using *each other* and *one another*, Italian uses the reflexive pronouns **ci, vi,** and **si** with the plural forms of the verb. As with reflexive verbs, the pronoun generally precedes the verb or is attached to the end of an infinitive.

Flavia e Patrizia **si aiutano** a fare i compiti.	*Flavia and Patrizia help each other with their homework.*
Vi incontrate spesso in biblioteca?	*Do you often meet (each other) at the library?*
Abbiamo bisogno di **vederci.**	*We need to see each other.*

2. Similar to reflexive verbs, reciprocal verbs are conjugated with **essere** in the **passato prossimo.** The past participle agrees with the subject of the verb.

— Dove **si sono conosciuti i** tuoi genitori?	*— Where did your parents meet?*
— Ad una festa. **Si sono innamorati** immediatamente.	*— At a party. They fell in love with each other immediately.*

3. Here are a few common verbs with reciprocal meaning.

aiutarsi	to help each other
amarsi	to love each other
conoscersi	to know each other, to meet *(for the first time)*
incontrarsi	to meet each other *(at a place)*
innamorarsi	to fall in love with each other
odiarsi	to hate each other
parlarsi	to speak to each other
salutarsi	to greet each other
scriversi	to write to each other
sposarsi	to marry each other
vedersi	to see each other

Quando **ci siamo incontrati** la prima volta **ci odiavamo.** Poi **ci vedevamo** piuttosto spesso e ad un certo punto **ci siamo innamorati. Ci sposiamo** a giugno.	*When we met each other for the first time, we hated each other. Then we would see each other fairly often and at a certain point we fell in love with each other. We're getting married (to each other) in June.*

l **Formulare frasi.** Formuli frasi con le parole indicate usando il presente del verbo.

>> noi / incontrarsi / alla mensa universitaria
   Noi ci incontriamo alla mensa universitaria.

1. Paolo e Susanna / scriversi / spesso
2. tu ed io / amarsi / da un anno
3. voi / incontrarsi al bar / venerdì pomeriggio
4. i nostri compagni / vedersi / al Caffè Italia
5. Franco e Mirella / non odiarsi / affatto
6. io ed Alberto / conoscersi / da due anni
7. tu e Stefano / aiutarsi / a studiare la chimica
8. Carla e Vera / vedersi / ogni settimana

m **Informazioni.** In coppia: Chieda ad un compagno/una compagna alcune informazioni sul suo migliore amico/sulla sua migliore amica.

1. Come si chiama il tuo migliore amico/la tua migliore amica?
2. Da quanto tempo vi conoscete?
3. Vi vedete spesso?
4. Vi telefonate ogni giorno?
5. Vi dite tutto quello che vi preoccupa?
6. Vi aiutate quando avete problemi?
7. Vi capite bene?

n **Come ci siamo conosciuti.** Ora racconti al compagno/alla compagna come lei e il suo migliore amico/la sua migliore amica vi siete conosciuti.

>> Ci siamo conosciuti dieci anni fa. Frequentavamo la stessa scuola. Ci parlavamo qualche volta e poi...

o **Una storia d'amore.** Guardi la serie di disegni in basso e racconti la storia di Enzo ed Emilia usando strutture reciproche.

Parliamo un po'

a **Un sondaggio.** In coppia: Lei lavora per una grande ditta (*firm*) che produce prodotti igienici, e fa un sondaggio per conoscere le opinioni dei consumatori. Intervisti un altro studente/un'altra studentessa per sapere i prodotti che preferisce.

Quali prodotti usa: _____

    per lavarsi i capelli   _____

    per lavarsi i denti   _____

    per radersi (la barba o le gambe) _____

    quando fa il bagno/la doccia   _____

Altri commenti: perché sceglie questi prodotti particolari?

_____

b **Che cosa regalare?** In gruppi di tre: Arriva il periodo di Natale e lei deve fare regali (*gifts*) a tre amici o parenti. Dica ai compagni/alle compagne le caratteristiche e gli interessi di ognuno e loro le suggeriscono i regali appropriati per ciascuna di queste persone.

>> S1: Il mio fratellino Pino ha cinque anni ed è molto intelligente. Gli piace la matematica.
    S2: Puoi regalargli una calcolatrice!
    S3: Dagli il gioco di "Jeopardy!"

nome, rapporto, età	caratteristiche	gli/le piace/ piacciono	regali appropriati
>> Pino, fratello, 5 anni	intelligente	la matematica	una calcolatrice, il gioco di "Jeopardy"
1. _____	_____	_____	_____
_____			_____
_____			
2. _____	_____	_____	_____
_____			_____
_____			
3. _____	_____	_____	_____
_____			_____
_____			

c **Conosce bene gli amici?** In coppia: Prima, indichi se le piacciono o no le cose della lista. Poi, pensi al suo compagno/alla sua compagna e cerchi di indovinare se a lui/lei piacciono o no. Poi, chieda se ha indovinato o no.

>> sciare

S1: Ti piace sciare.
S2: Sì, hai ragione. Mi piace. / No, non mi piace per niente.

	io	lui/lei
sciare	sì / no	sì / no
le motociclette	sì / no	sì / no
la musica classica	sì / no	sì / no
i campeggi (*camping*)	sì / no	sì / no
viaggiare in aereoplano	sì / no	sì / no
i vestiti firmati	sì / no	sì / no
alzarsi presto la mattina	sì / no	sì / no
i mesi caldi	sì / no	sì / no
il pesce	sì / no	sì / no
parlare al telefonino	sì / no	sì / no
la neve	sì / no	sì / no

d **Sciare in Piemonte.** In coppia: Voi desiderate andare a sciare in Italia e precisamente in Piemonte. Uno di voi, S1, ha cercato informazioni sulla Rete. Adesso S2 fa alcune domande sulle località selezionate. S1 risponde usando le informazioni trovate online.

> **Vestiti firmati:** Designer-label clothing, both American and Italian, is very popular among Italian young people.

Sciare a:

Sestriere

Sestriere è un centro di sport invernali di fama internazionale. Qui si svolgono anche molti eventi culturali e ci sono negozi molto eleganti.

Offre: Piste di fondo
Percorsi di difficoltà variabile
Scuola di sci
Piste di discesa
Piste innevate artificialmente
Seggiovie

Bardonecchia

Bardonecchia è una località sciistica situata al confine con la Francia. Oltre alla neve e agli sport invernali, qui si svolgono numerose manifestazioni artistico-culturali. Inoltre nei negozi del paese si possono acquistare prodotti artigianali e gastronomici tipici del Piemonte.

Offre: Sci di fondo
Sci alpino
Carving

Limone Piemonte

Nell'area di Limone ci sono molte baite-ristoro dove è possibile assaggiare i gusti tipici dei piatti caratteristici del Piemonte.

Offre: Neve presente per tutta la stagione
Moderne strutture di supporto:
seggiovie
telecabine
impianti di risalita

e **Alla stazione sciistica.**

S1: Lei è appena arrivato/a alla stazione di una famosa località sciistica. Vada all'ufficio informazioni della stazione e

chieda una piantina (*map*) del paese
domandi come trovare l'Albergo Gardena
   Palace
come arrivare alle piste di sci
se possono consigliare un buon ristorante
   caratteristico

S2: Lei lavora all'ufficio informazioni della stazione di una località sciistica. Un turista arriva e le fa varie domande. Risponda alle sue domande, usando la piantina (*map*) in basso. Alcune espressioni utili:

girare a destra / a sinistra	*to turn right / left*
andare dritto	*to go straight*
prendere l'autobus	*to take the bus*

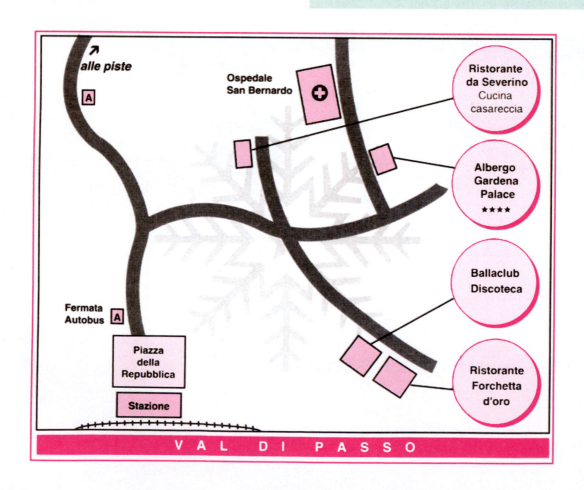

Conoscere l'Italia

a **Definizioni.** Abbini le definizioni con una parola della lista di destra. Ci sono due parole in più nella lista.

1. aggettivo che si riferisce alla *città*
2. abbreviazione di *automobile*
3. viene dopo *primo/a*
4. nome derivato da *abitare*
5. nome che comprende vestiti, gonne, giacche, ecc.
6. aggettivo derivato da *industria*
7. luogo dove ci sono piante verdi e fiori
8. un nome derivato da *importante*
9. una grande città
10. le persone che vivono a Torino

a. la metropoli
b. i torinesi
c. l'abitante
d. industriale
e. secondo/a
f. l'importanza
g. la struttura
h. l'abbigliamento
i. l'auto
j. urbano/a
k. enorme
l. il parco

Torino

CD2,
Track 20

Torino, capoluogo del Piemonte, è il secondo centro industriale italiano dopo Milano. La città, situata nel nordovest d'Italia, ha oggi più di un milione di abitanti. Antica colonia romana, Torino ha una struttura urbana moderna, ampliata e perfezionata dai Savoia nel XVI (sedicesimo) secolo[1]. Grandi vie, ampie[2] piazze e molti parchi verdi sono le caratteristiche di questa metropoli elegante e ricca di attività lavorative e culturali. I negozi più belli e raffinati[3] si trovano sotto i portici di via Roma. E piazza San Carlo, a metà di[4] via Roma, è il luogo dove i torinesi preferiscono incontrarsi.

La città di Torino con l'imponente Mole Antonelliana, originariamente un tempio ebreo costruito nel diciannovesimo secolo.

Dopo la seconda guerra mondiale[5], Torino ha avuto uno sviluppo industriale enorme. Una volta dire Torino era dire FIAT (Fabbrica italiana automobili Torino). L'automobile italiana è nata proprio in questa città nel 1899. Di notevole importanza è anche l'industria tessile e dell'abbigliamento. A Torino, città colta[6], ci sono numerose case editrici[7]. C'è anche una buona università e un altrettanto[8] buon conservatorio musicale. A Torino è pubblicato il giornale *La Stampa,* uno dei più autorevoli quotidiani[9] d'Italia.

▶ Locate Piemonte and Torino on the map on page 12.

▶ The Savoia royal family ruled in Italy from 1860 to 1946.

1. *century*   2. *wide*   3. *refined*   4. *halfway along*   5. *World War II*
6. *learned*   7. *publishing houses*   8. *just as*   9. *influential dailies*

Roberto Zilli/Shutterstock

b **Vero o falso?** Indichi se le seguenti frasi sono vere o false secondo il brano precedente. Corregga le frasi false.

1. La prima città industriale d'Italia è Torino.
2. La struttura urbana del capoluogo del Piemonte è moderna.
3. Torino è una città elegante e piena di attività.
4. La Fiat era una grande fabbrica di automobili di Torino.
5. A Torino si producono solamente automobili.
6. Il giornale pubblicato a Torino si chiama *La Repubblica*.

a **Definizioni.** Prima di leggere il seguente brano, abbini le definizioni con una parola della lista di destra. Ci sono due parole in più nella lista.

1. aggettivo derivato da *Alpi*	a. lo spumante
2. sinonimo di *ostacolo*	b. piemontese
3. passaggio sotterraneo sinonimo di *tunnel*	c. la fontina
4. aggettivo derivato da *Piemonte*	d. grande
5. sinonimo di *essere umano*	e. lungo/a
6. tipo di formaggio	f. l'uomo
7. un cereale	g. alpino/a
8. un tipo di vino	h. il riso
9. contrario di *corto/a*	i. accessibile
10. contrario di *piccolo/a*	j. la barriera
	k. il fiume
	l. la galleria

CD2,
Track 21

Il Piemonte

Ad ovest e a nord, il Piemonte è circondato dall'arco alpino che divide questa regione dalla Francia e dalla Svizzera. In questa zona, le Alpi rappresentano una grande barriera, ma valichi[1] più o meno accessibili e gallerie scavate[2] dall'uomo permettono il passaggio dal Piemonte ai Paesi oltralpe[3]. La galleria ferroviaria[4] del Frejus, lunga più di 13.000 metri, unisce l'Italia con la Francia, e quella del Sempione, lunga più di 19.800 metri, la unisce con la Svizzera.

1. *mountain passes*   2. *dug*   3. *beyond the Alps*
4. *railroad*

Un caratteristico vigneto del Piemonte.

fraxnet/Shutterstock

Sulle Alpi nascono molti fiumi che attraversano[5] il Piemonte. Il più importante è il Po, lungo 652 km (chilometri). Questo fiume che passa per Torino, dopo il Piemonte, bagna[6] anche la Lombardia, l'Emilia-Romagna e il Veneto, e sbocca[7] poi nel mare Adriatico. Uno dei laghi alpini, il pittoresco lago Maggiore, separa il Piemonte dalla Lombardia.

L'abbondanza d'acqua rende la terra piemontese molto fertile. Le risaie[8] intorno a Vercelli e Novara danno la maggiore produzione di riso in Europa. Il Piemonte produce anche buoni vini di fama internazionale. Il Barbera, il Barolo e lo spumante d'Asti sono alcuni dei vini prodotti sulle colline piemontesi.

Questi e altri vini pregiati[9] accompagnano spesso i piatti[10] tipici della regione come la bagna cauda, la fonduta[11] con fontina e il riso con i costosissimi e rinomati tartufi[12] bianchi di Alba.

5. *cross*	6. *runs through*	7. *flows into*	8. *rice fields*	9. *rare*
10. *dishes*	11. *fondue*	12. *truffles*		

▶ Can you guess the meaning of *Piemonte*? (Piemonte is a compound word: **piede + monte**.)

▶ On the map on page 10, follow the course of the Po River to the Adriatic. On the same map, find Lake Maggiore.

▶ On a more detailed map of Italy, locate Vercelli, Novara, Asti, and Alba. Alba is famous for its truffles.

▶ **Bagna cauda** is a sauce used as antipasto.

b **Informazioni.** Dia le seguenti informazioni basate sul brano precedente.

1. Paesi stranieri che confinano con il Piemonte
2. due gallerie ferroviarie che uniscono il Piemonte con i paesi oltralpe
3. il fiume che passa per Torino
4. il lago che divide il Piemonte dalla Lombardia
5. città piemontesi intorno alle quali ci sono molte risaie
6. tre vini piemontesi
7. tre piatti tipici del Piemonte

Viaggi in video

La provincia di Alessandria

Prima di guardare

Vocabolario utile

incantevole	*fascinating*
faticoso	*hard, tiring*
equitazione	*horseback riding*
sdraiata	*lying down*
vigneti	*vineyards*
tartufi	*truffles*
intenditore	*connoisseur*
acque termali	*thermal water*
sorgenti	*springs*
terme	*spa*
trattamenti di bellezza	*beauty treatments*
arrossire	*to blush*

a **Posizione geografica.** Guardi la mappa dell'Italia a p. 12 e indichi la posizione geografica (nord, nord ovest, nord est, centro, sud, su un'isola) delle seguenti città. Esempio: Alessandria è nel nord ovest dell'Italia.

1. Trieste (in Friuli-Venezia Giulia)
2. Sassari (in Sardegna)
3. Bolzano (in Trentino-Alto Adige)
4. Agrigento (in Sicilia)
5. Como (in Lombardia)
6. Brindisi (in Puglia)
7. Imperia (in Liguria)

▶ Mentre guarda il video

b **Domande.** Risponda con frasi complete.

1. Quali sono alcuni aspetti della provincia di Alessandria che vedete all'inizio del video (prima della mappa)?
2. Perché il video indica delle strade e degli aerei sulla mappa della provincia di Alessandria?
3. Cos'è «Castelli aperti»?
4. Quali sport si possono fare nella provincia di Alessandria, secondo il video?
5. Chi era Fausto Coppi?
6. Quali sono alcuni prodotti tipici di questa zona?
7. Per cosa è famosa Acqui Terme?

c **I gusti di Pamela.** Guardi il video e scriva il maggior numero possibile di cose che piacciono a Pamela (☺) e cose che non le piacciono (☹).

☺	☹
>> le sorprese	

Dopo aver guardato

d **Gioco: le cose in comune.** Scriva 5 cose che le piacciono e 5 cose che non le piacciono. Poi si alzi in piedi e intervisti almeno 5 compagni, facendo loro domande del tipo «Ti piace …?». Alla fine del giro di interviste, con quale compagno/a ha più gusti in comune?

e **Un video promozionale per la vostra città.** In coppia: Avete notato che i video promozionali che Gep e Pamela guardano presentano sempre gli aspetti positivi di una città o di una regione, mentre escludono gli aspetti negativi? Immaginate di dover preparare un video promozionale per la vostra città o per la vostra regione. Quali sono gli aspetti che volete includere? Perché? Quali aspetti preferite escludere? Perché?

f **Esperienza personale.** Pensi a una cosa che le piace molto fare e scriva un post dove racconta brevemente l'ultima volta che l'ha fatto questa cosa.

Il tartufo

L'Italia è uno dei maggiori esportatori di tartufo nel mondo e il Piemonte è una delle principali regioni di produzione di questo fungo. La varietà più pregiata, il tartufo bianco, non si trova nella provincia di Alessandra, ma ad Alba, una cittadina in provincia di Cuneo. Il tartufo è un prodotto molto raro e costoso: il tartufo bianco costa in media € 3.000 al chilo, ma una piccolissima quantità è sufficiente per dare sapore a un piatto.

Courtesy of Agenzia Accoglienza e Promozione Turistica Provincia Di Alessandria

Andiamo a vedere la partita?

COMMUNICATIVE OBJECTIVES

- Talk about sports
- Express preferences related to sports
- Talk about future plans and actions
- Express probability in the future
- Discuss past events

Due giocatori, uno dell'Inter e l'altro della Roma, si contendono il pallone.

RISORSE

 audio

 video

 www.cengagebrain.com/shop/ ISBN/0495913391

 ilrn.heinle.com

CD2,
Track 22

A Reggio Calabria Alberto Manzini e Daniela Poli fanno programmi per il fine settimana.

1	ALBERTO:	Daniela, vieni allo stadio con me domenica! Andiamo a vedere una bella partita di calcio. Che ne dici?
	DANIELA:	Non so se posso venirci. Chi gioca con la Reggina?
5	ALBERTO:	Il Napoli. Fa' la brava e vieni. Sarà un incontro interessante e spettacolare, ne sono sicuro.
	DANIELA:	D'accordo. Verrò. Ma ci verranno anche Luciano e i suoi amici?
	ALBERTO:	Non lo so. Perché?
10	DANIELA:	Sono un gruppo di ragazzi molto simpatici e durante la partita fanno sempre un tifo tremendo per la Reggina. È proprio° un divertimento andare allo stadio con loro.
	ALBERTO:	Sì, però qualche volta esagerano. Fare il tifo per la propria squadra è bello, ma non è necessario insultare o litigare con i tifosi dell'altra squadra.
	DANIELA:	Hai ragione. Ma dimmi°, a che ora dovremo essere allo stadio?
15	ALBERTO:	Verso l'una. I posti non sono riservati e ci saranno quasi trentamila persone.
	DANIELA:	Allora bisogna comprare subito i biglietti!
	ALBERTO:	Eh°, sì. Ci avevo pensato anch'io. Posso comprarli oggi pomeriggio da un rivenditore vicino a casa mia.
20	DANIELA:	Ah, il denaro! Adesso ne ho poco con me. Ho degli euro. Ne ho solo dieci però. Ti darò il resto domenica pomeriggio. Va bene?
	ALBERTO:	Non essere sciocca. Pagherò io per tutti e due.
	DANIELA:	Grazie. Sei sempre molto gentile.
25	ALBERTO:	Allora, questa sera telefono a Luciano e poi ti farò sapere se anche lui verrà allo stadio con noi.

really (line 9)

tell me (line 14)

Well (line 18)

Domande

1. Dove andranno domenica Alberto e Daniela? Chi gioca?
2. Come sono Luciano e i suoi amici?
3. Cosa fanno durante la partita?
4. A che ora dovranno essere allo stadio gli amici? Perché?
5. Chi comprerà i biglietti? Dove li comprerà?
6. Che cosa farà stasera Alberto?

▸ **la Reggina** = name of the Reggio Calabria soccer team. Every major Italian city has a professional soccer team, and large cities such as Turin, Milan, and Rome have two teams.

▸ **il Napoli:** The article **il** is used to indicate the name of the Naples soccer team.

Domande personali

1. Che programma ha fatto lei per il fine settimana?
2. Si giocano (*Are . . . played*) partite di calcio o di football nella sua città?
3. Preferisce assistere ad un incontro di calcio, ad una partita di tennis o ad una di baseball?
4. A lei piace andare allo stadio o preferisce vedere le partite alla televisione?
5. Per quale squadra di calcio (pallacanestro / hockey / baseball) fa il tifo lei?

Situazioni

1. Inviti un compagno/una compagna ad andare con lei ed altri amici in qual-che luogo.

   >> — Verrai allo stadio (in discoteca / a mangiare una pizza / alla partita di pallacanestro) con noi?
   — Sì, volentieri. (Mi dispiace, ma non posso. / Forse. Vi telefonerò. / Dipende dai miei impegni. / Perché no?)

2. Domandi ad un amico/un'amica se ha fatto programmi per il futuro.

   >> — Hai fatto programmi per il fine settimana (le vacanze / l'estate prossima)?
   — Sì, uscirò (farò una gita / andrò al mare) con gli amici.

© Andrea Merola / Corbis

Venezia: In una domenica di primavera le strade della città ospitano una gara di maratona.

Gli sport in Italia

In Italia parlare di sport significa discutere spesso di calcio. Il calcio è lo sport e il passatempo nazionale per nove mesi all'anno, da settembre a giugno. Durante questo periodo molti italiani passano la sera o il pomeriggio allo stadio o davanti al televisore per vedere la partita e fare il tifo per la propria squadra. Il calcio è stato sempre uno sport per uomini, ma oggi molte donne seguono con interesse questo sport e vanno spesso allo stadio. Da qualche anno si sono formate anche squadre di calcio femminili, che a livello semiprofessionale ricevono molta attenzione da parte del pubblico italiano.

Il secondo sport più popolare è il ciclismo[1]. I giovani specialmente praticano questo sport con passione durante i mesi caldi dell'anno, fra maggio e settembre. Ogni anno poi il Giro d'Italia[2] attrae[3] l'interesse della gente e della stampa[4] nazionale ed estera[5]. Molti ciclisti italiani e stranieri partecipano a questa corsa[6] ciclistica, che inizia verso la metà di maggio e dura circa venti giorni. Facendo tappa[7] in differenti città italiane, ogni anno il Giro attraversa tutta la penisola e porta con sé un'atmosfera di allegria e di gioventù.

- Chi pratica principalmente il calcio nel suo paese?
- Il ciclismo è uno sport popolare? Ci sono gare (*competitions*) di ciclismo nel suo paese?

Tony Gentile / Reuters / Landov

1. *bicycle racing*	2. *Tour of Italy*	3. *attracts*	4. *press*
5. *foreign*	6. *race*	7. *pausing*	

Una corsa di biciclette attraversa la città di Roma.

Pratica

1. In coppia: Lei ha intenzione di andare alla partita di calcio con un amico/un'amica, ma ancora non ha potuto comprare i biglietti. Chieda all'amico/a di comprarli e dica che gli/le darà i soldi quando lo/la vedrà.

2. In coppia: Lei ha due biglietti per la partita di domenica prossima, ma altri impegni non le permettono di andare allo stadio. Allora lei telefona ad un amico/un'amica, gli/le offre i biglietti e gli/le spiega perché non può andare a vedere la partita.

🔊 Vocabolario

Parole analoghe

il baseball
dipendere (da)
esagerare
il gruppo
l'hockey
interessante
insultare
il resto
riservato/a
spettacolare
tremendo/a

Nomi

il calcio   soccer
il denaro   money
il divertimento   fun
l'impegno   commitment, obligation
l'incontro   game, match (sports)
la partita   game

le persone   people, persons
il posto   seat
il rivenditore   dealer, seller
la squadra   team
il tifoso   fan

Aggettivi

proprio/a   one's own
sciocco/a   foolish

Verbo

litigare   to quarrel, fight

Altre parole ed espressioni

fare il bravo/la brava   to be good
fare programmi   to make plans
fare (il) tifo   to root, cheer
fare sapere   to let know
per tutti e due   for both
ci   there, about it
ne   about it, of it, of them

> **Il denaro = i soldi:** Both terms are used, but **i soldi** is more common.

> **Partita** and **incontro** can be used interchangeably when talking about sports: **una partita (un incontro) di calcio.**

🔊 Pronuncia

🔊 I suoni della /z/

CD2,
Tracks
23–24

The sounds of the letters **z** and **zz** are pronounced two ways in Italian: **/ts/** as in the English word *cats*, and **/ds/** as in *fads*. As the first letter of a word, **z** is pronounced like **/ds/**. In any other position, when followed by **-ia, -ie,** or **-io, z** is pronounced like **/ts/**. When not followed by these combinations, **z** is pronounced in some words like **/ts/** and in other words like **/ds/**. Double **zz** is generally pronounced as **/ts/**.

a   Ascolti e ripeta le seguenti parole.

zia	palazzo	romanzo	tramezzino
negozio	ragazza	pranzo	pezzo
nazionale	piazza	vacanza	Abruzzo
senza	mezza	danza	specializzato

b   **Proverbi.** Ascolti e ripeta i seguenti proverbi.

Non c'è rosa senza spine.
There is no rose without thorns.

La bellezza è il fiore, ma la virtù è il frutto della vita.
Beauty without virtue is a rose without fragrance. (Literally: Beauty is the flower, but virtue is the fruit of life.)

Ampliamento del vocabolario

Gli sport

| lo sci | il pattinaggio | il nuoto | la vela | il ciclismo |

| il tennis | la pallacanestro | il calcio | l'equitazione | la corsa |

Espressioni utili

il concorso   contest
la gara   competition
correre   to run
nuotare (al lago, al mare, in piscina)   to swim (in the lake, in the sea, in a pool)
pattinare   to skate
sciare   to ski
andare a cavallo   to go horseback riding
andare in barca   to go sailing

andare in bicicletta   to ride a bike
fare le gare   to compete
fare lo sport   to engage in sports
fare l'alpinismo   to go mountain climbing
giocare al calcio (a pallone)   to play soccer
giocare a pallacanestro (a pallavolo, a baseball, a hockey)   to play basketball (volleyball, baseball, hockey)
praticare la vela   to sail

▶ Describe what the people in the drawings are doing, using the **Espressioni utili** below.

a **Associazioni.** In coppia: A turno, domandate quali sport possono essere associati con le seguenti cose.

>> — Quale sport associ con la piscina?
    — Il nuoto.

1. la montagna
2. il cavallo
3. il mare
4. la neve
5. il lago
6. lo stadio
7. il freddo e il ghiaccio (*ice*)
8. le gomme (*tires*), i freni (*brakes*) e i pedali

b **Gli sport.** Domandi ad alcuni studenti se e quando praticano i seguenti sport.

>> — Pratichi il ciclismo?
    — Sì, lo pratico. / No, non…
    — Quando lo pratichi?
    — In primavera e d'estate.

1. l'equitazione
2. il nuoto
3. l'alpinismo
4. il pattinaggio
5. la vela
6. lo sci
7. il calcio
8. la pallavolo
9. il tennis
10. la pallacanestro

c **Intervista.** In coppia: Intervisti un compagno/una compagna e gli/le chieda quali sono i suoi interessi sportivi.

1. Fai qualche sport? Quali sport pratichi?
2. Quale sport preferisci? Perché?
3. Ti piace pattinare? Dove vai a pattinare?
4. Sei andato/a a cavallo qualche volta? Dove?
5. Preferisci nuotare al lago, al mare o in piscina?
6. Sei mai andato/a a vedere una partita di calcio? Dove?
7. Vai in barca qualche volta? Dove? Vai da solo/a o con gli amici?
8. Hai mai scalato una montagna? Quale?
9. Hai mai fatto qualche gara sportiva? In quale sport?

d **Descrizioni.** In gruppi di tre o quattro: Preparate brevi descrizioni di cinque personaggi sportivi. Poi, leggendo ogni descrizione, fate identificare i personaggi da un altro gruppo di studenti.

Struttura ed uso

Futuro semplice

Sono sicura che ti **piacerà** Alberto. Lo **troverai** molto divertente!

1. The future tense is used to talk about future actions. In English, the future is usually expressed with the auxiliary *will* or with *to be going to*. In Italian, the simple future tense consists of one word.

Daniela e Alberto **andranno** alla partita di calcio.	*Daniela and Alberto are going to go to the soccer game.*
Alberto **dovrà** comprare i biglietti una settimana prima.	*Alberto will have to buy the tickets a week ahead.*
Come al solito **sarà** un incontro spettacolare.	*As usual, it will be a spectacular match.*
Sono sicuro che **ci divertiremo.**	*I'm sure we'll have fun.*

2. The future is formed by dropping the final **-e** from the infinitive and adding the endings **-ò, -ai, -à, -emo, -ete, -anno**. In **-are** verbs, the **a** of the infinitive changes to **e**. Notice that the endings are the same for all verbs.

	comprare	**prendere**	**partire**
io	comprer**ò**	prender**ò**	partir**ò**
tu	comprer**ai**	prender**ai**	partir**ai**
lui/lei	comprer**à**	prender**à**	partir**à**
noi	comprer**emo**	prender**emo**	partir**emo**
voi	comprer**ete**	prender**ete**	partir**ete**
loro	comprer**anno**	prender**anno**	partir**anno**

3. Verbs ending in **-care** and **-gare** add an **h** to the future tense stem after the **c** or **g** in order to retain the hard sound. Verbs ending in **-ciare** or **-giare** drop the **i** from the ending.

Le due squadre **giocheranno** con vigore.	*The two teams will play with all their might.*
Quando mi **ripagherai** il biglietto?	*When are you going to pay me back for the ticket?*

L'incontro **comincerà** all'una e mezzo.	*The match will begin at one-thirty.*
Dopo la partita **mangeremo** da Luciano.	*After the game we are eating at Luciano's.*

> ► Remember the spelling change necessary in present tense **-care** and **-gare** verbs.

4. The following verbs have irregular future stems. Their endings are regular.

infinito	tema del futuro	futuro semplice
andare	**andr-**	andrò, andrai...
avere	**avr-**	avrò, avrai...
bere	**berr-**	berrò, berrai...
dare	**dar-**	darò, darai...
dovere	**dovr-**	dovrò, dovrai...
essere	**sar-**	sarò, sarai...
fare	**far-**	farò, farai...
potere	**potr-**	potrò, potrai...
sapere	**sapr-**	saprò, saprai...
stare	**star-**	starò, starai...
vedere	**vedr-**	vedrò, vedrai...
venire	**verr-**	verrò, verrai...
volere	**vorr-**	vorrò, vorrai...

> ► Notice that many of these verbs simply drop a vowel from their infinitive ending to form the future stem: **andare, andr-; avere, avr-;** etc.

5. The future tense is used to talk about future actions and intentions and to predict future actions. The present tense is also used to talk about future actions, especially if they are certain or about to happen.

Se possibile **andremo** a trovare nostra zia fra qualche mese.	*If possible we'll go visit our aunt in a few months.*
Sono sicura che la nostra squadra **vincerà** il prossimo campionato.	*I'm sure our team will win the next championship.*
Sabato **andiamo** a cavallo. **Vieni** anche tu?	*On Saturday we're going horseback riding. Are you coming too?*
Comprami il biglietto e ti **pago** domani.	*Buy me a ticket and I'll pay you tomorrow.*

6. The future tense is also used in Italian to guess or conjecture about circumstances in the present. This use of the future is called future of probability.

— Di chi è questo zaino?	*— Whose backpack is this?*
— **Sarà** di Fulvio.	*— It's probably Fulvio's.*
— Quanti anni ha il tuo professore?	*— How old is your professor?*
— Non so! **Avrà** almeno quarant'anni.	*— I don't know! He must be at least forty.*
— Che ore **saranno?**	*— What time do you think it is?*
— **Saranno** le dieci.	*— It must be around ten.*

7. The future tense is used after **quando** (*when*), **appena** (*as soon as*), and **se** (*if*) when the action of the main verb takes place in the future. In English, the present tense is used in parallel situations.

Quando **andremo** in montagna, staremo all'albergo Principe Vittorio.	*When we go to the mountains, we'll stay at the Hotel Principe Vittorio.*
Le telefonerò appena **arriveremo.**	*I'll call you as soon as we arrive.*
Se gli altri **porteranno** i loro sci, io porterò i miei.	*If the others bring their skis, I'll bring mine.*

a **Cosa faranno?** Dica quello che le seguenti persone faranno domenica.

>> noi / andare a sciare
   Domenica noi andremo a sciare

1. i miei fratelli / giocare al calcio
2. un mio amico / pattinare nel parco
3. io / andare a cavallo
4. mia sorella / praticare la vela
5. voi / fare l'alpinismo
6. tu / assistere ad una gara di equitazione
7. mio padre ed io / vedere la partita alla televisione
8. mia zia / volere giocare a tennis

b **Lo farò domani!** È sabato, e oggi lei non ha voglia di fare niente. Farà tutto domani, o forse dopodomani o la settimana prossima… Risponda alle domande e dica quando farà ogni cosa.

>> Hai spedito le lettere?
   Non ancora. Le spedirò domani (dopodomani, ecc.).

1. Hai chiamato i tuoi genitori?
2. Hai letto l'articolo sulla rivista?
3. Hai studiato la lezione d'italiano?
4. Hai finito i compiti di matematica?
5. Sei andato/a al supermercato?
6. Hai fatto gli acquisti per la festa?
7. Hai dato gli appunti agli amici?
8. Hai incontrato la professoressa d'inglese?

c **Conversazione.** In coppia: Un compagno/Una compagna vuole sapere se lei farà le seguenti cose il prossimo fine settimana. Risponda che le farà se succederanno le cose indicate.

>> andare alla partita / se trovare un biglietto
   —Andrai alla partita?
   —Sì, andrò alla partita se troverò un biglietto.

1. fare una passeggiata / se fare bel tempo
2. mangiare in un ristorante elegante / se avere i soldi
3. parlare con i tuoi genitori / se loro essere a casa
4. vedere un film / se tu venire con me al cinema
5. andare ad una festa / se gli amici invitarmi
6. divertirti / se non dovere studiare troppo

d Domande. In coppia: Risponda alle domande con il futuro di probabilità.

>> S1: Che ore sono?
   S2: Saranno le undici e mezzo.

1. Cosa c'è in quello zaino?
2. Quanti studenti ci sono in quest'università?
3. Qual è la data di oggi?
4. Quanti dollari hai con te?
5. Quanti anni ha la professoressa/il professore?
6. Quando è il prossimo quiz?
7. Di chi è quello zaino?
8. Dove abita quel ragazzo?

e Che programma sarà? È domenica e tutti i canali televisivi trasmettono programmi sportivi. Mentre lei cambia canale, sente alcune frasi. Lei si chiede: Che tipo di programma sarà? Sarà un programma sul tennis, sul pattinaggio?...

1. Ecco! Finalmente siamo arrivati alla vetta (*peak*)!
2. Siamo al diciottesimo giorno del Giro d'Italia e i partecipanti cominciano a sentire la fatica (*hardship*) di questa corsa tanto difficile.
3. Gol!!!
4. Dopo le finali emozionanti dello slalom gigante vi porteremo alle piste secondarie per vedere un'altra gara molto contesa (*contested*).
5. Con il caldo inaspettato, il ghiaccio si scioglie (*the ice is melting*) e non ci sarà nessun record oggi.
6. È una bellissima giornata qui sulla spiaggia di San Remo e fra pochissimo tempo s'incontreranno due squadre che sembrano quasi imbattibili.
7. Fa il primo salto in perfetta forma. Ma il fantino cade. È caduto il fantino! Il cavallo continua a correre!
8. E la vincitrice esce dalla piscina...

f Cose da fare. In coppia: Dica ad un compagno/una compagna le seguenti cose:

tre cose che lei farà il prossimo fine settimana
tre cose che lei farà durante le prossime vacanze
tre cose che lei farà appena finirà l'università
tre cose che lei dovrà fare domani
tre cose che lei non farà mai

g Quando avrò i soldi. In coppia: Lei ha vinto un milione di euro alla lotteria ma dovrà aspettare due mesi prima di ricevere i soldi. Dica ad un amico/un'amica cinque cose che farà appena avrà i soldi.

>> Appena avrò i soldi, comprerò... , andrò... , darò... , ecc.

h **Come sarà il mondo.** In gruppi di tre: Secondo voi, come sarà il mondo fra cinquant'anni? Discutete le seguenti domande nel vostro gruppo, usando il futuro dove appropriato.

1. Ci sarà la pace (*peace*) nel mondo o ci saranno più guerre (*wars*)? Dove? Fra quali paesi?
2. Quali saranno le nazioni più importanti fra cinquant'anni?
3. Le donne avranno più potere (*power*) politico ed economico fra cinquant'anni? Ci sarà una donna presidente degli Stati Uniti?
4. L'Europa unita sarà più grande? Quale sarà la lingua dominante?
5. Troveranno una cura per l'AIDS? Per il cancro (*cancer*)? Per il raffreddore (*cold*)?
6. La gente guiderà macchine elettriche? Ci saranno nuovi mezzi di trasporto? Quali?
7. Le persone si vestiranno come oggi? Come cambierà la moda?
8. Quale sarà lo sport più popolare?
9. Come cambierà la vostra università? Sarà più grande? Costerà di più?

Trapassato

Quando gli altri sono arrivati al traguardo,… Alberto **era** già **arrivato** da cinque minuti!

1. The **trapassato** is used to talk about an action that *had taken place* before another past event. The more recent past event may be expressed in the **passato prossimo** or the **imperfetto.**

Non voleva mangiare con noi perché **aveva** già **mangiato** a casa.	*He didn't want to eat with us because he had already eaten at home.*
Non mi **ero** ancora **svegliata** quando tu hai telefonato alle otto.	*I hadn't woken up yet when you called at eight o'clock.*
Già nel 1348 Giovanni Boccaccio **aveva scritto** varie opere.	*By 1348 Giovanni Boccaccio had already written several works.*
Quando Alberto Tomba aveva trent'anni, **aveva** già **vinto** tre medaglie olimpiche.	*When Alberto Tomba was thirty, he had already won three Olympic medals.*

2. The **trapassato** is formed with the imperfect of the auxiliary verb *avere* or *essere* + *the past participle*. As in the **passato prossimo,** the past participle agrees with the subject when the verb is conjugated with *essere.*

	dire	arrivare
io	avevo detto	ero arrivato/a
tu	avevi detto	eri arrivato/a
lui/lei	aveva detto	era arrivato/a
noi	avevamo detto	eravamo arrivati/e
voi	avevate detto	eravate arrivati/e
loro	avevano detto	erano arrivati/e

i **Non l'avevano mai fatto.** Dica che le persone indicate non avevano mai fatto certe cose prima, come nel modello.

>> Ieri mia sorella ha visto una partita di calcio.
   Non aveva mai visto una partita di calcio prima.

1. Sabato scorso i miei genitori sono andati a sciare.
2. Ieri i due amici sono arrivati a lezione in orario.
3. Domenica io sono andato/a a cavallo.
4. Il mese scorso mia nonna ha usato il computer.
5. Ieri il dentista mi ha fatto male.
6. Giovedì la professoressa ha cancellato la lezione.
7. Stamattina hai giocato a pallavolo.
8. Una settimana fa gli studenti hanno visto un film italiano.

j **Alle otto.** In coppia: Domandi ad un amico/un'amica se stamattina alle otto aveva già fatto queste cose.

>> svegliarsi   S1: Stamattina alle otto ti eri già svegliato/a?
                 S2: Sì, mi ero già svegliato/a. / No, non mi ero ancora
                     svegliato/a.

1. alzarsi dal letto
2. fare la prima colazione
3. prendere il caffè
4. parlare con qualcuno
5. vestirsi
6. lavarsi i denti
7. uscire

> Remember that in compound forms, the past participles of verbs conjugated with *essere* agree with the subject.

k **Cose fatte.** Domandi ad un compagno/una compagna tre cose che aveva già fatto a quindici anni e tre cose che non aveva ancora fatto.

>> S1: Che cosa avevi già fatto o non avevi ancora fatto a quindici anni?
   S2: Quando avevo quindici anni, avevo già imparato a guidare, ero già andato/a all'estero e avevo già finito la scuola media. Non avevo ancora …

l **Descrizione.** Completi la descrizione, mettendo i verbi tra parentesi nel passato prossimo o nel trapassato, secondo il contesto.

Ieri sera una mia amica (1. preparare) _____ una cena per alcuni amici che lei (2. conoscere) _____ all'università. Purtroppo, la cena (3. andare) _____ male perché tutti gli invitati (4. avere) _____ problemi durante il giorno. Francesco (5. arrivare) _____ di cattivo umore perché (6. discutere) _____ con la ragazza. Io (7. arrivare) _____ tardi perché il mio direttore mi (8. dare) _____ molto lavoro da fare alle tre del pomeriggio. Cecilia non (9. venire) _____ perché (10. rompersi) _____ un braccio mentre sciava.

m **Avvenimenti storici.** In coppia: Decidete quale avvenimento storico è accaduto prima. Combinate le due frasi mettendo un verbo al passato prossimo e l'altro nel trapassato, secondo le date degli avvenimenti.

> A few dates to help you:
> Dante Alighieri (1265–1321),
> Giuseppe Garibaldi (1807–1882),
> Benito Mussolini (1883–1945),
> Cristoforo Colombo (1451–1506),
> Marco Polo (1254–1324).

>> Cristoforo Colombo ha scoperto (*discovered*) il nuovo mondo. / È nato Michelangelo.

Quando Cristoforo Colombo ha scoperto il nuovo mondo, Michelangelo era già nato.

1. Dante ha scritto *La Divina Commedia*. / Shakespeare ha scritto *Giulietta e Romeo*
2. Garibaldi ha unificato l'Italia. / Gli Stati Uniti si sono separati dall'Inghilterra.
3. Il Presidente Kennedy è morto. / Neil Armstrong ha messo piede sulla luna.
4. È cominciata la seconda guerra mondiale. / Mussolini è morto.
5. Cristoforo Colombo ha portato i pomodori dalle Americhe. / Marco Polo ha portato gli spaghetti dalla Cina.

Il pronome *ne* e l'avverbio *ci*

Mi sono ricordato che ti piace il peperoncino piccante. **Ne** ho messo abbastanza?

1. The pronoun **ne** (*of it*, *of them*) is used when referring back to a phrase introduced by the partitive or the preposition **di,** or a complete idea meaning *about* or *of* a certain thing.

> Note that English often omits *of it* and *of them,* whereas Italian requires the use of **ne**.

— Avete comprato **del pane?**	— *Did you buy some bread?*
— Sì, **ne** abbiamo comprato.	— *Yes, we bought some (of it).*
— Desidera **delle carote?**	— *Do you want some carrots?*
— Sì, **ne** prendo un chilo.	— *Yes, I'll take a kilo (of them).*
— Discutete spesso **di politica?**	— *Do you often discuss politics?*
— No, non ci piace parlar**ne.**	— *No, we don't like to talk about it.*
— Ma sei sicura che la partita è domani?	— *Are you sure the game is tomorrow?*
— Sì, sì; **ne** sono sicura.	— *Yes, I'm sure (of it).*

2. **Ne** is also used to replace a direct object introduced by a number or an expression of quantity.

> Remember that **Quanti anni ha?** means *How many years does he have?* The answer, "Ne ha quasi trenta," means literally "He has almost thirty (of them)."

— Quanti **anni** ha lui?	— *How old is he?*
— **Ne** ha quasi **trenta.**	— *He's almost thirty.*
— Desidera **dei** fagiolini?	— *Would you like some green beans?*
— Sì, **ne** prendo un po'.	— *Yes, I'll take some.*

If this occurs in the **passato prossimo,** the past participle agrees with the noun that it refers to.

— Quanti **MP3** avete comprato?	— *How many MP3s did you buy?*
— **Ne** abbiamo comprati sei.	— *We bought six (of them).*

3. The adverb **ci** (meaning either *here* or *there*) is used to refer to a previously mentioned place, particularly a phrase preceded by **a, da,** or **in.** Its position in a sentence is that of a direct-object pronoun.

— Vai spesso **dal dentista?**	— *Do you often go to the dentist?*
— Sì, **ci** vado tre volte all'anno.	— *Yes, I go (there) three times a year.*
— Volete venire **alla partita?**	— *Do you want to come to the game?*
— No, non possiamo venir**ci.**	— *No, we can't come (there).*
— Sei mai stato **in Alaska?**	— *Have you ever been to Alaska?*
— Sì, **ci** sono andato da piccolo.	— *Yes, I went there when I was small.*

4. **Ci** is also used to replace **a** + *phrase* after the verbs **pensare, credere,** and **riuscire** (*to succeed in, manage to*).

— Pensi **alla tua ragazza**?

— Sì, **ci** penso.

— *Are you thinking about your girlfriend?*

— *Yes, I'm thinking about her.*

— Credi **all'oroscopo**?

— No, veramente non **ci** credo.

— *Do you believe in the horoscope?*

— *No, I really don't believe in it.*

— Sei riuscita **a pattinare** senza cadere?

— Sì, **ci** sono riuscita con grande difficoltà.

— *Did you manage to skate without falling?*

— *Yes, I managed (to do it) with great difficulty.*

> **Riuscire** is conjugated like **uscire** and uses **essere** as its auxiliary verb: **Non riesco a… Siamo riusciti a…**

n **Risposte.** Risponda con **ne** e un numero alle seguenti domande.

>> — Quanti fratelli ha?
   — Ne ho due. / Non ne ho.

1. Quante sorelle ha?
2. Quanti cugini ha?
3. Quante lezioni ha oggi?
4. Quante lingue parla?
5. Quanti corsi segue questo semestre?
6. Quanti compagni/Quante compagne di camera ha?
7. Quanti anni ha?
8. Quanti anni aveva quando ha imparato a guidare?

o **Domande.** Chieda ad un altro studente/un'altra studentessa se ha alcuni degli oggetti indicati.

>> canzoni italiani   S1: Hai dei CD di canzoni italiane?
                       S2: Sì, ne ho molti / pochi / due. / No, non ne ho.

1. giornali italiani
2. libri di poesie
3. fotografie della tua famiglia
4. scarpe italiane
5. amici che parlano italiano
6. animali domestici
7. riviste di moda
8. esami questa settimana
9. indirizzi e-mail

p **Quando ci vai?** In coppia: Chieda ad un altro studente/un'altra studentessa se va spesso, mai, qualche volta, sempre, ecc., nei seguenti luoghi. Chi risponde deve usare **ci** nelle risposte.

>> da McDonald's   S1: Vai spesso da McDonald's?
                    S2: Sì, ci vado spesso / qualche volta / una volta
                        al mese, ecc. / No, non ci vado mai.

1. dal dentista
2. a sciare
3. in palestra (*gym*)
4. ai ristoranti cinesi
5. al cinema
6. in discoteca
7. al supermercato
8. a vedere le partite di pallacanestro
9. al concerto

q **Risposte.** Risponda alle seguenti domande, sostituendo i pronomi **ne** o **ci** alle parole in corsivo.

— Ha bisogno *di aiuto*?   — Sì, ne ho bisogno. / No, non ne ho bisogno.
— Riesce *a capire la*   — Sì, ci riesco facilmente. / No, non ci riesco.
   grammatica?

1. Lei discute *di politica* con i suoi amici?
2. Ha voglia *di un cappuccino* adesso?
3. Pensa spesso *alle vacanze estive*?
4. Ha bisogno *di aiuto con la grammatica*?
5. Crede *agli extraterrestri*?
6. Parla mai *di sport*?
7. Riesce *ad arrivare sempre puntuale a lezione*?
8. Ha bisogno *di soldi*?
9. È mai stato/a *in Sardegna*?

r **Ci sei mai stato?** Chieda ad un altro studente/un'altra studentessa se è mai stato/a in questi luoghi. Se risponde di sì, gli chieda in quali circostanze.

>> in Italia   S1: Sei mai stato/a in Italia?
                 S2: No, non ci sono mai stato/a, ma vorrei andarci. /
                     Sì, ci sono stato/a.
                 S1: Quando ci sei andato/a? (Con chi? Perché? Ti è
                     piaciuta?, ecc.)

1. in Africa   6. alle Cascate del Niagara
2. in Australia   7. a Pompei
3. sulla Statua della Libertà 8. a Las Vegas
4. in elicottero   9. in Messico
5. a Disney World   10. all'Hard Rock Café

Giovani allo stadio fanno il tifo per la squadra nazionale italiana.

Oliver Berg / dpa / Landov

Parliamo un po'

a **Chi saranno?** In gruppi di tre o quattro: Guardate le persone in queste foto e cercate di stabilire l'identità di ciascuna: Come si chiamerà? Di dove sarà? Quanti anni avrà? Che tipo di lavoro farà?

©David Hanover / Corbis

©Sandro Vannini / Corbis

©Bob Krist / Corbis

b **Credi all'oroscopo?** In coppia: Legga l'oroscopo della settimana. Poi chieda ad un compagno/una compagna il suo segno zodiacale e gli/le prepari un oroscopo per la prossima settimana.

OROSCOPO DELLA SETTIMANA

Sarà una settimana interessante, ricca di novità in diversi settori della tua vita. Riuscirai a superare un ostacolo che ti preoccupa da molto tempo.

Lavoro: Inizierà un bellissimo periodo, che potrà avere anche interessanti sviluppi sotto il profilo economico. Non potrete contare troppo sull'aiuto degli altri: dovrete riuscire a fare da soli. Novità in vista per i più giovani alla ricerca di lavoro: troveranno quello che cercano.

Amore: Sarete straordinariamente comunicativi e passionali sul piano affettivo e questo vi porterà vantaggi nel rapporto di coppia. Non mancheranno le avventure, per i single, e non solo… Tutto quello che avete sempre desiderato ottenere in amore ma non avete mai avuto il coraggio di chiedere, sarà possibile avere in questo periodo speciale.

Ariete	Toro	Gemelli
Cancro	Leone	Vergine
Bilancia	Scorpione	Sagittario
Capricorno	Acquario	Pesci

c **Andiamo alla partita?** C'è la possibilità di assistere a eventi sportivi nella vostra scuola o nella vostra città? Lei fa il tifo per la squadra locale e venerdì sera c'è la partita. Chiami un compagno/una compagna per invitarlo/la a questo incontro eccezionale.

>> — Ti piace la pallacanestro?
— Sì, la mia squadra preferita è…
— Vuoi andare alla partita di…
— Quando c'è? / A che ora? / Dove? / Dove si comprano i biglietti?…

d **Siete sportivi?** Intervisti alcuni studenti alcune studentesse della sua classe per sapere se sono sportivi/e o no. Poi riferisca le informazioni alla classe.

>> Jenna è molto sportiva. Gioca a pallacanestro tre volte alla settimana. Le piace guardare… Alessandro invece non è…

	1	2	3	4
Nome	_____	_____	_____	_____
Attività sportive che pratica	_____	_____	_____	_____
Quante volte alla settimana?	_____	_____	_____	_____
Sport preferito da giocare	_____	_____	_____	_____
Sport preferito da vedere	_____	_____	_____	_____
Squadra preferita	_____	_____	_____	_____
Se vede gli sport alla TV?	_____	_____	_____	_____
Se va allo stadio? Quando?	_____	_____	_____	_____

e **Gli italiani e lo sport.** In coppia: Prima fate una lista delle attività sportive più popolari tra i giovani americani, maschi e femmine. Poi leggete l'articolo e le statistiche e paragonate le preferenze americane con le informazioni presentate sugli italiani.

I giovani italiani fanno attività sportive per mantenersi in forma e migliorare il loro aspetto fisico. Frequentano centri sportivi, palestre e piscine. Nei luoghi dove non ci sono molti impianti[1] pubblici o privati, come nel sud d'Italia, i giovani non si preoccupano più di tanto. C'è sempre il calcio, che è uno sport non difficile da praticare. Basta uno spazio aperto, un pallone, qualche amico e… un po' d'ingegno.

A fianco sono riportate le statistiche sulle attività sportive praticate dai giovani uomini e donne italiani.

5- LA TESTA È NEL PALLONE

	Maschi	Femmine
Calcio	47,9	2,1
Atletica leggera	4,5	5,1
Podismo[1], footing[2]	2,2	3,7
Ciclismo	3,2	2,5
Ginnastica, danza	10,2	39,0
Basket, pallavolo	10,4	16,4
Nuoto, tuffi[3]	10,5	19,2
Tennis	19,5	13,6
Sport invernali	6,4	11,0
Caccia	1,2	–
Pesca	2,4	–
Altri sport	11,3	7,6
Non indicato	2,8	3,6

1. *establishments*

1. *Walking*   2. *jogging*   3. *diving*

Conoscere l'Italia

a **Definizioni.** Prima di leggere il seguente brano, abbini le definizioni con una parola della lista di destra. Ci sono due parole in più nella lista.

1. la forma dell'Italia
2. aggettivo derivato da *montagna*
3. contrario di *basso/a*
4. catena di montagne
5. contrario di *accessibile*
6. persone che vivono in un paese
7. città capitale di una regione
8. un vulcano italiano

a. inaccessibile
b. Gran Sasso
c. gli abitanti
d. il capoluogo
e. lo stivale
f. gli Appennini
g. alto/a
h. la penisola
i. montuoso/a
j. l'Etna

La Calabria

CD2,
Track 25

Situata sulla punta[1] dello stivale, la Calabria è una penisola che al nord confina con la Basilicata, ad est è circondata dal mar Ionio e ad ovest dal mar Tirreno. In questa regione montuosa degli Appennini calabresi sono situati il Parco Nazionale della Calabria e il Parco Nazionale dell'Aspromonte.

Per molto tempo la Calabria è stata una regione inaccessibile dovuto alla mancanza[2] di vie di comunicazione. Ma oggi l'accesso è più facile, grazie al prolungamento[3] dell'Autostrada del Sole fino a Reggio Calabria, completato nel 1970. Essenzialmente povera di industrie e di risorse, la Calabria ha subito[4] un'emigrazione molto intensa specialmente dagli anni '50 agli anni '70. Oggi in questa regione vivono un po' meno di due milioni di abitanti dei quali quasi duecentomila risiedono a Reggio Calabria.

Questa città ha un aspetto molto moderno e si trova lungo[5] lo stretto di Messina. Dal porto di Reggio partono navi e traghetti[6] per la Sicilia. La Calabria e la Sicilia sono così vicine che dalla passeggiata del Lungomare[7] di questa città si possono vedere le coste siciliane e l'Etna. Non lontano da Reggio Calabria c'è Gioia Tauro, uno dei porti più importanti del Mediterraneo, modernamente attrezzato[8] e specializzato nel traffico dei container.

Un bel teatro moderno all'aperto vicino al mare a Reggio Calabria.

©Sandro Vannini / Corbis

▶ The **Autostrada del Sole** begins in Milan and crosses the whole boot as far as Reggio Calabria.

1. *tip* 2. *due to the lack* 3. *extension* 4. *underwent* 5. *along* 6. *ships and ferries*
7. *seafront promenade* 8. *equipped*

b **Vero o falso?** In coppia: A turno, identificate le seguenti frasi come vere o false secondo il brano precedente. Correggete le frasi false.

1. La Calabria è un'isola.
2. In Calabria ci sono molte montagne.
3. L'Autostrada del Sole arriva fino a Gioia Tauro.
4. In Calabria vivono quasi duecentomila abitanti.
5. A Reggio Calabria vivono più di due milioni di persone.
6. Lo stretto di Messina separa la Calabria dalla Sardegna.
7. Gioia Tauro è un porto della Calabria.

• •

a **La parola giusta.** Prima di leggere il seguente brano, completi ciascuna (*each*) di queste frasi con la parola appropriata fra quelle indicate tra parentesi.

1. Il problema di quel luogo è (l'aeroporto / l'inaccessibilità / l'autostrada); non è proprio possibile entrare.
2. Dicono che non ci sono (difficoltà / attrazioni / regioni) e che è facile risolvere il problema.
3. C'è (un'autostrada / un turismo / un aeroporto) nuovo/a a Crotone e si può benissimo raggiungere la città in aereo.
4. L'estate è (la stagione / il mese / la presenza) più caldo/a dell'anno.
5. Lungo le coste della Calabria ci sono molte belle (mare / spiagge / acqua).
6. Qui c'è un bel (teatro / prolungamento / museo) archeologico.
7. È evidente che in questa regione sono state presenti molte (civiltà / mare / stagioni) antiche.
8. Ho visitato un museo dove ci sono alcune (spiagge / statue / bronzi) romane.

Le attrazioni della Calabria

CD2,
Track 26

A causa della sua inaccessibilità e della sua lontananza[1] dalle grandi città del nord e dell'Europa centrale, la Calabria ha incontrato delle difficoltà nello sviluppo[2] del turismo. Negli ultimi decenni[3] però, grazie al prolungamento dell'autostrada e alla creazione di nuovi aeroporti, questa regione è diventata un luogo di villeggiatura[4] frequentato da turisti italiani e stranieri. Durante la stagione estiva, molti di essi frequentano le belle e tranquille spiagge calabresi dove l'acqua è pulita[5] e i servizi sono molto buoni.

1. *distance*   2. *development*   3. *decades*
4. *vacation*   5. *clean*

Natalia Macheda / Shutterstock

Una veduta della stupenda costa calabrese.

Dopo aver trascorso più di 2.000 anni in fondo al mare, questi bronzi sono stati trovati nel 1972 al largo della costa di Riace in Calabria.

▶ Riace is a small town near Reggio Calabria.

▶ **Magna Grecia** is the name given by ancient Greeks to the colonies they founded along the coast of southern Italy.

Un'altra attrazione è rappresentata dalle tracce[6] artistiche e architettoniche del suo passato storico. La Calabria faceva parte della Magna Grecia. Tra i secoli[7] VIII (ottavo) e VII (settimo) a.C.[8], i Greci fondarono le colonie di Reggio, Sibari, Crotone e Locri. Oggi i resti[9] di questa civilizzazione sono visibili vicino a Crotone.

Nella regione è evidente anche l'influenza di altre civiltà come la bizantina, la normanna e la spagnola. Numerosi sono i musei archeologici calabresi dove sono esposti i reperti[10] di tutte queste civiltà. Il più importante è il Museo Nazionale di Reggio dove si trova un'estesa collezione archeologica che riguarda[11] la Magna Grecia. Qui si trovano i famosi Bronzi di Riace. Queste due statue di bronzo, appartenenti all'epoca classica greca, raffigurano due guerrieri. Esse furono scoperte[12] nel 1972 nel fondo[13] del mare al largo di[14] Riace e per il loro valore artistico oggi rappresentano l'attrazione principale del Museo di Reggio.

6. *traces*   7. *centuries*   8. *avanti Cristo* (B.C.)   9. *ruins*
10. *finds*   11. *concerns*   12. *discovered*   13. *bottom*
14. *off (the coast) of*

b **Informazioni.** Dia le seguenti informazioni basate sul brano precedente.

1. difficoltà incontrate nello sviluppo del turismo in Calabria
2. quello che ha aiutato lo sviluppo del turismo
3. caratteristiche delle spiagge calabresi
4. rapporto fra la Calabria e la Grecia antica
5. le varie civiltà che hanno lasciato tracce in Calabria
6. tipi di musei presenti in questa regione
7. il museo più importante della Calabria
8. cosa sono i Bronzi di Riace, dove sono stati trovati e dove sono adesso

Viaggi in video — *La Calabria*

Prima di guardare

Vocabolario utile

un Dio capriccioso	*a capricious God*
mescolare	*to mix up*
luogo incontaminato	*unspoiled place*
paesaggio	*landscape*
pescatore	*fisherman*
mirtilli	*blueberries*
fichi d'India	*prickly pears*
cuginetti	*little cousins*

a **Ti piacciono o no?** In coppia: Domandate ad un compagno/una compagna se gli/le piacciono o no le seguenti cose.

andare al mare   la ricotta
andare in montagna   i mirtilli
la scultura classica   le tagliatelle
l'artigianato tradizionale   andare a trovare i parente
suonare uno strumento musicale

b **I parenti di Pamela.** Nel seguente paragrafo, Pamela parla di alcuni parenti che ha in Calabria. Cambi il paragrafo per parlare di Pamela. Faccia tutti i cambiamenti necessari.

>> Io ho alcuni parenti in Calabria.
     Pamela ha alcuni parenti in Calabria.

Io ho alcuni parenti in Calabria perché la zia di mia madre ha sposato un calabrese. Così lì ho dei cugini che adoro. Un anno sono andata a trovare i miei parenti lì. Sono stata con mia zia che mi ha trattato come una principessa. Mi ha preparato delle tagliatelle squisite: ne ho mangiate tre porzioni! Mio zio è pescatore e un giorno mi ha portato sulla sua barca a pescare. Un altro giorno sono andata al mare con i miei cuginetti. Mi sono divertita tanto!

▶ Mentre guarda il video

c **Domande.** Risponda alle domande con frasi complete.

1. Quale regione vedono Gep e Pamela nel video?
2. Perché il video dice che Dio si è divertito a creare la Calabria?
3. A Pamela piace andare al mare?
4. Chi è la prima persona che Pamela riconosce nel video?
5. Quale parente di Pamela fa un'ottima ricotta?
6. E quale parente fa tagliatelle buonissime?
7. Nel video, cosa fanno i "cugini" di Pamela?

Magna Grecia in Calabria

La Calabria era il cuore della colonia greca chiamata Magna Grecia che risale all'ottavo secolo avanti Cristo. Infatti, in provincia di Reggio Calabria c'è ancora una comunità dove si parla un dialetto derivato dal greco antico.

© francesco de marco/Shutterstock.com

Dopo aver guardato

d   **Parenti in Italia: parte 1.** In coppia: Un compagno/una compagna desidera sapere se lei ha famiglia in Italia. Inventi una serie di parenti che abitano in diverse regioni d'Italia e risponda alle sue domande.

e   **Parenti in Italia: parte 2.** In coppia: Ora il compagno/la compagna vuole sapere se lei è mai andato/a a trovare i suoi parenti in Italia. Racconti un viaggio inventato. Può parlare di:

dove è andato/a   com'era la città in cui abitavano
quando è andato/a   com'era la loro casa
quali parenti ha visto   se ha mangiato bene da loro
che cosa ha fatto con loro   se si è divertito/a

f   **Esperienza personale.** Scriva il post che ha inventato dei suoi parenti in Italia. Poi, legga i post di due suoi compagni di classe e faccia a ciascuno di loro una domanda riguardo il loro viaggio. E non dimentichi di rispondere alle domande che le vengono poste!

Courtesy of Assessorato al Turismo Della Regione Calabria

Cento di questi giorni!

COMMUNICATIVE OBJECTIVES

- Talk about meals and celebrations
- Express wants and wishes politely
- Talk about what you would do in different situations

Un gruppo di amici festeggia il compleanno di Giulia.

RISORSE

 audio

 video

 www.cengagebrain.com/shop/ ISBN/0495913391

 ilrn.heinle.com

CD2,
Track 27

Alcuni amici di Cagliari festeggiano il compleanno di Giulio Forattini, che oggi compie vent'anni. Franco Bresciani va alla festa di Giulio con Paola Marullo.

Scena 1

1	FRANCO:	Paola, ecco i miei amici. Vieni che te li presento. Ragazzi, vi presento mia cugina Paola.
	LUCIANA:	Io sono Luciana. Lieta di conoscerti, Paola. Sei la cugina che viene da Napoli, vero?
5	PAOLA:	Sì, e tu sei l'amica di cui Franco mi parla molto spesso.
	LUCIANA:	Ah, sì? Ne sono lusingata. Sentite, vorreste bere qualcosa adesso?
	FRANCO:	Sì, io berrei qualcosa di fresco.
	LUCIANA:	Là ci sono i piatti e i bicchieri. Sul tavolo ci sono gli antipasti
10		e le bevande sono nel frigorifero. Potete servirvi da soli.
	PAOLA:	Grazie, sei molto gentile.
	LUCIANA:	Più tardi poi, come primo piatto, mangeremo gli spaghetti al pesto.
	FRANCO:	Al solo pensiero mi viene l'acquolina in bocca°.

Just thinking about it makes my mouth water.

Scena 2
A tavola.

15	FRANCO:	Che spaghetti squisiti! Complimenti, Luciana!
	LUCIANA:	Ringraziate anche Marisa, che mi ha aiutata in cucina.
	FRANCO:	Ho proprio ragione io quando dico che le donne devono occuparsi solo della cucina.
	LUCIANA:	Non è proprio così, anche gli uomini dovrebbero
20		saper cucinare.
	FRANCO:	Scusa Luciana, io sto solo scherzando°.
	LUCIANA:	Sei sempre il solito spiritoso, tu!
	MARISA:	Ragazzi, ecco la torta! Viene da una pasticceria favolosa.
	FRANCO:	Ed ecco lo spumante! Facciamo un bel brindisi a Giulio.
25	LUCIANA:	Tanti auguri, Giulio! Buon compleanno!
	PAOLA:	Cento di questi giorni!

I'm only joking

Domande

1. Perché si sono riuniti gli amici?
2. Chi è Paola? Di dov'è?
3. Che cosa possono mangiare gli invitati?
4. Che dice Franco delle donne? Parla sul serio o scherza?
5. Perché Franco dovrebbe ringraziare anche Marisa?
6. Che cosa bevono gli amici per fare il brindisi?
7. Quali espressioni usano per fare gli auguri a Giulio?

► It is customary in Italy to eat fresh fruit at the end of a meal. Sweet desserts are eaten mostly on special occasions.

► In Italian, the lyrics to "Happy Birthday" are **"Tanti auguri a te, Tanti auguri a te, Tanti auguri a (Giulio), Tanti auguri a te."**

Domande personali

1. Quando lei fa una festa, quante persone invita? Chi invita? Preferisce le feste con molta gente o con pochi amici?
2. Quali sono le occasioni di queste feste: compleanni, visite di amici o parenti, o niente di speciale?
3. Che cosa serve lei ai suoi invitati?
4. Quando sarà il suo compleanno?
5. Le piace festeggiare il suo compleanno? Come lo festeggia? Invita gli amici a casa sua? Va a mangiare al ristorante con la sua famiglia o con i suoi amici?
6. Cosa le piace fare alle feste? Cantare? Ascoltare la musica? Ballare?

Pratica

1. In coppia: Mandate un messaggio di posta elettronica ai vostri amici per invitarli ad una festa. Indicate l'occasione della festa, dove e quando avrà luogo, cosa indossare, se si può portare un amico/un'amica e se si deve portare qualcosa da bere o da mangiare.

2. È l'anniversario di matrimonio dei suoi genitori. Prepari un piccolo discorso per fare il brindisi in onore della mamma e del papà. Usi alcune delle seguenti espressioni: **Buon anniversario! Auguri! Cento di questi giorni!** Reciti il suo discorso ad alta voce ad un amico/un'amica.

La gastronomia italiana

Cucinare bene e mangiare meglio è una buona regola[1] di tutti gli italiani. Ogni regione d'Italia è famosa per le sue specialità gastronomiche e visitando il paese si possono assaggiare molte cucine diverse. Dalla carne al pesce, dalla pasta ai contorni[2], dall'antipasto al dolce, è tutta una serie di piatti squisiti preparati con prodotti genuini.

Fra le tante specialità, ricordiamo il pesto alla genovese, la cotoletta[3] alla milanese, il ragù e i tortellini alla bolognese, gli strangozzi[4] al tartufo dell'Umbria, la pizza napoletana, le orecchiette[5] con i broccoli alla pugliese e i cannoli alla siciliana.

Il tipico pranzo festivo italiano è molto lungo e laborioso. Di solito, il pranzo inizia con un antipasto di prosciutto, salame e sottaceti[6]. Poi arriva il primo piatto costituito da pastasciutta o minestra. Segue il secondo piatto con carne o pesce e vari contorni di verdure crude o cotte[7]. Formaggio, frutta e dolce annunciano la fine del pranzo. Acqua minerale, vino bianco o rosso e qualche volta birra accompagnano questi piatti abbondanti e deliziosi. Chiude il pranzo un caffè espresso, spesso seguito da un digestivo[8]... che a questo punto è veramente necessario.

- Quali sono i piatti tipici del suo paese? Com'è un tipico pranzo festivo americano?

Piatti squisiti sono in bella mostra in questo tipico ristorante italiano.

Bon Appetit / Alamy

1. *rule*   2. *side dishes*   3. *cutlet*
4. *a type of thick, heavy pasta (from the verb "to strangle")*
5. *"little ears" (a small, round pasta)*   6. *pickled vegetables*
7. *raw or cooked*   8. *liqueur*

A **digestivo** isn't just a liqueur, but one thought to aid in the digestion of rich meals. Some **digestivi** are **il Fernet Branca, la China Martini, l'amaretto, la sambuca, il limoncello** etc.

BUON COMPLEANNO!

Vocabolario

Parole analoghe

il merito   la scena
l'occasione (f.)   la visita

Nomi

l'antipasto   hors d'oeuvre,
   appetizer
l'aiuto   help
la bevanda   drink
il brindisi   toast (a drink in
   someone's honor)
il compleanno   birthday
la cucina   cooking
il frigorifero   refrigerator
la pasticceria   pastry shop
il piatto   dish
lo/la spiritoso/a   wise guy
lo spumante   sparkling wine

Aggettivi

lieto/a   glad
lusingato/a   flattered
solito/a   usual, same old
squisito/a   delicious

Verbi

aiutare   to help
compiere   to complete
cucinare   to cook
festeggiare   to celebrate
occuparsi (di)   to attend to
ringraziare   to thank
riunirsi   to get together
rivolgersi (a)   to turn (to)
scherzare   to joke
scusare   to excuse
servirsi   to help oneself

Altre parole ed espressioni

che   who, that
complimenti!   (my) compliments!
   congratulations!
cui   whom; di cui; about whom
proprio   really
buon compleanno!   happy
   birthday!
cento di questi giorni!   many
   happy returns!
fare gli auguri   to wish someone
   well
fare una festa   to have a party
il primo piatto   first course
tanti auguri!   lots of good wishes!

Pronuncia

CD2,
Tracks
28–29

Intonazione

Italian declarative sentences usually follow a smooth, rhythmic pattern.
As in English, each syllable is pronounced evenly. Generally, the voice drops
toward the end of a declarative sentence when the meaning is completed.
In a question, however, the voice rises on the last syllable.

> *Declarative sentence:* Le signorine sono di Cagliari.
>
> *Interrogative sentence:* Le signorine sono di Cagliari?

a Ascolti e ripeta le frasi. Faccia attenzione al ritmo.

Sono Giulio Forattini.
I miei amici frequentano il liceo.
Michele prende un espresso, non è vero?
Comprano qualcosa gli studenti?

b Ascolti e ripeta le seguenti frasi. Faccia attenzione all'intonazione.

L'antipasto di ieri era squisito.
Dove sono andati i ragazzi?
Alberto, ti presento il mio amico Tonio.
Il nipote di quella signora, dov'è?
Anche gli uomini dovrebbero saper cucinare.
Sei la cugina che viene da Napoli, vero?
Ho visto Gianni alla festa di Gabriella.
Che cosa avete celebrato sabato scorso?

Otto Stadler / Getty Images

Numerose specialità gastronomiche sono in vendita in questo grande negozio di alimentari.

🔊 Ampliamento del vocabolario

I pasti e le stoviglie

Here are more terms related to food (**i cibi**) and meals (**i pasti**) to add to those you learned in **Lezione 7**.

> **i pasti** = *meals*

I pasti

l'antipasto *appetizer*
il primo piatto *main course*
il secondo piatto *second course*
il contorno *side dish*
il dolce *dessert*

la (prima) colazione *breakfast*
il pranzo *dinner, lunch (main meal between noon and 2 P.M.)*
la cena *supper (light meal in the evening)*

> **le stoviglie** = *utensils*

> **fare colazione** = *to have breakfast*
> **pranzare** = *to dine, to have dinner or lunch*
> **cenare** = *to have supper*

Un posto a tavola

il bicchiere
la tazza, il piattino e il cucchiaino
la scodella e il cucchiaio
la forchetta   il piatto   il tovagliolo   il coltello

> The main meal (**il pranzo**) is eaten between noon and 2 P.M. in most Italian households. Supper (**la cena**) is eaten between 8 and 9 P.M.

Rivenditori e negozi

Ancora oggi molti italiani preferiscono fare la spesa ogni giorno nei piccoli negozi del proprio quartiere. In questi negozi la gente riceve più attenzione e un miglior servizio da parte dei rivenditori.

Rivenditori		Negozi	
il/la lattaio/a	milkman, milkwoman	**la latteria**	dairy shop
il/la macellaio/a	butcher	**la macelleria**	butcher shop
il/la panettiere/a	baker	**la panetteria**	bakery
il/la pasticciere/a	confectioner	**la pasticceria**	pastry shop
il/la pescivendolo/a	fish vendor	**la pescheria**	fish market
il/la salumiere/a	delicatessen owner	**la salumeria**	delicatessen

a **Oggetti particolari.** Dica il nome degli oggetti che si usano per fare le seguenti cose.

>> per mangiare il gelato   Uso il cucchiaino.

1. per bere il vino
2. per tagliare (*cut*) la carne
3. per mangiare la minestra
4. per pulirsi la bocca e le mani
5. per mangiare l'insalata
6. per portare il pesce a tavola
7. per bere il caffè

b **Domande.** Faccia le seguenti domande a due o tre studenti.

1. A che ora fai la prima colazione? Cosa mangi?
2. A che ora pranzi? Quali piatti compongono (*make up*) il tuo pranzo?
3. A che ora ceni? Quali piatti compongono la tua cena?
4. Che cosa bevi durante i pasti?
5. Tra un pasto e l'altro che cosa mangi?

c **Un pasto speciale.** In coppia: Pensi ad un pasto speciale che lei ha fatto con la sua famiglia o con gli amici. Poi risponda alle domande di un amico/un'amica che vuole sapere l'occasione del pranzo o della cena, chi era presente e quello che avete mangiato.

1. Che cosa avete celebrato?
2. Quante persone c'erano a pranzo (a cena)?
3. Che tipo di antipasto avete mangiato?
4. Quale e com'era il primo piatto?
5. E il secondo piatto? C'era solo un secondo piatto?
6. Cosa avete bevuto durante il pranzo (la cena)?
7. Cosa avete mangiato alla fine del pranzo (della cena)? Cosa avete bevuto?
8. C'era il dolce? Che tipo?

d **Completare il brano.** Completi il seguente brano con una parola appropriata scelta tra le parole indicate nel riquadro Rivenditori e negozi.

Stamattina sono andata a vari negozi. Prima sono andata dal _____ per comprare il pane fresco. Mentre ero nella _____ ho incontrato la mia vicina e sono andata con lei in una _____ per comprare il latte. Poi dal _____ ho comprato un chilo di carne. Mentre ero nella _____, è entrato il _____ e mi ha detto che aveva del pesce fresco. Quindi sono andata con lui alla _____ dove ho comprato mezzo chilo di scampi e una sogliola (*sole*). Dopo mi sono ricordata che avevo bisogno di prosciutto e sono andata alla _____. Prima di rientrare a casa, sono andata nella _____ di mio cugino, dove ho comprato mezza dozzina di paste. Mio cugino è un bravo _____ e fa delle paste squisite.

Struttura ed uso

Condizionale

— Che cosa **vorrebbe,** signore?
— **Vorrei** un polpo, per favore. È fresco oggi?

1. The conditional is used to express what would occur under certain conditions or circumstances.

Berrei qualcosa di fresco.	*I would drink something cold (if you have it).*
Sarebbe una festa divertente.	*It would be a fun party (if it were to take place).*
Non **direi** quelle cose.	*I wouldn't say those things (if I were you).*

2. The conditional is also used to add politeness to requests, offers, and advice.

Prenderebbe un caffè?	*Would you have a coffee?*
Vorremmo vedere la casa.	*We'd like to see the house.*
Dovreste lavorare di più.	*You should (ought to) work more.*
Mi aiuteresti in cucina?	*Would you help me in the kitchen?*
Potresti passare dal lattaio?	*Could you stop by the dairy shop?*

> Three useful forms:
> **vorrei** = *I would like*
> **potrei** = *I could*
> **dovrei** = *I should*

3. The conditional is formed with the future stem (see page 293) of the verb plus the conditional endings **-ei, -esti, -ebbe, -emmo, -este,** and **-ebbero.**

> Be sure to pronounce the double consonants in the conditional forms. Pay particular attention to the **noi** form: future = **-emo**, conditional = **-emmo**.

	abitare	prendere	finire
io	abiter**ei**	prender**ei**	finir**ei**
tu	abiter**esti**	prender**esti**	finir**esti**
lui/lei	abiter**ebbe**	prender**ebbe**	finir**ebbe**
noi	abiter**emmo**	prender**emmo**	finir**emmo**
voi	abiter**este**	prender**este**	finir**este**
loro	abiter**ebbero**	prender**ebbero**	finir**ebbero**

4. The rules for the formation of the future that you learned in **Lezione 12** are also true for the conditional. Verbs ending in **-care** and **-gare** add **h** to the conditional forms. All verbs that have an irregular future stem use the same stem for the conditional.

> Remember that many verbs with an irregular future stem drop a vowel from the infinitive ending: **andare** → **andr-**.

— **Dimentichereste** la vostra promessa?
— *Would you forget your promise?*

— Non **potremmo** mai dimenticarla.
— *We could never forget it.*

— **Sarebbe** possibile rimandare l'appuntamento a domani?
— *Would it be possible to postpone our appointment until tomorrow?*

— Lo **farei** volentieri, ma domani sono impegnato.
— *I would do it gladly, but I'm busy tomorrow.*

---

a **Cose che farebbero.** Dica che queste persone farebbero le azioni indicate e spieghi poi perché non le fanno.

>> Enzo / giocare a pallacanestro
Enzo giocherebbe a pallacanestro ma non ha tempo / ma deve lavorare / ma non sa giocare, ecc.

1. Roberta / prendere un caffè
2. i bambini / pulire la loro camera
3. io / accompagnare Luciana alla festa
4. noi / passare dalla nonna
5. voi / andare a trovare la famiglia ogni fine settimana
6. mia sorella / aiutarmi in cucina
7. loro / fare una passeggiata
8. io / restare a casa con il fratellino

---

b **In trattoria.** Lei è in una trattoria della Costa Smeralda. Come potrebbe dire le seguenti frasi in maniera più cortese?

>> Portami il pane!   Mi porterebbe il pane, per piacere?

1. Avete un tavolo per due con vista sul mare?
2. Venga qui un momento.
3. Mi porti il menù!
4. Che cosa vuol dire *sottaceti*?
5. Preferisco il vino rosso.
6. Voglio gli spaghetti alle vongole.
7. È possibile farmi il conto (*check*)?
8. Dov'è il bagno (*restroom*)?

c **Cose che farei.** In coppia: Dica al compagno/alla compagna che cosa farebbe con le seguenti cose o persone.

>> un aeroplano privato   S1: Che cosa faresti con un aeroplano privato?
    S2: Ogni fine settimana tornerei a casa. Per le vacanze potrei... E tu che cosa faresti?
    S1: Andrei...

- un milione di dollari
- una Lamborghini
- un cavallo
- un ristorante elegante
- un fratello gemello (*twin*) identico/una sorella gemella identica
- un appartamento a Roma
- le risposte per il prossimo esame d'italiano

d **Intervista.** Intervisti un compagno/una compagna per sapere cosa farebbe se tutto fosse (*were*) possibile. Gli/Le chieda:

>> vivere   S1: Dove vivresti?
    S2: Vivrei in California. Avrei una casa…

1. dove andare in vacanza   4. quale lavoro fare
2. quale macchina guidare   5. che tipo di persona sposare
3. quale università frequentare

e **Cose che fareste.** In coppia: Cosa fareste voi in queste situazioni?

1. La macchina non funziona e dovete arrivare a scuola in tempo per un esame.
2. Non siete soddisfatti del vostro voto (*grade*) in un esame.
3. Non potete dormire perché il vostro compagno di camera russa (*snores*).
4. Avete tre esami e un lungo progetto da finire per lo stesso giorno.
5. Il vostro migliore amico parte per un anno in Australia.
6. In un ristorante, un piatto che avete ordinato non è buono.
7. Per il vostro compleanno un amico vi regala una maglia che non vi piace per niente.

f **Lo faresti o no?** In gruppi di tre: Chieda alle altre persone del gruppo se farebbero queste cose.

>> dire che le piace un regalo anche se non è vero
    S1: Tu diresti che ti piace un regalo, anche se non è vero?
    S2: Sì, direi che mi piace.
    S3: No, direi la verità: direi che non mi piace.

1. uscire con la ragazza/il ragazzo del suo migliore amico/della sua migliore amica
2. prestare molti soldi al suo compagno/alla sua compagna di camera
3. sposarsi con una donna/un uomo molto ricca/o ma antipatica/o
4. andare a vivere all'estero da solo/a
5. dire una bugia per aiutare un amico/a
6. regalare una cosa ricevuta in regalo

7. fare l'autostop (*hitchhike*) da solo/a
8. dare ad un amico/un'amica le risposte per un esame
9. andare ad una spiaggia per nudisti

Pronomi combinati

1. When direct- and indirect-object pronouns are both used in a sentence, the indirect-object pronoun changes form and precedes the direct-object pronoun, except for **loro**. The following chart shows indirect-object pronouns combined with direct-object pronouns as well as with the particle **ne**.

pronomi di complemento indiretto	pronomi di complemento diretto				+ particle *ne*
	+ lo	+ la	+ li	+ le	
mi	me lo	me la	me li	me le	me ne
ti	te lo	te la	te li	te le	te ne
gli ⎱ le ⎰	glielo	gliela	glieli	gliele	gliene
ci	ce lo	ce la	ce li	ce le	ce ne
vi	ve lo	ve la	ve li	ve le	ve ne
loro	lo... loro	la... loro	li... loro	le... loro	ne... loro

2. The indirect-object pronouns **mi, ti, ci,** and **vi** become **me, te, ce,** and **ve** before **lo, la, li, le,** and **ne.**

Anna mi chiede un favore.	*Anna asks me for a favor.*
Me lo chiede.	*She asks me for it.*
Roberto ti ha comprato i biglietti.	*Roberto bought you the tickets.*
Te li ha comprati.	*He bought them for you.*
Ci preparano i dolci.	*They are preparing desserts for us.*
Ce li preparano.	*They're preparing them for us.*
Vi scrive le poesie.	*He writes you poems.*
Ve le scrive.	*He writes them for you.*

The indirect-object pronouns **gli** and **le** become **glie** when combined with the direct-object pronouns **lo, la, li, le,** and **ne.**

Gli spedirò il questionario.	*I'll send him the questionnaire.*
Glielo spedirò.	*I'll send it to him.*
Le ho comprato il libro.	*I bought her the book.*
Gliel'ho comprato.	*I bought it for her.*
Gli abbiamo parlato della festa.	*We spoke to them about the party.*
Gliene abbiamo parlato.	*We spoke to them about it.*

— Come secondo piatto
l'agnello è molto buono.
Glielo posso consigliare.

3. The combined object pronouns, like single pronouns, generally precede
a conjugated verb. In infinitive constructions, the combined pronouns
are attached to the end of the infinitive. In constructions with the modal
verbs **dovere, potere, volere,** the pronouns may either precede the conjugated verb or attach to the infinitive.

> — Vendi la tua macchina a
> Giuliana?
> — Sì, forse **gliela** vendo.
> Penso di vender**gliela**.
> Vorrei vender**gliela** (*or* **Gliela**
> vorrei vendere).

> — *Are you selling your car to
> Giuliana?*
> — *Yes, maybe I'll sell it to her.*
> *I'm thinking of selling it to her.*
> *I'd like to sell it to her.*

▶ Remember that when
pronouns attach to an infinitive,
the infinitive drops its final
-e: dire → dirglielo.

4. The indirect-object pronoun **loro** always follows the verb. It never
attaches to the direct-object pronoun or to an infinitive.

> Mando **loro** il pacco.
> **Lo** mando **loro.**
> Devo mandar**lo loro.**

> *I'm sending them the package.*
> *I'm sending it to them.*
> *I have to send it to them.*

▶ Remember that **gli** is
increasingly replacing **loro** in
conversational Italian to mean
"to them." You can express
"I'm sending it to them" as **Lo
mando loro** or **Glielo mando.**

5. In **tu, noi,** and **voi** commands with two object pronouns, both pronouns
follow the verb and are attached to it.

> Porta**melo**!
> Spedite**cela**!

> *Bring it to me!*
> *Send it to us!*

In negative **tu, noi,** and **voi** commands, the pronouns usually precede the
verb, though many Italians attach them to the end of the verb.

> Non **me lo** portare.
> Non **ce la** spedite.

> *or*   Non portar**melo.**
> *or*   Non spedite**cela.**

▶ In formal commands, the pronouns precede the verb: **Me lo
porti, signora** (*Bring it to me,
ma'am*).; **Non *ce la* spedisca,
per favore** (*Please don't send
it to us*).

g   Al ristorante. In coppia: In un ristorante, lei chiede al cameriere le seguenti cose. Il cameriere dice che gliele porterà subito.

>> il menù   S1: Mi potrebbe portare il menù?
                 S2: Certo. Glielo porto subito.

1. il sale   5. una bistecca alla fiorentina
2. la lista dei vini   6. gli spinaci
3. gli spaghetti alle vongole   7. un'altra forchetta
4. un bicchiere d'acqua   8. il conto

h   Completare le conversazioni. Nelle seguenti conversazioni completi le risposte, usando le forme appropriate dei pronomi combinati.

1. — Mi puoi comprare i biglietti?
   — Sì, posso _____ domani.
2. Vuole offrire le bevande ai ragazzi?
   — No, voglio _____ quando arrivano tutti.
3. Quando devi dare i regali a Giulio?
   — Devo _____ più tardi.
4. Potete preparare il caffè per il signore?
   — Sì, possiamo _____ ora.
5. Volete presentare Elena agli amici?
   — Sì, vogliamo _____.

i   Ne hai bisogno? Lei è molto generoso/a e ogni volta che una persona ha bisogno di una cosa sua, gliela presta volentieri. Finisca le frasi come nel modello.

>> Avete bisogno di questo dizionario? Allora, ve lo presterò.
   Ha bisogno di forchette di plastica? Allora, gliele presterò.

1. Hai bisogno dello shampoo?
2. Avete bisogno del mio computer?
3. Ha bisogno delle forbici?
4. Hanno bisogno della macchina?
5. Avete bisogno dei miei libri di arte?
6. Ha bisogno del mio telefonino?
7. Hanno bisogno del mio lettore DVD?

j   Dare ordini. In coppia: Un suo amico/Una sua amica non vuole fare le cose che lei gli/le suggerisce. Ordini che le faccia, usando i pronomi con l'imperativo.

>> S1: Da' il tuo zaino a Roberto!
   S2: Non voglio darglielo.
   S1: Daglielo!

1. Spiega il problema a noi!
2. Scrivi la lettera alla tua amica!
3. Spedisci i libri a Giorgio e a Tina!
4. Presenta tua sorella a me!
5. Chiedi le informazioni a Sandra!
6. Fa' la domanda al professore!
7. Prepara il pranzo ai ragazzi!

k **Domande.** In coppia: Faccia le seguenti domande ad un altro studente/ un'altra studentessa. Poi invertite i ruoli.

1. Fai regali ad altre persone per il loro compleanno? A chi? Fai regali agli amici? Che cosa regali loro? E alla ragazza/al ragazzo?
2. Quando è il compleanno di un tuo amico gli prepari una torta? Gli fai un regalo?
3. Scrivi spesso messaggi elettronici agli amici? Alla mamma?
4. Lasci sempre la mancia (*tip*) al cameriere quando vai al ristorante? Anche quando il servizio è stato mediocre?
5. Ti lavi i capelli ogni giorno? Quante volte al giorno ti lavi i denti?
6. Quando ti metti i guanti? E il cappotto? E il costume da bagno?

1.) scrivere la lettera alla direttrice
2.) mandare il messaggio elettronico al signor Tonfi
3.) spedire i libri ai clienti ✓
4.) spiegare il problema alla signorina Campo ✓
5.) presentare l'amica al direttore
6.) chiedere le informazioni alle segretarie ✓
7.) portare il registratore a Tonino ✓
8.) comprare una torta per la direttrice ✓

l **Una lista.** In coppia: Nella lista sopra riportata ci sono scritte tutte le cose che oggi lei doveva fare in ufficio, ma lei è riuscito/a a farne solo alcune. Quando alla fine della giornata il suo capoufficio (*boss*) le chiede se ha fatto le varie cose, risponda in maniera appropriata usando i pronomi.

>> S1: Ha scritto la lettera alla direttrice?
   S2: Sì, gliel'ho scritta. / No, non gliel'ho ancora scritta.

> Even when attached to an indirect-object pronoun, a preceding direct-object pronoun will cause agreement of the past participle.

Pronomi relativi *che* e *cui*

— Ho un gruppo di amici con **cui** discuto le grandi opere letterarie.

1. Relative pronouns such as **che** and **cui** connect a dependent clause to a main clause. A relative pronoun refers to a specific noun in the main clause.

frase principale	frase dipendente
Lisa è una giovane	**che** studia pittura a Firenze.
Tu sei l'amica	di **cui** Franco mi parla spesso.

2. The most common relative pronoun in Italian is **che** (*who, whom, that, which*). It can refer to either the subject or the direct object of the main clause and can refer to people or things. Notice that English often omits the relative pronoun. In Italian it is necessary.

Non mi piacciono le persone **che** fanno le spiritose.	*I don't like people who think they are funny.*
Conosco alcuni uomini **che** sanno cucinare.	*I know some men who know how to cook.*
Ho ricevuto il biglietto **che** mi hai mandato.	*I received the card (that) you sent me.*

3. The relative pronoun **cui** is used when the dependent clause is introduced by a preposition.

Alberto Moravia è lo scrittore **di cui** parlava la professoressa.	*Alberto Moravia is the writer about whom the professor was talking.*
Un cavatappi è una cosa **con cui** puoi aprire le bottiglie.	*A cavatappi (corkscrew) is something with which you can open bottles.*
Questa è la porta **da cui** è uscita la signora.	*This is the door through which the lady left.*
Ecco il ristorante **in cui** ho conosciuto mio marito.	*This is the restaurant in which I met my husband.*

In conversation, **dove** is often used instead of **in cui** to refer to places.

Ecco il ristorante **dove** ho conosciuto mio marito.

m Completare il brano. Completi il brano con i pronomi relativi **che** o **cui.**

Signori e signore, benvenuti (*welcome*) a Verona e benvenuti alla casa di Giulietta. Questa è la casa in _____ viveva la famiglia Cappelletti. Se saliamo al piano di sopra, troviamo la camera in _____ Giulietta dormiva. Guardate a destra: lì c'è il vestito _____ Giulietta si è messa per andare alla festa in _____ ha conosciuto Romeo. Sulla sinistra potete vedere il balcone da _____ Giulietta parlava con Romeo. E fuori c'è l'albero su _____ Romeo è salito per essere più vicino alla ragazza. Notate che sulla tavola c'è ancora la penna con _____ Giulietta ha scritto la famosa lettera e la bottiglia di medicina _____ Giulietta ha preso per sembrare morta. Se uscite da quella porta, vedrete il telefono _____ la madre di Giulietta ha usato per chiamare l'ambulanza.

n Completare le frasi. Completi le frasi con il pronome relativo corretto: **che, in cui, con cui** o **di cui.**

1. Mi piacciono le ragazze _____ vestono elegantemente.
2. Conosco una signora _____ lavora in quella pasticceria.
3. Ho trovato una borsa _____ c'erano 200 euro.
4. Abbiamo visto il film _____ ci hai consigliato.
5. È quel film _____ tutti parlano.
6. Ho un amico _____ gioca a pallacanestro.
7. Ecco Paolo, il ragazzo ___ noi giochiamo a pallacanestro.
8. Ecco la discoteca _____ ho conosciuto il mio ragazzo.
9. Ho ricevuto la fotografia _____ mi hai spedito dalla Grecia.

o Cose che mi piacciono. In coppia: Dica ad un compagno/una compagna le cose che le piacciono, usando le frasi in basso.

>> Mi piacciono i bambini che...   S1: Mi piacciono i bambini che dormono sempre.

          S2: A me piacciono i bambini che non fanno rumore.

1. Mi piacciono i ragazzi/le ragazze che...   5. Mi piacciono i film in cui...
2. Mi piacciono i professori che...   6. Mi piacciono le feste a cui...
3. Mi piacciono i ristoranti che...   7. Mi piacciono i giorni in cui...
4. Mi piace l'arte che...   8. Mi piacciono i negozi dove...

p Completare le frasi. Finisca le frasi in maniera logica.

>> Cos'è una valigia? È una cosa in cui...
     È una cosa in cui mettiamo i vestiti quando facciamo un viaggio.

1. Cos'è un giornale? È una cosa che...
2. Chi sono i tedeschi? Sono persone che...
3. Cos'è una forchetta? È una cosa che...
4. Chi è Leonardo da Vinci? È l'uomo che...
5. Cos'è Natale? È il giorno in cui...
6. Cos'è il dentifricio? È una cosa con cui...
7. Cos'è uno zaino? È una cosa in cui...
8. Cos'è una macelleria? È un luogo dove...

iLrn Complete the diagnostic tests to check your knowledge of the vocabulary and grammar structures presented in this chapter.

Parliamo un po'

a **Scegliere un ristorante.** In gruppi di tre: Sono finiti tutti i vostri esami e stasera avete voglia di celebrare. Vorreste andare ad un nuovo ristorante. Guardate i menù in basso. Ognuno di voi sceglie il ristorante che gli/le interessa di più, poi decide con gli altri dove andare.

>> S1: Mi piacerebbe andare... perché mi piace...
S2: No, io vorrei andare... perché...
S3: Io preferirei...

RISTORANTE BIBÒ

Chiuso il martedì

Tel. 045 2398517
Prezzo fisso: €22,00

1° Penne alla fiesolana, Zuppa di verdura, Ravioli alla cardinale
2° Braciole alla fiorentina, Costola di maiale alla salvia, Trota al burro
3° Patate, Spinaci, Insalata
4° Frutta, Creme caramel, Gelato

Bevande: non comprese nel prezzo fisso

Cihan Demirok / CIDEPIX / Shutterstock

Ristorante CINESE CITTÀ IMPERIALE

Chiuso il lunedì

Tel. 045 218349
Prezzo fisso: €19,50

1° Involtini primavera, Ravioli al vapore, Wal-con fritti
2° Riso alla Cantonese, riso con gamberetti, Pasta cinese
3° Maiale, Stufato con funghi cinesi e bambù, Pollo alle mandorle, Pollo in salsa piccante
4° Frutta mista cinese, Frutta fritta

Bevande: Acqua, Tè cinese, Vino Tavoli all'aperto d'estate

tandaleah / Shutterstock

Ristorante PIZZERIA CHARLIE'S

Tel. 045 4360432
Chiuso il mercoledì
Prezzo fisso: €21,50

1° Antipasto toscano
2° Penne alla boscaiola o strascicate, Rigatoni
3° Roast beef, Arista al forno, Cotoletta alla milanese

4° Piselli, Insalata, Patate
5° Gelato, Macedonia

Bevande: Vino, Acqua

Aria condizionata

Lorelyn Medina / Shutterstock

TAVOLA CALDA DA ROCCO

Chiuso la domenica   Prezzo fisso: €16,00

1° Pasta fredda, Lasagne, Spaghetti, Penne
2° Trippa, Cotolette, Straccetti di vitella
3° Verdura, Insalata, Sformati
4° Macedonia, Creme caramel, Pere, Mele cotte

Bevande: Vino, Acqua minerale

b **Al ristorante.** Negli stessi gruppi di tre: Lei e un compagno/una compagna andate al ristorante scelto nell'attività A. Arriva il cameriere (il terzo membro del gruppo) e gli date le ordinazioni. Potete anche fargli domande se non capite una cosa del menù.

>> S3: Buona sera. Benvenuti al Ristorante Bibò. Che cosa desiderano i signori?
S1: Io vorrei… / Mi potrebbe dire per favore… ? / Che cosa significa… ?
S2: Il vino sarebbe incluso nel prezzo fisso? / Potrei avere… ?

c **Notizie liete.** Legga le notizie liete (*happy news*) in questi annunci riportati e poi, dia le informazioni indicate.

1. Chi compie diciotto anni?
2. Che tipo di messaggio c'è per Anna Maria?
3. A che ora e dove si sposano Tiziana e Renzo?
4. Che cosa festeggia Massimo?
5. Che cosa festeggiano Rosi e Roberto?
6. Chi sono appena nati?

d **Cosa servire?** Cosa farebbe lei in una delle seguenti situazioni? Ne scelga una, scriva un menù con antipasto, un primo piatto e un secondo piatto e prenda appunti sulle altre cose da fare. Poi spieghi ad un compagno/una compagna che cosa farebbe.

1. Ha invitato dieci amici a festeggiare il compleanno della sua migliore amica. Quali cibi servirebbe loro? Quali bibite comprerebbe? Quali attività organizzerebbe?
2. Lei invita nel suo appartamento il suo ragazzo/la sua ragazza per una cena intima a due. Che cosa gli/le preparerebbe? Come sarebbe l'appartamento?
3. I suoi futuri suoceri vengono a cena. Quali cibi servirebbe loro? Come si vestirebbe? Inviterebbe altre persone?

e **Prima della festa.** In coppia: Scegliete una delle situazioni dell'attività D. Poi S1 (il/la cliente) deve andare al negozio appropriato (la pasticceria, il mercato, la salumeria, ecc.) per comprare alcune delle cose necessarie. S2 fa la parte del/della negoziante.

NOTIZIE LIETE

Anniversario

★ **A Rosi e Roberto** nel primo anniversario tanti auguri mamma papà Daniela Enrico zio Carlo e Anna.

Compleanno

★ **Massimo** tantissimi auguri Gabri Gianni e mamma Clelia bacissimi.

Compleanno

★ **Patrizia Santolamazza.** Oggi è un giorno da non dimenticare i tuoi meravigliosi 18 anni auguri Papà Mamma Catia.

Culla

★ **Clelia e famiglia** augurano tanta felicità alla piccola **Claudia**.

Culla

★ Finalmente è arrivato **Andrea** inondando il nostro cuore di gioia auguri gli amici di Licenza.

Messaggio

D'amore per **Anna Maria**. Non posso vivere senza di te.

Nozze

★ Oggi, alle ore 17, nell'Abbazia S. Nilo di Grottaferrata, **Tiziana Simone** e **Renzo D'Alessandris** coronano il loro sogno d'amore. A Tiziana e Renzo giungano gli auguri più sinceri.

Espressioni utili

Mi dica signore (signorina).
Quanto ne vuole?
Costa / Costano…
Desidera altro?

Vorrei un chilo di…
Mi dia un pacchetto di…
Mi potrebbe dare una bottiglia di… ?
Quanto costa / costano?
Quanto è in tutto?

Conoscere l'Italia

a **Definizioni.** Abbini le definizioni con una parola della lista di destra.
Ci sono due parole in più nella lista.

1. gli abitanti della Sardegna
2. lo fa il vento
3. danno l'uva
4. la persona che scrive
5. aggettivo derivato da Sardegna
6. la lingua della Sardegna
7. alberi con frutti che danno olio
8. lavoro collegato al mare e ai pesci
9. gli abitanti della Spagna

a. gli ulivi
b. gli spagnoli
c. il sardo
d. la pesca
e. i vigneti
f. i monumenti
g. lo scrittore o la scrittrice
h. sardo/a
i. tira
j. i sardi
k. l'isola

La Sardegna

CD2,
Track 30

Dopo la Sicilia, la Sardegna è la seconda isola italiana più grande del Mediterraneo. Essa è situata a 200 km dalla penisola e a solo 12 km dalla Corsica. La Sardegna è una terra antichissima dove si trovano vari monumenti preistorici. I nuraghi, per esempio, sono grandi strutture in pietra[1] che risalgono[2] a quasi duemila anni avanti Cristo.

I paesaggi[3] sardi sono molto diversi. Le coste, tra le più belle d'Italia, sono frastagliatissime[4]. Il territorio presenta monti, valli, qualche pianura e massicci[5] isolati con poca vegetazione. L'isola è molto ventosa[6]

Antica e caratteristica costruzione della Sardegna detta "nuraghe".

e molti alberi crescono nella direzione in cui tira il vento. In Sardegna crescono querce da sughero[7], ulivi, vigneti e alberi da frutta. L'economia dell'isola si basa sull'agricoltura, la pastorizia[8], la pesca[9], l'industria mineraria[10], l'artigianato e il turismo.

Gli abitanti dell'isola sono più di un milione e mezzo. Essi hanno una propria lingua, il sardo, che comprende vari dialetti. Nel lessico sardo si possono distinguere elementi latini, prelatini, greci, spagnoli e catalani. Le città

▶ The strait that separates Corsica from Sardegna is called **Bocche di Bonifacio**.

1. *stone*   2. *date back to*   3. *landscapes*   4. *very winding*
5. *groups of mountain peaks*   6. *windy*   7. *cork trees*
8. *sheepherding*   9. *fishing*   10. *mining*

principali della Sardegna sono Cagliari, Sassari e Nuoro. Cagliari, il capoluogo, ha l'aspetto di una città moderna con un bell'aeroporto e un porto molto attivo. A Cagliari è nato Antonio Gramsci (1891–1936), scrittore e figura politica di grande rilievo. Sassari, nel nord dell'isola, è una città con caratteristiche medievali. In questa città, in cui è nato il pittore Mario Sironi (1885–1961), ogni anno si svolge un'importante mostra dell'artigianato sardo. A Nuoro, una città della Sardegna centrale ai piedi del massiccio del Gennargentu, è nata la scrittrice Grazia Deledda (1871–1936), a cui fu assegnato il premio Nobel per la letteratura nel 1926.

▶ On the political map of Italy on page 12, locate Sassari and Nuoro.

▶ Gennargentu (1,834 m) is the highest peak in Sardegna.

b **Vero o falso?** Indichi se le seguenti frasi sono vere o false secondo il brano precedente. Correggete le frasi false.

1. La Sardegna è la più grande isola del Mediterraneo.
2. La Sardegna è a 12 km dall'Italia.
3. La Corsica è un'isola al nord della Sardegna.
4. I nuraghi sono monumenti preistorici.
5. Le coste sarde sono poco frastagliate.
6. In Sardegna tira sempre vento.
7. L'economia dell'isola si basa sul turismo.
8. Gli abitanti dell'isola parlano il sardo.
9. Il capoluogo della Sardegna è Sassari.
10. Grazia Deledda è una scrittrice sarda.

▶ Locate Sardegna on the map on page 12. Then locate Corsica. **È vicina o lontana la Corsica dalla Sardegna? A quale paese straniero appartiene** (*belongs*) **la Corsica? Come si chiama il mare al nord della Corsica? E il mare ad est della Sardegna? È vicina o lontana la Sardegna dall'Italia? E dalla Sicilia?** Finally, locate Cagliari: **Cagliari è nel nord o nel sud dell'isola?**

a **La parola giusta.** Completi le seguenti frasi con le parole più logiche fra quelle indicate tra parentesi.

1. D' (inverno / estate) fa molto caldo in Sardegna.
2. Molte persone (sono ricche / ci vanno in vacanza) per riposare.
3. Di solito i turisti da Roma prendono (l'autobus / l'aereo) per andare in Sardegna .
4. Per prendere l'aereo bisogna andare (alle linee marittime / all'aeroporto).
5. I turisti ricchi vanno a stare in (pensioni modeste / alberghi di lusso).
6. Quando fa caldo è bello stare (sulla spiaggia / in macchina).
7. In Sardegna ci sono bei posti (per sciare / di villeggiatura).

EnricoSpanu / Photolibrary

Costumi caratteristici della Sardegna.

**CD 2,
Track 31**

Una bella meta[1] turistica

D'estate molti turisti italiani e stranieri vanno in vacanza in Sardegna. Se non sono così ricchi da avere una barca[2] privata, essi vanno in traghetto[3] o in aereo. Ci sono varie linee marittime con le quali si può raggiungere[4] l'isola, con traghetti che partono per Cagliari da Civitavecchia, Napoli e Palermo. Porto Torres, vicino a Sassari, può essere raggiunto da Genova e Livorno. E bisogna prenotare[5] con molto anticipo, altrimenti[6] non si trova posto, specialmente se uno vuole portare con sé la macchina. Nei mesi estivi anche il traffico aereo diventa particolarmente intenso nei moderni aeroporti di Cagliari ed Alghero.

Un tipico porto turistico della Costa Smeralda.

Un posto di villeggiatura molto esclusivo è la Costa Smeralda, nel nord-est della Sardegna. Questa zona ricca di alberghi di lusso, di porti turistici e di campi da golf[7] attrae anche turisti stranieri molto facoltosi[8]. Un'altra zona molto bella è Alghero, nel nord-ovest dell'isola. Alghero prende il nome dalla quantità di alghe che si accumulano sulle sue spiagge. In questo piccolo porto si pratica anche la pesca del corallo. Alghero ricorda[9] la Spagna. Infatti questo porto, occupato dai catalani[10] nel 1354, ha conservato la lingua e i costumi di quella regione spagnola. Per ricordare questo legame[11], ogni anno ha luogo uno scambio[12] culturale fra gli abitanti di Alghero e della Catalogna.

Il turismo è una grande industria per la Sardegna; i visitatori possono assistere anche a tante feste popolari dove i sardi indossano bei costumi regionali e cantano indimenticabili canti[13] tradizionali. Altri luoghi sardi molto visitati dai turisti sono le isole della Maddalena e di Caprera al sud della Corsica. A Caprera ci sono la casa e la tomba dell'eroe nazionale Giuseppe Garibaldi.

▶ On the political map of Italy on page 12, locate Alghero and Porto Torres. Also locate Civitavecchia (**un porto vicino a Roma**) and Livorno (**un porto della Toscana**).

▶ On the political map of Italy on page 12, locate the islands of Maddalena and Caprera.

▶ Giuseppe Garibaldi fought for the unification of Italy during the second half of the nineteenth century.

1. *destination*	2. *boat*	3. *ferry*	4. *to reach*	5. *to make reservations*
6. *otherwise*	7. *golf courses*	8. *wealthy*	9. *is reminiscent of*	10. *Catalonians*
11. *link*	12. *exchange*	13. *unforgettable songs*		

b **Informazioni.** Dia le seguenti informazioni basate sul brano precedente.

1. come si può raggiungere la Sardegna
2. da dove partono i traghetti che vanno a Cagliari
3. un bellissimo posto di villeggiatura della Sardegna
4. da che cosa deriva il nome di Alghero
5. pesca particolare praticata in Alghero
6. una regione spagnola che ha contatti con Alghero
7. due piccole isole vicino alla Sardegna
8. un eroe italiano la cui casa e tomba si trovano su una di queste piccole isole

Viaggi in video *La Sardegna*

Prima di guardare

Vocabolario utile

nel frattempo	*in the meantime*
bosco	*forest*
campo di grano	*field of wheat*
fenicotteri	*flamingoes*
teschio	*skull*
è roba proprio strana	*that's some crazy stuff*
è scesa dalla nave	*she got off the ship*
razzo	*rocket*
zanzare	*mosquitoes*

a **Trapassato misterioso.** Riscriva le frasi come nel modello.

>> La nave che è partita molto tempo fa arriva sulla spiaggia.
   La nave che era partita molto tempo fa è arrivata sulla spiaggia.

1. L'uomo trova la maschera che la donna ha lasciato nel bosco.
2. L'uomo si mette sul cavallo che ha visto vicino al lago.
3. Le donne che hanno aiutato l'uomo tornano a casa.
4. La donna decide di vivere nella casa che ha trovato.
5. La donna torna sulla spiaggia sulla quale è arrivata.
6. L'uomo pensa che non ha mai visto una donna così bella.

▶ Mentre guarda il video

b **Che cosa vedono?** Per ogni elemento menzionato, dica se Gep e Pamela ne vedono uno, alcuni o nessuno.

>> animale   Vedono un animale.
                 Vedono degli animali.
                 Non vedono nessun animale.

spiaggia	centro commerciale	fenicottero	nave
bosco	cavallo	donna mascherata	università
zanzara	treno elettrico	lago	campo di grano

c **Domande.** Risponda con frasi complete.

1. Perché Gep ha bisogno dell'aiuto di Pamela?
2. Perché Pamela dice che la donna è molto fashion?
3. Secondo Pamela, chi c'è sulla nave?
4. Che cosa fa l'uomo dopo essersi messo la maschera?
5. Che cosa cercano le donne in costume tradizionale? e le donna fashion? Riescono a trovare ciò che cercano?
6. Chi sono i figli della donna fashion e dell'uomo mascherato?
7. Cosa pensa dell'interpretazione che Pamela fa del video?

© Sfocato/Shutterstock.com

Dopo aver guardato

d **La mitologia secondo Pamela.** Ecco un riassunto del mito raccontato da Pamela con i verbi al presente. Metta i verbi indicati al passato, usando in maniera appropriata il passato prossimo o l'imperfetto.

Una nave (1.) **arriva** sulla costa della Sardegna. Sulla nave, accompagnata dal padre, (2.) **c'è** una donna che (3.) **indossa** un vestito rosa. Per vari giorni (4.) **cercano** gli abitanti ma non (5.) **c'è** nessuno. La donna (6.) **scende** dalla nave e (7.) **va** nel bosco, dove (8.) **lascia** una maschera misteriosa. Dopo un po' di tempo, un uomo (9.) **trova** la maschera e se la (10.) **mette**, aiutato da quattro donne in costume tradizionale. L'uomo (11.) **trova** dei cavalli, ne (12.) **sceglie** uno, (13.) **si mette** sul cavallo e (14.) **parte** come un razzo in cerca della donna con il vestito rosa. Le donne in costumi tradizionali (15.) **vanno** in cerca di una casa ma non ne (16.) **trovano** una. Anche la donna (17.) **cerca** una casa, e finalmente (18.) **decide** di stare in una grotta a forma di teschio (perché le (19.) **piacciono** i teschi). Il padre della donna (20.) **parte** e finalmente la donna e l'uomo (21.) **si incontrano**, (22.) **si innamorano** e (23.) **si sposano**. (24.) **Hanno** tanti figli che poi (25.) **diventano** gli abitanti della Sardegna.

e **Un mito.** In coppia: Conoscete una leggenda o un mito? Cercate di raccontarla alla classe utilizzando i tempi al passato.

>> C'era una volta un uomo che si chiamava Adamo e una donna che si chiamava Eva. Abitavano in un giardino bellissimo. Un giorno Eva ha incontrato …

f **Esperienza personale.** Scrivete un post della leggenda o del mito che conoscete. Se possibile, aggiungete delle foto dei protagonisti o dei luoghi del racconto.

Su Componidori

Su Componidori è una figura misteriosa della tradizione sarda che partecipa alle festività di carnevale. È una sorta di cavaliere che indossa una maschera androgina di terra cotta. Non si capisce bene se sia un uomo o una donna. Infatti, molte volte il personaggio viene interpretato da una donna.

Cubo Images/SuperStock

In cerca di un appartamento

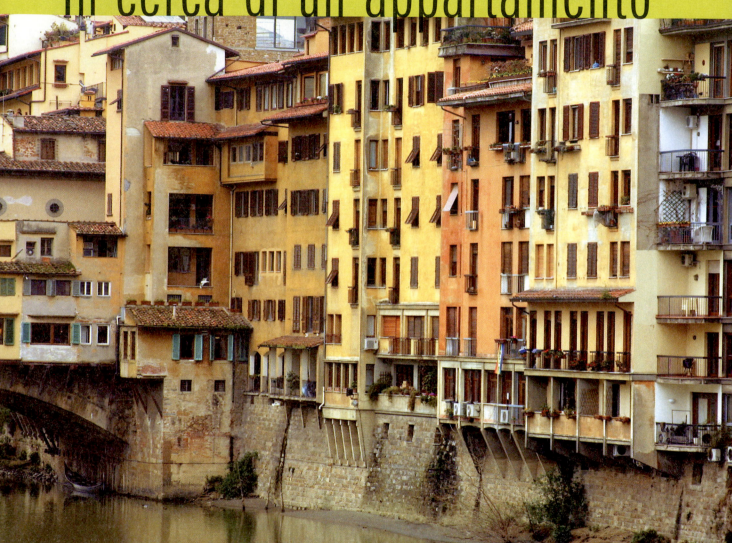

Firenze: Appartamenti con vista sull'Arno.

COMMUNICATIVE OBJECTIVES

- Discuss renting an apartment, its location, and cost
- Compare people, places, and things
- Describe rooms and their furnishings
- Talk about best and worst, most and least

RISORSE

 audio

 video

 www.cengagebrain.com/shop/ISBN/0495913391

 ilrn.heinle.com

Steven Collins / Shutterstock

Francesca Bellini è di Arezzo° ma frequenta l'Università di Firenze. Invece di fare la pendolare, Francesca vuole vivere a Firenze ed è in cerca di un alloggio. Mentre legge diversi annunci attaccati in una bacheca dell'università, arriva la sua amica Roberta.

Tuscan city located about 60 km southwest of Florence.

1	ROBERTA:	Ciao, Francesca, cosa fai di bello? Cerchi qualcosa?
	FRANCESCA:	Guardo questi annunci perché cerco casa. Ho deciso di trasferirmi a Firenze.
	ROBERTA:	Sei già andata a un'agenzia immobiliare?
5	FRANCESCA:	Oh, no, è troppo costosa°. E poi non ho intenzione di prendere in affitto un appartamento. Mi basta condividere un alloggio con altre ragazze.
	ROBERTA:	Ti aiuto a leggere questi annunci?
	FRANCESCA:	Sì, grazie. Spero proprio di trovare qualcosa di buono in uno di
10		questi annunci.
	ROBERTA:	Ecco, leggi un po' qua! Quest'annuncio sembra più interessante degli altri e potrebbe fare al caso tuo°.
		(Francesca legge l'annuncio.)

caro

could be right for you

> Cerco studentessa per condividere appartamentino° grazioso con vista, zona tranquilla, non lontano dall'università. Due camere, cucina, bagno, balcone e riscaldamento autonomo. 400 euro mensili escluse le utenze. Contattare Mariangela ore pasti. Tel: 055-4974521

*Diminutive of **appartamento**.*

15

20	FRANCESCA:	Sì… e questa offerta sembra meno cara delle altre. Non credi? Forse è il posto che fa per me°.
	ROBERTA:	È perfetta, se l'offerta di Mariangela è ancora valida. Guarda che trovare casa a Firenze non è così semplice come ad Arezzo. E se vuoi veramente un alloggio, ti suggerisco di non
25		perdere molto tempo.
	FRANCESCA:	Sì, hai proprio ragione. Non voglio fare più la pendolare. Quindi telefono subito a Mariangela. Vediamo se il mio telefonino funziona. Ah, ecco… zero, cinque, cinque… mi detti il resto del numero, per favore?

is right for me

Domande

1. Di dov'è Francesca Bellini? Dove va all'università?
2. Che cosa vuole fare Francesca? Perché?
3. Che cosa cerca adesso Francesca?
4. Perché Francesca non va a un'agenzia immobiliare?
5. Che cosa dice l'annuncio che attrae l'attenzione di Francesca?
6. Com'è la situazione degli affitti a Firenze?

> Many students from towns and cities near major universities commute to the university by train, bus, or car. This is due to the scarcity of rental apartments and the expense of living away from home.

Domande personali

1. Lei abita in un appartamento o in una villa? Com'è la sua casa?
2. Da quanto tempo lei abita lì? Le piacerebbe trasferirsi? Perché?
3. Lei abita vicino all'università o fa il/la pendolare?
4. Come sono gli affitti nella sua città?
5. Quanto costa al mese l'affitto di un appartamento vicino all'università?
6. Sarebbe meglio cercare un appartamento online, sui giornali, presso le agenzie immobiliari o nelle bacheche dell'università? Perché?

SottoCasa

Per maggiori informazioni chiamateci saremo lieti di assistervi nelle vostre richieste
VIA DEI SERRAGLI, 66/R (FI) - 055 283896 - 347 2597253 - 339 7363290

AFFITTI OFFERTE

ZONA COVERCIANO I piano ingresso cucina soggiorno camera bagno arredato referenziati non residenti **Euro 800**

SANTO SPIRITO ampio monolocale con angolo cottura camera bagno arredato tutto nuovo a referenziati non residenti **Euro 650** incluso consumi

BORGO TEGOLAIO da aprile tutto nuovo soggiorno con angolo cottura camera bagno arredato a referenziati **Euro 850**

MASACCIO affittasi camera singola in appartamento con uso cucina e bagno arredata **Euro 375**

PONTE A GREVE ingresso-soggiorno cucina tinello camera bagno cantina posto auto non arredato libero da aprile **Euro 760**

MERCATO SAN LORENZO finemente ristrutturato e arredato soggiorno con angolo cottura in muratura 2 camere bagno a referenziatissimi **Euro 1.000**

PIAZZA INDIPENDENZA pressi affittasi camera singola con studentessa libera subito **Euro 330**

GRASSINA in antico castello ingresso sala mq. 40 cucina camera bagno posto auto giardino condominiale a referenziatissimi **Euro 800**

VIA GUELFA ingresso cucina camera bagno arredato a studenti/esse non residenti arredato lavatrice da aprile **Euro 650**

BORGO ALLEGRI II piano luminoso ingresso cucina-soggiorno, camera 2 bagni finemente arredato termosingolo **Euro 1.000**

i nostri servizi

- Affitti
- Vendite immobiliari
- Stime immobiliari
- Gestioni immobiliari
- Consulenze per successioni
- Consulenze per erogazione mutui

In quale città si trova l'agenzia SottoCasa?
Qual è il suo indirizzo? E il suo numero di telefono?
Quali sono alcuni servizi che offre quest'agenzia?
Dove può trovare una camera in affitto una studentessa che arriva a Firenze? Quanto costa al mese l'affitto?
Dove possono trovare un appartamento uno o più studenti non residenti? Cosa offre l'appartamento? Quanto costa?

Pratica

1. In coppia: Assuma il ruolo di Francesca e telefoni a Mariangela che ha messo l'annuncio dell'appartamento nella bacheca. Lei vuole sapere l'indirizzo, se e quando può vedere l'appartamento, chi altro lo occupa e se lei deve condividere la camera con un'altra persona.

2. Lei abita in un appartamento che desidera condividere con una o due persone durante l'anno accademico. Prepari un annuncio da attaccare alla bacheca dell'università.

I giornali italiani

In Italia la stampa[1] è un mezzo d'informazione importante, nonostante la concorrenza[2] della televisione e della radio. Alcuni giornali sono indipendenti, ma molti sono finanziati da enti statali[3], gruppi privati, organizzazioni cattoliche e partiti politici. Ogni grande città italiana ha il suo quotidiano[4] e in alcune città si stampano[5] vari giornali. A Roma, per esempio, si pubblicano importanti giornali quali *Il Messaggero, La Repubblica, L'Unità* e *Il Tempo*. A Firenze si pubblica *La Nazione*, a Bologna, *Il Resto del Carlino*. Tra i giornali italiani più autorevoli[6] ricordiamo *Il Corriere della Sera* di Milano, *La Stampa* di Torino e *La Repubblica* di Roma.

Molto diffuse[7] sono anche le riviste illustrate settimanali, stampate quasi tutte a Milano, che è il principale centro editoriale italiano. Le più note riviste sono quelle di attualità[8] e varietà come *Oggi, Gente* e quelle femminili come *Amica* e *Donna moderna*. Fra le riviste politiche, d'opinione e di cultura, le più lette sono *L'Espresso* e *Panorama*, che svolgono[9] una funzione di critica del costume[10] e di formazione[11] etico-politica.

● Quali sono i giornali più conosciuti in questo paese? Qual è il giornale più autorevole?

Peter Horree / Alamy

L'edicola di giornali all'angolo della strada è una caratteristica delle città italiane.

1. *press*
2. *competition*
3. *government agencies*
4. *daily newspaper*
5. *are published*
6. *authoritative*
7. *widespread*
8. *current events*
9. *perform*
10. *customs*
11. *development*

Parole analoghe

autonomo/a
il balcone
contattare
dettare
l'offerta
tranquillo/a
la vista
valido/a

Nomi

l'affitto   rent
l'alloggio   apartment, lodging
l'annuncio   ad(vertisement)
la bacheca   bulletin board
il bagno   bathroom
la camera   room
il pasto   meal
il/la pendolare   commuter
il riscaldamento   heat
le utenze   utilities

Aggettivi

attaccato/a   attached
costoso/a   costly, expensive

grazioso/a   charming
mensile   monthly

Verbi

bastare   to be enough
condividere   to share
convenire   to be convenient
funzionare   to work
sembrare   to seem
trasferirsi   to move

Altre parole ed espressioni

presso   at, near
qua   here
così... come   as . . . as
l'agenzia immobiliare   real estate agency
in cerca di   in search of
dare in affitto   to rent
fare il/la pendolare   to commute
meno... di   less . . . than
più... di   more . . . than
prendere in affitto   to lease, rent

Jochen Luebke / dpa / Landov

Vuoi comprare un appartamento in un antico palazzo appena ristrutturato?

Pronuncia

**CD2,
Tracks
33–35**

Consonanti doppie

In contrast to English, the sound of a double consonant in Italian is longer than the sound of a single consonant. To pronounce double consonants correctly, it is necessary to shorten the sound of the preceding vowel and hold the sound of the double consonant twice as long. It is important to pronounce correctly words with double consonants so that the meaning of such words is not misunderstood.

a **Ascolti e ripeta le parole.** Faccia attenzione alla pronuncia delle consonanti.

tuta / tutta   rosa / rossa
sano / sanno   poco / pacco
sono / sonno   meta / metta
casa / cassa   cane / canna

b **Ascolti e ripeta.** Faccia attenzione alla pronuncia delle consonanti doppie.

(cc)	*(nn)*	*(tt)*	*(ss)*
pacco	danno	patto	professore
attaccato	penna	gatto	messo
macchia	gonna	architetto	russo
Lucca	stanno	quattro	spesso
occupa	annuncio	affitto	passeggiare

c **Proverbi.** Ascolti e ripeta i seguenti proverbi.

Detto, fatto.
Said, done.

Ad ogni uccello il suo nido è il più bello.
There is no place like home.
(*Literally: Every bird thinks his nest is the best.*)

🔊 Ampliamento del vocabolario

La casa

Le stanze

1. **la camera da letto** bedroom
2. **il bagno** bathroom
3. **lo studio** study; den; home office
4. **la cucina** kitchen
5. **la sala da pranzo** dining room
6. **il salotto** living room

Fuori della casa

7. **il cortile** courtyard
8. **il giardino** garden
9. **il garage** garage

Altre parti della casa

a. **la soffitta** attic
b. **il soffitto** ceiling
c. **il camino** fireplace
d. **la cantina** cellar
e. **il pavimento** floor
f. **le scale** stairs
g. **la parete** wall

▶ In Italian cities people live mainly in apartments. Suburban living is uncommon in Italy, and single-family houses are found mostly in small towns and in the countryside.

▶ **La parete** is the inside wall; the outside wall is **il muro.**

a **Domande.** In coppia: Faccia le seguenti domande ad un altro studente/
un'altra studentessa.

1. Quante stanze ci sono nella tua casa?
2. Fa' una lista delle stanze della tua casa.
3. Dove mangi di solito, in cucina o nella sala da pranzo? E quando hai
   invitati, dove mangi?
4. C'è un giardino intorno (*around*) alla tua casa?
5. Dove studi e fai i compiti?
6. Dove guardi la televisione? Dove ascolti la radio?
7. Dove ti lavi?

b **La casa ideale.** In coppia: Chieda ad un altro studente/un'altra studentessa di descrivere la propria casa ideale.

— Secondo te, come dovrebbe essere la casa ideale?
— Secondo me, la casa ideale...

I mobili e gli elettrodomestici

I mobili

l'armadio   armoire, wardrobe,
    closet
il comò   chest of drawers
la credenza   sideboard
il divano   sofa
il guardaroba   closet
la lampada   lamp
il letto   bed
la libreria   bookcase
la poltrona   armchair
il quadro   painting
lo scaffale   shelf
la scrivania   desk
il tavolo/la tavola   table
il tappeto   rug
la tenda   curtain

Gli elettrodomestici

l'aspirapolvere (*m.*)   vacuum
    cleaner
l'asciugatrice (*f.*)   clothes dryer
il ferro da stiro   iron
il forno (a microonde)
    (microwave) oven
il frigo(rifero)   refrigerator
la lavastoviglie   dishwasher
la lavatrice   washing machine

Frasi utili

stirare   to iron
pulire con l'aspirapolvere
    to vacuum

> **La libreria** can also mean *bookstore*.

> **Stoviglie** in **lavastoviglie** means *dishes and cutlery*.

c **Indovinare.** In gruppi di tre o quattro: A turno, descrivete un mobile o
un elettrodomestico che gli altri studenti devono indovinare.

>> — Questa cosa serve per vedere meglio. Dà luce. Può essere nello
      studio, in camera da letto o in salotto.
   — La lampada.

d **Intervista.** In coppia: Intervisti un altro studente/un'altra studentessa per sapere com'è la sua stanza. Gli/Le domandi:

1. se la stanza è grande o piccola e quante finestre ci sono
2. se ci sono sedie e poltrone e quante di esse
3. se ci sono quadri e di che tipo
4. dove sono i libri
5. quali oggetti sono sulla scrivania
6. se c'è un comò e che cosa c'è sul comò e dentro il comò
7. se c'è un frigo e che cosa c'è nel frigo
8. se c'è un guardaroba e che cosa c'è nel guardaroba

e **Televendita.** In coppia: Lei vuole comprare due o tre di questi articoli venduti in una televendita e telefona alla stazione televisiva. Collabori con un altro studente/un'altra studentessa che risponde al telefono e compila la sua fattura (*fills out your bill*).

>> — Cosa desidera comprare?
— Desidero comprare...

Struttura ed uso

Comparativo d'uguaglianza

— Vedi, cara? Il salotto del Papa è quasi **così** grande **come** il nostro!

1. Comparisons of equality using adjectives and adverbs are expressed in Italian with **così... come** or **tanto... quanto**. In practice, **così** and **tanto** are often omitted.

Il salotto è **(così)** grande **come** lo studio.	*The living room is as big as the office.*
La cucina è **(tanto)** moderna **quanto** il bagno.	*The kitchen is as modern as the bathroom.*
Paolo guida **(così)** lentamente **come** suo fratello.	*Paolo drives as slowly as his brother.*

Note that when the second part of a comparison contains a pronoun, a disjunctive form is used.

Il fratello di Paolo guida (tanto) lentamente quanto **te.**

▸ See **Lezione 9** for disjunctive pronouns.

2. Comparisons of equality of nouns and verbs are expressed with the pattern **tanto... quanto**. When **tanto** modifies a noun, it agrees with the noun.

Mio fratello mangia **quanto** un elefante.	*My brother eats as much as an elephant.*
Ha **tanta** fame **quanto** un lupo.	*He is as hungry as a wolf.*
Mangio **tante** verdure **quanto** te.	*I eat as many vegetables as you do.*

When the quantity of two nouns is being compared, **tanto** and **quanto** agree with the nouns.

Nel frigo ci sono **tante** arance **quante** mele, e c'è **tanta** limonata **quanto** tè freddo.	*There are as many oranges as apples in the refrigerator, and there is as much lemonade as iced tea.*

▸ **Fame** (*hunger*) is feminine. Remember that **avere fame** means *to be hungry* (*to have hunger*).

a **La sua famiglia.** Parli dei membri della sua famiglia, usando elementi dalle tre colonne e formulando comparativi d'uguaglianza.

>> I miei nonni sono (così) religiosi come il Papa.
I miei nonni sono (tanto) religiosi quanto il Papa.

1. mio padre	alto	Babbo Natale
2. mia madre	intelligente	una fotomodella
3. mio fratello	bello	un giocatore di pallacanestro
4. mia sorella	spende tanti soldi	un attore/un'attrice del cinema
5. i nonni	forte	un professore universitario
6. lo zio	religioso	il Senato
7. la zia	buono	Superuomo
8. i cugini	generoso	un santo/una santa
	ha tanti vestiti	il Papa

b **Una famiglia allargata.** Una vedova (*widow*) con tre figlie e un vedovo con tre figli si sono sposati. Hanno costruito una casa con due camere da letto uguali: la prima per le figlie e la seconda per i figli. Formulate comparativi d'uguaglianza con le informazioni date.

>> Nella prima camera ci sono tre letti. Anche nella seconda camera ci sono tre letti.
Nella prima camera ci sono tanti letti quanti nella seconda.

1. La camera dei ragazzi è molto grande, ma anche la camera delle ragazze è grande.
2. Ci sono due finestre nella prima camera. Anche nella seconda ci sono due finestre.
3. I mobili dei figli sono moderni. Anche quelli delle figlie sono moderni.
4. Ci sono tre scrivanie nella prima camera e tre scrivanie nella seconda.
5. Nella camera dei ragazzi ci sono dieci fotografie di giocatori di pallacanestro e nella camera delle ragazze ci sono dieci poster di cantanti rock.

c **Descrizione.** In coppia: Usando la fantasia, dica ad un amico/un'amica com'è il suo ragazzo/la sua ragazza.

>> allegro/a   La mia ragazza è così allegra come Biancaneve. /
La mia ragazza è tanto allegra quanto Biancaneve.

1. bello/a
2. intelligente
3. simpatico/a
4. divertente
5. ha molti amici
6. ha molta pazienza
7. buono/a
8. ricco/a

Comparativo di maggioranza e di minoranza

— Aspetta! La mia parte del divano è **più** pesante **della** tua!

1. Comparisons of inequality between two different subjects are formed with the patterns **più... di** and **meno... di.** Such comparisons may pertain to adjectives, adverbs, nouns, or pronouns. When the second part of the comparison is a pronoun, the disjunctive form is used.

La sala da pranzo è **più** grande **del** salotto.
The dining room is larger than the living room.

La cantina è **meno** fresca **del** giardino.
The cellar is less cool than the garden.

Quest'appartamento ha **più** elettrodomestici **dell'**altro.
This apartment has more appliances than the other.

Questa casa ha **meno** scale **della** mia.
This house has fewer stairs than mine.

2. Più di and **meno di** are used with cardinal numbers in comparisons.

Abbiamo visto **più di** venti appartamenti.
We looked at more than twenty apartments.

L'affitto di quest'appartamento è **meno di** €500 al mese.
The rent for this apartment is less than €500 a month.

3. Che is used instead of **di** when comparing two adjectives or two nouns pertaining to the same subject.

Ho più amiche **che** amici.
I have more female friends than male friends.

Studio più in biblioteca **che** a casa.
I study more at the library than at home.

d **Formulare frasi.** Formuli frasi comparative secondo i modelli proposti.

>> Filippo / intelligente / Roberto   Filippo è più intelligente di Roberto.

1. la Francia / grande / l'Austria
2. Carlo / fortunato / me
3. mio fratello / alto / te
4. il professore / gentile / la direttrice
5. tu / simpatico / mia sorella

>> Luisa / magro / me   Luisa è meno magra di me.

6. la nostra casa / piccola / la tua
7. il salotto / elegante / la sala da pranzo
8. Franco e Antonietta / simpatico / Roberto e Magda
9. io / stanco / te
10. la lavatrice / costoso / l'asciugatrice

>> lui è / simpatico / intelligente   Lui è più simpatico che intelligente.

11. ho / cugine / cugini
12. vado / al cinema / a teatro
13. in questa classe ci sono / studenti / studentesse
14. mangiamo / pesce / carne
15. studio / a casa / in biblioteca

e **La sua opinione.** Esprima la propria opinione sulle seguenti cose e persone, usando la forma corretta del comparativo.

>> storia / interessante / filosofia   La storia è più (meno) interessante della filosofia.

1. chimica / difficile / matematica
2. cani / intelligente / gatti
3. tennis / divertente / calcio
4. lasagne / buono / spaghetti
5. cinema / stimolante / televisione
6. appartamenti / comodo (*comfortable*) / case
7. amici / importante / famiglia
8. macchine giapponesi / costoso / macchine americane

> If you want to say both items are equal, use the **comparativo d'uguaglianza: La storia è così interessante come la filosofia.**

f **Paragoni.** Confronti alcuni aspetti della vita italiana con quelli della vita americana. Usi il comparativo d'uguaglianza, di maggioranza o di minoranza.

1. L'Italia ha circa 60 milioni di abitanti. Gli Stati Uniti hanno più di 300 milioni di abitanti.
2. L'italiano medio (*average*) fuma (*smokes*) 8.7 sigarette al giorno. L'americano medio fuma 4.6 sigarette al giorno.
3. L'italiano medio consuma dieci litri di benzina alla settimana. L'americano medio consuma ventuno litri di benzina alla settimana.
4. L'italiano medio ha 0,85 figli. L'americano medio ha 1,02 figli.
5. L'americano medio compra un libro all'anno e compra tre CD all'anno. L'italiano medio compra due libri all'anno e compra due CD all'anno.
6. L'americano medio compra venti tubetti di dentifricio all'anno e l'italiano medio compra venti tubetti di dentifricio all'anno.

g **Scegliere un appartamento.** In coppia: Voi siete andati a vedere due appartamenti e avete preso appunti su quello che avete visto. Adesso dovete scegliere quale appartamento preferite. Formulate frasi comparative con le informazioni indicate e poi decidete quale appartamento prendere e perché.

Appartamento A	Appartamento B
vicino all'università	lontano dall'università
la via è rumorosa	molto rumore
affitto: 800 euro mensili	affitto: 840 euro mensili
metri quadrati: 84	metri quadrati: 90
poca luce; solo tre finestre	molta luce; cinque finestre e un balcone
frigo, forno a gas, lavastoviglie, lavatrice, asciugatrice	frigo, forno elettrico, lavatrice
una camera da letto	due camere da letto

h **Le lingue.** In gruppi di due o tre: Confrontate l'italiano con un'altra lingua che conoscete.

1. Quale lingua è più facile da imparare?
2. Quale lingua è meno complicata?
3. Quale lingua ha più tempi verbali (*verb tenses*)?
4. Quale lingua ha meno verbi irregolari?
5. Quale lingua è più utile?
6. Quale lingua è più popolare nella vostra università?

i **Personaggi famosi.** In gruppi di quattro: Ognuno di voi scrive su bigliettini (*scraps of paper*) separati i nomi di cinque personaggi famosi o della televisione. Mettete tutti i bigliettini in una busta (*envelope*). Poi, a turno, ognuno di voi prende due bigliettini dalla busta e formula una frase comparativa logica, usando i due nomi che ha in mano.

>> Homer Simpson / Beyoncé   Beyoncé è più ricca di Homer Simpson.

Comparativi irregolari

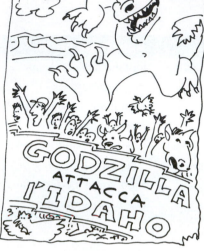

il **migliore** film dell'anno   il **peggiore** film dell'anno

1. The adjectives **buono, cattivo, grande,** and **piccolo** have both regular and irregular comparative constructions. The regular and irregular forms are often interchangeable, although the context sometimes determines when each should be used. The following chart shows the irregular forms.

aggettivo	comparativo
buono	migliore/i
cattivo	peggiore/i
grande	maggiore/i
piccolo	minore/i

Il tempo oggi è **peggiore** di quello di ieri.

The weather today is worse than yesterday's.

Credo che, come candidata, Mirella Rossi sia migliore di Carla Bini.

I think Mirella Rossi is better than Carla Bini as a candidate.

Il numero di elettori in questa città è maggiore di quello della mia città.

The number of voters in this city is greater than that of my city.

Maggiore and **minore** are often used in the sense of *older* and *younger.*

Giuseppe è **minore** di suo fratello.

Giuseppe is younger than his brother.

Chiede consigli ai suoi fratelli **maggiori.**

He asks his older brothers for advice.

▶ The irregular forms of *grande* and *piccolo* often refer to numbers rather than physical size: *Giacomo è maggiore di sua sorella.* (in years); *È più grande della sorella* (in size).

2. The adverbs **bene, male, poco,** and **molto** have irregular forms when used in comparative constructions.

avverbio	comparativo
bene	meglio
male	peggio
poco	meno
molto	più

— Oggi mi sento bene. Mi sento **meglio** di ieri.

— Io invece mi sento male. Mi sento **peggio** di ieri.

— Tu usi molto la macchina. La usi **più** di me.

— Sì, ma tu esci poco. Esci **meno** di me.

— *I feel fine today. I feel better than yesterday.*

— *I on the other hand feel badly. I feel worse than yesterday.*

— *You use the car a lot. You use it more than I do.*

— *Yes, but you don't go out much. You go out less often than I do.*

j **Formulare frasi.** Paragoni (*Compare*) le seguenti persone. Formuli frasi complete, usando la forma *irregolare* del comparativo degli aggettivi indicati.

>> Laura / grande / me
Laura è maggiore di me.

1. mio cugino / cattivo / tuo cugino
2. tu / piccolo / Luigi
3. i miei amici / buono / i suoi amici
4. mia sorella / grande / la sorella di Carlo
5. i miei fratelli / piccolo / i tuoi fratelli
6. voi / cattivo / loro
7. la signora Speroni / grande / il signor Dini
8. lui / buono / lei

k **Io e gli altri.** Completi le frasi con il nome di una persona della sua famiglia, di un amico/un'amica o di una persona famosa. Poi confronti se stesso/a con queste persone, come nel modello.

>> scrivere bene   Jane Austen scrive bene. Scrive meglio di me.
parlare molto   Mio fratello Giorgio parla molto, ma io parlo più di lui.

1. studiare molto
2. cantare male
3. giocare bene a pallacanestro
4. cucinare male

5. mangiare poco
6. parlare bene l'italiano
7. uscire molto
8. guidare male

iLrn Complete the diagnostic tests to check your knowledge of the vocabulary and grammar structures presented in this chapter.

Parliamo un po'

a **Dove le piacerebbe vivere?** In coppia.

S1

Lei è andato/a da un agente immobiliare (*real estate agent*) che l'aiuta a trovare la casa ideale. Prima guardi i suggerimenti indicati e decida che tipo di casa vuole. Poi risponda alle domande dell'agente.

S2

Lei è un agente immobiliare (*real estate agent*). Un/Una cliente viene da lei perché lo/la aiuti a trovare la casa ideale. Faccia le domande basate sui suggerimenti indicati.

LOCALITÀ: In quale città? Al centro della città o in periferia? Le piacerebbe vivere in campagna o in montagna?

TIPO DI ABITAZIONE: Lei preferirebbe abitare in un appartamento o in una villa?

CARATTERISTICHE DELLA CASA: Un garage? Un giardino? Una piscina? Un campo da tennis? Una vista panoramica? Quante stanze? Quanti bagni?

IL PREZZO DELLA CASA: Quanto vorrebbe pagare? La prende in affitto o la compra?

b **Problemi nell'appartamento.** In coppia: Telefoni al proprietario dell'appartamento dove lei vive e si lamenti di quattro cose che non vanno bene. L'altro studente/L'altra studentessa fa la parte del proprietario che promette di risolvere i vari problemi.

PROBLEMI POSSIBILI: (1) un elettrodomestico non funziona, (2) c'è una finestra rotta, (3) non funziona il riscaldamento o manca l'acqua calda, (4) una porta non si chiude bene, ecc.

c **La vostra casa.** In coppia: Prima ciuscuno di voi descrive la propria casa al compagno/alla compagna. Poi fate un confronto fra le due case e presentatelo alla classe. Confrontate:

il numero delle camere da letto, dei bagni, ecc.
l'anno in cui è stata costruita
qual è più vicina al centro o ai negozi
il numero di persone che ci abitano
i mobili

d **L'appartamento svaligiato.** In coppia: Il disegno a sinistra fa vedere il vostro appartamento come l'avevate lasciato stamattina. Mentre stavate fuori, sono entrati i ladri (*thieves*) e i risultati si vedono nel disegno a destra. Descrivete alla polizia quello che è successo.

>> I ladri hanno rotto la nostra lampada Romeo e Giulietta.

e **Il liceo e l'università.** In coppia: Dica ad un compagno/una compagna cinque cose che faceva al liceo e che non fa più all'università. Poi insieme fate una lista delle differenze tra la vita degli studenti liceali e la vita degli studenti universitari. Cercate di usare il comparativo dove possibile.

— Al liceo avevo pochi amici ma all'università ne ho tanti.
— I corsi universitari sono più difficili di quelli liceali.

Conoscere l'Italia

a **La parola giusta.** Completi le seguenti frasi con le parole appropriate fra quelle indicate tra parentesi.

1. All'università ho seguito un corso di (famiglie / lingua e cultura) italiane.
2. Abbiamo letto due libri importanti di (letteratura / gloria) contemporanea.
3. Abbiamo visto le statue più belle della (scultura / parte) del Cinquecento.
4. Abbiamo ammirato i bellissimi palazzi dell' (accademia / architettura) italiana.
5. Abbiamo conosciuto le opere di molti (stranieri / artisti) del Rinascimento.
6. Abbiamo studiato opere di stile (gotico / comune) e di stile (fiorentino / romanico).
7. Gli artisti fiorentini sono (famosi / studiosi) in tutto il mondo.
8. A me piacciono soprattutto le (chiese / pitture) di Giotto.

> The **Rinascimento** (*Renaissance*) was a cultural and artistic movement that flourished in Florence between the fourteenth and sixteenth centuries. The **Medici** were a great Florentine family who governed Florence at this time. **Lorenzo il Magnifico** (1449–1492) was a poet as well as a statesman.

> Centuries (**i secoli**) are referred to in two ways, corresponding to the use in English of "nineteenth century" and "1800s." 1200–1299 = **il tredicesimo secolo** or **il Duecento**. But, 2000–2099 = **il ventunesimo secolo**.

CD2, Track 36

Firenze

Firenze: Panorama della città con la cupola e il campanile del Duomo.

Peter Zaharov / Shutterstock

Firenze, capoluogo della Toscana, è una delle città d'arte più famose del mondo. Secondo un sondaggio[1] turistico, viene subito dopo Gerusalemme per il numero di visitatori che accoglie[2] annualmente. Fin[3] dal Medioevo, Firenze è stata un importante centro di cultura e civiltà. Già nel Duecento vi[4] cominciano a fiorire[5] le arti quali la letteratura, la pittura, la scultura e l'architettura. Nel Rinascimento poi, sotto la guida dei Medici, e in particolare di Lorenzo il Magnifico, Firenze raggiunge l'apice[6] della sua gloria. Poeti e scrittori quali Dante, Boccaccio e Machiavelli, e artisti quali Michelangelo, Leonardo e Donatello lasciano a Firenze e al mondo intero un enorme patrimonio artistico e culturale di immenso valore.

1. *survey*   2. *welcomes*   3. *Since*   4. *there*   5. *flourish*   6. *apex*

Fra i tanti monumenti della città, il più solenne è il Duomo[7] di Santa Maria del Fiore. Di stile gotico e decorato con marmi[8] di vario colore, esso è abbellito[9] dall'elegante cupola[10] del Brunelleschi, dall'alto e snello campanile[11] di Giotto e dal Battistero di stile romanico[12] ricoperto di marmi verdi e bianchi. Altri monumenti importanti sono il Palazzo della Signoria, oggi sede del comune della città, e la chiesa di Santa Croce, dove sono sepolti[13] alcuni grandi artisti e scrittori italiani.

Nei numerosi musei fiorentini sono raccolte[14] alcune delle opere d'arte più belle del mondo. Il famoso *Davide* di Michelangelo può essere ammirato nella Galleria dell'Accademia, mentre le più belle pitture italiane dipinte dal Duecento al Seicento[15] sono nella Galleria degli Uffizi. E questi sono solamente alcuni dei capolavori[16] che continuamente richiamano a Firenze studiosi[17], artisti e turisti italiani e stranieri.

▶ **Dante Alighieri** (1265–1321) was a Florentine poet and writer.
Giovanni Boccaccio (1313–1375) was a Florentine writer.
Niccolò Machiavelli (1469–1527) was the author of the political treatise *Il Principe*.
Donatello (1386–1466) was a Florentine sculptor.
Filippo Brunelleschi (1377–1446) was a Florentine architect and sculptor.
Giotto (1267–1337) was an architect and painter, especially of frescoes.

7. *Cathedral*	8. *marble*	9. *embellished*	10. *dome*
11. *belltower*	12. *Romanesque*	13. *buried*	14. *gathered*
15. *seventeenth century*	16. *masterpieces*	17. *scholars*	

b **Definizioni.** Abbini le definizioni con una parola della lista di destra. Ci sono due parole in più nella lista.

1. la città più visitata del mondo dopo Gerusalemme
2. secolo in cui cominciano a fiorire le arti a Firenze
3. il periodo più importante della storia culturale di Firenze
4. lo stile architettonico del Duomo di Firenze
5. lo stile architettonico del Battistero di Firenze
6. può essere ammirato nella Galleria dell'Accademia

a. il Medioevo
b. il Seicento
c. gotico
d. Firenze
e. il *Davide*
f. il Duecento
g. il Rinascimento
h. romanico

a **Definizioni.** Abbini le definizioni con una parola della lista di destra. Ci sono due parole in più nella lista.

1. sinonimo di *lingua*
2. opera principale di un artista
3. la persona che scrive opere letterarie
4. la persona che scrive poesie
5. il tredicesimo (*thirteenth*) secolo
6. linguaggio tipico di una regione o di una città diverso dalla lingua nazionale

a. lo scrittore
b. il dialetto
c. il Duecento
d. il linguaggio
e. l'origine
f. il Trecento
g. il capolavoro
h. il poeta

CD2,
Track 37

Le origini della lingua italiana

Oltre ad avere una storia artistica e culturale di grande importanza, Firenze è stata anche la culla[1] della lingua italiana. Infatti le origini dell'italiano risalgono[2] al dialetto fiorentino del '200 (Duecento) e del '300 (Trecento). Uno dei padri dell'italiano è Dante Alighieri. Grande poeta ma anche grammatico[3], Dante getta[4] le basi della lingua italiana. Egli scrive un'opera in latino dedicata allo studio del volgare[5], linguaggio che poi utilizza per scrivere la *Vita Nuova*, dove racconta il suo primo incontro con Beatrice. Dante si innamora di questa giovane donna che sarà l'ispiratrice del suo capolavoro letterario, *La Divina Commedia*.

Un altro padre della lingua italiana è Francesco Petrarca (1304–1374), che non è fiorentino, ma anch'egli è toscano in quanto[6] nato ad Arezzo. Uno dei più grandi poeti lirici italiani, il Petrarca è l'autore del *Canzoniere*, una raccolta[7] di poesie fra le quali domina il sonetto. Il poeta dedica questo capolavoro alla donna amata, Laura.

Il terzo gigante della letteratura e lingua italiane dell'epoca è Giovanni Boccaccio. L'opera principale di questo scrittore fiorentino è il *Decamerone,* una raccolta di cento novelle[8] raccontate nel giro[9] di dieci giorni da dieci giovani (sette donne e tre uomini) che si rifugiano[10] fuori Firenze durante la peste[11].

1. *cradle*	2. *date back*	3. *grammarian*
4. *lays*	5. *vernacular*	6. *by virtue of being*
7. *collection*	8. *short stories*	9. *in the course*
10. *take refuge*	11. *plague*	

Il grande poeta italiano Dante Alighieri sembra un po' pensieroso. Perché?

Vladimir Mucibabic / Shutterstock

▶ **Decamerone** (from **deka**, Greek for *ten*) means *book of ten days*.

b **La parola giusta.** Completi le seguenti frasi con le parole appropriate fra quelle indicate tra parentesi.

1. (Il dialetto / La lingua) italiano/a è nato/a a Firenze.
2. Dante è il (poeta / padre) della lingua italiana.
3. Oltre ad essere poeta, Dante era anche (un grammatico / uno scrittore).
4. *La Divina Commedia* è (il capolavoro / l'opera) letterario/a di Dante.
5. Beatrice è l' (autrice / ispiratrice) della *Divina Commedia*.
6. Francesco Petrarca è l' (ispiratore / autore) del *Canzoniere*.
7. Il *Decamerone* di Giovanni Boccaccio è una raccolta di cento (poesie / novelle).

Un' elegante illustrazione del prologo del *Decamerone* di Giovanni Boccaccio (1313–1375).

Viaggi in video *Firenze*

Prima di guardare

Vocabolario utile

scherzi	*tricks, jokes*
cadere	*to fall*
ridere	*to laugh*
me la ero tolta (togliersi)	*I had taken it off*
resti	*remains*
è scattato l'allarme	*the alarm went off*
scatenarsi	*to go crazy*
mutande	*underpants*
culla del Rinascimento	*the cradle of the Renaissance*

a **Pamela o Gep?** Gep e Pamela ricordano i viaggi che hanno fatto a Firenze. Indichi chi dei due amici era probabilmente più interessato alle seguenti cose.

1. la città ricca d'arte
2. i musei della città
3. scappare dalla finestra dell'albergo
4. fare scherzi agli amici
5. l'antico centro politico della città
6. il *Bacco* di Caravaggio
7. prendere il gelato
8. fare le foto agli amici
9. le tombe di molti italiani famosi
10. una maglia rosa lasciata in Piazza Santa Croce
11. pizzerie e paninoteche
12. manifestazioni folcloristiche

▶ Mentre guarda il video

b **Domande.** Risponda alle domande con frasi complete.

1. Perché Pamela era andata a Firenze?
2. Che cosa ha fatto Pamela a piazza della Signoria?
3. Che cosa è successo a Vanessa mentre i ragazzi erano al Ponte Vecchio?
4. Perché Pamela ricorda Santa Croce?
5. Che cosa è successo mentre Pamela visitava il Palazzo Vecchio?
6. Quale scherzo ha fatto Pamela all'amica Giada?
7. Che cos'è il Calcio Storico?
8. Secondo lei, Pamela ha visto molte cose a Firenze? Perché?

c **I monumenti di Firenze.** Abbini i monumenti a sinistra con le descrizioni a destra.

Il Duomo di Firenze	il museo che ospita il *Bacco* di Caravaggio e la *Primavera* di Botticelli
Piazza della Signoria	una statua monumentale che si può vedere alla Galleria dell'Accademia
Il *David* di Michelangelo	l'antico centro politico della città
La Galleria degli Uffizi	un torneo sportivo in costumi rinascimentali tra i vari quartieri fiorentini
Il Ponte Vecchio	la cattedrale della città; Santa Maria del Fiore
La chiesa di Santa Croce	attraversa il fiume Arno
Il Palazzo Vecchio	contiene le tombe di molti italiani importanti
Il Calcio Storico	dove alcuni amici di Pamela hanno giocato a calcio

Dopo aver guardato

d **Povera Giada!** Nel seguente brano, Pamela racconta uno scherzo che ha fatto alla sua amica Giada. Cambi il racconto da **io** a **Pamela e Vanessa** e trasformi i verbi nella forma appropriata.

>> Quando io avevo 14 anni …
   Quando Pamela e Vanessa avevano 14 anni …

Courtesy of Toscana Film Commission

Quando avevo 14 anni ho fatto una gita scolastica a Firenze con la mia classe. Mi sono divertita moltissimo e ho fatto un sacco di scherzi ai miei amici. Stavo in un albergo in centro e nella mia camera c'era una ragazza che si chiamava Giada. Una mattina Giada era al bagno a fare la doccia e ho pensato di farle uno scherzo pazzesco. Così ho preso tutte le mutande dalla sua valigia e le ho buttate dalla finestra. Poi quando Giada è uscita dalla doccia non le ho detto niente, guardavo il telefonino. Quando Giada ha visto che non c'erano le mutande, ho cominciato a ridere e lei ha capito lo scherzo. Lei era molto arrabbiata con me e sono dovuta andare a prendere le sue cose in strada.

e **Uno scherzo pazzesco.** In coppia: Immaginate di aver fatto una gita scolastica con la vostra classe. Raccontate uno scherzo che avete fatto ad alcuni compagni di classe o, se qualcuno ha avuto il coraggio, al/alla prof.

f **Esperienza personale.** In un post descriva una gita scolastica ideale. Dove andrebbe e cosa farebbe? Trovi alcune foto e alcuni siti web da condividere con i suoi compagni di classe.

La gita scolastica

Nel 1913 il Touring Club Italiano ha introdotto l'idea di un viaggio di istruzione per gli scolari delle scuole medie inferiori e superiori e da allora la gita scolastica fa parte della vita dei ragazzi nelle scuole. Le città d'arte, come Firenze, sono destinazioni popolari per le classi della scuola media inferiore, mentre spesso gli studenti liceali vanno all'estero a visitare città come Londra, Praga o Parigi. Naturalment, durante queste gite, i ragazzi fanno vari scherzi ai compagni e a volte anche ai professori.

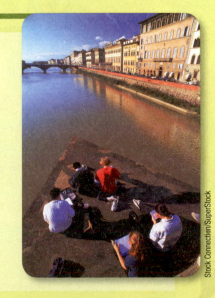

Stock Connection/SuperStock

Il telegiornale

COMMUNICATIVE OBJECTIVES

- Report on and react to news
- Name and locate European countries and capitals
- Express hopes, wants, demands, and opinions
- Give advice
- Talk about politics

Le manifestazioni politiche e sociali sono una caratteristica ricorrente nella vita italiana.

RISORSE

  audio

 video

 www.cengagebrain.com/shop/ ISBN/0495913391

 ilrn.heinle.com

CD2,
Track 38

Sono le venti e il telegiornale della sera va in onda.

ANNUNCIATRICE: Buona sera! Ecco i titoli del nostro telegiornale.

- Stasera l'incontro dei leader politici della maggioranza e della minoranza.
- L'incontro dei Ministri degli Esteri degli stati membri dell'UE°.   UE = Unione europea
  (European Union)
- La visita al Papa del re di Spagna.
- Un altro sbarco di clandestini in Sicilia.
- All'alba ancora un incidente mortale dopo una notte in discoteca.
- Continua l'altalena del dollaro rispetto all'°euro.   *compared with*
- Stasera la squadra nazionale di calcio incontra la Germania.

Buona sera a tutti i nostri telespettatori!

- Le elezioni politiche sono alle porte°. Questa sera alle 22.00 ci sarà su questo   *imminent*
  canale il primo incontro televisivo tra i due leader politici della destra e della
  sinistra. Gli elettori sperano che i candidati presentino un programma politico-
  economico serio e credibile.
- Oggi i Ministri degli Esteri degli stati membri dell'UE sono arrivati a Strasburgo.   *The president of the European*
  Questa mattina il Commissario° europeo ha dato loro il benvenuto in Parlamento.   *Commission whose function*
  is to oversee the European
  Union's activities.
- Dopo la visita di ieri al presidente della Repubblica italiana, il re di Spagna si è
  recato oggi dal Papa.
- Durante la notte è sbarcata sulla costa siciliana una nave carica di° cento   *loaded with*
  clandestini extracomunitari°, fra cui dieci donne e sette bambini. È possibile che   *from a non-EU country*
  la maggior parte di loro venga rimpatriata°.   *sent back*
- Dopo una notte in discoteca, quattro giovani sono morti in un gravissimo
  incidente automobilistico vicino a Napoli. Sembra che, come al solito, l'eccessiva
  velocità e l'alcol siano la causa di questa disgrazia.
- Sui mercati finanziari il dollaro è in difficoltà e continua ad oscillare rispetto   BCE = Banca centrale
  all'euro. Si spera che la BCE° prenda immediate decisioni per stabilizzare il   europea
  cambio.
- Per lo sport, vi ricordo che su questa rete alle ore ventuno ci sarà l'incontro di
  calcio tra la squadra nazionale italiana e quella della Germania. Tutti gli sportivi
  desiderano che l'Italia vinca per poter partecipare alla finale del campionato
  europeo di calcio. Buon divertimento!

Grazie per essere stati con noi° e buona serata!   *for being with us*

Domande

1. Perché l'annunciatrice annuncia i titoli del telegiornale?
2. Che cosa c'è stasera alle ore 22.00? Che cosa sperano gli elettori?
3. Quali rappresentanti sono oggi a Strasburgo? Chi li riceve? Perché?
4. Chi va a visitare il Papa oggi? Dove si è recato ieri?
5. Chi c'era sulla nave che è arrivata in Sicilia?
6. Qual è stata la causa dell'incidente automobilistico?
7. Cosa succede al dollaro? Che cosa deve fare la BCE? Perché?
8. Con chi gioca la nazionale di calcio italiana?

Look at the map of Europe on p. 363 and a map of Italy and locate all the places mentioned in the newscast.

Domande personali

1. Lei ascolta il telegiornale? Quale? A che ora? Quale annunciatore/
   annunciatrice preferisce?
2. Preferisce ascoltare le notizie locali, nazionali o internazionali?
3. Quali problemi politici si discutono in questi giorni?
4. Quali sono i maggiori problemi internazionali riportati in questi giorni dal
   telegiornale?
5. Qual è il suo sport preferito? Qual è la sua squadra preferita?
6. Ha mai avuto un incidente automobilistico (*traffic accident*)? Quando? Dove?
   Da che cosa è stato causato?

Pratica

1. In gruppi di tre o quattro: Ogni studente riferisce una breve notizia
riportata recentemente dal telegiornale. Ecco alcune espressioni da usare
per reagire alle notizie annunciate dagli studenti.

Ancora! Again! Still!	**Che disgrazia!** What a disaster!
Meno male! All the better!	**Sarebbe ora!** It's about time!
Non ci credo proprio! I don't believe it!	**Che buffo!** How funny!
	Che bello! How nice!
Oh, mio Dio! Oh, my God!	**Sarà vero?** Could it be true?

2. Scriva un breve articolo per un giornale italiano basato sulla notizia presen-
tata nella *Pratica 1*. È importante spiegare prima che cosa è successo e dopo
chi sono i personaggi importanti, dove è successo l'avvenimento, quando,
come e perché.

L'Europa che verrà sarà dei diritti dei cittadini.

Dipende da te.

© Cengage Learning®

Il sistema politico italiano

Lo stato italiano è nato nel 1861 con il nome di Regno[1] d'Italia. Dopo la caduta del regime fascista nel 1943, con il referendum del 1946 il popolo italiano scelse[2] la repubblica invece della monarchia. Dal 1948, con l'entrata in vigore[3] della nuova costituzione, l'Italia è una repubblica democratica.

Al vertice[4] dello stato, vari organi esercitano il potere esecutivo, legislativo e giudiziario, ognuno nei limiti stabiliti dalla Costituzione. Il presidente della Repubblica rappresenta l'unità dello stato e promuove[5] ed armonizza l'attività degli altri organi. La linea politica del governo[6] è invece determinata dal consiglio dei ministri, composto dal presidente del consiglio, che esercita la funzione più importante nel governo, e da vari ministri. Il Parlamento è formato dalla Camera dei deputati (630 membri) e dal Senato (315 membri). Nel settore giudiziario molto importante è la Corte Costituzionale, che ha il compito di assicurare[7] la corretta applicazione della Costituzione italiana.

Nel 1957, con il Trattato di Roma, l'Italia è entrata a far parte della Comunità economica europea (CEE). Oggi la CEE è diventata l'Unione europea (UE) e ad essa appartengono[8] quasi tutti i paesi dell'Europa occidentale e vari paesi dell'Europa orientale. La sede[9] del Parlamento europeo è a Strasburgo e quella della Commissione europea è a Bruxelles. La bandiera[10] dell'UE è di colore blu ed ha un cerchio di dodici stelle[11], che richiama[12] un antico simbolo di armonia e stabilità. Molti sono i privilegi dei paesi dell'Unione. L'euro è diventato la moneta comune della maggior parte di essi. Le dogane[13] sono state abolite e c'è la libera circolazione di merci[14] e di persone.

- Come è il sistema politico americano? È simile a quello italiano o è diverso? In che modo?

Oggi i deputati del Parlamento italiano hanno votato, ma la legge non è stata approvata.

1. Kingdom	2. chose	3. enforcement	4. At the head	5. fosters
6. Government policy	7. the duty of guaranteeing	8. belong	9. seat	10. flag
11. circle of stars	12. recalls	13. customs	14. merchandise, goods	

🔊 Vocabolario

Parole analoghe

l'alcol	l'elezione	il membro	il rappresentante
annunciare	europeo/a	la minoranza	la repubblica
il candidato	finanziario/a	nazionale	serio/a
la causa	immediato/a	la nazione	stabilizzare
il clandestino	internazionale	opposto/a	lo stato
il commissario	l'istituzione	il parlamentare	televisivo/a
continuare	locale	il parlamento	
credibile	il/la leader	politico/a	
eccessivo/a	la maggioranza	il/la presidente	

Nomi

l'alba (*f.*)   dawn

l'annunciatore (*m.*) / **l'annunciatrice** (*f.*)
   newscaster

il cambio   rate of exchange

il campionato   tournament

il canale   channel

la destra   right (side)

la disgrazia   accident, misfortune

l'elettore (*m.*) / **l'elettrice** (*f.*)   voter

la finale   championship game

l'incidente (*m.*)   accident

l'incontro   meeting

la nave   ship

la notizia   news

il Papa   Pope

il re   king

la rete   network

lo sbarco   landing

lo schieramento   alignment

la sinistra   left (side)

il telegiornale   TV newscast

il telespettatore (*m.*) / **la telespettatrice** (*f.*)
   TV viewer

il titolo   headline

la velocità   speed

Aggettivi

automobilistico/a   car

mortale   fatal

Verbi

desiderare   to desire

oscillare   to waver

recarsi   to go

ricordare   to remind

sbarcare   to land

sperare   to hope

succedere   to happen

Altre parole ed espressioni

andare in onda   to be broadcast; to go on
   the air

appena   just

come al solito   as usual

dare il benvenuto   to welcome

fare parte di   to be a member of

la maggior parte   majority

il Ministro degli Esteri   Foreign Minister

CD2,
Tracks
39–40

🔊 Pronuncia

Ripasso della consonante *r*

As you learned in **Lezione 6,** Italian /**r**/ represents a trill sound, which has no exact equivalent in English. Practice the trill by vibrating the tip of the tongue against the gum ridge behind the upper front teeth. This produces a sound similar to the /tt/ in the English words *bitter, better, butter,* when they are pronounced rapidly. Italian /**r**/ is pronounced with a single flutter of the tip of the tongue. The sound /**rr**/ is produced with a multiple flutter of the tip of the tongue.

a   **Ascolti e ripeta le parole.** Faccia attenzione al suono della /*r*/.

destra	televisore	porre	sbarco
fare	regime	esperto	perdere
europeo	cerco	birra	barca
rete	stasera	ferro	trasporto

b   **Ascolti e ripeta le frasi.** Faccia attenzione al suono della /*r*/.

Ieri è arrivato all'aeroporto Leonardo da Vinci il re di Spagna. Alle tre del pomeriggio si è recato dal presidente della Repubblica. Sui mercati finanziari, il dollaro perde valore rispetto all'euro. I rappresentanti europei ne parleranno con il commissario Rinaldi. Grazie ed arrivederci a domani sera.

🔊 Ampliamento del vocabolario

Paesi e capitali d'Europa

Here is a partial list of European countries and their capitals.

l'Austria, Vienna
il Belgio, Bruxelles
la Danimarca, Copenaghen
la Francia, Parigi
la Germania, Berlino
la Gran Bretagna, Londra
la Grecia, Atene
l'Irlanda, Dublino
l'Italia, Roma
l'Olanda, Amsterdam
la Polonia, Varsavia
il Portogallo, Lisbona
*la Russia, Mosca
la Spagna, Madrid
*la Svizzera, Berna
l'Ungheria, Budapest

*Not EU members

1. The definite article is generally used with the names of countries. The article contracts with the preposition **di**.

L'Italia è un paese affascinante.	*Italy is a fascinating country.*
La capitale **del Portogallo** è Lisbona.	*The capital of Portugal is Lisbon.*
Parigi è la capitale **della Francia.**	*Paris is the capital of France.*

2. The definite article is not used with the preposition **in** + *name of country*, except before a plural or modified noun.

Vado **in Francia.**	*I'm going to France.*
I miei amici sono **in Spagna.**	*My friends are in Spain.*
But: Abito **negli** Stati Uniti.	*I live in the United States.*
Nella Spagna centrale ci sono molte belle città.	*In central Spain there are many beautiful cities.*

> Remember that **a** is used with a city or town to mean *in* or *to*: **Abito a Roma. Andiamo a Roma.**

a **Domande.** In gruppi di due o tre: Fate le domande ai vostri compagni basate sulle informazioni che seguono.

>> la capitale dell'Italia   — Qual è la capitale dell'Italia?
                                 — Roma.

1. la capitale della Gran Bretagna
2. dov'è Lisbona
3. le nazioni che confinano con l'Italia
4. le lingue ufficiali della Svizzera
5. dov'è Atene
6. la capitale e la lingua ufficiale della Francia
7. due isole del Nord Europa che sono nazioni importanti
8. tre paesi europei che non confinano con il mare
9. tre paesi europei sul Mediterraneo
10. due paesi europei con le coste sull'Atlantico e sul Mediterraneo

La politica e il governo

l'ambasciatore ambassador	**la monarchia** monarchy; **la**
la Camera dei deputati house of	**monarchia costituzionale**
representatives	constitutional monarchy
il comune city hall	**il partito** political party
il consiglio dei ministri council	**il/la presidente** president
of ministers (cabinet)	**il re** king
la costituzione constitution	**la regina** queen
democratico/a democratic	**la repubblica** republic
il deputato representative	**repubblicano/a** republican
governare to govern	**il Senato** senate
il governo government;	**il senatore/la senatrice** senator
administration	**il sindaco** mayor
la manifestazione demonstration	**lo stato** state
il ministro minister; **il presidente**	
del consiglio / il primo ministro	
prime minister	

> Use these words to create a crossword puzzle.

b **La parola giusta.** In coppia: Dia la parola giusta per ciascuna delle seguenti definizioni.

>> la moglie del re   — Qual è il titolo dato alla moglie del re?
                             — È la regina.

1. la persona che rappresenta il proprio paese in una nazione straniera
2. tipo di governo dove c'è una famiglia reale (*royal*)
3. il documento che contiene le leggi fondamentali di un paese
4. un membro del senato
5. il capo della Repubblica
6. governa una città
7. il posto del governo di una città
8. il posto dove si riuniscono i rappresentanti eletti dalla gente
9. la persona che è a capo di una monarchia
10. vi fanno parte tutti i ministri del governo
11. il ministro più importante di tutti
12. il femminile di *senatore*

c **Domande.** In gruppi di due o tre: Faccia le seguenti domande agli altri studenti.

1. Sai i nomi dei senatori del tuo stato? Quali sono?
2. Ti piacerebbe dedicarti alla politica? Perché?
3. Quali sono i partiti più importanti del tuo paese?
4. Sai il nome del presidente dell'Italia? Del presidente del consiglio dell'Italia? Del primo ministro del Canadà? Del commissario dell'UE?
5. Sai dirmi quali sono alcuni paesi in cui c'è la monarchia? Conosci il nome del re/della regina?
6. Si è mai dimesso (*resigned*) un presidente degli Stati Uniti? Chi?
7. Quando è stata firmata (*signed*) la Costituzione degli Stati Uniti?
8. Quanti deputati ci sono negli Stati Uniti? Quanti senatori?
9. Quali sono i problemi politici più importanti del paese?
10. In quali città ci sono spesso manifestazioni? Che tipo di manifestazioni?

d **Messaggio pubblicitario.** In gruppi di due o tre: Lei vuole presentarsi come candidato/a alla presidenza del comitato studentesco. Prepari insieme ai suoi compagni un messaggio pubblicitario da mandare in onda alla radio dell'università. Ecco alcuni problemi (*issues*) che possono interessarvi.

il rapporto fra studenti e professori
l'orario della biblioteca
i luoghi di studio e di riposo necessari agli studenti pendolari
il cibo della mensa (*cafeteria*) universitaria
le attività sportive nell'università

Struttura ed uso

Congiuntivo presente: Verbi che esprimono desiderio, volontà e speranza

— Spero che questo film non **finisca** mai!

— Io invece voglio che **finisca** presto!

1. Verbs have both tense **(tempo),** which tells you when the action takes place relative to the present, and mood **(modo),** which tells you how the speaker perceives the statement. Most of the tenses you have learned so far are in the *indicative mood*, which is used for stating facts and certainties. Another mood in Italian is the subjunctive **(il congiuntivo),** which also has several tenses. English has a subjunctive mood as well, but it is used infrequently:

We would prefer that he **come** with you.
I wish you **were** here.

2. The subjunctive is nearly always used in a subordinate clause introduced by **che.** Compare the verb forms in the pairs of sentences below. The verb in the first sentence is in the indicative mood: it states a fact. The verb in the **che** clause of the second sentence is in the subjunctive mood.

indicativo	congiuntivo
La nostra squadra vince.	Speriamo che la nostra squadra **vinca.**
Comprate una casa qui vicino.	Preferiamo che **compriate** una casa qui vicino.
Lei telefona all'agenzia di viaggi.	Voglio che lei **telefoni** all'agenzia di viaggi.

3. Certain conditions expressed in the main clause of a sentence require the subjunctive in the subordinate clause. If the main clause expresses a desire, a demand, or a hope, the subordinate clause will be in the subjunctive. Some verbs of desire or hope that require the subjunctive in a dependent clause are:

Notice the use of **di** with **sperare** and an infinitive.

desiderare to want, desire
insistere to insist
preferire to prefer

sperare to hope
suggerire to suggest
volere to want

La professoressa **suggerisce che** voi **ascoltiate** attentamente in classe.	*The professor suggests that you listen carefully in class.*
Vuole che tutti gli studenti **capiscano** la lezione.	*She wants all her students to understand the lesson.*

The subjunctive is used only when the main clause and the subordinate clause have two different subjects. An infinitive is used if there is no change of subject.

Patrizia spera di **divertirsi** questo semestre.	*Patrizia hopes to have fun this semester.*
I genitori sperano che Patrizia **prenda** buoni voti questo semestre.	*Patrizia's parents hope that she gets good grades this semester.*
Non voglio che tu **spenda** molto.	*I don't want you to spend a lot.*
Non voglio **spendere** molto.	*I don't want to spend a lot.*

4. The following chart shows the present subjunctive of regular **-are**, **-ere**, and **-ire** verbs.

Note that the singular forms of the present subjunctive are identical. If you need to clarify the subject of a subordinate clause, use a subject pronoun: **Spero che tu capisca.**

	-are: *guardare*	-ere: *vedere*	-ire: *seguire*	-ire (-isc): *capire*
...che io	guard**i**	ved**a**	segu**a**	capisc**a**
...che tu	guard**i**	ved**a**	segu**a**	capisc**a**
...che lui/lei	guard**i**	ved**a**	segu**a**	capisc**a**
...che noi	guard**iamo**	ved**iamo**	segu**iamo**	cap**iamo**
...che voi	guard**iate**	ved**iate**	segu**iate**	cap**iate**
...che loro	guard**ino**	ved**ano**	segu**ano**	capisc**ano**

Reflexive pronouns in the subjunctive precede the verb as in the indicative.

Suggerisco che vi **alziate** presto domani mattina.
Speriamo che loro **finiscano** fra poco.

Notice that the singular forms are identical to the **lei** commands you already know: **Io voglio che lei venga. Venga!**

5. Verbs ending in **-care** and **-gare** add **h** to all forms of the present subjunctive to retain the hard sound of the **c** or **g.**

Speriamo che **giochino** bene.	*Let's hope they play well.*
Preferiamo che **paghiate** voi.	*We prefer that you pay.*

a **Con il fratellino.** In coppia: Il suo fratellino non vuole fare certe cose. Con un compagno/una compagna che fa la parte del fratellino, insista che il piccolo faccia tutto quello che non vuole fare.

>> scrivere con la matita   S1: Non voglio scrivere con la matita!
                              S2: Insisto che tu scriva con la matita!

1. pulire la camera
2. lavarsi le mani
3. aiutarti
4. leggere questo libro
5. ascoltarti
6. finire di mangiare
7. prendere la medicina
8. giocare fuori casa
9. addormentarsi subito

b **Cosa vogliono.** Indichi quello che vogliono le seguenti persone.

>> la mamma / volere / io / condividere una camera
   La mamma vuole che io condivida una camera.

1. papà / volere / tu / chiudere la porta
2. io / sperare / Laura e Gina / non trasferirsi
3. noi / sperare / i ragazzi / vedersi spesso all'università
4. tu / insistere / Grazia / partire con noi
5. voi / insistere / i bambini / restare a casa
6. Giacomo / sperare / tu / telefonare domani sera
7. Roberto ed io / preferire / voi / ordinare una pizza
8. i genitori / desiderare / noi / cercare un appartamento qui vicino

c **Genitori e figli.** In coppia: Patrizia parte per l'università e spera di fare molte cose. I suoi genitori, però, sperano che lei faccia altre cose. Lei dice quello che spera di fare Patrizia e il suo compagno/la sua compagna dice quello che i suoi genitori sperano.

>> incontrare molta gente / conoscere buoni amici
   S1: Patrizia spera di incontrare molta gente.
   S2: I genitori sperano che Patrizia conosca buoni amici.

1. prendere una B in italiano / prendere una A in italiano
2. andare a molte feste / frequentare molte lezioni
3. uscire spesso / studiare spesso
4. trovare un ragazzo / trovare un lavoro
5. mangiare quello che vuole / mangiare bene
6. tornare a casa a Natale / tornare a casa ogni fine settimana
7. studiare le lingue straniere / studiare informatica

d **Cose da fare.** Adesso dica al suo compagno/alla sua compagna cinque cose che lei spera di fare e cinque cose che i suoi genitori sperano che lei faccia.

>> Io spero di studiare filosofia. Mia madre (Mio padre) spera che io studi medicina.

e **L'appartamento.** In coppia: Voi condividete un appartamento e domani arrivano i suoi genitori a fare un' "ispezione". L'appartamento è un po' in disordine: anzi, è un vero disastro. Dica al compagno/alla compagna alcune cose che vuole che lui/lei faccia.

Alcune possibilità
pulire il bagno / il forno a microonde
pulire con l'aspirapolvere
lavare i piatti sporchi
portare i vecchi giornali al riciclaggio
comprare dei fiori
ecc.

> Remember: **Io voglio che tu** + *present subjunctive* (**pulisca**).

Congiuntivo presente: verbi irregolari

— Preferisco che tu **abbia** un'espressione un po' più seria.

1. The following common verbs have irregular present subjunctive forms. Note that all the endings have the same characteristic vowel, **a**, regardless of whether they are **-are, -ere,** or **-ire** verbs. For the present subjunctive of additional irregular verbs, see Appendix F.

infinito	congiuntivo presente
andare	vada, vada, vada, andiamo, andiate, vadano
avere	abbia, abbia, abbia, abbiamo, abbiate, abbiano
bere	beva, beva, beva, beviamo, beviate, bevano
dare	dia, dia, dia, diamo, diate, diano
dire	dica, dica, dica, diciamo, diciate, dicano
dovere	debba, debba, debba, dobbiamo, dobbiate, debbano
essere	sia, sia, sia, siamo, siate, siano
fare	faccia, faccia, faccia, facciamo, facciate, facciano
potere	possa, possa, possa, possiamo, possiate, possano
rimanere	rimanga, rimanga, rimanga, rimaniamo, rimaniate, rimangano
stare	stia, stia, stia, stiamo, stiate, stiano
uscire	esca, esca, esca, usciamo, usciate, escano
venire	venga, venga, venga, veniamo, veniate, vengano
volere	voglia, voglia, voglia, vogliamo, vogliate, vogliano

Notice that the endings of irregular verbs are the same as the endings of regular **-ere** and **-ire** verbs.

Spero che **stiano** bene.

I professori insistono che io **faccia** più attenzione durante le lezioni.

I hope that they're all right.

My professors insist that I pay more attention during the lessons.

f Cose che non piacciono. In coppia: Fino ad oggi voi avete sempre cercato di avere pazienza con il vostro compagno/la vostra compagna di camera (*roommate*) che fa molte cose che non vi piacciono. Finalmente avete deciso di dirgli/le esattamente quello che volete che lui/lei faccia. Cosa gli/le dite?

>> Va a dormire alle tre di mattina.
  Vogliamo che tu vada a dormire più presto.
  Insistiamo che tu non faccia rumore dopo mezzanotte...

1. Non ha nessun senso di responsabilità.
2. Fa molte telefonate interurbane, ma non vi dà mai i soldi per pagare il telefono.
3. Ascolta la musica di Pink Floyd.
4. Non vi dice quando qualcuno vi ha telefonato.
5. Esce sempre senza pulire la cucina.
6. È troppo generoso/a con le vostre cose: le presta a tutti i suoi amici.
7. Fa molte feste e invita molte persone sconosciute (*unknown*) nel vostro appartamento.

g **I figli.** Forse **avere** un figlio o una figlia è ancora più difficile di **essere** un figlio o una figlia. Pensi a quando lei forse sarà una madre o un padre e quello che lei vorrà che suo figlio faccia o non faccia. Scriva almeno cinque frasi utilizzando espressioni come: **Insisto che mio figlio/mia figlia...**, **Preferisco che...**, **Voglio che...**, ecc.

>> Voglio che mia figlia faccia molto sport, ma insisto che sia anche brava a scuola. Spero che abbia molti amici e preferisco che...

h **I desideri.** In coppia: Discutete i desideri possibili delle seguenti persone e finite le frasi con due o tre possibilità per ogni frase.

1. Gli elettori preferiscono che i candidati...
2. Il presidente di un paese vuole che...
3. I politici della destra insistono che...
4. I politici della sinistra desiderano che...
5. Il Papa spera che...
6. Il sindaco di una grande città vuole che...

i **Scrivere e riferire.** In coppia: Pensi ad una persona con cui ha un rapporto molto stretto (*close relationship*): un parente, un amico/un'amica, la sua ragazza o il suo ragazzo. Poi scriva:

> Remember: if there is no change of subject, an infinitive follows the main verb.

1. tre cose che lei vuole che questa persona faccia
2. tre cose che questa persona vuole che lei faccia
3. due cose che voi sperate di fare insieme

Poi riferisca l'informazione ad un altro studente/un'altra studentessa.

>> Voglio che lui sia sempre onesto. Voglio che mi aiuti a studiare e non voglio che esca con il suo amico Mark che non mi piace.
Lui vuole che io...
Noi speriamo di andare...

j **Un viaggio.** In coppia: Pensi ad un viaggio che lei spera di fare. Dica ad un amico/un'amica quello che lei spera di fare e quello che lei spera che succeda durante il viaggio.

>> Spero di partire per la Florida il 13 febbraio.
Spero che faccia bel tempo, ecc.

Congiuntivo con espressioni di emozione, dubbio o opinione

— **Credi** ancora che l'opera **sia** noiosa?

1. The subjunctive is used in dependent **che** clauses after expressions of emotion such as: **essere contento / scontento, essere felice / infelice, piacere / dispiacere, avere paura, temere, sorprendere,** and **essere sorpreso/a,** when the subjects of the two clauses are different.

Carla, sono contenta che tu **venga** con noi.	*Carla, I'm happy that you are coming with us.*
Sono felice che **possiamo** passare un po' di tempo insieme.	*I'm pleased that we will be able to spend some time together.*
Ho paura che mio fratello non **possa** venire.	*I'm afraid my brother can't come.*

2. The subjunctive is used in a dependent **che** clause if the main clause expresses an opinion or belief. **Credere, immaginare, sembrare, parere,** and **pensare** take the subjunctive in the subordinate clause if the subjects of the two clauses are different.

▶ **Sembrare** and **parere** function like **piacere: Gli pare che sia difficile.**

Crediamo che i candidati **presentino** un programma serio e credibile.	*We believe that the candidates offer a serious and credible program.*
Mi sembra che il Ministro degli Esteri **arrivi** oggi.	*It seems to me that the foreign minister is arriving today.*
Pensi che gli extracomunitari **vengano** rimpatriati?	*Do you think the immigrants are being sent back home?*

3. The subjunctive is also used after expressions of doubt, disbelief, and uncertainty. **Dubitare, non essere sicuro, non sapere, non credere,** and **non pensare** take the subjunctive in the subordinate clause if the subjects of the two clauses are different.

Dubito che la nostra squadra **partecipi** alla finale del campionato.
I doubt that our team will be in the championship finals.

Non sappiamo a che ora **cominci** la partita.
We don't know what time the game starts.

Non sono sicuro se ti **interessi** guardarla.
I'm not sure if you're interested in watching it.

4. Main clauses expressing certainty, however, take the indicative in the subordinate clause.

Sappiamo che la partita **comincia** alle 20.00.
We know that the game starts at 8:00 p. m.

Sono sicuro che ti **interessa** guardarla.
I'm sure you're interested in watching it.

5. The infinitive is used when there is no change of subject. The preposition **di** is often required before the infinitive.

È contenta **di essere** qui.
She's happy to be here.

È contenta che tu **sia** qui.
She's happy that you are here.

Credo **di capire** adesso.
I think I understand now.

Credo che voi **capiate** adesso.
I think you understand now.

Interno dell'elegante Galleria Umberto I di Napoli.

Bruce Bi / Photolibrary

k **Reazioni.** Reagisca alle seguenti affermazioni, usando le parole fra parentesi.

>> Parlo con mia zia. (Sono felice che...)
   Sono felice che tu parli con tua zia.

1. La professoressa arriva tardi. (Temo che...)
2. Riceviamo tante telefonate. (Sono sorpreso/a che...)
3. Non finiscono il progetto per domani. (Credo che...)
4. Non possiamo andare in vacanza. (Mi dispiace che...)
5. C'è un problema. (Ho paura che...)
6. Mi piace questo esercizio. (Sono contento/a che ti...)
7. Vanno bene in quel corso d'informatica. (Dubito che...)
8. Mi sono fidanzata. (Sono felice che ti...)

l **Essere contenti.** Dica che lei è contento/a delle seguenti cose.

>> Oggi è venerdì.   Sono contento/a che oggi sia venerdì.
   Non ho lezioni domani.   Sono felice di non avere lezioni domani.

1. Stasera c'è il concerto di Jovanotti.
2. Alcuni amici hanno i biglietti per il concerto.
3. Posso andare con loro.
4. Non lavoro domani.
5. I miei genitori vanno in montagna per il fine settimana.
6. Voi venite a trovarmi nel pomeriggio.
7. Vi aiuto un po' a studiare la biologia.
8. Dopo andiamo a mangiare qualcosa in una pizzeria.

m **Completare le frasi.** Pensi alla sua vita: alle cose che fa, ai suoi amici, alla sua famiglia, ecc. Finisca le frasi in maniera logica, esprimendo opinioni e sentimenti su vari aspetti della sua vita. Poi riferisca l'informazione a un compagno/una compagna.

1. Io sono contento/a che...
2. Sono contento/a di...
3. Mi piace che...
4. Mi dispiace che...
5. A volte mi sembra di...
6. Ho paura che...
7. Sono sicuro/a di...
8. Non so se...

n **Domande.** In gruppi di tre: Chieda alle altre persone del gruppo se credono che le seguenti frasi siano vere.

>> Il cinema hollywoodiano riflette i gusti del pubblico?
   S1: Voi credete che il cinema hollywoodiano rifletta i gusti del pubblico?
   S2: Sì, mi pare che rifletta i gusti di una società violenta.
   S3: No, io non credo che il cinema rifletta i gusti del pubblico in generale.

1. Un titolo universitario è necessario nel mondo di oggi.
2. Un titolo universitario garantisce un buon lavoro.
3. Il matrimonio ha una funzione vitale nella società moderna.
4. I politici vogliono aiutare la gente.
5. Gli esseri umani sono buoni per natura.
6. Nel mondo siamo tutti fratelli.
7. È essenziale imparare una lingua straniera.

o **Risposte.** Risponda alle seguenti domande.

1. Crede che il calcio sia uno sport interessante?
2. Pensa che la musica leggera sia migliore della musica classica?
3. Le pare che oggi i libri stampati (*printed*) siano ancora utili?
4. Pensa che sia piacevole essere famoso/a?
5. Crede che i genitori di oggi capiscano i loro figli?
6. Crede che i politici siano onesti?
7. Le sembra che il telegiornale sia imparziale?

p **All'università.** In gruppi di tre: Discutete quello che vi piace e quello che non vi piace della vostra università. Trovate:

tre aspetti positivi   tre aspetti negativi   i tre problemi più gravi

Usate espressioni quali **ci piace che, siamo contenti che, non ci piace che, non è giusto che, ci sembra che, crediamo che,** ecc. Poi riferite le vostre opinioni al resto della classe.

q **Opinioni.** In coppia: Dica ad un amico/un'amica cosa pensa dell'attuale presidente degli Stati Uniti. Pensa che faccia un buon lavoro? Crede che sia onesto? Intelligente? Le sembra che rappresenti gli interessi del popolo americano? Le pare che sia troppo liberale? Troppo conservatore?

INTERFOTO / Alamy

Sfilata dei carabinieri di fronte al Quirinale a Roma.

Superlativo relativo e superlativo assoluto

la manifestazione **più** importante   la manifestazione **più** personale

> The symbol ⋏ on political messages means **abbasso** (*down with . . .*). Its opposite, ⋎, means **viva** or **evviva** (*long live . . .*).

1. The relative superlative is used to single out people or things from others in the same group or with similar characteristics. The superlative is formed by using a *definite article* + **più / meno** + *adjective* + **di. Di** contracts with a definite article in the usual prepositional contractions.

Roma è forse **la** città **più bella** d'Italia.	*Rome is perhaps the most beautiful city in Italy.*
Il San Carlo è **il** teatro **più importante di** Napoli.	*San Carlo is the most important theater in Naples.*
Bologna è fra **le** città **meno conosciute** d'Italia.	*Bologna is among the least well-known cities in Italy.*
Io abito nel**la** strada **meno tranquilla della** città.	*I live on the least quiet street in the city.*

2. The absolute superlative intensifies the quality or characteristic of an adjective. The absolute superlative can be expressed with **molto,** or by adding the suffix

-ssimo (-ssima, -ssimi, -ssime) to the masculine plural form of adjectives.

aggettivo	masc., pl.	suffisso	superlativo
bello	belli	+ ssimo	bellissimo/a
grande	grandi	+ ssimo	grandissimo/a
bianco	bianchi	+ ssimo	bianchissimo/a
lungo	lunghi	+ ssimo	lunghissimo/a
simpatico	simpatici	+ ssimo	simpaticissimo/a

— È stato **grave** l'incidente?   — Sì, è stato **gravissimo.**
— Sono **veloci** le Lamborghini?   — Sì, sono **velocissime!**
— Sembra che l'esame sia **difficile.**   — Infatti, è **difficilissimo!**

3. The suffix **-issimo** can also be added to some adverbs after dropping the final vowel.

— Parlano bene l'italiano?   — Sì, lo parlano **benissimo.**
— Ti senti male?   — Sì, **malissimo.**
— Studiate molto?   — Sì, ma non **moltissimo.**

---

r **Qual è?** Abbinate le cose o persone di sinistra con le frasi di destra.

1. il Vesuvio
2. la Ferrari e la Lamborghini
3. giuseppe Garibaldi
4. la torre pendente
   (*leaning tower*)
5. il Lago di Garda
6. Milano e Torino
7. il Po
8. quelle di Ferragamo
9. il Gran Sasso

a. il fiume più lungo d'Italia
b. le città più industrializzate
   d'Italia
c. il lago più grande d'Italia
d. le scarpe più eleganti del mondo
e. le macchine più veloci di tutte
f. il vulcano più famoso del mondo
g. l'eroe più amato del
   Risorgimento Italiano
h. la montagna più alta degli
   Appennini
i. il monumento più famoso
   di Pisa

▶ Mount Vesuvius is an active volcano on the Bay of Naples; it destroyed the city of Pompeii in ACE 79.

▶ The Leaning Tower of Pisa was built in the thirteenth century as a bell tower for the city's cathedral. This tower leans because the ground beneath began sinking right after it was built.

mary416 / Shutterstock

Veduta panoramica del golfo di Napoli con la città, il porto e il Vesuvio.

s **Roma.** In coppia: Parlate dei monumenti e luoghi d'interesse di Roma, usando il superlativo relativo come nel modello.

>> Villa Borghese / parco / bello   Villa Borghese è il parco più bello
                                            di Roma.

1. la Galleria Borghese / museo / importante
2. San Pietro / monumento / grandioso
3. il Pantheon / edificio / antico
4. via Condotti / via / elegante
5. l'Antico Caffè Greco / bar / caratteristico
6. l'Hassler / albergo / costoso
7. Battistoni e Bulgari / negozi / cari
8. via del Corso / strada / trafficata

t **La vostra città.** In coppia: Parlate delle cose della vostra città, secondo le categorie indicate.

>> strada più importante   S1: Qual è la strada più importante di questa
                                 città?
                             S2: Main Street è la strada più importante di
                                 questa città.

1. palazzo più alto   5. ristorante più costoso
2. zona più caratteristica   6. ristorante meno costoso
3. negozio più elegante   7. piazza più bella
4. negozio meno elegante   8. discoteca più bella

u **Agenzia pubblicitaria.** In coppia: Voi lavorate in un'agenzia pubblicitaria e dovete creare degli slogan per i seguenti prodotti. Cercate di usare il superlativo negli slogan pubblicitari che create.

>> Acecasa (un detersivo per i pavimenti)
   Usate Acecasa: il detersivo più efficace per pavimenti bellissimi!

1. Ultrabrill (uno shampoo per signora)
2. Leggilux (un sistema di software per aiutare i bambini a leggere)
3. Snellabell (una linea di cibi dietetici)
4. Odorstop (un deodorante)
5. Autoflash (un olio per la macchina)
6. Cioccodent (un dentifricio al cacao)

v **La vostra università.** In gruppi di tre: Parlate della vostra università facendo riferimento ai seguenti temi.

1. il corso più difficile
2. il corso meno difficile
3. la specializzazione più impegnativa (*challenging*)
4. la specializzazione più utile
5. la specializzazione più popolare
6. il luogo più tranquillo per studiare
7. il luogo meno tranquillo per studiare
8. i/le professori/esse più bravi/e dell'università

Superlativi irregolari

1. The adjectives **buono, cattivo, grande,** and **piccolo** have both regular and irregular relative superlative constructions. The regular and irregular forms are often interchangeable, although the context sometimes determines when each should be used. The following chart shows the irregular forms.

aggettivo	irregolare	superlativo
buono	il/la migliore	i/le migliori
cattivo	il/la peggiore	i/le peggiori
grande	il/la maggiore	i/le maggiori
piccolo	il/la minore	i/le minori

Credo che Mirella Rossi sia **la migliore** candidata.	*I think Mirella Rossi is the best candidate.*
Qual è **il peggior** film dell'anno?	*Which is the worst film of the year?*

Maggiore and **minore** are often used in the sense of *oldest* and *youngest*.

Giuseppe è il **minore** di quattro fratelli.	*Giuseppe is the youngest of four brothers.*
Chi è la **maggiore** delle sorelle?	*Who is the oldest among the sisters?*

2. Buono, cattivo, grande, and **piccolo** also have regular and irregular absolute superlative forms. The irregular forms are not always interchangeable with the regular forms.

buono/a	{ buonissimo/a ottimo/a	grande	{ grandissimo/a massimo/a
cattivo/a	{ cattivissimo/a pessimo/a	piccolo/a	{ piccolissimo/a minimo/a

Queste torte sono **ottime** (buonissime)!	*These cakes are excellent!*
Quel vino è **pessimo** (cattivissimo)!	*That wine is awful!*
Oggi la temperatura **massima** è di 20° C.	*Today the higthest temperature is 20° C.*
Qual è stata la temperatura **minima** di ieri?	*What was the lowest temperature yesterday?*

W **La vostra città.** In coppia: Compilate una lista delle cose migliori e peggiori della vostra città. Categorie possibili:

1. migliore / peggiore pizza
2. migliore / peggiore gelato
3. migliore / peggiore club o discoteca
4. migliori / peggiori negozi (di scarpe, di vestiti, ecc.)
5. migliori / peggiori ristoranti (italiano, cinese, ecc.)

>> La migliore pizza si mangia alla Pasquale's House of Pizza. La peggiore pizza si mangia alla mensa universitaria.

X **I premi Oscar.** In gruppi di tre: Pensate ai film che avete visto l'anno scorso. Adesso viene il momento di dare i premi Oscar. Proponete un candidato per ogni categoria.

1. migliore film dell'anno
2. migliore attore
3. migliore attrice
4. migliore attore non protagonista
5. migliore attrice non protagonista
6. migliore regista
7. migliore colonna sonora (*soundtrack*)

iLrn Complete the diagnostic tests to check your knowledge of the vocabulary and grammar structures presented in this chapter.

cinemafestival / Shutterstock

Divi del cinema internazionale arrivano alla famosa Mostra del Cinema di Venezia.

Parliamo un po'

a **Un regalo.** In coppia: Lei deve comprare un regalo e chiede dei suggerimenti. Il compagno/La compagna vuole sapere:

1. per chi è il regalo
2. qual è l'occasione
3. se la persona a cui va il regalo guarda la televisione
4. se questa persona ha dei programmi televisivi preferiti
5. se pensa di comprare un DVD di qualche programma televisivo del passato

b **Scegliere un film.** In gruppi di tre: Lei e due amici siete arrivate una sera in una casa in montagna e vedete che ci sono solo quattro DVD a disposizione. Essi sono:

Le nuove avventure dei Puffi (Smurfs) *nello spazio*. Cartoni animati.
Morte e distruzione. Un film italiano degli anni cinquanta; in bianco e nero con sottotitoli in inglese.
Venerdì tredici VII: Il terrore finale. Film dell'orrore con spettacolari effetti speciali.
Baciami, cretino! (Kiss me, stupid!). Film comico del 1964 con Doris Day e Rock Hudson.
Scelga uno dei quattro film e convinca i suoi amici a guardarlo.

Un bel poster di un famoso film degli anni sessanta.

c **Guarda il telegiornale?** Lei vuole fare un sondaggio per sapere se gli altri studenti della classe guardano regolarmente il telegiornale. Parli con tre studenti e prenda appunti.

	1	2	3
1. Guarda il telegiornale?	_____	_____	_____
2. Quale canale?	_____	_____	_____
3. A che ora?	_____	_____	_____
4. Quante volte alla settimana?	_____	_____	_____
5. Annunciatore/annunciatrice preferito/a?	_____	_____	_____
6. È importante seguire regolarmente le notizie?	sì / no	sì / no	sì / no
7. È importante che i giovani sappiano quello che succede nel mondo?	sì / no	sì / no	sì / no
8. I giovani di oggi sono molto informati?	sì / no	sì / no	sì / no
9. Il telegiornale presenta:			
sufficienti notizie locali?	sì / no	sì / no	sì / no
sufficienti notizie nazionali?	sì / no	sì / no	sì / no
sufficienti notizie internazionali?	sì / no	sì / no	sì / no

d **Le ultime notizie.** In gruppi di quattro: Preparate un telegiornale su quello che è successo ieri nella vostra città o la settimana scorsa nella vostra università. Siete tre annunciatori/annunciatrici (uno/a di sport) e un meteorologo.

e **Un'intervista particolare.**

S1

Lei è un/una giovane giornalista che deve intervistare un famoso senatore/una famosa senatrice americano/a. Lei vuole sapere da questa persona:

1. quali studi universitari ha fatto
2. come ha cominciato a fare politica
3. la persona più interessante che abbia mai conosciuta
4. il momento più comico delle sue campagne elettorali
5. il momento più brutto
6. cosa consiglia a una persona giovane che desidera fare politica

S2

Lei è un famoso senatore/una famosa senatrice americano/a e ha accettato un'intervista da parte di un/una giovane giornalista. Risponda alle domande del/della giornalista usando la fantasia per provvedere le informazioni richieste. Deve anche dare consigli ai giovani che vogliono fare politica. (È opportuno che…)

Conoscere l'Italia

a **Definizioni.** Abbini le definizioni con una parola della lista di destra. Ci sono due parole in più nella lista.

1. piccole montagne
2. si dice di cose che hanno lo stesso nome
3. la bella veduta di un posto
4. indica il tempo che fa in un determinato posto
5. statue e palazzi famosi
6. una piccola piazza
7. il contrario di *pochi/e*
8. il contrario di *vecchio/a*
9. luogo religioso
10. il contrario di *moderno/a*

a. la chiesa
b. la piazzetta
c. il golfo
d. il panorama
e. il fascino
f. il clima
g. i monumenti
h. antico/a
i. le colline
j. omonimo/a
k. numerosi/e
l. nuovo/a

Napoli

CD2,
Track 41

Napoli si estende come un anfiteatro[1] sulle colline di Posillipo e del Vomero e si affaccia[2] sul golfo omonimo. Questa città fu fondata nel secolo VIII (ottavo) avanti Cristo dai greci che la chiamarono "Neapolis", che vuol dire "nuova città". Conquistata poi dai romani, Napoli attraverso[3] i secoli è stata governata da numerose famiglie reali[4], da Giuseppe Buonaparte e da Gioacchino Murat.

Napoli è una città incantevole[5] il cui fascino[6] deriva non solo dallo splendido panorama e dal clima mite della zona, ma anche dalla ricchezza di monumenti e musei e dalla caratteristica struttura della città. Dominato dal vulcano, il Vesuvio, il golfo di Napoli è uno dei più belli del mondo. Fra i monumenti ricordiamo il Teatro San Carlo, che ha un'acustica perfetta ed è uno dei più importanti teatri lirici italiani. Il Museo Archeologico Nazionale è uno dei più ricchi del mondo per quanto riguarda[7] l'arte della Grecia antica e l'arte romana. La vita cittadina si svolge nella bella piazza del Plebiscito e alla Galleria Umberto I. I vecchi quartieri[8] sono molto caratteristici, con numerose chiese, piazzette pittoresche e moltissimi vicoli[9] sempre pieni di vita.

1. *like an amphitheater*
2. *looks out*
3. *through*
4. *royal*
5. *charming*
6. *whose charm*
7. *with regard to*
8. *neighborhoods*
9. *alleys*

L'incantevole isola di Capri nel Golfo di Napoli.

Vaclav / Shutterstock

Negli ultimi tempi, sotto la direzione delle nuove amministrazioni comunali[10], molte parti di Napoli sono state rimesse a nuovo[11]. Dopo tanti anni di trascuratezza[12], chiese barocche e bei palazzi sono stati ripuliti[13] e aperti al pubblico. La città è diventata di nuovo la meta turistica di molti italiani e stranieri. L'antico detto popolare "Vedi Napoli e... poi muori" suggerisce che non c'è al mondo città più incantevole di Napoli.

▶ Napoleon Buonaparte appointed his brother Giuseppe (1768–1844) king of Naples in 1806. Two years later, he appointed his aide Gioacchino Murat (1767–1815) to succeed his brother as king of Naples.

10. *municipal*   11. *have been renovated*   12. *neglect*   13. *cleaned up*

b   **Che cosa ricorda?** Dia il nome o la descrizione delle seguenti caratteristiche di Napoli.

1. il clima
2. due monumenti famosi
3. cosa rende spettacolare il panorama
4. alcuni aspetti dei vecchi quartieri
5. chi ha fondato la città e quando
6. significato della parola *Napoli*
7. il vulcano di Napoli
8. un vecchio detto popolare associato con Napoli

▶ Locate Napoli on the map on p. 12: **In che regione si trova Napoli? Come si chiama un'altra città della stessa regione? Quale vulcano importante è vicino a Napoli? Con quali regioni confina la Campania? Come si chiamano le isole che si trovano nel golfo di Napoli? Come si chiama il mare che bagna la costa campana?**

a   **Definizioni.** Abbini le definizioni con una parola della lista di destra. Ci sono due parole in più nella lista.

1. aggettivo derivato da *fascino*
2. sinonimo di *gente*
3. sinonimo di *atmosfera*
4. nome da cui deriva *generoso/a*
5. contrario di *buono/a*
6. una bevanda che eccita
7. il contrario di *sorella*
8. un cantante
9. composizione di musica e parole

a. la generosità
b. la canzone
c. cattivo/a
d. il fratello
e. l'ambiente
f. il tenore
g. affascinante
h. gli spaghetti
i. la partita di calcio
j. il popolo
k. il caffè

CD2,
Track 42

Il popolo napoletano

Napoli: Statue di Pulcinella, maschera caratteristica del teatro napoletano.

Esistono molti stereotipi sulla gente di diverse parti e città d'Italia. Si dice che i genovesi sono avari, i romani, estroversi e così via[1]. Gli abitanti di Napoli sono conosciuti come gente vivace e ricca di fantasia. Il genio napoletano nasce e cresce nell'atmosfera cittadina, esuberante e briosa[2]. Si dice che l'arte del vivere dei napoletani si basa sull'improvvisazione, sulla poesia, sulla generosità e sul senso pratico. Il loro stile di vita ha caratteristiche particolari. Essi amano le feste sia popolari che religiose. Le partite di calcio della squadra napoletana diventano spesso manifestazioni di entusiasmo e di un irresistibile spirito di identità con la propria città. In esse compaiono[3] spesso i simboli associati alle tradizioni e alle credenze[4] popolari. I napoletani hanno la fama di essere molto superstiziosi e fanno di tutto[5] per tenere[6] lontana la cattiva sorte[7].

I piatti tipici dei napoletani sono la pizza e gli spaghetti al pomodoro. Nella cucina essi utilizzano i prodotti freschi che crescono nei fertili campi della Campania.

I napoletani amano la musica e alcune bellissime canzoni popolari come "O sole mio" sono conosciute in tutto il mondo. Il dialetto napoletano è colorito, musicale e molto espressivo. Esso ha dato vita a una tradizione letteraria molto vasta che va dalla poesia al teatro. La simpatica maschera di Pulcinella è un contributo napoletano alla Commedia dell'Arte. E non si possono ignorare i fratelli De Filippo, specialmente Edoardo (1900–1984), che hanno avuto un ruolo molto importante nel teatro napoletano del ventesimo secolo. Napoli è anche la città di musicisti, cantanti, poeti, artisti e filosofi. In questa città sono nati il tenore Enrico Caruso (1873–1921), il compositore Ruggero Leoncavallo (1858–1919), lo scultore, pittore e architetto Gian Lorenzo Bernini (1598–1680), e il filosofo Giambattista Vico (1668–1744).

▶ Gian Lorenzo Bernini designed the beautiful colonnade in St. Peter's Square and created the central fountain in Piazza Navona in Rome.

1. *and so on*   2. *full of life*   3. *appear*   4. *beliefs*   5. *do all they can*
6. *to keep*   7. *luck*

b   **Vero o falso?** In coppia: A turno, identificate le seguenti frasi come vere o false secondo il brano precedente. Correggete le frasi false.

1. Si dice che il popolo napoletano ha poca fantasia.
2. A Napoli non si fanno molte feste popolari.
3. La superstizione fa parte del carattere napoletano.
4. La pizza e gli spaghetti al pomodoro sono i piatti più popolari della cucina napoletana.
5. Le canzoni napoletane non sono molto conosciute fuori dall'Italia.
6. Il napoletano è un dialetto monotono e poco comprensibile.
7. Arlecchino è una maschera del teatro napoletano.
8. A Napoli sono nati molti atleti famosi.
9. Enrico Caruso era un compositore.
10. Edoardo De Filippo è stata una figura di rilievo (*important*) della canzone napoletana.

Viaggi in video *La Campania*

Prima di guardare

Vocabolario utile

mare cristallino	*crystalline sea*
musica di sottofondo	*background music*
maioliche	*glazed ceramics*
scavi	*archaeological site*
piazzetta	*little square*
sei promossa	*you passed the exam*

a **Crede che ci sarà?** Sta per guardare un video sulla regione di Campania e il capoluogo Napoli. Quali dei seguenti elementi crede che ci saranno nel video?

il cratere di un vulcano	dei palazzi moderni e alti
un'università prestigiosa	degli scavi di una città antica
una strade piene di gente	delle pizzerie tradizionali
un'isole pittoresche	delle piste per sciare
una montagne coperte di neve	un porto industriale

▶ Mentre guarda il video

b **Vero o falso?** Indichi se le seguenti affermazioni sul video sono vere o false.

© RAI Radiotelevisione Italiana Spa

1. Molti secoli fa, la Campania era una colonia greca.
2. A scuola Pamela non era brava in Storia dell'Arte.
3. L'Arco di Traiano si trova a Napoli.
4. La via "Spaccanapoli" taglia Napoli a metà.
5. Secondo Gep, a Napoli non ti puoi mai rilassare.
6. La statua del Cristo Velato si trova nella Chiesa di Santa Chiara.
7. L'eruzione ha distrutto gli affreschi di Pompei.
8. La Reggia di Caserta è stata costruita dai Borboni.
9. Gli artigiani di San Gregorio Armeno costruiscono tavoli e sedie.

c **Congiuntivo.** Completi le frasi di Gep e Pamela, coniugando i verbi tra parentesi al congiuntivo presente o all'indicativo presente.

1. **P:** Spero che (*essere*) _____ bello e interessante come gli altri.
2. **P:** Tu pensi che io non (*conoscere*) _____ la storia.
3. **P:** Questo posto, invece, credo che (*chiamarsi*) _____ Palinuro.
4. **G:** Beh, tutti sanno che Napoli (*essere*) _____ la città più vivace d'Italia.
5. **G:** Vuoi che ti (*portare*) _____ a vedere gli scavi?
6. **G:** Sono contento che ti (*piacere*) _____ questo video.
7. **G:** Sì, ma ho paura che (*essere*) _____ anche l'isola più cara del Golfo.
8. **P:** Ma Gep, tu credi che io non (*sapere*) _____ proprio niente.

Pompei

L'eruzione del Vesuvio del 24 agosto del 79 d.C. è avvenuta dopo un periodo di quiete del vulcano che durava da circa otto secoli. Per questo motivo, molte città sorgevano sulle pendici (*on the slopes*) del vulcano. In poche ora, una pioggia di cenere e lapilli seppellì le città di Stabia, Pompei ed Ercolano. L'antica Pompei, protetta per secoli dai materiali vulcanici, è oggi la città romana meglio conservata al mondo.

Galina Mikhalishina/Shutterstock

Dopo aver guardato

d   **Più bello o bellissimo?** Completi le frasi utilizzando i superlativi relativi e assoluti indicati qui sotto.

bellissime	più elegante	lunghissima	migliore
bravissimo	più grandi	miglior	raffinatissimi

1. All'inizio del video, Pamela vede delle immagini _____.
2. A scuola Pamela era la _____ in Storia dell'Arte.
3. Spaccanapoli è una strada _____.
4. La Galleria Umberto I è il posto _____ della città.
5. Lo scultore del Cristo Velato è _____, perché la statua sembra vera!
6. Gli affreschi di Pompei sono _____.
7. Capri è l'isola amata dai _____ registi italiani.
8. A Napoli si beve il _____ caffè del mondo.

e   **Un viaggio da sogno.** Pamela e Gep fanno un viaggio bellissimo solo con l'immaginazione. Qual è il suo viaggio da sogno? Immagini di proporre questo viaggio a una persona cara (amico/a, fidanzato/a, fratello/sorella, parente, ecc.) e scriva una lettera per convincere questa persona a partire con lei. Descriva il posto dove le piacerebbe andare, la durata del viaggio, le cose che le piacerebbe fare, ecc. L'importante è essere convincenti!

f   **Esperienza personale.** Pamela è turbata (*upset*) quando vede le immagini delle mummie di Pompei. Pensi a una cosa che l'ha turbato e scriva un post dove descrive l'emozione provata.

lezione

16

Che cosa è in programma?

COMMUNICATIVE OBJECTIVES

- Discuss various kinds of music
- Express personal preferences
- Express emotions, doubts, and beliefs about events in the present and the past
- Express opinions about past events

Spesso a Roma il Colosseo fa da sfondo a concerti come questo di Bryan Adams.

RISORSE

 audio

 video

 www.cengagebrain.com/shop/
ISBN/0495913391

 ilrn.heinle.com

**CD3,
Track 2**

Mariella Vanini, Giuliana Liverani e Carlo Masina sono seduti a un bar all'aperto nella piazza principale di Chieti. Giuliana legge un opuscolo sulle manifestazioni culturali della stagione estiva in Abruzzo.

1	GIULIANA:	Ragazzi, guardate, sabato al Teatro romano Amiternum°, vicino a L'Aquila, si dà l'opera *Aida* di Verdi. Vogliamo andare a vederla?
	MARIELLA:	Mi sorprende che tu voglia andare all'opera. Non ti ricordi che sabato ai Fori Imperiali° a Roma c'è un concerto di beneficenza per
5		aiutare a combattere la fame in Africa? Ci saranno complessi e cantanti famosi di vari paesi europei. Perché non si va lì invece?
	CARLO:	Ma… non so. Sebbene io abbia già visto alcune opere, non ho mai visto l'*Aida*. Quindi penso che potrà essere una serata divertente.
	GIULIANA:	È vero. Il dramma di *Aida*, i bellissimi costumi, la musica e le luci in
10		uno scenario all'aperto sono qualcosa d'indimenticabile.
	MARIELLA:	Sì, però ai Fori Imperiali si possono ascoltare dal vivo cantanti eccezionali. Ci saranno anche Laura Pausini e Jovanotti° che canta e suona la chitarra. E poi c'è quel nuovo cantante inglese…
	GIULIANA:	Mariella, io non credo che ti faccia male ascoltare un po' di
15		musica classica! E poi lo spettacolo è organizzato per contribuire alla raccolta di fondi per la ricostruzione del Teatro Comunale dell'Aquila.
	CARLO:	Forse dovremmo seguire il consiglio di Mariella, benché non mi piaccia molto Jovanotti. Ascolteremo della buona musica e allo
20		stesso tempo faremo un'opera buona. Mi dispiace però di non poter vedere l'*Aida*.
	MARIELLA:	Mi fa piacere che vi siate convinti. Per ora si va al concerto. Poi credo che in futuro non manchino altre occasioni per sostenere la ricostruzione dell'Aquila. Stasera telefonerò all'agenzia per
25		prenotare i biglietti.

Ancient Roman theater

Ruins of an ancient Roman forum

popular Italian singers

L'Aquila — Teatro Romano Amiternum
Sabato 20 luglio 2013 — Ore 21.30
A I D A
Opera in quattro atti
Musica di **Giuseppe Verdi**

Personaggi	*Interpreti*
Aida	Matilde Braga
Radames	Filippo Lambertini
Amneris	Eva Spini
Amonasro	Tiberio Ponzi
Direttore d'orchestra	*Scene e costumi*
Alessandro Biasi	Patrizia Selva
Direttore del Coro	*Regia*
Luigi Abate	Silvano Bravetta

Informazioni e prenotazioni presso l'agenzia Amiternum:
tel. 0862/25584   Orario: dalle 14.00 alle 19.30.

▶ Giuseppe Verdi (1813–1901) was an Italian composer. Among his many operas are *Rigoletto*, *La traviata*, and *Il trovatore*.

Domande

1. Che cosa si presenta sabato al Teatro romano Amiternum?
2. Che cosa è in programma ai Fori Imperiali a Roma?
3. Perché, secondo Giuliana, l'*Aida* è indimenticabile?
4. Chi preferisce andare ai Fori Imperiali? Perché?
5. Che cosa fa piacere a Mariella? Cosa farà stasera?

Domande personali

1. Ha mai visto un'opera? Quale? Dove?
2. A lei piace l'opera? Perché?
3. Quale opera conosce?
4. Conosce qualche tenore o soprano famoso? Quale?
5. Qual è il suo cantante o la sua cantante preferito/a? E il suo complesso preferito?
6. Ha mai visto uno spettacolo di beneficenza? Quale? Dove?

Pratica

1. In coppia: Domandi ad un amico/un'amica se vuole andare ad un concerto all'Auditorium Parco della Musica. Risponda alle domande dell'amico/a che vuole sapere che cosa è in programma, dove si possono comprare i biglietti e qual è il numero di telefono della biglietteria.

2. Riassuma in cinque o sei frasi il dialogo a pagina 389, dichiarando (*stating*) dove vuole andare ogni persona, che cosa vuole vedere, quando e perché.

La musica e i giovani

I giovani italiani amano molto la musica. I concerti all'aperto o nei teatri, i festival della canzone, gli spettacoli dei cantanti e le discoteche sono i luoghi di ritrovo[1] di ragazzi e ragazze. Attraverso la musica, i giovani s'incontrano, si conoscono e scoprono[2] interessi comuni.

La musica americana e anglosassone, trasmessa nei programmi della radio e della televisione, esercita una grande influenza sulla gioventù italiana. Per i giovani questa musica è il naturale complemento al fast-food, molto diffuso nelle maggiori città, e all'abbigliamento "casual", che caratterizza il vestire del giovane italiano.

Ma non è solo la musica leggera che va di moda in Italia. Molti giovani seguono anche la musica classica e l'opera, che hanno in Italia una lunga tradizione. Per avvicinare ancor più[3] i giovani alla musica in generale, molti spettacoli musicali, inclusa l'opera, vengono allestiti[4] durante l'estate in quasi tutti i paesi e città d'Italia. Questi spettacoli si danno in piazze, cortili[5] di antichi palazzi, chiostri[6] di mona- steri e altri luoghi suggestivi.

Il cantante italiano Jovanotti si esibisce in un concerto al Garden Festival di Berna in Svizzera.

- Che tipo di musica preferiscono i giovani americani?
- Agli studenti americani piace l'opera?
- Quali sono i teatri dell'opera più famosi degli Stati Uniti?
- Quali sono alcuni luoghi all'aperto, dove si presentano spettacoli musicali importanti?

1. *gathering places*   2. *they discover*   3. *to bring even closer*   4. *produced*   5. *courtyards*   6. *cloisters*

 ## Vocabolario

Parole analoghe

l'atto	il coro	la ricostruzione
classico/a	il dramma	lo scenario
il concerto	eccezionale	il soprano
contribuire	l'informazione (*f.*)	il tenore
convincere	l'orchestra	
(*p.p.* convinto)	principale	

Nomi

la beneficenza benefit
la biglietteria ticket office
il/la cantante singer
la chitarra guitar
il complesso (musical) group
la fame hunger
i fondi funds
l'interprete (*m.* or *f.*) interpreter;
  performer
la luce light
la manifestazione exhibition
l'occasione opportunity
l'opera opera; deed
l'opuscolo pamphlet
il personaggio character
la prenotazione reservation
la raccolta collection
la serata evening

Verbi

combattere to fight
convincersi to convince oneself
mancare to miss
prenotare to reserve, to make
  reservations
sostenere to support
suonare to play (*an instrument*)

Aggettivi

comunale municipal
indimenticabile unforgettable

Altre parole ed espressioni

benché even though
sebbene even though
all'aperto open air
che cosa è in programma?
  what's playing?
dal vivo live
fare piacere to please
in futuro in the future

 Pronuncia

Ripasso della consonante *c*

CD3,
Tracks
3–4

The Italian letter **c** before **e** and **i** is similar to English *ch* as in the word
chimney. The same applies to **cc.** When the letter **c,** or **cc,** appears before
a, o, or **u,** it is always pronounced with a hard sound, /**k**/ as in *cold*. The
combination **ch** is always pronounced hard.

a **Ascolti e ripeta le parole.**

cucina	concerto	ricordare	classico
beneficenza	eccetto	incontro	cortile
Cina	faccia	chiedere	opuscolo
amici	diciannove	chiamare	clandestino
annunciare	politici	bacheca	cucchiaio
ciascuno	chiaro	mucca	eccezionale

b **Ascolti e ripeta le frasi.** Faccia attenzione ai suoni della /**c**/.

Giuliana si ricorda **ch**e questo sabato **c**'è un **c**oncerto al li**c**eo.
Vuole **c**onvincere Enrico ad andar**c**i **c**on lei.
Enrico è d'a**cc**ordo. E **c**osì de**c**ide di a**cc**ettare l'invito.
Sarà una serata **c**aratterizzata da **c**ostumi, musi**c**a e lu**c**i brillanti.
Che serata magnifi**c**a! Sarà indimenti**c**abile.

🔊 Ampliamento del vocabolario

Gli strumenti musicali

l'armonica   harmonica
l'arpa   harp
la batteria   drums
la chitarra   guitar
il clarinetto   clarinet
il clavicembalo   harpsichord
la fisarmonica   accordion
il flauto   flute
l'oboe (*m.*)   oboe
l'organo   organ
il pianoforte   piano
il sassofono   saxophone
il tamburo   drum
la tromba   trumpet
il violino   violin
il violoncello   cello

a **In un negozio di musica.** In coppia: Siete in un negozio di musica. Leggete il ruolo di S1 o S2 per sapere cosa fare.

S1

Lei vuole comprare uno strumento musicale per un/una nipote da parte di tutta la famiglia. Non sa che cosa comprare, ma vuole qualcosa che sia facile da imparare e che non sia troppo costosa. (Cerchi anche di contrattare sul prezzo.)

S2

Lei vende molti strumenti di seconda mano:

chitarra €100	violino €250
organo elettronico €300	tromba €75
clarinetto €60	sassofono €200
armonica €10	flauto €90

Aiuti il/la cliente a decidere quale strumento comprare e mettetevi d'accordo sul prezzo. Si prepari a suggerire lo strumento più adatto e più facile da imparare.

>> S1: Buon giorno. Desidero comprare uno strumento musicale per mio/a nipote.
S2: Ho qui vari strumenti...
S1: Non voglio spendere... Vorrei uno strumento...
S2: Bene, vediamo un po'...

b **Domande.** In coppia: Domandi ad un altro studente/un'altra studentessa:

1. se suona uno strumento musicale; quale?
2. se non lo suona, vuole imparare a suonare uno strumento musicale; quale? Perché?
3. quali strumenti musicali preferisce ascoltare; perché?
4. se gli/le piace la musica della fisarmonica; perché? E dell'arpa?
5. se è mai andato/a ad ascoltare un'orchestra sinfonica; quale? Dove?

I prefissi *in-, s-, dis-* e *ri-*

The addition of the prefixes **in-**, **s-**, and **dis-** to certain words reverses their meaning, just as *un-* and *dis-* do in English. **In-** is normally used only with adjectives; **s-** and **dis-** may be added to certain adjectives, verbs, and nouns. The prefix **ri-** added to certain verbs signifies repetition.

in-	utile *useful*	inutile *useless*
	felice *happy*	infelice *unhappy*
s-	fortuna *luck*	sfortuna *bad luck*
	consigliare *to advise*	sconsigliare *to advise against*
	conosciuto/a *known*	sconosciuto/a *unknown*
dis-	piacere *pleasure*	dispiacere *displeasure, misfortune*
	fare *to do*	disfare *to undo*
	organizzato/a *organized*	disorganizzato/a *disorganized*
	occupato/a *occupied; employed*	disoccupato/a *unoccupied; unemployed*
ri-	leggere *to read*	rileggere *to read again*
	aprire *to open*	riaprire *to reopen*
	fare *to do*	rifare *to do again*
	aggiustare *to fix*	riaggiustare *to fix again*

Lebrecht Music & Arts

c **Il contrario.** In coppia: Risponda alle domande o osservazioni di un altro studente/un'altra studentessa, usando il contrario delle parole indicate. Per ogni gruppo di frasi, usi il prefisso suggerito.

>> *in-* — Sei *felice* adesso? — No. Sono *infelice.*

in-

1. Sei *capace* di suonare il violino?
2. È *utile* fare questo lavoro ogni giorno?
3. Sei *disciplinato/a?*
4. È *soddisfacente* la tua vita sociale?
5. Ti senti *soddisfatto/a* di te stesso/a?
6. È *sufficiente* quello che guadagni (*earn*)?

s-

7. Anna è *fortunata*, non è vero?
8. Sono *conosciute* le sue canzoni?
9. La critica le è sempre *favorevole?*
10. Il suo ultimo concerto è stato un'esperienza *piacevole*, non è vero?
11. Dovremmo *consigliarle* di fare un altro concerto?

dis-

12. Siete in *accordo* adesso?
13. È *abitata* la casa che volete comprare?
14. È *attento/a* il tuo amico/la tua amica?
15. Sei una persona *ordinata?*
16. Avete una vita *agiata* (*comfortable*)?
17. C'è molta *armonia* fra voi due?

d **Cose da rifare.** A lei piace rifare le cose che ha già fatto. Dica quello che vuole rifare, aggiungendo il prefisso *ri-* alle parole in corsivo.

>> Vorrei vedere l'*Aida*. Vorrei rivedere l'*Aida*.

1. Vorrei *leggere* Via col vento.
2. Vorrei *provare* quel vestito.
3. Penso di *andare* al teatro La Scala.
4. A me piace *fare* un viaggio in Italia.
5. Vorrei *vedere* un film di Fellini.

Struttura ed uso

Congiuntivo con espressioni impersonali

— È bene che **pulisca** la casa.
— Sì, ma è impossibile che **sia** sempre così allegra!

1. The subjunctive is used after certain expressions of necessity, possibility, probability, and opinion that indicate the speaker's attitude.

È necessario che i capi dell'UE discutano il problema.
Ma **non è probabile che** trovino facilmente una soluzione.

These common impersonal expressions usually require the subjunctive.

è bene	*it's good*
è giusto	*it's right*
è importante	*it's important*
è impossibile	*it's impossible*
è improbabile	*it's unlikely*
è inopportuno	*it's inappropriate, unsuitable*
è meglio	*it's better*
è necessario	*it's necessary*
è opportuno	*it's appropriate, suitable*
è ora	*it's time*
è possibile	*it's possible*
è preferibile	*it's preferable*
è probabile	*it's probable*
sembra } **pare** }	*it seems*

È probabile che oggi il re di Spagna si rechi dal Papa.
It's probable that the king of Spain is going to visit the Pope today.

Sembra che l'eccessiva velocità sia la causa dell'incidente.
It seems that excessive speed is the cause of the accident.

È improbabile che riescano a trovare i biglietti per il concerto.
It's unlikely that they'll find tickets for the concert.

Pare che l'agenzia ne abbia ancora alcuni.
It seems that the ticket agency has some left.

2. If no subject is specified, an infinitive is used after an impersonal expression.

È importante **fare** delle buone opere.
It's important to do good works.

È importante che i giovani **facciano** delle buone opere.
It's important that young people do good works.

È bene **sapere** quello che succede nel mondo.
It's good to know what's going on in the world.

È bene **che noi sappiamo** quello succede nel mondo.
*It's good that **we** know what's going on in the world.*

3. With impersonal expressions that indicate certainty, the indicative is used in the **che** clause.

Ho sentito che **danno** *Aida* al Teatro Amiternum.
I heard that Aida is being presented at the Amiternum Theater.

È chiaro che i cantanti **vogliono** combattere la fame nel mondo.
It's clear that the singers want to fight world hunger.

a **Commenti.** In coppia: Con un compagno/una compagna, commentate su quello che voi e gli altri fate questo fine settimana. Formulate frasi complete con gli elementi delle tre colonne.

>> È meglio che tu stia a casa.

È necessario	che noi	uscire con Michele
È bene	che gli amici	andare ad una festa
È meglio	che tu	venire a casa mia
È possibile	che io	stare a casa
È preferibile	che tu e Gina	divertirsi
È importante		assistere ad un concerto
È probabile		giocare a pallavolo
		guardare un vecchio film
		lavorare

b **La pallavolo.** Lei fa parte della squadra di pallavolo della sua università. Un suo amico/Una sua amica vorrebbe partecipare, ma prima vuole sapere che cosa deve fare. Gli/Le dica le regole (*rules*) di comportamento della squadra come indicato nel modello.

>> È importante andare a dormire presto.
    È importante che tu vada a dormire presto.

1. È necessario dormire otto ore.
2. È necessario alzarsi alle sei e mezzo ogni mattina.
3. È importante venire a tutti gli allenamenti (*practices*).
4. È necessario non arrivare in ritardo.
5. È importante fare ginnastica tre volte alla settimana.
6. È importante non mangiare troppo.
7. È necessario prendere voti buoni.
8. È importante avere molta pazienza.

c **Completare le frasi.** Finisca le frasi in maniera logica.

1. È bene che i giovani...
2. È importante che gli studenti universitari...
3. Sembra che il governo...
4. Spero che i capi di tutti i paesi del mondo...
5. È opportuno che il nostro presidente...

d **Signora Sapienza.** Lei scrive una rubrica (*column*) su un giornale in cui dà consigli alle persone che hanno problemi. Con un amico/un'amica, leggete le seguenti lettere e date risposte appropriate usando frasi quali **è necessario che, è opportuno che, non è giusto che,** ecc.

Cara signora Sapienza,

Sono una ragazza simpatica e ho sempre molti impegni e appuntamenti. Mia nonna, che abita dall'altra parte del bosco, insiste che io vada a trovarla ogni giorno e che le porti qualcosa da mangiare. Io voglio bene alla nonna ma la sua casa è lontana e non ho la macchina: devo andare a piedi. E poi il bosco è pericoloso (*dangerous*) e sembra che ci siano i lupi (*wolves*). Mi dica cosa devo fare?

C. R.

Cara signora Sapienza,

Sono un principe allegro e disinvolto. Un mese fa, mentre camminavo nel bosco ho visto una principessa che dormiva sull'erba (*grass*). Era così bella che mi sono innamorato immediatamente. Ma questa principessa non mi parla, non mi guarda e non ascolta le mie canzoni d'amore. Dorme e basta. Cosa posso fare per farmi notare?

Disperato

Cara signora Sapienza,

Noi siamo sette piccoli fratelli e viviamo in una bella casetta nel bosco. Fino a due settimane fa, non avevamo problemi. Giorni fa, però, siamo ritornati dal lavoro e abbiamo trovato una signorina che puliva la nostra casa. Da quel giorno questa signorina è stata sempre con noi: canta, pulisce, balla e cucina. Noi preferiamo che la nostra casa sia sporca (*dirty*) e non vogliamo più sentirla. Cosa ci consiglia di fare, lei che sa tutto?

Scocciati (*Fed up*)

> Did you recognize these traditional stories? In Italian they are called *Cappuccetto Rosso, La bella addormentata nel bosco,* and *Biancaneve e i sette nani.*

Congiuntivo passato

— Quel rumore? Niente! Sembra che papà **abbia ricevuto** la bolletta del telefono!

1. The past subjunctive is used in a dependent **che** clause to describe a past action when the verb in the main clause is in the present tense and calls for the subjunctive.

Non credo che tu **sia stata** ai Fori Imperiali.	*I don't think you've been to the Fori Imperiali.*
È impossibile che tu **abbia** mai **visto** un concerto così.	*It's impossible that you've ever seen a concert like this one.*
Sono contento che **abbiano cantato** anche la mia canzone preferita.	*I'm glad (that) they sang my favorite song, too.*
Penso che ci **siano stati** più di ventimila spettatori.	*I think there were more than 20,000 spectators.*

2. The past subjunctive is formed with the present subjunctive of the auxiliary **avere** or **essere** and the past participle. The past participle of a verb conjugated with **essere** agrees with the subject. The following chart shows the past subjunctive of **trovare** and **partire**.

▶ Follow the rules you already know for the **passato prossimo** to choose the auxiliary verb and for agreement. Refer to **Lezione 6** if you need a review.

	trovare	partire
...che io	abbia trovato	sia partito/a
...che tu	abbia trovato	sia partito/a
...che lui/lei	abbia trovato	sia partito/a
...che noi	abbiamo trovato	siamo partiti/e
...che voi	abbiate trovato	siate partiti/e
...che loro	abbiano trovato	siano partiti/e

— Spero che Michele e Antonella **siano arrivati.**	*— I hope that Michele and Antonella have arrived.*
— È possibile che Michele **sia** già **arrivato,** ma credo che Antonella **sia partita** più tardi e che arrivi fra poco.	*— It's possible that Michele has already arrived, but I think that Antonella left later and will arrive soon.*

e   **Al teatro dell'opera.** Ieri sera lei è andato/a a sentire un'opera lirica. Esprima un'opinione sulle seguenti frasi, secondo le parole fra parentesi.

>> È stata un'*Aida* bellissima. (Sono contento/a...)
   Sono contento/a che sia stata un'*Aida* bellissima.

1. Lo spettacolo è cominciato un po' tardi. (Mi dispiace...)
2. Matilde Braga ha cantato divinamente. (Credo...)
3. Filippo Lambertini ha recitato la parte di Radames con energia. (Mi pare...)
4. Eva Spina si è sentita male e non ha potuto cantare. (Mi dispiace...)
5. Alla fine Aida e Radames sono morti insieme. (È triste...)
6. È stata l'ultima rappresentazione della stagione estiva. (Penso che...)
7. Anche voi vi siete divertiti all'opera. (Sono felice...)

f   **Cose già successe.** Le cose che succedono oggi sono successe anche ieri. Metta la frase subordinata al congiuntivo passato come nel modello.

>> Non credo che il Napoli vinca la partita.
   Non credo che il Napoli abbia vinto la partita.

1. La mamma dubita che io ritorni prima di mezzanotte.
2. Mi dispiace che il tuo amico non mangi con noi.
3. È bene che voi sentiate le notizie.
4. Sembra che tu non capisca.
5. Speriamo che non ti succeda niente.
6. È possibile che i nonni vengano dopo pranzo.
7. Siamo felici che Roberto e Sandra si divertano.
8. Pare che gli altri vadano a casa.
9. Dubito che la mia ragazza voglia rivedere quel film.

g   **Hai sentito le notizie?** In coppia: Si pubblicano le cose più strane sui giornali. S1 crea titoli per gli articoli pubblicati su *Novella 2000*, usando le parole ed espressioni indicate. S2 reagisce a queste cose, usando frasi come **dubito che... , è impossibile che... ,** ecc.

>> Katy Perry / uscire / con Justin Bieber
   S1: Hai sentito? Katy Perry è uscita con Justin Bieber.
   S2: Non è possibile che Katy Perry sia uscita con Justin Bieber.

1. I romani / vendere / il Colosseo ai giapponesi
2. Io / sposarmi / con un extraterrestre
3. Noi / vedere Elvis / nel nostro frigorifero
4. Donald Trump / perdere / tutti i suoi milioni / e rimanere / senza un soldo
5. Bambina torinese / nascere / con tre teste
6. Hillary Clinton / suonare la chitarra / per i Grateful Dead

▶ *Novella 2000* is a weekly magazine that specializes in celebrity gossip, scandals, and photographs taken by **paparazzi**. This word, which came from Fellini's film *La dolce vita*, is used virtually all over the world to describe these types of photographers.

h   **All'università.** In coppia: Dica al suo compagno/alla sua compagna alcune cose che le sono successe durante il primo anno all'università. Il suo compagno/La sua compagna esprime un'opinione su quello che lei ha detto.

>> S1: Ho incontrato alcuni buoni amici durante il primo anno qui.
   S2: Sono contento che tu abbia incontrato buoni amici.
   S1: Ho preso una D in economia.
   S2: Mi dispiace che tu abbia preso una D in economia.

i Lunedì mattina. In coppia: È lunedì mattina, e alcune persone nella sua classe sembrano diverse da com'erano venerdì scorso. Con un compagno/una compagna dica quale possa essere il motivo di questa differenza.

>> Gino sembra molto contento.
   S1: È possibile che abbia vinto alla lotteria.
   S2: È anche possibile che sia uscito con la sua ragazza.

1. Michele si è tagliato i capelli molto corti e porta la cravatta.
2. Pietro e Laura non sono in classe.
3. Quelle due ragazze sembrano molto stanche.
4. A Massimo fa male la gamba.
5. Margherita porta un anello (*ring*) con un diamante enorme.
6. Quei tre ragazzi che amano lo sport sembrano piuttosto tristi.

Fabio Muzzi / Getty Images

Andrea Bocelli prova un'aria prima di un concerto in programma all'Arena di Verona.

j Una persona famosa. In gruppi di tre o quattro: Una persona del gruppo dice il nome di una persona famosa nel mondo della musica. Le altre persone dicono tutto quello che sanno di questa persona, per esempio: dove e quando è nata, le cose che ha fatto, ecc.

>> S1: Giacomo Puccini
   S2: Credo che sia nato in Italia.
   S3: Penso che abbia scritto *Tosca*.
   S4: Credo che sia morto negli anni venti.

Public Domain

Congiuntivo dopo le congiunzioni

— Va bene. Stasera andiamo al concerto che preferisci tu **a condizione che** domani tu **venga** a quello che preferisco io.

1. The subjunctive is used in dependent clauses introduced by the following conjunctions.

> A conjunction is a part of speech that joins two complete phrases.

affinché			Lavora **affinché** i figli possano frequentare l'università.
perché	}	*so that, in order that*	Parlate lentamente **perché** tutti vi capiscano.
benché			Suona ancora il sassofono **benché** sia dopo mezzanotte.
sebbene	}	*although, even though*	Voglio uscire **sebbene** faccia molto freddo.
in caso che		*in case, in the event that*	Lascia il tuo numero di telefono **in caso che** io debba parlarti.
a condizione che		*provided that, as long as*	Te lo presto **a condizione che** tu me lo ridia subito.

2. The preceding conjunctions take the subjunctive in the subordinate clause even if the subject of the two clauses is the same.

Paolo ha comprato un violino **benché** non **sappia** suonare.

Paolo bought a violin even though he doesn't know how to play.

k **Le congiunzioni.** Usi le congiunzioni tra parentesi per unire le due frasi.

>> Spiego l'inglese a Tullio. Lo impara bene. (affinché)
Spiego l'inglese a Tullio affinché lo impari bene.

1. Ti presto la mia macchina. Me la riporti stasera. (a condizione che)
2. Ha messo le fotografie qui. Le possiamo vedere tutti. (perché)
3. Offrono i biglietti per il concerto a prezzo ridotto. Tutti possono andarci. (affinché)
4. Vado a telefonare agli amici. Vogliono venire con me. (in caso che)
5. Vado in Grecia a settembre. Non ho molto denaro. (benché)
6. Mangio a mezzogiorno. Ho fatto la prima colazione alle dieci. (sebbene)
7. Sandro mi aiuta. Posso finire i compiti. (affinché)
8. Non ho trovato una soluzione. Ho studiato attentamente il problema. (benché)

l **Cambiare le frasi.** Cambi le frasi, usando **sebbene** invece di **ma** come nel modello.

>> Vado in centro ma è tardi.   Vado in centro sebbene sia tardi.

1. Voglio comprare una chitarra ma costa molto.
2. Voglio uscire stasera ma fa freddo.
3. Cerco lavoro ma è difficile trovarlo.
4. Vado alla partita ma piove.
5. Do un passaggio a Marina ma sono in ritardo.

m **Completare il brano.** Completi il brano, usando le congiunzioni indicate.

sebbene	in caso che
affinché	a condizione che (2X)

Domani Ligabue darà un concerto nel parco _____ faccia bel tempo. Hanno stabilito una data alternativa _____ piova. Ligabue canta ancora divinamente, _____ non sia più troppo giovane. Offrono i biglietti a prezzi ridotti _____ tutti possano andare al concerto. Vado a comprare due biglietti _____ ci siano ancora.

> The Italian singer-songwriter Ligabue has been popular since the 1980s.

n **Completare le frasi.** Finisca le frasi in maniera logica.

1. I genitori lavorano molto affinché i loro figli...
2. Fanno molti sacrifici perché...
3. Sperano che i figli...
4. Mettono da parte (*They put aside*) molti soldi in caso che...
5. Ci sono problemi in famiglia sebbene...
6. I ragazzi vogliono essere indipendenti benché...

o **I miei corsi.** In coppia: Parli ad un amico/un'amica dei corsi che lei segue. Parli delle ragioni per cui li segue e delle difficoltà che trova in questi corsi, usando espressioni quali **sebbene, affinché,** ecc.

>> Seguo un corso d'informatica affinché possa imparare a usare il computer. Il corso mi piace benché sia piuttosto difficile. Prenderò una B a condizione che finisca presto questo progetto di lavoro.

Costruzioni con *si*

È agosto! **Si parte** per le vacanze!   È settembre. **Si torna** in città.

1. Italians often use the construction **si** + *a third-person verb* to talk about actions that take place without specifying who is doing the action. English uses *one, they, you, we,* or the passive voice in these circumstances.

Domenica **si vota!**	*On Sunday we are voting!*
Non **si deve** parlare così.	*You (One) shouldn't talk like that.*
In questa classe non **si parla** inglese.	*In this class, English is not spoken.*
Stasera **si darà** un concerto di jazz.	*Tonight a jazz concert will be given.*

You have seen this form since **Lezione 3: Dove si va? Si va a ballare?**

2. When **si** + *verb* is followed by a plural noun, the verb is in the third-person plural.

In questo negozio **si parlano** tutte le lingue.	*All languages are spoken in this store.*
Le sigarette **si vendono** nelle tabaccherie.	*Cigarettes are sold at tobacco stores.*
Non **si possono** trovare i giornali italiani qui.	*One can't find Italian newspapers here.*

p **Il Circolo Italiano.** Cosa si fa al Circolo (club) Italiano? Un membro del Circolo Italiano parla di tutte le attività che sono organizzate dal suo circolo. Cambi ogni frase alla costruzione **si** + *verbo* come nell'esempio.

>> Offriamo lezioni d'italiano.
   Si offrono lezioni d'italiano.

1. Parliamo sempre italiano.
2. Organizziamo cene e feste.
3. Vendiamo magliette con la scritta "Io ♥ l'Italia".
4. A volte andiamo all'opera.
5. Una volta al mese vediamo un film.
6. Prepariamo una conferenza sulla cultura italoamericana.

q **In Italia.** In coppia: Quando lei andrà in Italia, vedrà che lì la vendita dei prodotti è un po' diversa da quella americana. Determinati prodotti si possono comprare soltanto in certi negozi. Domandi ad un compagno/una compagna dove si comprano queste cose: in tabaccheria, all'edicola di giornali o in farmacia.

>> francobolli (*stamps*)   S1: Dove si comprano i francobolli?
                              S2: I francobolli si comprano in tabaccheria.

1. le riviste
2. la scheda telefonica
3. il biglietto per l'autobus
4. la vitamina C
5. le aspirine
6. il giornale
7. le sigarette
8. le penne

> An **edicola** is an outdoor kiosk that sells newspapers, magazines, and often tickets for public transportation. Bus tickets can also be bought at bars and tobacco shops.

r **Cose italiane.** In gruppi di tre o quattro: Nella vostra città è possibile godere di prodotti e di aspetti della cultura italiana? Formulate domande con le frasi indicate e poi discutete le possibilità.

>> comprare la pasta Barilla   S1: Dove si può comprare la pasta Barilla in questa città?
                                 S2: La pasta Barilla si compra al...
                                 S3: Non si può comprare qui. Si deve andare a...

1. comprare giornali e riviste italiani
2. mangiare piatti italiani autentici
3. vedere film italiani
4. vedere una partita di calcio
5. prendere un buon cappuccino
6. ammirare dei quadri italiani
7. trovare vestiti di stilisti italiani come Armani e Versace
8. vedere un'opera

s **Il fine settimana.** In coppia: Cosa si fa il fine settimana alla vostra università? Con un amico/un'amica fate una lista delle cose che si fanno il venerdì sera, il sabato e la domenica.

>> Il venerdì sera di solito si esce. Si va alla...
   Il sabato si dorme fino alle...

> **iLrn** Complete the diagnostic tests to check your knowledge of the vocabulary and grammar structures presented in this chapter.

Parliamo un po'

a **Tutto rock e melodia.**
In coppia: Come tutti i
giovani del mondo, anche i
giovani italiani amano molto
la musica. Il sondaggio a
fianco ha rilevato quali sono
le loro preferenze musicali.
Guardate i risultati del
sondaggio e poi rispondete
alle domande.

6-TUTTO ROCK E MELODIA	
Rock	46,6
Canzone d'autore italiana	39,9
Discomusic	38,6
Tutta la musica moderna	27,2
Pop	15,1
Tutta (compresa la classica)	13,0
Classica e/o lirica	11,9
Jazz	9,5
Country/folk	9,5
Quello che capita	8,2
Altro tipo di musica	5,6
Non ascolta mai/quasi mai	1,9

1. Quale tipo di musica
   preferiscono i giovani
   italiani? Quale genere non
   piace tanto?
2. C'è molto interesse nella
   musica classica. Nel jazz?
3. Quale percentuale non ascolta
   mai la musica?
4. Un'inchiesta fatta fra gli studenti della vostra università darebbe
   risultati differenti? Come?

b **Un'inchiesta.** Faccia un'inchiesta fra almeno quattro studenti della
sua classe per sapere quali sono le loro preferenze musicali.

	Studente			
	1	2	3	4
1. cantante preferito/a	_____	_____	_____	_____
2. gruppo / complesso preferito	_____	_____	_____	_____
3. genere di musica che preferisce	_____	_____	_____	_____
4. lo strumento musicale più bello	_____	_____	_____	_____
5. il concerto più bello	_____	_____	_____	_____
6. la stazione radio che ascoltano di più	_____	_____	_____	_____
7. quante ore al giorno ascoltano la musica	_____	_____	_____	_____
8. canzone preferita	_____	_____	_____	_____

c **Il concerto più bello!** In coppia: Descriva al suo compagno/alla sua compagna un concerto molto bello a cui lei ha assistito. Può parlare di:

quando è successo
dove ha avuto luogo
chi erano i musicisti
che cosa hanno cantato / suonato

se c'erano molti spettatori
perché le è piaciuto tanto
che cosa pensa di questo tipo
  di musica

d **Biografia di un musicista.** Faccia una ricerca sulla Rete per avere informazioni biografiche di una persona italiana nota nel mondo della musica. Poi riferite le informazioni ai compagni della classe. Ecco alcuni nomi che vi suggeriamo.

Sono anni che la brava cantante Mina non appare in pubblico. Questa sua immagine risale agli anni '70.

Il famoso maestro e compositore Ennio Morricone riceve il Leone d'Oro alla carriera dal regista Gillo Pontecorvo.

La giovane cantante Laura Pausini in concerto.

e **Suonerie telefoniche.** In coppia: Vuole che il suo telefonino cellulare abbia una suoneria originale? Ecco alcune possibilità popolari da scaricare dalla Rete. Prima scelga la suoneria che le piace di più e poi spieghi ad un compagno/una compagna perché l'ha scelta. Infine scegliete insieme le suonerie che vanno bene per i vostri amici e per altre persone che conoscete e dite perché.

Missione impossibile	Il buono, il brutto e il cattivo	Für Elise
I Simpsons	Funkytown	Mozart: rondò alla turca
La pantera rosa	Il padrino	I campioni siamo noi
Marcia trionfale di *Aida*	YMCA	Pirati dei Caraibi

>> È possibile che a Jessica piaccia...
   Io credo che... vada bene per... perché...

Conoscere l'Italia

a **Definizioni.** Prima di leggere il seguente brano, abbini le definizioni con una parola della lista di destra. Ci sono due parole in più nella lista.

1. aggettivo derivato da *sabbia*
2. il contrario di *contaminato/a*
3. lo è una cosa che piace
4. la capitale di una regione
5. sinonimo di *incertezza*
6. aggettivo derivato da *montagna*
7. sinonimo di *villaggio*
8. dannoso fenomeno naturale
9. aggettivo derivato da *storia*
10. causare danni
11. sessanta di essi formano un minuto
12. nome associato al verbo *spendere*

   a. gli stranieri
   b. montuoso/a
   c. la precarietà
   d. storico/a
   e. incontaminato/a
   f. la spesa
   g. il borgo
   h. il terremoto
   i. l'economia
   j. danneggiare
   k. il capoluogo
   l. i secondi
   m. sabbioso/a
   n. piacevole

**CD3,
Track 5**

L'Abruzzo

Le cime nevose del Gran Sasso attraggono sempre numerosi sciatori.

Situato tra il centro e il sud d'Italia, l'Abruzzo è una regione prevalentemente montuosa. Qui si trovano il Gran Sasso (2914 m.) e la Maiella (2793 m.), le vette[1] più alte degli Appennini. Per la presenza di boschi e di paesaggi incontaminati e per l'aria pulita che vi si respira[2], l'Abruzzo è chiamato "il polmone verde d'Europa[3]". La regione ha 129 km. di costa sull'Adriatico, di cui quasi la metà[4] è costituita da spiagge sabbiose.

Le città principali dell'Abruzzo sono L'Aquila, capoluogo della regione, Pescara, Chieti e Teramo. Fino alla prima metà del secolo scorso l'economia dell'Abruzzo si basava sull'agricoltura e sulla pastorizia[5]. La precarietà economica ha spinto[6] molti abruzzesi, specialmente gli abitanti delle zone interne, a trasferirsi in altre città della regione o ad emigrare verso le Americhe, l'Australia e altri paesi europei.

1. *peaks*
2. *one can breathe*
3. *"Europe's green lung"*
4. *half*
5. *sheep farming*
6. *drove*

Oggi le condizioni di vita sono migliorate[7].
Le tradizionali attività artigianali[8] quali i confetti[9]
di Sulmona, le paste alimentari[10] di Chieti e di
Pescara e i vini di varie località si sono trasfor-
mate in piccole industrie.

Grazie alle sue belle spiagge, alla sua natura
montuosa, selvaggia[11] e intatta, l'Abruzzo con
i suoi tre splendidi parchi nazionali, due parchi
regionali e varie riserve naturali, è diventato
oggi una importante meta del turismo nazionale
e internazionale. Il Club dei Borghi[12] più Belli
d'Italia dà una certificazione di qualità a quei
piccoli villaggi capaci di creare servizi che
rispettino l'ambiente e proteggano i centri storici.
Così questi borghi possono diventare piacevoli
luoghi di brevi soggiorni[13] e di residenza stabile.

Giampiero Sposito / Reuters / Landov

L'Aquila: Rovine e devastazione nella città colpita dal terremoto nel 2009.

Il 6 aprile 2009, alle ore 3.32 del mattino, una violenta scossa di terremoto[14]
del 5,8 grado della scala Richter ha distrutto l'Aquila e danneggiato 49 comuni
della sua provincia. Ci sono stati 307 morti[15], migliaia di feriti[16] e 60.000 aqui-
lani sfollati[17] dalle loro case. Il centro storico dell'Aquila è stato distrutto. Tutte
le chiese sono state danneggiate; molti palazzi storici, monumenti ed edifici[18]
pubblici sono crollati[19], compresa la casa dello studente, che ha causato la
morte di otto giovani universitari. In pochi secondi sono scomparsi[20] secoli di
storia e tutto il patrimonio[21] artistico-culturale dell'Aquila, che era considerata
la sesta città d'arte d'Italia. Solo per la sua ricostruzione saranno necessari
moltissimi miliardi di euro e più di dieci anni di lavoro.

▶ Sulmona, the birthplace of the Latin poet Ovid, author of *The Metamorphosis,* is a town in the southern part of Abruzzo.

▶ **Il Club dei Borghi più Belli d'Italia** was formed to protect, promote, and develop small towns known as the most beautiful villages in Italy.

7. *have improved*	8. *handicraft*	9. *sugar-coated almonds*	10. *pasta*
11. *wild*	12. *villages*	13. *short stays*	14. *earthquake*
15. *dead*	16. *wounded*	17. *displaced*	18. *buildings*
19. *crumbled*	20. *disappeared*	21. *heritage*	

b **Informazioni.** Dia le seguenti informazioni basate sul brano precedente.

1. le vette più alte degli Appennini
2. il nome dato alla regione Abruzzo
3. le città principali d'Abruzzo
4. aspetti dell'economia abruzzese del passato
5. ragioni per cui sono emigrati molti abruzzesi
6. aspetti dell'attuale economia abruzzese
7. le attrazioni turistiche della regione
8. l'organizzazione che contribuisce alla trasformazione dei piccoli borghi
9. lo scopo (*aim*) della riabilitazione urbana dei piccoli borghi
10. il fenomeno naturale del 6 aprile 2009
11. luoghi distrutti o danneggiati dal terremoto
12. com'era considerata L'Aquila prima della distruzione

a **La parola giusta.** Prima di leggere il seguente brano, completi queste frasi con le parole appropriate fra quelle indicate. Ci sono due parole in più nella lista.

epoca
dea
palazzo
omerico/a
archeologia
omonimo/a
romano/a
urbano/a

1. L'_____ è una disciplina che studia le evidenze di civiltà antiche.
2. _____ è un aggettivo che si riferisce alla città.
3. Si dice che sono _____ due persone o cose che hanno lo stesso nome.
4. La _____ è una divinità femminile.
5. _____ è l'aggettivo che si riferisce a Omero, lo scrittore greco dei poemi epici, l'*Iliade* e l'*Odissea*.
6. L'_____ è riferita ad un periodo di tempo nella storia.

CD3,
Track 6

Chieti

Alla scoperta[1] dell'archeologia
Di Roberto Caramelli

Città dell'archeologia, città della storia, crocevia[2] di popoli e di civiltà diverse. Molti conoscono Chieti come alternativa estiva alle affollate[3] spiagge abruzzesi. La città è invece una di quelle mete da visitare anche nelle altre stagioni, alla ricerca di emozioni e scoperte culturali. La leggenda vuole che il primo nucleo urbano, chiamato Teate, fosse stato fondato addirittura[4] da Achille. L'eroe omerico[5] l'avrebbe chiamata così in onore di sua madre, la dea[6] Teti.

▶ **Achille:** main character in Homer's epic poem *The Iliad*.

1. *discovery*   2. *crossroad*   3. *crowded*   4. *directly*   5. *of Homer*
6. *goddess*

L'organizzazione urbanistica romana, ancora riconoscibile nel rione[7] Civitella, risale[8] al I secolo a.C. All'epoca[9] la città aveva le terme[10], un foro, templi e un anfiteatro. Oggi, uno dei motivi[11] più validi per visitare la città è proprio la storia antica: Chieti, caso raro in Italia, ha addirittura due musei archeologici. Il primo, La Civitella, è stato progettato con criteri d'avanguardia. Costruito intorno al complesso archeologico omonimo si affaccia[12] sull'anfiteatro romano. Il secondo è il Museo Archeologico Nazionale d'Abruzzo che ospita la celebre ed enigmatica statua del guerriero[13] di Capestrano, simbolo storico della regione.

The Art Archive / National Archaeological Museum Chieti / Gianni Dagli Orti

▶ **Guerriero di Capestrano:** Statue of a warrior dating back to the sixth century BCE, found in 1934 by a farmer while working in his field near Capestrano.

▶ **Capestrano:** town near L'Aquila, birthplace of San Giovanni, whose name was given by the Spaniards to the California town of San Juan Capistrano.

7. *district*	8. *dates back*	9. *At that time*	10. *thermal baths*
11. *reasons*	12. *looks on to*	13. *warrior*	

b **Domande.** Risponda alle seguenti domande basate sull'articolo.

1. Quali sono alcune caratteristiche della città di Chieti?
2. Secondo la leggenda, chi ha fondato questa città?
3. Quale civiltà ha influenzato l'organizzazione urbanistica della città?
4. Quali strutture c'erano a Chieti nell'epoca romana?
5. Quali tipi di musei ci sono in questa città? Quanti ne sono? Come si chiamano?
6. Quale statua celebre si trova a Chieti? Dove?
7. Qual è il significato di questa statua?

Abruzzo B&B bed&breakfast

Storie d'Abruzzo

Frazione Carrufo
Villa Santa Lucia degli Abruzzi (AQ)
Via Ierafrino, 9 - 67020

Tel. 0862.956627
Cell. 333.2956840
www.storiedabruzzo.it

© Cengage Learning®

Viaggi in video — *L'Abruzzo*

Prima di guardare

Vocabolario utile

pecora	*sheep*
spiedini	*skewers of small grilled meats and/or vegetables*
cacciatore	*hunter*
tartufo	*truffle*
costa un occhio della testa	*it costs an arm and a leg*
capra	*goat*
migliaia	*thousands*
camoscio	*chamois*
uccello	*bird*
lontra	*otter*
lucertola	*lizard*
volpe	*fox*
cinghiale	*wild boar*

a **Selvaggio o domestico?** Dica se i seguenti animali sono domestici, selvatici, o se possono essere tutti e due.

1. la pecora
2. l'uccello
3. la lince
4. la lontra
5. il cane
6. il lupo
7. la volpe
8. il cinghiale
9. il gatto
10. la lucertola
11. il cervo
12. il cavallo
13. la capra
14. la mucca

Tartufi

I tartufi bianchi si trovano in zone boscose in molte regioni d'Italia, incluso l'Abruzzo. Nel 2007 Luciano Savini di Pisa, con l'aiuto del suo cane Rocco, ha trovato un tartufo che pesava un chilo e mezzo. Il tartufo è stato venduto poi per 230.000 euro.

▶ Mentre guarda il video

b **Domande.** Risponda alle domande con frasi complete.

1. Perché la prima parte del video si chiama "La via dei sapori"?
2. Perché la pecora è una parte importante della cucina abruzzese?
3. Che cosa fa il signore con il cane?
4. Perché i tartufi costano tanto?
5. Perché la cucina abruzzese è tanto particolare, secondo Gep?
6. Che cosa sono i confetti? Da quale città vengono?
7. Qual è la sorpresa che Gep ha promesso a Pamela?
8. Qual è l'animale preferito di Pamela?
9. Quale animale le è piaciuto di più nel video?

c **Caratteristiche della cucina abruzzese.** Gep conosce bene la cucina dell'Abruzzo. Quali sono alcune caratteristiche che menziona?

Courtesy of Abruzzo Promozione Turismo

risultato dell'isolamento della regione
grande assortimento di cibi
una forte influenza francese
ingredienti raffinati ed esotici
formaggi di pecora e di capra
pesce e frutti di mare
l'uso del burro
ottimo olio d'oliva
pasta all'uovo fatta con metodi tradizionali
dolci preparati con mele e pere
spiedini di carne cotta alla griglia

Dopo aver guardato

d **Vado pazzo!** In coppia: Avete visto che a Pamela piacciono moltissimo gli animali, e che lo esprime in vari modi. Ora parlate delle cose che vi piacciono molto, e poi di altre cose che vi piacciono di meno.

Mi piace/piacciono da morire …	Non mi piace/piacciono per
Adoro …	niente …
Vado pazzo/a per	Odio …
Sono un/una grande	Non sopporto …
appassionato/a di …	Mi fa/fanno schifo …
Trovo simpaticissimo/a/i/e …	Detesto…

e **L'animale preferito.** Ha un animale preferito? È un animale selvatico o domestico? Quali sono alcune caratteristiche dell'animale? Perché le piace tanto? Le piacerebbe essere l'animale? Perché?

 f **Esperienza personale.** Scriva un post descrivendo il suo animale preferito e includa una foto o un video.

COMMUNICATIVE OBJECTIVES

- Talk about job prospects and qualifications
- Express emotions, thoughts, and opinions about the past
- Describe hypothetical situations

Questo bellissimo palazzo rinascimentale è la sede della Scuola Normale di Pisa.

RISORSE

 audio

 video

 www.cengagebrain.com/shop/ ISBN/0495913391

 ilrn.heinle.com

Cuboimages srl / Alamy

Giovanni Conti, giornalista di una stazione radio privata di Urbino°, intervista tre studenti universitari.

a university town known for its medieval and Renaissance art and architecture; the birthplace of the painter Raphael. / degree candidates

1 GIORNALISTA: Amici ascoltatori, buona sera. Per la trasmissione "I nostri giovani" abbiamo qui con noi tre laureandi°: Giorgio Salviati, in scienze politiche, Patrizia Ranieri, in architettura, e Claudia Massoni, in ingegneria. Giorgio, tu pensi che la tua

5 preparazione accademica sia sufficiente per trovare un buon lavoro?

GIORGIO: Sfortunatamente no. Io sono convinto che noi potremmo avere una preparazione migliore e quindi più possibilità d'impiego se avessimo una migliore assistenza dai

10 professori e se l'università avesse più soldi a disposizione°. Inoltre° sarebbe più facile trovare lavoro se esistessero contatti più stretti fra l'università e le imprese.

at (its) disposal
In addition

GIORNALISTA: E tu, Patrizia, sei d'accordo con Giorgio?

PATRIZIA: Sì. A volte penso che avrei dovuto scegliere un'altra laurea.

15 Penso che sarebbe stato più facile trovare lavoro se mi fossi specializzata in chimica o informatica. Ma a me piace l'architettura e sono sicura che prima o poi riuscirò a sistemarmi.

GIORNALISTA: Sentiamo adesso il parere di Claudia.

20 CLAUDIA: Io non sapevo che ingegneria fosse una facoltà così difficile. Adesso però che sto per laurearmi, credo che per me sarà facile trovare un buon lavoro.

GIORNALISTA: Ragazzi, avete qualche suggerimento da dare ai giovani che sono in ascolto°?

are listening

25 GIORGIO: Sì. È vero che oggi abbiamo la possibilità di lavorare liberamente in tutti i paesi dell'UE, ma c'è una forte concorrenza per ogni buon lavoro. Quindi è necessario avere un'ottima laurea.

CLAUDIA: Però sarebbe bene che nel futuro i giovani si orientassero

30 anche verso una preparazione interdisciplinare. Combinare la biologia con l'informatica, o le lingue straniere con l'economia è molto utile per intraprendere le nuove professioni.

GIORNALISTA: Bene, ragazzi. Adesso facciamo una breve pausa pubblicitaria e poi continueremo a discutere.

Domande

See **Lezione 2** to review names of academic subjects.

1. Quale tema discutono il giornalista e gli studenti?
2. Quali sono le osservazioni che fa Giorgio?
3. Secondo Patrizia, in che cosa avrebbe dovuto specializzarsi per trovare subito lavoro?
4. Dove possono lavorare adesso i giovani italiani?
5. Quali suggerimenti dà Claudia ai giovani?

I giovani italiani e il lavoro

Spesso gli studenti italiani scelgono e frequentano una facoltà universitaria solo per il prestigio del titolo accademico o per una tradizione di famiglia. Questo è specialmente vero per le facoltà di medicina e di giurisprudenza[1]. Infatti, oggi in Italia ci sono molti laureati[2] in medicina e in legge, ma solo pochi di loro riescono a sistemarsi in professioni adeguate alla loro preparazione accademica. Per molti laureati la ricerca[3] di un lavoro è lunga e difficile e spesso bisogna adattarsi a un lavoro interinale[4] o a ciò che si riesce a trovare.

Ma ora nella scuola e nell'università si parla molto di orientamento e informazione per aiutare i giovani a scegliere un lavoro. Si spera che con questi nuovi metodi la ricerca di lavoro diventi più facile. Si organizzano quindi[5] corsi di formazione[6] per dare ai diplomati[7] e a quelli che abbandonano la scuola prima di diplomarsi[8] l'opportunità di prepararsi per specifiche carriere. Nelle università invece sono previsti gli "stage"[9] presso aziende e società private. Gli stagisti[10] possono così acquisire esperienza in diversi campi di lavoro e prepararsi più adeguatamente per le carriere che vogliono intraprendere.

- Nel suo paese, come si preparano i giovani per il mondo del lavoro?
- Come si svolge la ricerca di lavoro? È facile o difficile per i giovani trovare un lavoro?

Una giovane donna alla ricerca di un posto di lavoro.

Justin Sullivan / Getty Images

1. *law*
2. *graduates*
3. *search*
4. *temporary*
5. *therefore*
6. *training*
7. *high school graduates*
8. *getting a high school diploma*
9. *internships*
10. *interns*

Domande personali

1. Lei è contento/a dei suoi corsi e dei suoi professori? Perché?
2. Quale corso di laurea ha scelto lei? È soddisfatto/a della scelta? Perché?
3. Secondo lei, quale laurea offre immediate possibilità di lavoro?
4. Per i laureati è difficile trovare lavoro nella sua città o nel suo paese? Perché?
5. Come vede il suo futuro nel mondo del lavoro? Perché?

Pratica

1. In gruppi di tre o quattro: Domandi ai suoi amici quale lavoro pensano di svolgere una volta laureati e se pensano di trovare subito un posto (*job*). Prenda appunti e paragoni (*compare*) i suoi risultati con quelli di altri gruppi.

2. In gruppi di tre o quattro: Domandi ai suoi amici di indicare qual è, secondo loro, l'ordine d'importanza di varie categorie come lo stipendio, possibilità di crescita, ecc., e se piacerebbe loro lavorare all'estero o in un'altra parte del paese. Prenda appunti e paragoni (*compare*) i suoi risultati con quelli di altri gruppi.

1. In quante città italiane si trova questo istituto?
2. Come si chiamano queste città?
3 In quali paesi stranieri si trova? Precisamente in quali città?
4. Che tipi di specializzazioni offre questo istituto?

L'Istituto Europeo di Design ha sedi in Italia e all'estero.

Vocabolario

Parole analoghe

accademico/a
l'assistenza
combinare
esistere
immediato/a
interdisciplinare
orientarsi
la possibilità
la preparazione
privato/a
la professione
specializzarsi
sufficiente
la trasmissione

Nomi

l'ascoltatore (*m.*)   listener
la concorrenza   competition
il/la giornalista   journalist
l'impiego   job, employment

l'impresa   business firm
l'ingegneria   engineering
la laurea   degree
il parere   opinion
il suggerimento   suggestion

Aggettivi

migliore   better
stretto/a   close
stimolante   challenging

Verbi

intervistare   to interview
intraprendere   to undertake
laurearsi   to graduate
riuscire   to succeed
sistemarsi   to get a job, get settled

Altre parole ed espressioni

liberamente   freely
il corso di laurea   (university) major
la pausa pubblicitaria
     commercial break

> The plural of **il giornalista** is **i giornalisti;** the plural of **la giornalista** is **le giornaliste.**

Pronuncia

CD3,
Tracks
8–9

Ripasso della consonante *g*

In Italian, the letter **g** has a soft sound before **e** and **i,** similar to English *j* or *g* as in *jack* or *gem.* The same applies to **gg.** Before the letters **a, o,** and **u, g,** or **gg** is always pronounced with a hard sound, /**g**/, as in **gatto.** The combination **gh** is always pronounced hard.

a   **Ascolti e ripeta le parole.**

giusto	spiaggia	gruppo	pagare
gerundio	mangia	grafico	aragosta
Giovanna	giapponese	governo	guanti
giallo	giovane	vongole	lungo
giugno	Reggio	ghiro	magro
peggio	suggerire	funghi	pieghe

b   **Ascolti e ripeta le frasi.** Faccia attenzione ai suoni della /**g**/.

Vi presento **G**iorgio, un in**g**egnere, e **Gh**erardo, un **g**iornalista.
Questi **g**iovani hanno un buon impie**g**o ma esso non dà loro molto **g**ioia.
Svol**g**ono queste professioni mal**g**rado la **g**rave situazione economica.
Ra**g**azzi, avete dei su**gg**erimenti per **G**iorgio e per **Gh**erardo?

Ampliamento del vocabolario

Mestieri, professioni e altre occupazioni

1. Many nouns referring to occupations have both a masculine and a feminine form.

l'impiegato (male) clerk   **l'impiegata** (female) clerk
l'operaio (male) blue-collar   **l'operaia** (female) blue-collar
  worker   worker

2. Some masculine nouns that end in **-tore** have a feminine form that ends in **-trice.**

l'attore actor   **l'attrice** actress
lo scrittore (male) writer   **la scrittrice** (female) writer

3. Some masculine nouns form the feminine by dropping the final vowel and adding **-essa.**

il dottore (male) doctor   **la dottoressa** (female) doctor
il professore (male) professor   **la professoressa** (female) professor
lo studente (male) student   **la studentessa** (female) student

4. Some masculine nouns that end in **-ista, -ente,** or **-ante** can be feminine or masculine depending on the context.

il/la dentista dentist   **il/la regista** film director
l'elettricista electrician   **l'agente** agent
il/la farmacista pharmacist   **il/la dirigente** executive
il/la pianista pianist   **il/la cantante** singer

> Remember that nouns ending in **-ista** end in **-isti** in the masculine plural, and in **-iste** in the feminine plural: **i pianisti/ le pianiste.**

il/la pianista   il/la cantante   il/la regista   l'elettricista

5. Some nouns have only a masculine or only a feminine form.

Masculine form only	*Feminine form only*
l'architetto architect	**la casalinga** homemaker
l'avvocato lawyer	**la donna d'affari** businesswoman
il meccanico mechanic	
il medico doctor	
l'uomo d'affari businessman	

l'uomo d'affari   la donna d'affari   il medico

Espressioni utili

che lavoro fa (fai)?   what work do you do?

che mestiere fa (fai)?   what is your occupation?

esercitare (svolgere) una professione (un mestiere)   to practice a profession (a skilled craft)

faccio il meccanico (l'avvocato)   I'm a mechanic (lawyer)

scegliere una professione o un mestiere   to choose a profession or occupation

a **Domande.** In coppia: Faccia le seguenti domande ad un altro studente/un'altra studentessa.

1. Quando finisci di studiare, quale professione ti piacerebbe svolgere o quale mestiere vorresti fare?
2. Che tipo di preparazione devi avere per svolgere la professione o fare il mestiere che hai scelto (*chosen*)?
3. Preferisci svolgere un lavoro che ti dia molti soldi, molta soddisfazione o molto tempo libero? Perché?
4. Quale professione o quale mestiere svolge tuo padre? Tua madre? Tuo fratello o tua sorella?

b **Varie occupazioni.** In coppia: Lei chiede ad un altro studente/un'altra studentessa come si chiamano le persone che fanno i seguenti lavori.

>> chi disegna palazzi e costruzioni — Come si chiama chi disegna palazzi e costruzioni?
— L'architetto.

1. chi scrive per un giornale
2. chi suona il pianoforte
3. quelli che preparano medicine
4. le donne che non lavorano fuori casa
5. chi aggiusta i motori delle macchine
6. chi dirige (*directs*) un film
7. la donna che scrive libri
8. chi lavora in una fabbrica
9. chi interpreta i personaggi di un film
10. quelli che lavorano in un ufficio

Il mondo del lavoro

Nomi

il capo   chief, boss
la carriera   career
il colloquio   job interview
la disoccupazione   unemployment
la fabbrica   factory
le ferie   vacation
la gestione   management
l'impiegato/a   employee
l'impiego   job, employment
il posto   job, position
la qualifica   qualification
il salario   wage, pay
lo stipendio   salary

Verbi

assumere   to hire
gestire   to manage
guadagnare   to earn
licenziare   to fire
licenziarsi   to quit (*a job*)
richiedere   to require, seek

Altre parole ed espressioni

guadagnarsi la vita   to earn one's living
sostenere un colloquio   to have a job interview

c **Intervista.** In coppia: Intervisti un altro studente/un'altra studentessa per sapere se cerca lavoro per l'estate prossima e che tipo di lavoro vorrà fare.

1. Cerchi lavoro per l'estate prossima? Che tipo d'impiego pensi di trovare?
2. Che cos'è più importante per te in questo impiego: lo stipendio o un'esperienza utile per fare carriera nel futuro?
3. Quanto ti piacerebbe guadagnare al mese?
4. Lavori adesso? Dove lavori?
5. Per quale lavoro sei qualificato/a?
6. Come ti vesti per andare a sostenere un colloquio per un posto di lavoro? Come ti prepari?
7. Quanti giorni di ferie all'anno ti piacerebbe avere?
8. C'è molta disoccupazione nella tua città o nel tuo paese, oppure (*or*) è abbastanza facile trovare lavoro?

d **Offerte di lavoro.** In coppia: Leggete i seguenti annunci. Poi a turno, fate le domande che seguono e rispondete ad esse.

OFFERTE DI LAVORO

INDUSTRIA RICERCA

Laureato in chimica in possesso dei seguenti requisiti:
- età tra i 25 e 35 anni
- 2 o 3 anni di esperienza

Il candidato sarà responsabile per:
- lo studio e lo sviluppo di nuovi prodotti
- l'assistenza tecnica ai clienti.

Inviare dettagliato Curriculum vitae a: Agenzia Parini, Casella Postale 35, 22100 Como

---

Azienda[1] importanza nazionale cerca giovane laureato in

ECONOMIA E COMMERCIO

Si richiede:
- Buona votazione[2] di laurea
- Ottima conoscenza ragioneria[3]
- Ottima conoscenza inglese
- Età massima 26 anni

Inviare dettagliato curriculum vitae a: Agir Selezione, Casella 70, 00100 Roma

---

Società[4] multinazionale americana cerca

GIOVANI DIPLOMATI E LAUREATI

per una carriera dinamica e stimolante nel mondo delle vendite. I candidati, massimo, venticinquenni, devono possedere:
- ✓ una forte aspirazione al successo personale
- ✓ elevato impegno[5]
- ✓ determinazione e solide motivazioni
- ✓ buon rapporto interpersonale

L'attività lavorativa si svolgerà nel Centro-Sud d'Italia. Inviare dettagliato curriculum con recapito telefonico[6] a: Selezione e Consulenza, Casella Postale 155, 20100 Milano

---

Assumiamo GRAFICO/A[7] con esperienza di 2 o 3 anni presso agenzia di pubblicità. Età tra i 24 e 30 anni. Telefonare al (045) 2076935 di Verona

---

1. *firm*
2. *grades*
3. *accounting*
4. *company*
5. *commitment*
6. *phone number*
7. *graphic designer*

> In Italy, it is commonplace to indicate desired age range for jobs in newspaper ads.

1. Quali sono le responsabilità di lavoro del candidato ricercato dall'industria chimica?
2. Chi cerca giovani laureati e diplomati?
3. Quali caratteristiche devono avere i candidati?
4. Che tipo di laurea è richiesta da un'azienda d'importanza nazionale?
5. Quale tipo di esperienza e quanti anni di attività nel ramo (*field*) deve avere il candidato/la candidata per l'impiego offerto a Verona? Secondo lei, sono sufficienti le informazioni sul lavoro offerto?

e **Una telefonata.** In coppia: Telefoni ad un amico/un'amica e gli/le parli di uno degli annunci di lavoro riportati in alto. Risponda all'amico/a che vuole sapere il nome della ditta, i requisiti (*qualifications*) necessari e dove può telefonare o scrivere per quest'impiego.

f **Un colloquio di lavoro.** In coppia: Supponga di dover sostenere un colloquio per ottenere un lavoro presso un'agenzia di viaggi. Prepari un curriculum vitae riempiendo (*filling out*) il seguente modulo (*form*) e lo presenti al direttore del personale.

Curriculum vitae

Qualifiche accademiche: _____

Esperienza di lavoro: _____

_____

Caratteristiche personali: _____

Lingue straniere conosciute: _____

Altre qualifiche: _____

Referenze: _____

Poi risponda alle domande del direttore che vuole sapere:

quando può cominciare a lavorare
se le piace viaggiare
quanto desidera guadagnare al mese

Struttura ed uso

Imperfetto del congiuntivo

— Mamma e papà volevano che io **avessi** una posizione importante nel mondo dello spettacolo!

1. The imperfect subjunctive is used in dependent **che** clauses when the verb in the main clause is in a past tense or in the present conditional and requires a subjunctive form.

Io non sapevo che ingegneria **fosse** così difficile.	*I didn't know that engineering was so difficult.*
Pensavo che **esistessero** più possibilità di lavoro.	*I thought that there were more employment possibilities.*
Sarebbe bene che voi **sceglieste** un'altra facoltà.	*It would be better if you were to choose another field of study.*
Vorrei che ci **fosse** più tempo per pensarci.	*I wish there were more time to think about it.*

2. To form the imperfect subjunctive of most verbs, drop the **-re** from the infinitive and add the endings **-ssi, -ssi, -sse, -ssimo, -ste,** and **-ssero.** The following chart shows the imperfect subjunctive of regular **-are, -ere,** and **-ire** verbs.

	studiare	prendere	capire
che io	studia**ssi**	prende**ssi**	capi**ssi**
che tu	studia**ssi**	prende**ssi**	capi**ssi**
che lui/lei	studia**sse**	prende**sse**	capi**sse**
che noi	studia**ssimo**	prende**ssimo**	capi**ssimo**
che voi	studia**ste**	prende**ste**	capi**ste**
che loro	studia**ssero**	prende**ssero**	capi**ssero**

> Notice that both types of **-ire** verbs—those that take **-isc** in the present tense and those that do not—are conjugated identically in the imperfect subjunctive.

3. The following verbs are irregular in the imperfect subjunctive.

bere:	bevessi, bevessi, bevesse, bevessimo, beveste, bevessero
dare:	dessi, dessi, desse, dessimo, deste, dessero
dire:	dicessi, dicessi, dicesse, dicessimo, diceste, dicessero
essere:	fossi, fossi, fosse, fossimo, foste, fossero
fare:	facessi, facessi, facesse, facessimo, faceste, facessero
stare:	stessi, stessi, stesse, stessimo, steste, stessero

> Notice that some of these verbs have the same irregular stem in the imperfect indicative:
> **fare: facevo / facessi;**
> **dire: dicevo / dicessi;**
> **bere: bevevo / bevessi.**

a **Il futuro di Giorgio.** Formuli frasi con le parole tra parentesi, come indicato nel modello.

>> Giorgio studiava ingegneria. (Era opportuno...)
   Era opportuno che Giorgio studiasse ingegneria.

1. Voleva diventare architetto. (Sembrava...)
2. I suoi corsi erano difficili. (Gli pareva...)
3. Ingegneria richiedeva una buona preparazione in matematica. (Pensava...)
4. Si preoccupava per il suo futuro. (Era normale...)
5. I suoi amici trovavano subito lavoro. (Era contento...)
6. La sua ragazza andava in un'altra città. (Gli dispiaceva...)
7. Lei rimaneva qui. (Giorgio preferiva...)
8. Lui le diceva la verità. (Sarebbe meglio...)

b **Una settimana difficile.** Completi la seguente descrizione di una settimana veramente difficile, usando l'imperfetto del congiuntivo dei verbi fra parentesi.

Benché io (dovere) leggere duecento pagine di storia, lunedì i miei amici hanno voluto che io li (aiutare) a studiare il latino. Martedì, la mia compagna di camera ha voluto che io le (dare) un passaggio con la macchina. Poi non sapevo che mercoledì ci (essere) l'esame di economia e quindi, non ho studiato. Ma il professore ha insistito che io (fare) l'esame lo stesso. Giovedì è stato necessario che io (parlare) con il professore. Poi i miei genitori hanno voluto che io (tornare) a casa venerdì per il fine settimana. Gli ho detto che andavo a casa a condizione che loro mi (permettere) di invitare alcuni amici. Che settimana!

c **Cinque cose.** In coppia: Dica ad un compagno/una compagna cinque cose che i suoi professori volevano la settimana scorsa.

>> La settimana scorsa la professoressa d'inglese voleva che noi leggessimo *Antonio e Cleopatra* e che ne scrivessimo una relazione (*report*). Il professore d'italiano voleva che io parlassi della mia famiglia in classe...

d **Un colloquio di lavoro.** Lei è andato/a a sostenere un colloquio di lavoro per un posto in una fabbrica. Siccome lei non è ben preparato/a, risponde all'intervistatore dicendo che lei immaginava che le cose stessero in maniera diversa.

>> Questa fabbrica produce asciugacapelli.
   Oh! Ma io pensavo che producesse lettori DVD!

1. Il giorno lavorativo comincia alle sette e mezzo.
2. La fabbrica non offre l'assistenza sanitaria (*health insurance*).
3. La posizione richiede una laurea in economia.
4. Ci sono più di duecento impiegati nella fabbrica.
5. La fabbrica chiude per ferie ad agosto.
6. Preferiamo assumere persone con molta esperienza.
7. Lo stipendio aumenta automaticamente ogni due anni.
8. Non abbiamo posizioni a tempo parziale (*part-time*).

e **Le sue idee.** In coppia: Dica ad un amico/un'amica cosa pensava prima di cominciare a frequentare questa università. Prima di venire qui,...

1. pensavo che...
2. non sapevo che...
3. speravo che...
4. speravo di...
5. avevo paura che...
6. avevo paura di...

> Don't forget to use an infinitive if the subject of both clauses is the same: **Speravo di specializzarmi in ingegneria.**

Trapassato del congiuntivo e correlazione dei tempi

— E il pallone? Dov'è?
— Ma io pensavo che lo **avessi portato** tu!

1. Compare the forms of the verb in the following examples.

I genitori credevano che Maria Luisa **andasse** a scuola.	*Her parents thought that Maria Luisa was going to school.*
I genitori credevano che Maria Luisa **fosse andata** a scuola.	*Her parents thought that Maria Luisa had gone to school.*

The verb in bold type in the second sentence is in the **trapassato del congiuntivo** (pluperfect subjunctive), which is used when the action of the dependent clause takes place before that of the main clause.

I genitori non sapevano (domenica) che Maria Luisa **fosse andata** ad una festa (sabato).	*Her parents didn't know (on Sunday) that Maria Luisa had gone to a party (on Saturday).*

2. The **trapassato del congiuntivo** is a compound form consisting of an auxiliary verb (**avere** or **essere**) in the imperfect subjunctive and a past participle.

	arrivare	finire
che io	fossi arrivato/a	avessi finito
che tu	fossi arrivato/a	avessi finito
che lui/lei	fosse arrivato/a	avesse finito
che noi	fossimo arrivati/e	avessimo finito
che voi	foste arrivati/e	aveste finito
che loro	fossero arrivati/e	avessero finito

Ci sembrava che i candidati **si fossero preparati** abbastanza e che **avessero risposto** bene alle domande.	*It seemed to us that the candidates had prepared themselves enough and that they had answered the questions well.*

3. The following charts summarize the sequence of tenses when the verb in the dependent **che** clause is in the subjunctive.

frase reggente	*che* + frase subordinata (describing simultaneous or future action)
presente } futuro	**che** + congiuntivo presente

Spero che lui **arrivi.**	*I hope he arrives.*
È possibile che **si incontrino** domani.	*It's possible that they will meet each other tomorrow.*
Vorrà che tu **venga** con lui.	*He'll want you to come with him.*

frase reggente	*che* + frase subordinata (describing prior action)
presente } futuro	**che** + congiuntivo passato

Spero che lui **sia arrivato.**	*I hope he has arrived.*
È possibile che **si siano** già **conosciuti.**	*It's possible that they already met each other.*
Penserà che voi **abbiate** già **letto** il messaggio.	*He'll think that you already read the message.*

frase reggente	*che* + frase subordinata (describing simultaneous or future action)
imperfetto passato prossimo trapassato condizionale	**che** + imperfetto del congiuntivo

Speravo che lui **arrivasse.**	*I hoped that he was arriving.*
Ci **sembrava** che **si sistemasse** nel nuovo posto.	*It seemed to us that he was getting settled in his new job.*
Avevamo pensato che **fosse** troppo tardi.	*We had thought that it was too late.*
Vorrei che me lo **chiedeste** domani.	*I'd rather you ask me tomorrow.*

frase reggente	*che* + frase subordinata (describing prior action)
imperfetto passato prossimo trapassato condizionale	**che** + imperfetto del congiuntivo

Speravo che lui **fosse arrivato.**	*I hoped that he had arrived.*
Vorrei che me lo **avessi chiesto** ieri.	*I wish you had asked me yesterday.*
Ho voluto che lei **fosse stata** la prima a parlare.	*I wanted her to have been the first to speak.*
Avevano pensato che noi **avessimo sentito** la notizia.	*They had thought that we had heard the news.*

f   **Formulare frasi.** Formuli frasi che descrivono quello che è successo nella Facoltà di Lingue dell'università. Scelga gli elementi appropriati dalle tre colonne e usi il trapassato del congiuntivo nella frase subordinata.

Sembrava	la professoressa	fare i compiti
Era importante	noi	licenziarsi
Dubitavo	lo studente	usare il computer
Era meglio	gli studenti	uscire subito alla fine della lezione
Temevo	i professori	guadagnare poco
Era bene	io	parlare bene l'italiano
	le segretarie	lasciare i libri a casa
		perdere il quaderno
		arrivare prima dei professori

>> Era importante che gli studenti fossero arrivati prima dei professori.

g   **Quando il gatto non c'è…** Spesso quando i genitori partono per il fine settimana, i figli fanno cose diverse da quelle che i genitori si aspettano. Dica quello che i genitori pensavano che i loro tre figli avessero fatto durante la loro assenza.

▶ The Italian expression *Quando il gatto non c'è, i topi ballano.* is equivalent to the English expression "When the cat's away, the mouse will play."

>> Maria Luisa è andata ad una festa.
   I genitori non sapevano che Maria Luisa fosse andata ad una festa.
   Pensavano che Maria Luisa fosse andata in chiesa.

1. Maria Luisa è ritornata alle tre di mattina.
2. Ha invitato alcuni amici a casa.
3. Maria Luisa e gli amici hanno giocato a poker.
4. Bruno ha preso la macchina della mamma.
5. È andato in centro con alcuni amici.
6. È tornato a casa domenica mattina.
7. Il fratellino non ha mangiato niente.
8. Maria Luisa e Bruno non hanno fatto attenzione al fratellino.

h   **Il mio passato.** In coppia: Dica ad un amico/un'amica tre o quattro cose del suo passato (per esempio: dov'è nato/a, quale liceo ha frequentato, un luogo interessante che ha visitato, un corso che ha seguito, ecc.). L'amico/a risponde che non sapeva queste cose o credeva qualche altra cosa.

>> S1: Sono nata in Florida.
   S2: Non sapevo che tu fossi nata in Florida. / Credevo che tu fossi nata in Louisiana.

i   **Un amore finito.** Riscrivete tutte le frasi nel passato.

>> Ho paura che il mio ragazzo non mi ami più.
   Avevo paura che il mio ragazzo non mi amasse più.

1. Mi dispiace che lui non mi chiami spesso.
2. Sembra strano che non mi abbia telefonato ieri.
3. Non credo che lui abbia un'altra ragazza.
4. Voglio che facciamo la pace e che parliamo chiaramente.
5. Gli scrivo delle poesie, affinché lui possa capire i miei sentimenti.
6. È possibile che si sia dimenticato di me.
7. È impossibile che io abbia fatto qualcosa di male.
8. Gli telefono prima che sia troppo tardi.

j **Commenti e reazioni.** Quando si vive in famiglia, ogni commento provoca reazioni diverse da parte dei vari membri della famiglia. Esprima reazioni differenti, come nel modello.

>> Ho avuto un altro incidente con la macchina!
   Non posso credere che tu...
   Non posso credere che tu abbia avuto un altro incidente con la macchina.
   Immaginavo che tu...
   Immaginavo che tu avessi avuto un altro incidente con la macchina.

1. Aspetto un bambino!
   Non è possibile che tu...
   Vorrei tanto che tu...
   Sono veramente contento/a che tu...

2. I miei genitori hanno intenzione di farci una visita!
   Mi dispiace che i tuoi genitori...
   Speravo che...
   Dubito che...

3. Ho trovato un lavoro!
   Non posso credere che...
   Sarebbe bellissimo che...
   La mamma sarà contentissima che tu...

4. Abbiamo vinto alla lotteria!
   Sarebbe un miracolo se...
   Non sapevo che...
   È incredibile che...

5. La mia ragazza ha venti anni più di me!
   Non sembra che la tua ragazza...
   Non mi piace che...
   Infatti, avevo l'impressione che...

Frasi introdotte da *se*

—Sì, ma se **studiassi** di più non **avrei** il tempo per fare le cose importanti.

1. When the word **se** (*if*) is used to talk about circumstances that are real or likely to occur, the indicative is used in the **se** clause and the indicative or the imperative is used in the main clause.

Se **ho** bisogno di soldi, **lavoro** con mio zio.	*If I need money, I work for my uncle.*
Se **hai** bisogno di soldi, **trova** un lavoro!	*If you need money, find a job!*
Se **andrai** all'ufficio di collocamento, **troverai** molte possibilità di lavoro.	*If you go to the employment office, you'll find many job possibilities.*
Da giovane, se mio nonno non **trovava** lavoro, **vendeva** i giornali.	*As a young man, if my grandfather didn't find work, he would sell newspapers.*

> In those real or likely situations, **se** often means *when* or *whenever*.

2. **Se** can also be used to talk about imaginary, unlikely, and impossible situations. In these cases the **se** clause is in the imperfect subjunctive and the main clause is in the conditional.

Se **avessi** un milione di euro, non **lavorerei** più.	*If I had a million euros, I wouldn't work anymore.*
Io invece se **fossi** milionario, **continuerei** a lavorare.	*If I were a millionaire, I'd continue to work.*
Se i miei genitori mi **ascoltassero**, **vedrebbero** che ho ragione.	*If my parents would only listen to me, they would see that I am right.*

k **Quello che faccio.** In coppia: Dica ad un altro studente/un'altra studentessa quello che lei generalmente fa nelle seguenti situazioni.

>> Se fa freddo... S1: Se fa freddo, non esco.
                    S2: Se fa freddo, mi metto una maglia.

1. Se ho molta fame,...
2. Se non capisco una cosa in classe,...
3. Se ho molti compiti da fare e poco tempo,...
4. Se ho bisogno di parlare con qualcuno,...
5. Se mi telefona un amico noioso,...
6. Se non riesco a dormire,...
7. Se arrivo in ritardo a lezione,...

l **Trasformare le frasi.** Trasformi queste frasi, usando il condizionale nella frase principale e l'imperfetto del congiuntivo nella subordinata, come nel modello.

>> Se posso, lo faccio.   Se potessi, lo farei.

1. Se parli, ti ascolto.
2. Se mangiamo poco, ci sentiamo meglio.
3. Se abbiamo bisogno di soldi, li chiediamo a papà.
4. Se ho tempo, cucino qualcosa.
5. Se non corro ogni giorno, mi sento più stanco.
6. Se vuole parlare con te, ti telefona.
7. Se è possibile, veniamo.

m **Cosa farei.** Dica quello che lei farebbe nelle seguenti situazioni.

1. Se fossi una donna/un uomo,...
2. Se potessi essere un personaggio storico,...
3. Se adesso fossi in Italia,...
4. Se avessi più tempo,...
5. Se fossi invisibile,...
6. Se potessi uscire con qualsiasi persona,...
7. Se fossi il rettore (*president*) della mia università,...

n **Domande.** In gruppi di tre: Domandi alle altre persone del gruppo cosa farebbero se succedessero le seguenti cose. Poi riferisca l'informazione alla classe.

- se vedessero un UFO
- se non potessero trovare un lavoro dopo aver finito l'università
- se trovassero un portafoglio (*wallet*) con mille dollari
- se vedessero la ragazza del migliore amico con un altro uomo
- se durante un esame vedessero un altro studente copiare da un compagno/una compagna
- se si perdessero in montagna senza cibo

>> se vedessero un UFO   S1: Cosa faresti se vedessi un UFO?
　　　　　　　　　　　　　S2: Io telefonerei ai giornali.
　　　　　　　　　　　　　S1: E tu cosa faresti?
　　　　　　　　　　　　　S3: Io...

Condizionale passato

— Massimo, **avresti dovuto** telefonare prima!

1. The past conditional is a compound form consisting of an auxiliary verb (**avere** or **essere**) in the present conditional plus a past participle. The following chart shows the forms of the past conditional.

	scegliere	uscire
io	avrei scelto	sarei uscito/a
tu	avresti scelto	saresti uscito/a
lui/lei	avrebbe scelto	sarebbe uscito/a
noi	avremmo scelto	saremmo usciti/e
voi	avreste scelto	sareste usciti/e
loro	avrebbero scelto	sarebbero usciti/e

2. The past conditional corresponds to *would have (done something)*. It is also used to report a future action *as viewed from the past*, which English expresses with the simple conditional.

Giorgio ha scelto ingegneria, ma io **avrei scelto** matematica.	*Giorgio chose engineering, but I would have chosen math.*
Patrizia si è iscritta ad architettura, ma noi **ci saremmo iscritti** a scienze politiche.	*Patrizia enrolled in architecture, but we would have enrolled in political science.*
Claudia ha detto che **avrebbe scelto** la facoltà l'anno dopo.	*Claudia said that she would choose a major the following year.*

3. The past conditional of **dovere** + *infinitive* means *should have (done something)*. Similarly, the past conditional of **potere** + *infinitive* means *could have (done something)*.

Avrebbero dovuto parlare prima con me.	*They should have spoken to me first.*
Avresti potuto lavorare a tempo parziale.	*You could have worked part-time.*

4. To talk about a contrary-to-fact or imaginary situation entirely in the past, use **se** + **trapassato del congiuntivo** + *past conditional*.

Se lo **avessi saputo** prima, non ci **sarei andato.**	*If I had known sooner, I wouldn't have gone.*
Se non **avessero incontrato** Gianni, non **avrebbero saputo** la buona notizia.	*If they hadn't run into Gianni, they wouldn't have learned the good news.*

> The order of the two clauses can be switched: **Non ci sarei andato se lo avessi saputo prima.**

O **Una festa.** In coppia: Riferisca all'amico/all'amica quello che le seguenti persone hanno detto riguardo alla festa che avrebbero organizzato.

>> Caterina: Io porterò le bibite.   S1: Cosa ha detto Caterina?
                                        S2: Ha detto che avrebbe portato le bibite.

1. Marcella: Arriverò un po' tardi.
2. Tina e Giuseppe: Noi aiuteremo con le decorazioni.
3. Tuo cugino: Porterò i CD e lo stereo.
4. Massimo: Mio fratello non verrà.
5. Angela e Caterina: Prepareremo cinquanta panini.
6. Betti: Dovrò andare via presto.
7. Gli amici: Ci divertiremo tanto!

p **Una scusa appropriata.** In coppia: Ieri lei non aveva molta voglia di lavorare. Quando il suo compagno/la sua compagna le chiede perché non ha fatto le seguenti cose, risponda con una scusa appropriata.

>> fare i compiti   S1: Hai fatto i compiti?

S2: No. Li avrei fatti, ma ho perduto il mio libro d'italiano.

1. scrivere il tema
2. preparare la relazione per il corso d'ingegneria
3. andare al laboratorio di chimica
4. finire gli esercizi di grammatica
5. leggere due capitoli nel libro di storia
6. vedere il documentario per il corso di antropologia
7. dormire abbastanza

q **Decisioni.** In gruppi di tre: Decidete che cosa avrebbero dovuto fare queste persone.

>> Quando si è svegliata una   S1: Avrebbe dovuto chiamare subito
vostra amica aveva la febbre.   il dottore.
La sua temperatura era di   S2: Sarebbe dovuta andare
104 gradi F.   all'ospedale.
S3: Avrebbe dovuto prendere due
aspirine.

1. Un vostro amico ha sostenuto un colloquio di lavoro. Ma non si è preparato bene per il colloquio, si è vestito in maniera un po' informale e non ha risposto bene alle domande. Quindi il colloquio è andato male.
2. Una vostra amica era seduta in un caffè e ha visto un ragazzo che le piaceva molto. Ma, poverina, era timida e non sapeva che cosa dire. Lui è andato via prima che lei potesse parlargli.
3. Un vostro amico è disperato perché dopo tre anni capisce di avere sbagliato quando ha scelto la facoltà. Non gli piace per niente la biologia!
4. La vostra compagna di camera non ha potuto trovare un lavoro per l'estate ed è rimasta a casa a fare niente.
5. Un vostro amico ha dimenticato il compleanno della sua ragazza. Adesso la ragazza non vuole più parlare con lui.

r **Domande.** Risponda alle seguenti domande.

1. Che cosa avrebbe fatto se la sua università non l'avesse accettato/a?
2. Quale università avrebbe frequentato se fosse stato possibile?
3. Cosa avrebbe fatto l'estate scorsa se avesse avuto i soldi?
4. Come sarebbe stato il mondo se gli Europei non avessero scoperto l'America?
5. Come sarebbe stato il mondo se lei non fosse nato/a?

iLrn Complete the diagnostic tests to check your knowledge of the vocabulary and grammar structures presented in this chapter.

Parliamo un po'

a **Un sondaggio.** Intervisti quattro studenti per sapere in che cosa vogliono specializzarsi e perché. Se una persona non ha ancora deciso, chieda quale sarà la sua specializzazione più probabile.

Studente	Specializzazione	Perché
1. _____	_____	_____
2. _____	_____	_____
3. _____	_____	_____
4. _____	_____	_____

> Remember to use an infinitive if the subject of both clauses is the same: **Vorrei trovare un posto nella mia città.**

b **Il primo lavoro.** In coppia: Quale sarà il suo primo posto di lavoro quando uscirà dall'università? Dica ad un amico/un'amica come vorrebbe che fosse questo lavoro. Quando è possibile, usi espressioni quali **vorrei che, sarebbe bello se, preferirei che,** ecc.

>> Sarebbe bello se potessi lavorare in una grande banca. Vorrei che il mio stipendio fosse...

> On official documents, Italians generally write their last name followed by their first name.

c **In cerca di lavoro.** Lei è in cerca di lavoro e va all'ufficio di collocamento, affinché l'aiutino nella sua ricerca. La prima cosa che deve fare quando arriva è compilare il modulo (*fill out the form*) a destra.

Data _____

I. Dati personali
Nome _____
Indirizzo _____
Numero di telefono _____
Luogo e data di nascita _____

II. Titoli di studio
Istituto e anno _____
Specializzazione _____
Lingue straniere _____

III. Lavori precedenti

Nome della ditta	Data d'impiego	Responsabilità
_____	_____	_____
_____	_____	_____
_____	_____	_____

d **Candidati per un posto.** In gruppi di quattro: Le tre persone rappresentate nel disegno sono venute alla società BigBog a sostenere un colloquio per una posizione con questa azienda. Con il gruppo, usate la fantasia e per ogni candidato, compilate il modulo presentato nell'attività C. Poi, scrivete un breve paragrafo per ogni candidato in cui la persona spiega perché dovrebbe avere la posizione in questione.

>> Se la società BigBog mi offrisse questo posto, farei...

e **Il colloquio.** Negli stessi gruppi di quattro: Uno studente fa la parte del direttore/della direttrice della società BigBog, che conduce i colloqui con i tre personaggi dell'attività D (gli altri tre studenti). Il direttore/La direttrice guarda il modulo di ogni candidato e prepara almeno tre domande che vuole fare a tutti e tre. Dopo aver sentito le loro risposte, il direttore/la direttrice prende una decisione.

Conoscere l'Italia

a **Definizioni.** Abbini le definizioni con una parola della lista a destra.
Ci sono tre parole in più nella lista.

1. un mare del Mediterraneo del sud
2. sinonimo di *montagna*
3. aggettivo derivato da *collina*
4. nome che comprende il frigorifero, la lavatrice, l'aspirapolvere, ecc.
5. nome che comprende camicie, pantaloni, vestiti, gonne, ecc.
6. nome che comprende il divano, il tavolo, le sedie, ecc.
7. scrive opere musicali
8. scrive poesie

a. l'abbigliamento
b. l'industria
c. il mobilio
d. collinoso/a
e. il compositore
f. Egeo
g. il poeta
h. il pittore
i. il monte
j. gli elettrodomestici
k. Adriatico

**CD3,
Track 10**

Le Marche

Le Marche è una regione del centro Italia situata fra l'Appennino e il mare Adriatico. Il suo nome deriva da "marca" che significa "regione di confine[1]". Il capoluogo della regione è Ancona, un importante porto sull'Adriatico da dove partono navi e traghetti[2] diretti a Venezia e alla Croazia, alla Grecia, alla Turchia e a varie isole del mare Egeo. Altre città marchigiane[3], capoluoghi di provincia, sono Ascoli Piceno, Fermo, Macerata, Pesaro e Urbino.

Una grande risorsa delle Marche è la costa che, durante l'estate, attrae molti turisti italiani e stranieri. Le spiagge sono basse e spesso sabbiose o ghiaiose[4]. Un'eccezione è il Conero, un pittoresco monte al sud di Ancona alto quasi 600 metri, che si affaccia a picco[5] sul mare. Il resto del territorio è prevalentemente[6] collinoso ma nel sud della regione, ai confini con l'Umbria e l'Abruzzo ci sono le montagne che formano il Parco Nazionale dei Monti Sibillini.

La popolazione delle Marche è di quasi un milione e mezzo di abitanti, molti dei quali vivono lungo la costa dove c'è un maggiore sviluppo economico. Negli ultimi decenni[7], in questa regione si sono sviluppate molte piccole industrie e attività commerciali particolarmente nei settori dell'abbigliamento, delle calzature[8], del mobilio, della carta, degli elettrodomestici e degli strumenti musicali.

Alcuni personaggi importanti nella storia della cultura italiana sono nati nelle Marche. Ricordiamo il famoso pittore[9] rinascimentale Raffaello Sanzio, nato ad Urbino nel 1483; il compositore Gioacchino Rossini, autore dell'opera *Il barbiere di Siviglia,* nato a Pesaro nel 1792, e il poeta romantico Giacomo Leopardi, nato a Recanati nel 1798.

©Asta Plechanvičiūte / Dreamstime.com

Il porto di Ancona è anche un comodo luogo di sosta per le grandi navi da crociera.

▶ Recanati: small town south of Ancona.

1. *border*   2. *ships and ferries*   3. *adjective related to Le Marche*   4. *sandy or gravelly*
5. *looks out vertically onto*   6. *mainly*   7. *decades*   8. *footwear*   9. *painter*

Una poesia di Giacomo Leopardi

Quella che segue è la prima strofa (*stanza*) di *Canto notturno di un pastore errante dell'Asia*, una lunga e bellissima poesia di Giacomo Leopardi. In questo canto notturno (*night song*), il poeta domanda alla luna (*moon*) che cosa essa fa nel cielo (*sky*). Poi dice che la vita della luna, che sorge (*rises*) e tramonta (*sets*) in maniera ripetitiva, è simile a quella del pastore errante (*wandering shepherd*) dell'Asia. Poi sempre alla luna chiede qual è lo scopo (*purpose*) della vita dei satelliti e dei pianeti e della vita del pastore stesso. Alla fine fa una domanda sul significato dell'esistenza quando chiede qual è lo scopo del corso immortale della vita della luna e del breve corso della vita mortale del poeta.

Legga la poesia a bassa voce e poi risponda alle domande basate su di essa. Quindi rilegga la poesia, prima a bassa voce e poi ad alta voce.

CD3,
Track 11

Canto notturno di un pastore errante dell'Asia

Giacomo Leopardi

Che fai tu, luna in ciel? dimmi, che fai,
silenziosa[1] luna?
Sorgi la sera, e vai,
contemplando i deserti; indi ti posi[2].
Ancor non sei tu paga[3]
di riandare i sempiterni calli?
Ancor non prendi a schivo[4], ancor sei vaga
di mirar queste valli[5]?
Somiglia[6] alla tua vita
la vita del pastore.

Sorge in sul primo albore[7];
move la greggia[8] oltre pel campo, e vede
greggi, fontane ed erbe[9];
poi stanco si riposa[10] in su la sera:
altro mai non ispera.
Dimmi, o luna: a che vale[11]
al pastor la sua vita,
la vostra[12] vita a voi? Dimmi: ove tende
questo vagar[13] mio breve,
il tuo corso immortale?

▶ indi = quindi
sempiterni calli = eterne vie
vaga = desiderosa
mirar = guardare
move = muove
ispera = spera
ove = dove

1. *silent*	2. *you set*	3. *content*
4. *doesn't it bother you*	5. *valleys*	6. *Is similar*
7. *at dawn*	8. *flock*	9. *grasses*
10. *he rests*	11. *what's it worth*	12. *your life and that of the other stars and planets*
13. *wandering*		

b **Domande**

1. Dov'è la luna?
2. Secondo il poeta, com'è la luna?
3. Quando sorge la luna?
4. Che cosa guarda la luna durante la notte?
5. A quale vita somiglia la vita della luna?
6. Quando si alza il pastore?
7. Che cosa fa il pastore dopo che si è alzato?
8. Che cosa vede il pastore durante il giorno?
9. Quando si riposa il pastore?
10. Che cosa vuole sapere il poeta dalla luna?

Viaggi in video *Le Marche*

Prima di guardare

Vocabolario utile

ermo	*solitary, isolated, lone*
siepe	*hedge*
orizzonte	*horizon*
collina	*hill*
Chiudi il becco!	*Shut your trap!*
sovrumano	*beyond human*
quiete	*silence/calm*
mente	*mind*
tagliare	*to cut*
annegarsi	*to drown*
maledetta	*cursed*

a **In altre parole.** Trovi la definizione o il sinonimo per ogni parola o espressione nella lista a sinistra.

Courtesy of Regione Marche

1. caro
2. il guardo esclude
3. memorizzare
4. diverso
5. provincia
6. collina
7. Chiudi il becco!
8. improvvisa
9. leggenda
10. odo (udire)
11. quiete
12. annegarsi

a. silenzio
b. non aspettata, sorprendente
c. amata, vicino al cuore
d. una piccola montagna
e. differente
f. morire nell'acqua
g. impedisce la visione
h. sento un rumore
i. imparare a memoria
j. non parlare più
k. una storia non necessariamente vera
l. una parte della regione

▶ Mentre guarda il video

b **Domande.** Risponda alle domande con frasi complete.

1. Perché Pamela conosce la poesia "L'infinito"?
2. Perché Gep preferisce che Pamela non parli?
3. Quante province ci sono nelle Marche?
4. Nel commentario di Pamela, dov'è il poeta e che cosa fa?
5. Perché il poeta non può vedere niente?
6. Che cosa sente il poeta mentre contempla l'infinito?
7. Secondo Pamela, che cosa succede al poeta alla fine? Perché?
8. Gep è d'accordo con questa interpretazione?

"L'infinito" di Giacomo Leopardi

Il poeta marchigiano Giacomo Leopardi, nato a Recanati nel 1798, cominciò a scrivere poesie liriche, chiamate **Canti**, nel 1818. "L'infinito" è uno dei più famosi, letto, studiato e memorizzato ancora oggi da molti studenti liceali italiani. Ecco il testo completo:

Sempre caro mi fu quest'ermo colle,
e questa siepe, che da tanta parte
dell'ultimo orizzonte il guardo esclude.
Ma sedendo e mirando, interminati
spazi di là da quella, e sovrumani
silenzi, e profondissima quiete
io nel pensier mi fingo; ove per poco
il cor non si spaura. E come il vento
odo stormir tra queste piante, io quello
infinito silenzio a questa voce
vo comparando: e mi sovvien l'eterno,
e le morte stagioni, e la presente
e viva, e il suon di lei. Così tra questa
immensità s'annega il pensier mio:
e il naufragar m'è dolce in questo mare.

Dopo aver guardato

c **Parliamo di una poesia.** In coppia: Avete mai studiato una poesia particolare? Come si chiama la poesia? Chi è l'autore? In quale lingua è scritta? L'avete imparata a memoria? È stato difficile impararla? Di che cosa parla la poesia?

Quando frequentavo il liceo nella mia classe d'inglese abbiamo studiato una poesia che si chiama …

d **Scriviamo una poesia!** In coppia: Cercate di scrivere una breve poesia con due parole in rima, per esempio:

leggenda / orrenda collina / carina
ragione / conversazione maledetta / perfetta
ascoltare / tagliare ecc.

 e **Esperienza personale.** Scriva un post con una sua interpretazione de "L'infinito" di Leopardi. Se ci sono cose che non capisce, può trovare facilmente su internet una traduzione inglese della poesia.

Abiti sempre in città?

COMMUNICATIVE OBJECTIVES

- Talk about advantages and disadvantages of city living
- Discuss environmental problems
- Talk about means of transportation
- Talk about what you are / were doing
- Express when, where, how, and how frequently actions occur

In una domenica ecologica i cittadini delle città italiane vanno a piedi o in bicicletta.

RISORSE

 audio

 video

 www.cengagebrain.com/shop/ ISBN/0495913391

 ilrn.heinle.com

Forget-Gautier / Photolibrary

**CD3,
Track 12**

Sono le otto di mattina. Luca Rosati, un giovane laureato in economia del turismo, è sulla metropolitana di Roma e incontra il suo amico Giuliano Moretti, laureando in scienze politiche.

1	LUCA:	Giuliano! È molto tempo che non ci vediamo. Dove stai andando?
	GIULIANO:	All'università. Ma tu, che fai qui? Dove vai?
	LUCA:	Io ho cominciato a lavorare da sei mesi e ora sto passando un po' di giorni con i miei genitori. Adesso abito nel Friuli e lavoro in un
5		agriturismo vicino a Udine.
	GIULIANO:	Non ti piace più abitare in città?
	LUCA:	Roma è bellissima. Forse è la più bella città d'Italia, ma per me stava diventando invivibile. Non c'è niente di peggio del traffico romano. Per non parlare poi° dell'inquinamento.
10	GIULIANO:	È vero. Tutti vorremmo vivere meglio e il mio desiderio maggiore è di poter vivere una vita meno stressante.
	LUCA:	Ecco perché ho deciso di vivere in campagna. Tu, invece, abiti sempre a Piazza Risorgimento°?
	GIULIANO:	E dove vuoi che vada? Non è facile trasferirsi in un'altra città.
15		Ormai mi sono abituato al traffico, ai rumori e all'inquinamento di Roma.
	LUCA:	Ma dimmi, la statua di Garibaldi in mezzo alla° piazza è stata più pulita?
	GIULIANO:	Sì, e adesso stanno pensando di prendere dei provvedimenti prima
20		che cominci a sgretolarsi°.
	LUCA:	Certo, l'inquinamento è un problema da prendere molto seriamente.
	GIULIANO:	Eh, sì, in città non si respira più. Oggi tutti abbiamo bisogno di fuggire verso il verde e la campagna. Ma Roma ha sempre un suo
25		fascino particolare.

Not to mention

Historical process that led to the unification of Italy in 1870.

in the middle of

to fall to pieces

▶ Giuseppe Garibaldi (1807–1882) was a general who fought for Italian independence.

Domande

1. Dove s'incontrano Luca e Giuliano?
2. Dove sta andando Giuliano?
3. Quando ha cominciato a lavorare Luca? Dove lavora?
4. Dove abita Luca adesso?
5. Cosa dice di Roma Luca?
6. A che cosa si è abituato Giuliano?
7. Dove va ad abitare la gente per fuggire dall'inquinamento della città?
8. A Giuliano piace Roma? Cosa dice di questa città?

Domande personali

1. Di solito quali mezzi pubblici usa lei?
2. In città preferisce usare la macchina, l'autobus o la metropolitana? Perché?
3. Preferisce vivere in una metropoli o in una cittadina? Perché?
4. Lei vivrebbe in campagna? Quali vantaggi e svantaggi offre la vita in campagna?
5. Secondo lei, quali sono gli svantaggi della vita in città? E quali i vantaggi?
6. Nella sua città o nel suo paese ci sono problemi d'inquinamento? Quali sono?
7. Lei è mai stato/a in un agriturismo? Dove? Le è piaciuta l'esperienza? Perché? Se no, le piacerebbe fare una vacanza in un agriturismo?

Pratica

1. In gruppi di tre o quattro: Faccia un sondaggio per sapere quali sono, secondo i suoi compagni, i problemi ambientali più seri della vostra città. Servitevi della lista indicata per fare una graduatoria (*to make a rating scale*). Prenda appunti e riferisca alla classe i risultati del suo sondaggio.

- il traffico intenso e disordinato
- i fumi di scarico (*exhaust fumes*) delle auto
- il rumore delle macchine
- il rumore delle fabbriche
- i rifiuti (*solid waste*) urbani
- il fumo di scarico del riscaldamento dei palazzi
- l'acqua inquinata dei fiumi, dei laghi e del mare

2. In coppia: Intervisti un compagno/una compagna sui vantaggi e gli svantaggi della vita in città e della vita in campagna. Gli/Le chieda dove preferisce vivere e perché.

Maremagnum / Getty Images

Il traffico e l'ambiente nelle città italiane

L'automobile è il mezzo di trasporto più diffuso nelle città italiane. Lo sviluppo industriale, non solo automobilistico, degli ultimi sessanta anni ha trasformato completamente il paese. Da nazione essenzialmente agricola, l'Italia è oggi uno dei sette paesi più industrializzati del mondo.

Ma questo progresso ha anche portato, in quasi tutte le città, un grande caos e l'inquinamento dell'ambiente. Le strade strette e irregolari, gli antichi palazzi addossati[1] l'uno all'altro e i monumenti storici delle città non sopportano[2] più il traffico causato principalmente dai mezzi di trasporto privati. In alcuni centri cittadini gli ingorghi[3] automobilistici durano tutto il giorno. I fumi di scarico[4] delle auto, i rumori assordanti dei clacson[5] e dei motori e l'eccessivo traffico causano danni[6] non solo alle strade, ai palazzi e ai monumenti ma anche alle persone.

Per far fronte a[7] questo problema ogni città ha provato soluzioni diverse. Sono nate così le isole pedonali[8], il centro storico è stato chiuso al traffico, sono state create corsie preferenziali[9] per autobus e taxi e si sono stabiliti giorni e ore in cui le automobili non possono circolare. Così sono tornate di moda le biciclette e le moto alle quali si aggiungono[10] tantissimi motorini. Questi mezzi possono circolare sempre e tranquillamente, ma essi creano spesso confusione, disordine e, in molti casi, anche inquinamento. In alcune grandi città come Roma, Milano, Torino e Napoli, la metropolitana ha dato un po' di respiro[11] al movimento dei cittadini. A tutt'oggi però il problema del grande traffico nelle città italiane non è stato ancora risolto in maniera soddisfacente.

- Com'è il traffico nelle città americane? Quali sono i maggiori problemi ambientali nel suo paese?

Javier Larrea / Photolibrary

Qualche volta il traffico di Roma è abbastanza regolare.

1. *huddled*	2. *cannot withstand*	3. *traffic jams*	4. *exhaust*	5. *deafening car horns*	6. *harm*
7. *to address*	8. *traffic-free zones*	9. *designated lanes*	10. *are added*	11. *respite*	

🔊 ## Vocabolario

Parole analoghe

l'autobus
la metropoli
particolare
seriamente

la statua
il traffico
il turismo

Nomi

l'agriturismo   vacation farm;
   agritourism

la campagna   countryside

il desiderio   wish

il fascino   charm

l'inquinamento   pollution

la metropolitana   subway

il provvedimento   measure,
   precaution

il rumore   noise

lo svantaggio   disadvantage

il vantaggio   advantage

Aggettivi

invivibile   unlivable

stressante   stressful

Verbi

abituarsi (a)   to get used to

fuggire   to flee

respirare   to breathe

Altre parole ed espressioni

meno   less

sempre   still

i mezzi pubblici   public
   transportation

> ▶ The adjective **stressante** derives from **lo stress,** borrowed from English.

Pronuncia

CD3,
Tracks
13–14

Ripasso delle combinazioni /sc/ e /sch/

The letters **sc** before **i** or **e** have a soft sound, /ʃ/ as in *shell*. **Sc** before **a, o,** and **u** and **sch** before **i** or **e** have a hard sound /sk/ as in *skill*.

a   **Ascolti e ripeta le parole.**

sci	**sc**elto	fa**sc**ino	**sch**ema	pe**sc**a
sciarpa	**sc**endere	la**sc**io	**sc**odella	**sc**omodo
a**sc**ensore	**sc**iocco	pi**sc**ina	ma**sch**io	**sc**ambio

Ripasso di /gli/

The combination **gli** is pronounced like *lli* in *million*. It is articulated with the top of the tongue against the hard palate or roof of the mouth.

b   **Ascolti e ripeta le parole.**

gli	to**gli**ere	fo**gli**a	mi**gli**ore	spo**gli**arsi
Ca**gli**ari	sce**gli**ere	be**gli**	fami**gli**are	sve**gli**are
Gu**gli**elmo	baga**gli**o	ta**gli**are	far**gli**	ma**gli**a

c   **Ascolti e ripeta le frasi.** Faccia attenzione alle combinazioni **sc, sch** e **gli.**

Vo**gli**amo andare al negozio di abbi**gli**amento per **sc**e**gli**ere dei vestiti.
Ed io vo**gli**o anche dei di**sch**i e de**gli** **sc**i nuovi.
Ma **sch**erzi! Non capi**sc**i che il traffico è intenso a lu**gli**o?

Ampliamento del vocabolario

I mezzi di trasporto

l'aereo

l'autobus

il treno

la motocicletta (la moto)

l'automobile (l'auto) / la macchina

il traghetto

la metropolitana

l'elicottero

il tassì (il taxi)

il tram

la nave

l'autocarro (il camion)

andare in macchina (in aereo, in autobus, in tram, in treno, in moto(cicletta), in traghetto, in elicottero, in tassì) to go by car (by plane, by bus, by tram, by train, by motorcycle, by boat, by helicopter, by taxi)

andare con la nave to go by ship
andare a piedi to go on foot
prendere la metropolitana to take the subway

a **Domande.** In coppia: Faccia le seguenti domande ad un altro studente/un'altra studentessa.

1. Se (tu) dovessi andare in Italia, quale mezzo di trasporto useresti? Perché?
2. Se (tu) abitassi a New York, prenderesti la metropolitana o l'autobus per andare a scuola o a lavorare? Perché?
3. Se (tu) dovessi andare dalla tua città a San Francisco, quale mezzo di trasporto preferiresti usare?
4. Secondo te, qual è il mezzo di trasporto più sicuro (*safe*)? Perché?
5. Pensi che la gente dovrebbe usare di più i mezzi pubblici? Perché?
6. Dove è possibile prendere il traghetto?
7. Chi prende l'elicottero per andare a lavorare?

> **La metropolitana** is frequently referred to as **il metro.**

b **I mezzi di trasporto.** In coppia: Preparate una lista dei mezzi di trasporto che si usano nella vostra città. Dite quali sono le zone della città che servono e quanto costano. Indicate se e quali altri mezzi di trasporto sarebbero necessari per servire meglio la gente che vive in città.

L'ambiente

l'ecologia ecology	**il riciclaggio** recycling
l'inquinamento pollution	**riciclare** to recycle
inquinare to pollute	**i rifiuti** (solid) waste, rubbish
la pioggia acida acid rain	**salvaguardare** to save, preserve

KSTFoto / Alamy

c **Un sondaggio.** In gruppi di tre o quattro: Faccia un sondaggio per sapere che cosa pensano i suoi compagni dell'inquinamento e quali provvedimenti sono necessari per salvaguardare l'ambiente naturale. Prenda appunti e paragoni i suoi risultati con quelli di altri gruppi.

1. Quali sono alcuni aspetti evidenti dell'inquinamento dell'ambiente naturale?
2. Secondo te, quali sono le principali cause dell'inquinamento dell'aria? E del mare? E della terra?

3. Quali provvedimenti aiutano a salvaguardare l'ambiente?

4. C'è l'inquinamento nella tua città? Da che cosa è causato?

5. A quale forma di riciclaggio partecipi? A quello della carta, del vetro (*glass*), dei metalli o della plastica? O a tutti e quattro?

6. Secondo te, quali sono i paesi più inquinati del mondo? Perché?

7. Nella tua città ci sono associazioni che difendono l'ambiente? Quali sono e che cosa fanno?

8. Sei iscritto/a a qualche associazione ambientalista? Quale? Di che cosa si occupa?

9. Pensi che l'effetto serra (*greenhouse effect*) sia una vera minaccia per la terra e per l'umanità? Perché?

Struttura ed uso

Tempi progressivi

— Cosa **stai facendo?**
— **Sto aggiustando** il mio computer!

1. As you know, Italian often uses present or imperfect verb forms to talk about ongoing actions for which English uses progressive forms.

— Che **fai?**	— *What are you doing?*
— **Guardo** questi annunci.	— *I'm looking at these ads.*
— Ti **disturbo?**	— *Am I bothering you?*
— No, non **facevo** niente di speciale.	— *No, I wasn't doing anything special.*

Italian also has progressive tenses, which are used when the speaker wants to stress that the action is going on at the moment or was going on when something else occurred.

— Cosa **stai facendo?**
— **Sto guardando** questi annunci.
— Ti **sto disturbando?**
— No, non **stavo facendo** niente di speciale in questo momento.

2. The progressive tenses are made up of **stare** plus the **-ando** or **-endo** form of the verb: **-ando** is added to the infinitive stem of **-are** verbs, and **-endo** to the infinitive stems of **-ere** and **-ire** verbs.

studiare:	**sto studiando**	*I am studying*
leggere:	**sto leggendo**	*I am reading*
dormire:	**sto dormendo**	*I am sleeping*

The following chart shows the present and past progressive of **studiare**.

	presente progressivo	passato progressivo
io	sto studiando	stavo studiando
tu	stai studiando	stavi studiando
lui/lei	sta studiando	stava studiando
noi	stiamo studiando	stavamo studiando
voi	state studiando	stavate studiando
loro	stanno studiando	stavano studiando

3. The verbs **fare, bere,** and **dire** have irregular progressive forms.

Sto facendo i compiti.	*I am doing my homework.*
Cosa **stai bevendo?**	*What are you drinking?*
Ieri **stavo dicendo** a Michele...	*Yesterday I was saying to Michele . . .*

4. Object and reflexive pronouns may precede **stare,** or they may follow and be attached to the gerund.

Lo stiamo finendo adesso.	*Or*	Stiamo finendo**lo** adesso.
Mi stavo lavando i denti.	*Or*	Stavo lavando**mi** i denti.

a **Le vacanze di Francesca.** Metta le frasi nel presente progressivo o nel passato progressivo.

>> Che cosa fa Francesca?   Che cosa sta facendo Francesca?

1. Francesca cerca un agriturismo per le vacanze.
2. Legge tutti gli annunci.
3. Chiama tutti i suoi amici.
4. Noi la aiutiamo.
5. Aspettiamo la risposta da un'agenzia di viaggi.
6. Ma Francesca arriva alla fine della sua ricerca.
7. Ieri infatti, Francesca tornava ad Udine.
8. Viaggiava con altre tre ragazze.
9. Una delle ragazze lavora in un agriturismo molto carino.

b **Domande.** Rivolga queste domande ad un altro studente/un'altra studentessa, che risponderà usando il tempo progressivo e i pronomi appropriati nelle risposte.

>> Guardi la televisione?   Sì, la sto guardando ora. / Sì, sto guardandola ora.

1. Leggi il giornale?
2. Ti diverti?
3. Aspetti il treno?
4. Ti prepari per uscire?
5. Ti alzi adesso?
6. Telefoni al tuo amico?

c **Mimica.** In coppia: Copra la lista del suo compagno/della sua compagna con un foglio di carta. A turno, mimate (*act out*) le attività della vostra lista. Ognuno di voi deve indovinare quello che il compagno/la compagna sta mimando.

>> cercare le chiavi   S1: [*Mima l'azione di cercare le chiavi.*]
                        S2: Stai cercando qualcosa. Stai cercando le chiavi!

S1	telefonare al ragazzo / alla ragazza	**S2**	fare una fotografia di un bambino
	guardare una partita di tennis		giocare con un videogioco
	aspettare l'autobus		guidare la motocicletta
	sciare		mettersi un paio di jeans stretti (*tight*)
	fare la doccia con l'acqua fredda		mangiare gli spaghetti

d **Scegliere una foto.** In gruppi di quattro: Trovi in questo libro una fotografia con alcune persone e attività diverse. Domandi ai suoi compagni cosa stanno facendo le persone della foto.

>> S1: Cosa stanno facendo le persone in questa foto a pagina ___?
   S2: L'uomo sta suonando la chitarra.
   S3: Alcune persone stanno ascoltandolo.
   S4: Queste persone stanno prendendo il caffè…

e **Cosa stavo facendo.** In coppia: Dica ad un amico/un'amica che cosa stava facendo in determinati periodi di tempo.

>> stamattina alle   S1: Che cosa stavi facendo stamattina alle sette e mezzo?
   sette e mezzo   S2: Stamattina alle sette e mezzo stavo dormendo / radendomi la barba / guidando…

1. ieri a mezzogiorno
2. sabato scorso alle dieci di sera
3. a mezzanotte in punto a Capodanno (*New Year's*)
4. il pomeriggio del giorno prima di Natale
5. la sera del suo compleanno

Avverbi di tempo, luogo, modo e quantità

— Mi scusi, ma deve proprio guidare così **velocemente?!**

1. Adverbs are words that modify a verb, an adjective, or another adverb. They generally tell *when*, *where*, *how*, and *how often* something happens.

— Sono arrivati **ieri.**	— Quando?	— Ieri.
— Dormono **qui.**	— Dove dormono?	— Qui.
— Parlano **bene** l'inglese.	— Come lo parlano?	— Bene.
— Escono **spesso.**	— Quanto?	— Spesso.

2. Adverbs ending in **-mente** correspond to English adverbs ending in *-ly*. They are formed by adding **-mente** to the feminine singular form of an adjective.

È una ragazza **allegra.** Canta **allegramente.**
È un treno **lento.** Va **lentamente.**
Sono studenti **attenti.** Studiano **attentamente.**

Adjectives that end in **-le** or **-re** drop the final **-e** before adding **-mente.**

È un corso **facile.** Capiamo **facilmente** i concetti.
È una giornata **particolare** e siamo **particolarmente** contenti.

3. Most adverbs immediately follow the verb.

Emilio si è svegliato **tardi.**	*Emilio woke up late.*
Mi ha telefonato **dopo.**	*He called me afterwards.*
Ci vediamo **raramente.**	*We see each other rarely.*

In sentences with compound verbs, the adverbs **già, mai, ancora,** and **sempre** generally occur between the auxiliary verb and the past participle.

— Hai **già** letto gli annunci?	— *Have you read the announcements yet?*
— No, non li ho **ancora** letti.	— *No, I haven't read them yet.*
Luca non si è **mai** abituato ai rumori della città.	*Luca has never gotten used to the noise in the city.*
Ha **sempre** vissuto in campagna.	*He's always lived in the country.*

f   **Completare il brano.** Completi il seguente brano con gli avverbi appropriati. Ci sono due parole in più nella lista suggerita.

bene	finalmente
mai	recentemente
spesso	vicino
disperatamente	lì
prima	sempre
rapidamente	troppo

Giampaolo cercava _____ una casa. Leggeva _____ gli annunci sui giornali di Pisa e girava _____ la città in cerca di un appartamento in affitto. _____ abitava a Lucca perché la sua famiglia era _____. Non è andato ad un'agenzia immobiliare perché diceva che costava _____. _____ una persona che Giampaolo conosce _____ si è trasferita _____ in un'altra città, lasciando libero un appartamento _____ all'università.

g   **Una ragazza perfetta.** Come fa certe cose Angela? Completi le frasi con gli avverbi derivati dagli aggettivi usati nella prima parte della frase.

>> Angela è una ragazza tranquilla; fa ogni cosa...
     Angela è una ragazza tranquilla; fa ogni cosa tranquillamente.

1. Angela sta attenta quando parla il professore; lo ascolta...
2. Ama le macchine veloci e ama guidare...
3. Trova molto facile la chimica e finisce... i suoi compiti.
4. Le sue parole sono sempre chiare; parla...
5. È una persona cortese; saluta... ogni persona che vede.
6. I suoi vestiti sono sempre eleganti; si veste...
7. È una persona quasi perfetta, e lo sa...

h   **Domande.** In coppia: Rispondete alle seguenti domande personali.

1. Hai mai viaggiato/a in elicottero?
2. Hai già compiuto ventun anni?
3. Ti sei già iscritto/a per votare?
4. Hai mai guidato una motocicletta?
5. Hai mai letto un giornale italiano?
6. Sei già andato/a dal dentista quest'anno?
7. Ti è sempre piaciuto studiare le lingue straniere?
8. Hai già mangiato oggi?

Verbi che richiedono una preposizione

— Come **riusciamo ad** andare via?

1. The following verbs require the preposition **a** before an infinitive.

Verbo + *a* + infinito

aiutare a to help to	**imparare a** to learn to
andare a to go to	**insegnare a** to teach to
cominciare a to begin to	**mettersi a** to begin to
continuare a to continue to	**riuscire a** to succeed at
divertirsi a to have fun	**venire a** to come to

La banda **ha cominciato a** suonare alle nove.	*The band started playing at nine o'clock.*
E **ha continuato a** suonare fino a tardi.	*And it continued playing until late.*
Ci siamo divertiti a ballare.	*We had fun dancing.*
Chi ti **ha insegnato a** ballare così?	*Who taught you to dance like that?*
Non **sono** mai **riuscito a imparare a** ballare bene.	*I've never managed to learn to dance well.*

Segnaletica che indica l'accesso ristretto del traffico in una zona del centro della città.

1. Che tipo di area del centro cittadino è questa?
2. Cosa bisogna avere per accedere con l'automobile in questa zona?
3. In quali giorni della settimana è possibile l'accesso a pagamento? Da che ora a che ora?
4. Come viene controllato l'ingresso delle automobili in quest'area?

2. The following verbs and expressions require the preposition **di** before an infinitive.

Verbo + *di* + infinito

avere bisogno di to need to	**dire di** to say, to declare
avere paura di to be afraid to	**finire di** to finish
cercare di to try to	**pensare di** to think about
chiedere di to ask to	**permettere di** to allow to
consigliare di to advise to	**promettere di** to promise to
credere di to believe	**ricordarsi di** to remember to
decidere di to decide to	**sperare di** to hope to
dimenticarsi di to forget to	**suggerire di** to suggest

Abbiamo bisogno di utilizzare nuove fonti di energia.	*We need to use new sources of energy.*
Cerchiamo di riciclare quanto più possibile.	*Let's try to recycle as much as possible.*
Le leggi attuali non **permettono di** inquinare i mari.	*Current laws do not permit polluting of the seas.*
Non **dimentichiamoci di** usare i mezzi pubblici.	*Let's not forget to use public transportation.*

3. The following verbs require no preposition before an infinitive.

Verbo + infinito

amare to love to	**preferire** to prefer to
desiderare to wish to	**sapere** to know how to
dovere to have to	**volere** to want to
potere to be able to	

I miei amici **amano** vivere in campagna.	*My friends love living in the country.*
Anch'io **vorrei** trasferirmi in un piccolo paese.	*I'd like to move to a small town, too.*
Così non **dovremmo** mai usare la macchina.	*That way we wouldn't ever have to use our car.*

i **Formulare frasi.** Formuli frasi di senso compiuto abbinando le espressioni delle tre colonne e usando la preposizione appropriata.

mio fratello	sperare	guardare la TV
la mamma	cominciare	mettere i bicchieri a tavola
Claudia	promettere	telefonare ad un cliente
io	dire	bere un caffè
mia zia	avere paura	rimanere a casa
mio padre	riuscire	trovare il mio telefonino
mia nonna	continuare	chiudere la porta del garage
io e Gigi	chiedere	tornare a casa alle undici
mia sorella	aiutare	prestarmi la macchina
mio zio e mia zia		cenare presto
mio cugino		cucinare il mio piatto preferito
		andare a letto tardi
		riciclare la carta

>> Mio fratello ha promesso di rimanere a casa.

j **Completare le descrizioni.** Completi le descrizioni, aggiungendo **a** o **di** dove necessario.

1. Durante la festa, Mario ed io abbiamo cominciato _____ cantare mentre gli altri continuavano _____ mangiare. Poi volevamo _____ suonare alcune canzoni nuove, ma ci siamo dimenticati ___ portare la chitarra. Allora ci siamo messi _____ ballare.

2. Nella classe di russo, non ho imparato _____ parlare bene. Quindi ho deciso _____ studiare con un maestro privato. Il maestro desiderava _____ darmi tre lezioni alla settimana, ma gli ho detto che dovevo _____ lavorare dopo la scuola. Allora abbiamo pensato _____ fare una lezione di tre ore ogni sabato mattina.

3. Gli studenti della nostra classe hanno promesso _____ riciclare il più possibile. Sperano _____ evitare la creazione di rifiuti eccessivi. Sono già riusciti _____ riciclare numerose tonnellate di giornali e riviste. Continuano _____ cercare modi alternativi per proteggere l'ambiente.

PUNTO RACCOLTA
LATTINE DI ALLUMINIO
DA RICICLARE

-SOLO LATTINE ALLUMINIO
-NUR GETRÄNKE DOSEN
-ALUMINUM CANS ONLY
-SEULEMENT BOÎTES EN ALU

k **La vita di un poeta.** Racconti la vita di un famoso poeta italiano, formulando frasi complete con le parole ed espressioni indicate.

>> il poeta / cominciare / scrivere / poesie / all'età di dodici anni
   Il poeta ha cominciato a scrivere poesie all'età di dodici anni.

1. la maestra / insegnargli / amare / buoni libri
2. lui / cercare / scrivere / poesie in stile classico
3. decidere / seguire / lo stile moderno
4. non dimenticarsi / aiutare / giovani poeti
5. a Parigi / lui / mettersi / insegnare corsi di poesia
6. non riuscire mai / guadagnare molti soldi
7. consigliare ai giovani / studiare i poeti antichi

l **Ruoli diversi.** In coppia: Uno di voi fa la parte di un personaggio famoso dello sport o dello spettacolo (*show business*). L'altro fa la parte di un giornalista che intervista questa persona famosa per poi scrivere un articolo. Parlate delle seguenti cose.

>> Signor King, quando ha cominciato a scrivere libri dell'orrore?
   Ho cominciato a scrivere quando avevo sette anni…

- quando ha cominciato a svolgere quest'attività
- come e quando ha imparato a farlo
- cosa desiderava fare da giovane
- perché ha deciso di fare quest'attività
- cosa spera di fare in futuro
- cosa consiglia di fare ai giovani che vogliono svolgere quest'attività
- cosa deve fare una persona per avere successo in questo campo (*field*)

m **La sua vita.** Parli della sua vita, finendo le frasi in maniera logica con la preposizione appropriata e un verbo all'infinito.

1. Quando ero giovane i miei genitori non mi permettevano…
2. Avevo sempre paura…
3. Il mio migliore amico/La mia migliore amica mi ha insegnato…
4. Non sono mai riuscito/a…
5. Mi dimentico troppo spesso…
6. In futuro vorrei continuare…
7. Ho fatto bene quando ho deciso…
8. I miei amici mi suggeriscono…

iLrn Complete the diagnostic tests to check your knowledge of the vocabulary and grammar structures presented in this chapter.

Parliamo un po'

a **I mezzi di trasporto: vantaggi e svantaggi.**
In coppia: Parlate degli aspetti positivi e negativi dei seguenti mezzi di trasporto.

>> Quando si viaggia con l'aereo si può… Con il treno si arriva… ma bisogna… Se vai in bicicletta puoi…

Mezzo di trasporto	Vantaggi	Svantaggi
l'aereo	_____	_____
l'automobile	_____	_____
il treno	_____	_____
l'autobus	_____	_____
la bicicletta	_____	_____

b **Il giro del mondo in otto giorni.** In coppia: Avete otto giorni per
fare un viaggio intorno al mondo. Programmate il viaggio e i vari mezzi
di trasporto che intendete utilizzare.

>> Partiamo da… Prendiamo l'aereo fino all'aeroporto di Londra. A
Londra prendiamo un tassì alla stazione del treno e poi… Il secondo
giorno andiamo a…

c **Facciamo il riciclaggio!** In coppia: Guardate il disegno di tutte
le cose da riciclare. Poi parlate di quello che bisogna fare con i vari
articoli.

>> Prendiamo le bottiglie e le mettiamo nella campana per la
raccolta del…

d **Che tipo di consumatore sei?** In coppia o gruppi di tre: Fate una lista delle attività "ecologiche" che si possono fare per aiutare l'ambiente (riciclare, usare i mezzi pubblici, ecc.). Poi chiedetevi se fate queste attività sempre, spesso, raramente o mai.

>> Si possono riciclare le bottiglie. Tu ricicli le bottiglie?

e **Ci stiamo divertendo!** In coppia: Voi avete deciso di passare una settimana nell'agriturismo "Casa Vittoria" a contatto con la natura. Guardate l'opuscolo e poi scrivete una cartolina ad un vostro amico/una vostra amica e dite quello che state facendo.

CASA VITTORIA
Agriturismo Remanzacco,
Friuli-Venezia Giulia

piscina

campo da golf

equitazione

noleggio biciclette

escursioni alpinistiche

degustazione vini DOC

Shutterstock

Conoscere l'Italia

**CD3,
Track 15**

a **Definizioni.** Abbini le definizioni con una parola della lista a destra.
Ci sono due parole in più nella lista.

1. aggettivo derivato da *mondo*
2. aggettivo derivato da *Trieste*
3. sostantivo derivato da *attratto/a*
4. aggettivo derivato da *Irlanda*
5. va oltre (*beyond*) le Alpi
6. sinonimo di *educazione*
7. abita nel Friuli
8. scrive romanzi

a. transalpino/a
b. urbanistica
c. il romanziere
d. il/la friulano/a
e. l'istruzione
f. il luogo
g. triestino/a
h. l'attrattiva
i. mondiale
j. irlandese

Friuli-Venezia Giulia

David Harding / Fotolia

> Locate Friuli and Trieste on
> the map on page 12. Due to the
> long name, Friuli-Venezia Giulia
> is often called just Friuli.

Veduta notturna della bella piazza dell'Unità d'Italia a Trieste.

Il Friuli-Venezia Giulia è una regione situata nel nord-est d'Italia, fra il
Veneto, l'Austria, la Slovenia e il mare Adriatico. Con lo statuto speciale
approvato nel 1963, il Friuli è diventato una regione autonoma della
Repubblica italiana.

CulbiolImages srl / Alamy

Veduta aerea della caratteristica città fortezza di Palmanova.

Le città principali del Friuli sono Trieste, Pordenone, Udine e Gorizia. Di origini antichissime, Trieste ha un aspetto moderno, con una grande piazza, Piazza dell'Unità d'Italia, che si affaccia[1] direttamente sul mare. Capoluogo della regione, Trieste è il principale porto dell'Adriatico, da cui parte l'oleodotto[2] transalpino per la Baviera e l'Austria. Oltre al traffico petrolifero, nel porto triestino c'è anche un grande movimento di merci[3]. A Trieste ci sono anche cantieri navali[4] dove si costruiscono navi di grosso tonnellaggio.

Nella prima metà del Novecento a Trieste si godeva di[5] un'attività letteraria molto intensa con la presenza di letterati quali il romanziere Italo Svevo (1861–1928), il poeta Umberto Saba (1883–1957) e lo scrittore irlandese James Joyce. Oggi il livello di istruzione dei friulani è molto elevato e Trieste è all'avanguardia nella ricerca[6] scientifica in Italia con il suo Centro internazionale di fisica teorica e il suo Centro internazionale di ingegneria genetica e di biotecnologia.

Da secoli sono presenti in questa regione minoranze etnico-linguistiche slovene e tedesche e nei paesi o nelle città dove esse vivono, c'è il bilinguismo nelle scuole e nei comuni. Un'altra minoranza della regione sono i friulani di origine ladina che parlano il ladino-friulano e vivono principalmente nella provincia di Udine.

Ogni anno circa otto milioni di turisti visitano il Friuli, attratti dalle bellezze artistiche e naturali della regione. Fra le tante attrattive c'è la città-fortezza di Palmanova, esempio di urbanistica[7] militare rinascimentale, costruita nel XVI (sedicesimo) secolo. Fra i turisti ci sono anche molte persone che vanno a visitare i sacrari[8] militari della prima guerra[9] mondiale come quelli di Redipuglia e Caporetto in suolo[10] sloveno.

▶ **Baviera** = Bavaria, a state in the southeast of Germany.

▶ Italo Svevo was a good friend of James Joyce. Joyce lived for about ten years in Trieste, where he wrote and also taught English at the Berlitz School.

▶ **Ladino/a** = name given to the Jewish people expelled from the Iberian peninsula in the fifteenth century. Ladino is the language spoken by this group of people who number about 800,000 in the Friuli area.

1. *looks onto*   2. *oil pipeline*   3. *goods*   4. *shipyards*   5. *enjoyed*
6. *research*   7. *city planning*   8. *war memorials*   9. *war*   10. *soil*

b **Informazioni.** Dia le seguenti informazioni basate sul brano precedente.

1. i confini del Friuli
2. città principali del Friuli e il suo capoluogo
3. alcune caratteristiche di Trieste
4. tre personaggi letterari associati con questa città
5. due importanti centri di ricerca triestini
6. minoranze etnico-linguistiche del Friuli
7. caratteristica di Palmanova
8. attrattive turistiche friulane visitate da molte persone

· ·

a **Definizioni.** Abbini le definizioni con una parola della lista a destra.
Ci sono due parole in più nella lista.

1. parola composta da agricoltura e turismo
2. persona che coltiva i campi
3. luoghi che offrono turismo in campagna
4. aggettivo derivato da *lavoro*
5. un animale domestico
6. luogo dove si nuota
7. verbo derivato da *alimentazione*
8. insieme di cibi cotti e crudi

a. le aziende agricole
b. la campagna
c. il cavallo
d. agriturismo
e. alimentarsi
f. l'agricoltore
g. la cucina
h. la piscina
i. la bicicletta
j. lavorativo/a

CD3,
Track 16

L'agriturismo

Negli ultimi anni l'agriturismo è diventato una forma popolare di vacanza alternativa specialmente fra i giovani e le famiglie con bambini. L'interesse nella campagna come meta[1] di turismo è cominciato negli anni '60 per iniziativa di alcuni giovani agricoltori[2] che nel 1968 fondarono l'Associazione Nazionale Agricoltura e Turismo. La legge che riguarda[3] questo settore è stata poi pubblicata nel 1985 e da allora ogni regione regolamenta l'agriturismo locale.

Oltre all'ospitalità, le aziende agricole[4] qualificate offrono al turista anche un'esperienza della vita di campagna facendolo partecipare, se vuole, a varie attività lavorative. Si organizzano anche

Spesso gli agriturismi attirano l'attenzione della gente con cartelli rustici come questo.

1. *destination*   2. *farmers*   3. *concerns*   4. *farms*

passeggiate[5] ecologiche, escursioni a piedi, in bicicletta o a cavallo per boschi e sentieri campestri o montani[6]. Alcune aziende agrituristiche sono persino dotate di piscina e di altri impianti[7] sportivi. La loro cucina è basata sui cibi prodotti o coltivati sul luogo e spesso i proprietari si siedono a tavola con i loro clienti. Una vacanza agrituristica non solo è economica ma è anche sana[8] e rigenerativa perché permette di vivere a contatto con la natura, stare all'aria aperta in ambienti tranquilli e puliti, conoscere percorsi[9] naturalistici e incontaminati ed alimentarsi[10] con prodotti freschi e genuini.

5. *walks*   6. *through woods and rural or mountain paths*   7. *facilities*
8. *healthy*   9. *ways, paths*   10. *to eat*

Simboli
Agriturismo

Kevin Britland / Shutterstock

Pane, formaggio e vino e ingredienti freschi per un buon piatto di spaghetti al sugo.

b **Domande.** Risponda alle seguenti domande.

1. Chi ha fondato l'Associazione Nazionale Agricoltura e Turismo? Quando?
2. Quali sono alcune attività che si svolgono nell'agriturismo?
3. Che cosa si mangia in un agriturismo?
4. Quali sono i vantaggi di una vacanza presso un agriturismo?
5. Le piacerebbe andare in vacanza in uno di questi luoghi? Perché?
6. Quali attività o aspetti agrituristici le interessano?

Viaggi in video
Il Friuli-Venezia Giulia

Prima di guardare

Vocabolario utile

paracadute	*parachute*
girarsi	*to turn around*
schermo	*screen*
giurare	*to swear*
sponde	*shores/banks*
salti	*leaps*
bocciato	*flunked*

a Ci sarà o no? In coppia: Gep e Pamela stanno per guardare un video sulla regione del Friuli-Venezia Giulia, che confina al nord con l'Austria e all'est con la Slovenia. Cosa credete che ci sarà nel video? Cosa non ci sarà?

>> Credo che ci saranno immagini di montagne coperte di neve.
Non credo che ci sarà un vulcano.

▶ Mentre guarda il video

b Vero o falso? Indichi se le seguenti frasi sono vere o false, poi trovi un modo per correggere quelle false.

1. Per Pamela il ritmo del video è troppo lento.
2. Gep deve girarsi in modo che non possa vedere lo schermo.
3. Gep descrive un lago con quattro ragazze che fanno sci nautico.
4. Sulla montagna coperta di neve ci sono molti sciatori.
5. Nella elegante città sull'acqua c'è una famiglia con tre figli.
6. Al teatro Verdi di Trieste ci sono due cantanti vestiti da gran gala.
7. Pamela dice sempre la verità.

Il castello di Miramare

Questo splendido castello e il circostante parco furono costruiti per l'arciduca Massimiliano Ferdinando D'Asburgo e la sua consorte Carlotta. I lavori furono completati solo dopo la partenza dell'arciduca per il Messico, dove regnò come imperatore per pochissimo tempo. Difatti, cinque anni dopo egli fu fucilato in Messico. Sua moglie Carlotta morì molti anni dopo in Belgio dopo un collasso emotivo che portò quasi alla pazzia. A causa di queste morti tragiche, una leggenda dice che c'è una maledizione (*curse*) legata al Castello di Miramare: chi passa una notte nel castello è destinato a morire violentemente in terra straniera.

c **Quello che dice Pamela.** Abbini le descrizioni nella colonna di sinistra con le contraddizioni di Pamela nella colonna di destra.

Quando Gep descrive …	**Pamela dice che è …**
un bellissimo lago alpino	un vulcano
una montagna coperta di neve	un cavallo
una coppia innamorata che cammina in una città	carciofi
giovani che si divertono al mare	un gatto
pallavolo sulla spiaggia	una piazza in città
cantanti al teatro	un albero

Dopo aver guardato

d **Descrivere le immagini.** In coppia: Mentre Gep guarda il video, descrive immagini specifiche. Cercate di descrivere questi fotogrammi del video.

1.

Nomad/SuperStock

2.

© Corepics VOF/Shutterstock.com

3.

© Rolf_52/Shutterstock.com

4.

© Ermess/Shutterstock.com

e **Una regione che ha un po' di tutto.** In coppia: Il Friuli-Venezia Giulia (come tutte le regioni italiane!) offre al turista un'infinità di possibilità. Secondo quello che avete visto nel video, parlate di tutte le cose che si possono fare in questa regione.

>> Siccome ci sono le Dolomiti, si può …
   È una regione ideale per chi ama la natura perché si può …

f **Esperienza personale.** Prepari un post dove descrive varie che vorresti fare in Friuli Venezia-Giulia.

Reference Section

Argomenti supplementari

Numeri ordinali

1. Ordinal numbers are used to rank things. The ordinal numbers from *first* to *tenth* are listed below.

primo/a	first
secondo/a	second
terzo/a	third
quarto/a	fourth
quinto/a	fifth
sesto/a	sixth
settimo/a	seventh
ottavo/a	eighth
nono/a	ninth
decimo/a	tenth

2. After **decimo,** ordinal numbers are formed by dropping the final vowel of the cardinal number and adding **-esimo** or **-esima.** Numbers ending in accented **-é** (**ventitré, trentatré,** etc.) retain the final **-e** without the accent.

undicesimo/a	eleventh
ventesimo/a	twentieth
ventitreesimo/a	twenty-third
cinquantesimo/a	fiftieth
centesimo/a	hundredth
millesimo/a	thousandth

3. Ordinal numbers agree in gender and number with the nouns they modify. They generally precede the noun.

Lunedì è il **primo** giorno della settimana.

Monday is the first day of the week.

I **primi** mesi dell'anno sono gennaio e febbraio.

The first months of the year are January and February.

4. Roman numerals are generally used as ordinals when referring to centuries, and to popes and royalty. The Roman numeral may precede or follow the noun when referring to centuries; it follows the noun when referring to popes and royalty.

il **XXI** (ventunesimo) secolo
il secolo **XXI** (ventunesimo)   }   *the twenty-first century*
Papa Giovanni **XXIII** (ventitreesimo)   *Pope John the Twenty-third*
Umberto **I** (primo)   *Umberto the First*

a   Risponda alle seguenti domande.

1. Qual è il secondo giorno della settimana?
2. Qual è il decimo mese dell'anno?
3. Quale lezione segue la nona?
4. Chi è stato il primo presidente degli Stati Uniti?
5. In che secolo viviamo?
6. Chi era Enrico VIII?

Nomi alterati

1. The meanings of many Italian nouns and some adjectives can be altered by adding special suffixes (**suffissi speciali**). These suffixes, which signify smallness, bigness, affection, and disparagement, are added to nouns and sometimes to adjectives after dropping the final vowel. The more common suffixes are: **-ino, -etto, -ello, -one,** and **-accio.**

2. Suffixes that denote smallness or affection are **-ino, -etto,** and **-ello.**

Ho un gatt**ino** bianco.   *I have a (nice) little white cat.*
Abbiamo una cas**etta** in montagna.   *We have a (nice) little house in the*
                                   mountains.
Sei proprio cattiv**ello/a!**   *You're really naughty!*

3. The suffix **-one** denotes bigness or largeness.

Chi ha scritto quel libr**one**?   *Who wrote that big book?*
Federica è una ragazz**ona**.   *Federica is a big girl.*

4. The suffix **-accio** signifies badness or unpleasantness and is used to give a pejorative meaning to nouns.

Non comprate quel giornal**accio**.   *Don't buy that trashy newspaper.*
Quei ragazzi dicono parol**acce**   *Those boys use vulgar words even*
    anche a casa.   *at home.*

▶ Be careful when altering nouns, since their meanings can change depending upon the suffix and the context. For instance, **il volante** means *steering wheel*, but **il volantino** means *flyer*. Also, the three suffixes denoting smallness aren't usually interchangeable: **casina** and **casetta** both denote a small house, but **casella** means *pigeonhole*.

b Completi questo brano con la forma appropriata delle parole della lista dopo aver aggiunto i suffissi indicati. Alcune parole possono essere usate più di una volta.

-etto/a	-ino/a	-one	-accio/a
l'animale	l'appartamento	la casa	la giornata
il giardino	il paese		
la villa	il gatto		
la casa			
la stanza			
la cucina			
il bagno			

I miei amici abitano in una bella _____ in un _____ ad una ventina di chilometri dalla mia città. Fuori la _____ è circondata da un bel _____ dove c'è molto verde. Dall'altra parte della loro strada c'è un _____ enorme che qualcuno sta ristrutturando (*remodeling*). Sembra che vogliano farci tre _____ e ai miei amici piacerebbe che ne comprassi uno quando saranno pronti. Attualmente io abito in un _____ al centro della città, dove ci sono due _____, una _____ e un _____. Con me abitano due _____ molto graziosi che stanno sempre in casa. Ma ieri un _____ è fuggito da casa senza che me ne accorgessi. Sono andata a cercarlo dappertutto sotto la pioggia. Che _____! Vorrei proprio avere una _____ in campagna o una _____ come quella dei miei amici. In questo caso i miei _____ potrebbero entrare e uscire a piacere. Potrei avere anche qualche altro _____ perché io adoro gli animali.

Aggettivi e pronomi indefiniti

1. Indefinite adjectives are used to express indefinite quantities.

alcuni (alcune) some
altro (altra, altri, altre) other
ogni each
molto (molta, molti, molte) a lot of, many
poco (poca, pochi, poche) little, few
qualche some
troppo (troppa, troppi, troppe) too much, too many
tutto (tutta, tutti, tutte) all, the whole

2. Alcuni/e and **qualche** both mean *some*. **Alcuni/e** always takes a plural noun, and **qualche** always takes a singular noun.

Puoi distribuire **alcuni volantini?**
Puoi distribuire **qualche volantino?** } *Can you pass out some flyers?*

3. The singular forms **molto/a, poco/a,** and **troppo/a** are used with singular nouns and mean *a lot of, a little,* and *too much.*

C'è **molta / poca / troppa**
  corruzione nel governo.

There is a lot of / little / too much corruption in the government.

The plural forms **molti/e, pochi/e,** and **troppi/e** are used with plural nouns and mean *many, few,* and *too many.*

Molti / Pochi / Troppi italiani dubitano della serietà dei politici. *(Many / Few / Too many Italians doubt the seriousness of the politicians.)*

4. The singular **tutto/a** means *the whole.* The plural **tutti/e** means *all (the).* Both forms are usually followed by the definite article.

tutto il Senato	*the whole Senate*
tutta l'Europa	*all of Europe*
tutti i rappresentanti	*all the representatives*
tutte le stazioni radiofoniche	*all the radio stations*

5. Ogni is invariable and always takes a singular noun.

Ogni cittadino ha il dovere
  di votare.

Every citizen has the duty to vote.

Ogni candidato è contro la
  criminalità.

Every candidate is against crime.

6. Indefinite pronouns are used to refer to unspecific people and things. Here are the most common indefinite pronouns:

to refer to people		to refer to things	
qualcuno	someone, anyone	qualcosa	something
tutti	everybody	tutto	everything
ognuno	everyone		

— C'è **qualcuno** in casa? — *Is there anyone home?*
— No, sono usciti **tutti.** — *No, everyone's gone out.*
— Ho **qualcosa** da dirti. — *I have something to tell you.*
— Sì, dimmi **tutto.** — *Yes, tell me everything.*

C Scelga quale delle due parole tra parentesi è quella corretta.

1. Alla nostra università ci sono (molti / qualche) problemi.
2. (Alcuni / Qualche) studenti danno (qualcuno / troppa) importanza ai voti *(grades)*.
3. È lo stesso con (ogni / tutti i) corso di studio.
4. Il voto è usato da (molti / tutti) professori come un premio, e da (qualche / altri) professori come una punizione *(punishment)*.
5. Per (qualche / alcuni) studente, il voto è diventato più importante della conoscenza della materia.
6. (Ognuno / Tutti) deve pensare a quello che vuole dallo studio.

d In gruppi di tre: Decidete quale delle parole tra parentesi si applica meglio alla situazione della vostra università. Poi riferite le vostre opinioni alla classe.

1. Gli studenti dell'università hanno (poco / molto / troppo) tempo libero.
2. I professori danno (pochi / molti / troppi) compiti.
3. (Pochi / Alcuni / Molti / Quasi tutti gli) studenti sono soddisfatti della libreria dell'università.
4. (Pochi / Alcuni / Molti / Troppi) studenti bevono spesso bevande alcoliche.
5. La vita sociale offre (poche / molte / troppe) attività.
6. Ci sono (pochi / alcuni / molti) problemi tra l'università e la comunità in cui si trova.
7. C'è (poca / qualche / molta) possibilità di violenza nel campus.
8. Ci sono (pochi / alcuni / molti / troppi) problemi di razzismo all'università.

Pronomi possessivi

1. Possessive pronouns take the place of noun phrases with possessive adjectives.

Hai letto la sua lettera o **la mia?** *Did you read her letter or mine?*
Guardiamo prima le mie fotografie *Let's look at my pictures first and*
  e poi vediamo **le vostre.** *then we'll see yours.*

2. Possessive pronouns are identical in form to the possessive adjectives. They agree in gender and number with the thing possessed, not the possessor. The following chart shows the forms of the possessive pronouns.

	maschile		femminile	
	singolare	plurale	singolare	plurale
mine	il mio	i miei	la mia	le mie
yours (tu)	il tuo	i tuoi	la tua	le tue
his, hers, its, yours (lei)	il suo	i suoi	la sua	le sue
ours	il nostro	i nostri	la nostra	le nostre
yours (voi)	il vostro	i vostri	la vostra	le vostre
theirs, yours (loro)	il loro	i loro	la loro	le loro

3. Possessive pronouns are generally preceded by the definite article. Use of the definite article is optional after **essere.** The possessive pronoun **loro,** however, always requires the article.

— Sono i suoi biglietti?
— No, non sono **(i) miei.**
— È la loro macchina?
— Sì, è **la loro.**

e Completi le frasi in maniera logica, usando dei pronomi possessivi.

1. Io pago il mio biglietto e tu paghi _____.
2. Marcello parlava con il suo avvocato mentre Franco e Daria parlavano con _____.
3. Noi scriviamo ai nostri genitori e voi scrivete a_____.
4. Tu scrivi la tua lettera in italiano e io scrivo _____ in inglese.
5. Le nostre vacanze sono finite; come avete passato _____?
6. Tu studi per i tuoi esami, ma i tuoi amici non studiano per _____.
7. Ecco alcune fotografie che ho fatto; quando mi mandi _____?

f In coppia: Lei fa un complimento ad un amico/un'amica che risponde con lo stesso complimento, usando un pronome possessivo.

>> amiche: simpatiche
   S1: Le tue amiche sono molto simpatiche.
   S2: Grazie, anche le tue sono simpatiche.

1. parenti: generosi
2. casa: elegante
3. fratelli: divertenti
4. famiglia: gentile
5. ragazzo/a: bello/a
6. paese: ricco di cose interessanti
7. idee: originali

Passato remoto

1. The preterite (**passato remoto**) is a past tense used frequently in writing, especially in narratives, to recount past events unrelated to the present. It is sometimes called the *historical past*.

Francesco Petrarca **nacque** ad Arezzo nel 1304.
Francesco Petrarca was born in Arezzo in 1304.
Scrisse sonetti in italiano e **fu** uno dei primi umanisti.
He wrote sonnets in Italian and was one of the first humanists.
Ricevette la corona di alloro nel 1341 e la **mise** sulla tomba dell'Apostolo a San Pietro.
He received the laurel crown in 1341 and placed it on the Tomb of the Apostle at St. Peter's.

▶ Southern Italians tend to use the **passato remoto** more than northern Italians, even when speaking of recent events.

▶ Francesco Petrarca (1304–1374), known today for his lyric poems in Italian, was crowned poet laureate for his writings in Latin.

2. The preterite is used in speaking when the speaker perceives the action described as unconnected to the present.

— Hai mai letto una poesia di Francesco Petrarca?
— Have you ever read any of Francesco Petrarca's poems?
— **Lessi** tutto il *Canzoniere* quando ero al liceo.
— I read the whole Canzoniere when I was in high school.

▶ Petrarca's *Canzoniere* is a collection of lyric poems in Italian extolling his beloved Laura.

3. The preterite is formed by adding the characteristic endings to the infinitive stem. The following chart shows the preterite forms of regular **-are,** **-ere,** and **-ire** verbs.

	passare	*ricevere*	*finire*
io	pass**ai**	ricev**ei (-etti)**	fin**ii**
tu	pass**asti**	ricev**esti**	fin**isti**
lui/lei	pass**ò**	ricev**è (-ette)**	fin**ì**
noi	pass**ammo**	ricev**emmo**	fin**immo**
voi	pass**aste**	ricev**este**	fin**iste**
loro	pass**arono**	ricev**erono (-ettero)**	fin**irono**

Note that regular **-ere** verbs have two different forms for the first- and third-person singular and for the third-person plural.

4. Many verbs have irregular forms in the preterite. Here are some of the most common. A more complete list appears in Appendix F.

avere	ebbi, avesti, ebbe, avemmo, aveste, ebbero
conoscere	conobbi, conoscesti, conobbe, conoscemmo, conosceste, conobbero
dare	diedi, desti, dette (diede), demmo, deste, dettero (diedero)
essere	fui, fosti, fu, fummo, foste, furono
fare	feci, facesti, fece, facemmo, faceste, fecero
leggere	lessi, leggesti, lesse, leggemmo, leggeste, lessero
nascere	nacqui, nascesti, nacque, nascemmo, nasceste, nacquero
prendere	presi, prendesti, prese, prendemmo, prendeste, presero
sapere	seppi, sapesti, seppe, sapemmo, sapeste, seppero
scrivere	scrissi, scrivesti, scrisse, scrivemmo, scriveste, scrissero
vedere	vidi, vedesti, vide, vedemmo, vedeste, videro
venire	venni, venisti, venne, venimmo, veniste, vennero

Notice that many of the verbs are irregular in the **io, lui/lei,** and **loro** forms, but regular in the other forms.

g Quando successero i seguenti avvenimenti? Ogni data a sinistra corrisponde ad un avvenimento a destra. Abbinate date e avvenimenti con frasi complete.

>> Garibaldi condusse la Spedizione dei Mille nell'800

nel 200	1. L'Italia diventò una repubblica.
nel 300	2. La chiesa condannò Galileo Galilei come eretico.
nel 400	3. Dante Alighieri morì.
nel 500	4. Milioni d'italiani immigrarono nelle Americhe.
nel 600	5. Marco Polo arrivò in Cina.
nel 700	6. Cristoforo Colombo arrivò a San Salvador.
nell'800	7. Michelangelo creò la famosa statua del *Davide*.
nel 900	8. Antonio Vivaldi scrisse quasi 500 concerti per violino e altri strumenti.

h Chi fu Marco Polo? Completi le frasi con il passato remoto dei verbi tra parentesi.

1. Marco Polo (nascere) nel 1254 a Venezia.
2. A 19 anni (partire) con lo zio Matteo per la corte del Gran Khan.
3. I due (fare) un viaggio lungo e faticoso e (incontrare) pericoli (*dangers*) di ogni genere.
4. (Vedere) i primi mongoli tre anni dopo la loro partenza.
5. Quando i Polo (arrivare) a Pechino, il Gran Khan li (ricevere) cortesemente.
6. Marco (imparare) a scrivere e a leggere il cinese.
7. Marco Polo e Kublaij Khan (fare) amicizia.
8. Marco e lo zio (tornare) a Venezia ventiquattro anni dopo.
9. Marco (scrivere) le sue avventure in un libro intitolato *Il milione*.

Voce passiva

1. In passive sentences, the subject is the recipient of the action, rather than the agent who performs the action.

I giovani **hanno eletto** Luisa Lanciani al Parlamento.

The young people have elected Luisa Lanciani to Parliament.

Luisa Lanciani **è stata eletta** al Parlamento dai giovani.

Luisa Lanciani was elected to Parliament by the young people.

2. The passive voice (**la voce passiva**) consists of **essere** in the appropriate tense + *the past participle* of the verb. The past participle agrees with the subject. The agent of the action, if mentioned, is introduced by **da**.

Annunci politici **sono mandati** in onda **da**lle stazioni radiofoniche.

Political messages are transmitted by radio stations.

Il maggior numero di voti **è stato conquistato da**l partito democratico.

The greatest number of votes was won by the Democratic party.

I risultati **saranno discussi** per giornate intere.

The results will be discussed for days on end.

i Trasformi le seguenti frasi alla voce passiva, secondo il modello.

>> L'ambasciatore rappresenta una nazione all'estero.
Una nazione è rappresentata all'estero dall'ambasciatore.

1. Il re e la regina rispettano le tradizioni di un paese.
2. La costituzione stabilisce le leggi di un paese.
3. Deputati e senatori formano il parlamento.
4. I partiti politici annunciano i candidati.
5. Il potere legislativo crea nuove leggi.
6. Il sindaco governa la città.
7. Quattro partiti formano la coalizione.
8. Il governo sceglierà un nuovo ministro del tesoro.
9. Il regime fascista ha modificato la costituzione originale.

j Risponda alle domande, cercando le informazioni nella lettura a pagina 361 se è necessario.

1. Quando è stato formato lo stato italiano?
2. In quale periodo è stata molto cambiata la Costituzione italiana?
3. Quale tipo di governo è stato scelto dagli italiani nel 1946?
4. Da che cosa sono stabiliti i limiti del potere esecutivo, del potere legislativo e del potere giudiziario?
5. Da chi è determinata la linea politica del governo?
6. Da quali organi è formato il Parlamento italiano?

Appendices

a Spelling/sound correspondences

	ortografia	suono	esempi
a		/a/	casa
b		/b/	bicicletta
c	before **a, o,** and **u**	/k/	ami**c**a, ami**c**o, **c**ulturale
	before **e** and **i**	/č/	**c**ento, **c**iao
	ch before **e** and **i**	/k/	**ch**e, **ch**i
d		/d/	dieci
e		/e/	b**e**ne
f		/f/	favore
g	before **a, o,** and **u**	/g/	lar**g**a, **g**overno, **g**uidare
	before **e** and **i**	/ğ/	**g**elato, **g**ita
	gh before **e** and **i**	/g/	lun**gh**e, dialo**gh**i
	gli before **e** and **i**	/ /	lu**gli**o
	gn	/¯/	si**gn**ora
h		*silent*	**h**o
i		/i/	**i**dea
l		/l/	lettera
m		/m/	mano
n		/n/	nome
o		/o/	p**o**co
p		/p/	pratica
q	always in combination with **u**	/kw/	**qu**i
r		/r/	radio
s	at the beginning of a word	/s/	**s**ignore
	ss between vowels	/s/	cla**ss**e
	s between vowels	/z/	ro**s**a, co**s**ì
	s before **b, d, g, l, m, n, r, v**	/z/	**s**bagliato, **s**doppiare, **s**veglia
	sc before **a, o,** and **u**	/sk/	**sc**arpa, e**sc**o, **sc**usa
	sc before **e** and **i**	/ʃ/	**sc**ientifico, cono**sc**ere
	sch before **e** and **i**	/sk/	fre**sch**e, fre**sch**i
t		/t/	telefono
u		/u/	uno
v		/v/	venire
z		/ts/	zio, piazza
		/ds/	zero, azzurro

1. When a consonant is doubled, the sound is lengthened (held) slightly in speech.

2. The letters **j, k, w, x,** and **y** occur only in foreign words.

b Avere and essere

avere					present subjunctive	imperfect subjunctive	commands
present	imperfect	future	conditional	preterite			
ho	avevo	avrò	avrei	ebbi	abbia	avessi	
hai	avevi	avrai	avresti	avesti	abbia	avessi	abbi
ha	aveva	avrà	avrebbe	ebbe	abbia	avesse	abbia
abbiamo	avevamo	avremo	avremmo	avemmo	abbiamo	avessimo	abbiamo
avete	avevate	avrete	avreste	aveste	abbiate	aveste	abbiate
hanno	avevano	avranno	avrebbero	ebbero	abbiano	avessero	abbiano

past participle: avuto

present perfect: ho avuto, hai avuto, ha avuto, abbiamo avuto, avete avuto, hanno avuto

essere					present subjunctive	imperfect subjunctive	commands
present	imperfect	future	conditional	preterite			
sono	ero	sarò	sarei	fui	sia	fossi	
sei	eri	sarai	saresti	fosti	sia	fossi	sii
è	era	sarà	sarebbe	fu	sia	fosse	sia
siamo	eravamo	saremo	saremmo	fummo	siamo	fossimo	siamo
siete	eravate	sarete	sareste	foste	siate	foste	siate
sono	erano	saranno	sarebbero	furono	siano	fossero	siano

past participle: stato

present perfect: sono stato/a, sei stato/a, è stato/a, siamo stati/e, siete stati/e, sono stati/e

c Regular verbs: Simple tenses and compound tenses with avere and essere

	verbi in -are		verbi in -ire		verbi in -ere
	comprare	entrare	vendere	dormire	finire
indicative present	compro	entro	vendo	dormo	finisco
	-i	-i	-i	-i	-isci
	-a	-a	-e	-e	-isce
	-iamo	-iamo	-iamo	-iamo	-iamo
	-ate	-ate	-ete	-ite	-ite
	-ano	-ano	-ono	-ono	-iscono
imperfect	compravo	entravo	vendevo	dormivo	finivo
	-avi	-avi	-evi	-ivi	-ivi
	-ava	-ava	-eva	-iva	-iva
	-avamo	-avamo	-evamo	-ivamo	-ivamo
	-avate	-avate	-evate	-ivate	-ivate
	-avano	-avano	-evano	-ivano	-ivano

	verbi in -are		verbi in -ire	verbi in -ere	
	comprare	**entrare**	**vendere**	**dormire**	**finire**
future	comprerò	entrerò	venderò	dormirò	finirò
	-erai	**-erai**	**-erai**	**-irai**	**-irai**
	-erà	**-erà**	**-erà**	**-irà**	**-irà**
	-eremo	**-eremo**	**-eremo**	**-iremo**	**-iremo**
	-erete	**-erete**	**-erete**	**-irete**	**-irete**
	-eranno	**-eranno**	**-eranno**	**-iranno**	**-iranno**
preterite	comprai	entrai	vendei	dormii	finii
	-asti	**-asti**	**-esti**	**-isti**	**-isti**
	-ò	**-ò**	**-è**	**-ì**	**-ì**
	-ammo	**-ammo**	**-emmo**	**-immo**	**-immo**
	-aste	**-aste**	**-este**	**-iste**	**-iste**
	-arono	**-arono**	**-erono**	**-irono**	**-irono**
present perfect	ho comprato	sono entrato/a	ho venduto	ho dormito	ho finito
	hai	sei	hai	hai	hai
	ha	è	ha	ha	ha
	abbiamo	siamo entrati/e	abbiamo	abbiamo	abbiamo
	avete	siete	avete	avete	avete
	hanno	sono	hanno	hanno	hanno
pluperfect	avevo comprato	ero entrato/a	avevo venduto	avevo dormito	avevo finito
	avevi	eri	avevi	avevi	avevi
	aveva	era	aveva	aveva	aveva
	avevamo	eravamo entrati/e	avevamo	avevamo	avevamo
	avevate	eravate	avevate	avevate	avevate
	avevano	erano	avevano	avevano	avevano
commands	compra	entra	vendi	dormi	finisci
	-i	**-i**	**-a**	**-a**	**-isca**
	-iamo	**-iamo**	**-iamo**	**-iamo**	**-iamo**
	-ate	**-ate**	**-ete**	**-ite**	**-ite**
	-ino	**-ino**	**-ano**	**-ano**	**-iscano**
conditional present	comprerei	entrerei	venderei	dormirei	finirei
	-eresti	**-eresti**	**-eresti**	**-iresti**	**-iresti**
	-erebbe	**-erebbe**	**-erebbe**	**-irebbe**	**-irebbe**
	-eremmo	**-eremmo**	**-eremmo**	**-iremmo**	**-iremmo**
	-ereste	**-ereste**	**-ereste**	**-ireste**	**-ireste**
	-erebbero	**-erebbero**	**-erebbero**	**-irebbero**	**-irebbero**
present subjunctive	compri	entri	venda	dorma	finisca
	-i	**-i**	**-a**	**-a**	**-isca**
	-i	**-i**	**-a**	**-a**	**-isca**
	-iamo	**-iamo**	**-iamo**	**-iamo**	**-iamo**
	-iate	**-iate**	**-iate**	**-iate**	**-iate**
	-ino	**-ino**	**-ano**	**-ano**	**-iscano**

Continued

	verbi in -are		verbi in -ire	verbi in -ere	
	comprare	**entrare**	**vendere**	**dormire**	**finire**
imperfect subjunctive	comprassi	entrassi	vendessi	dormissi	finissi
	-assi	**-assi**	**-essi**	**-issi**	**-issi**
	-asse	**-asse**	**-esse**	**-isse**	**-isse**
	-assimo	**-assimo**	**-essimo**	**-issimo**	**-issimo**
	-aste	**-aste**	**-este**	**-iste**	**-iste**
	-assero	**-assero**	**-essero**	**-issero**	**-issero**
past participle	comprato	entrato	venduto	dormito	finito

 d Verbs conjugated with *essere*

The following verbs are conjugated with **essere**. In addition, all reflexive verbs are conjugated with **essere** (for example, **lavarsi**, *to wash oneself*: **mi sono lavato/a, ti sei lavato/a, si è lavato/a, ci siamo lavati/e, vi siete lavati/e, si sono lavati/e**).

andare to go
arrivare to arrive
cadere to fall
costare to cost
diminuire to diminish, decrease
dispiacere to mind; to be sorry
diventare to become
entrare to enter
essere (stato) to be
mancare to lack
morire (morto) to die
nascere (nato) to be born
partire to depart

piacere to like
restare to remain
rimanere (rimasto) to remain
ritornare to return
riuscire to succeed
salire* to climb up
scendere (sceso)* to go down; to get off
sembrare to seem
stare to be
succedere (successo) to happen
tornare to return
uscire to go out
venire (venuto) to come

** Conjugated with **avere** when used with a direct object*

e Verbs with irregular past participles

accendere (acceso) to turn on
affiggere (affisso) to post; to affix
aggiungere (aggiunto) to add
apparire (apparso) to appear
appendere (appeso) to hang
apprendere (appreso) to learn
aprire (aperto) to open
assumere (assunto) to hire
bere (bevuto) to drink
chiedere (chiesto) to ask
chiudere (chiuso) to close

cogliere (colto) to gather
comprendere (compreso) to understand
concludere (concluso) to conclude
convincere (convinto) to convince
coprire (coperto) to cover
correre (corso) to run
correggere (corretto) to correct
cuocere (cotto) to cook
decidere (deciso) to decide
dire (detto) to say
discutere (discusso) to discuss

eleggere (eletto) to elect
esprimere (espresso) to express
essere (stato) to be
fare (fatto) to do; to make
indire (indetto) to call, announce
interrompere (interrotto) to interrupt
leggere (letto) to read
mettere (messo) to put
morire (morto) to die
muovere (mosso) to move
nascere (nato) to be born
nascondere (nascosto) to hide
offrire (offerto) to offer
perdere (perso *or* perduto) to lose
permettere (permesso) to permit
porre (posto) to place
prendere (preso) to take
prevedere (previsto) to expect; to foresee
promettere (promesso) to promise
promuovere (promosso) to promote
proporre (proposto) to propose
proteggere (protetto) to protect
raggiungere (raggiunto) to arrive; to reach
rendere (reso) to render

richiedere (richiesto) to require; to seek
ridere (riso) to laugh
ridurre (ridotto) to reduce
rimanere (rimasto) to remain
riprendere (ripreso) to start again
risolvere (risolto) to resolve
rispondere (risposto) to answer
rompere (rotto) to break
scegliere (scelto) to select
scendere (sceso) to go down; to get off
scomparire (scomparso) to disappear
scrivere (scritto) to write
soffrire (sofferto) to suffer
sorridere (sorriso) to smile
spegnere (spento) to turn off
spendere (speso) to spend
succedere (successo) to happen
togliere (tolto) to remove
trarre (tratto) to draw, pull
trasmettere (trasmesso) to transmit
vedere (visto *or* veduto) to see
venire (venuto) to come
vincere (vinto) to win

Irregular verbs

The verbs in this section are irregular in the following tenses only.

accendere	*to turn on*
Preterite:	accesi, accendesti, accese, accendemmo, accendeste, accesero
affiggere	*to post; to affix*
Preterite:	affissi, affiggesti, affisse, affiggemmo, affiggeste, affissero
andare	*to go*
Pres. ind.:	vado, vai, va, andiamo, andate, vanno
Future:	andrò, andrai, andrà, andremo, andrete, andranno
Commands:	va' (vai), vada, andiamo, andate, vadano
Conditional:	andrei, andresti, andrebbe, andremmo, andreste, andrebbero
Pres. subj.:	vada, vada, vada, andiamo, andiate, vadano

apprendere	*to learn (compound of* **prendere***)*
assumere	*to hire*
Preterite:	assunsi, assumesti, assunse, assumemmo, assumeste, assunsero
bere	*to drink*
Pres. ind.:	bevo, bevi, beve, beviamo, bevete, bevono
Imperfect:	bevevo, bevevi, beveva, bevevamo, bevevate, bevevano
Future:	berrò, berrai, berrà, berremo, berrete, berranno
Preterite:	bevvi, bevesti, bevve, bevemmo, beveste, bevvero
Commands:	bevi, beva, beviamo, bevete, bevano
Conditional:	berrei, berresti, berrebbe, berremmo, berreste, berrebbero

Pres. subj.:	beva, beva, beva, beviamo, beviate, bevano
Imp. subj.:	bevessi, bevessi, bevesse, bevessimo, beveste, bevessero
cadere	*to fall*
Future:	cadrò, cadrai, cadrà, etc.
Preterite:	caddi, cadesti, cadde, cademmo, cadeste, caddero
Conditional:	cadrei, cadresti, cadrebbe, etc.
chiedere	*to ask for*
Preterite:	chiesi, chiedesti, chiese, chiedemmo, chiedeste, chiesero
chiudere	*to close*
Preterite:	chiusi, chiudesti, chiuse, chiudemmo, chiudeste, chiusero
comprendere	*to understand (*compound of **prendere***)*
concludere	*to conclude*
Preterite:	conclusi, concludesti, concluse, concludemmo, concludeste, conclusero
conoscere	*to know*
Preterite:	conobbi, conoscesti, conobbe, conoscemmo, conosceste, conobbero
convincere	*to convince (*compound of **vincere***)*
dare	*to give*
Pres. ind.:	do, dai, dà, diamo, date, danno
Preterite:	detti (diedi), desti, dette (diede), demmo, deste, dettero (diedero)
Commands:	da' (dai), dia, diamo, date, diano
Pres. subj.:	dia, dia, dia, diamo, diate, diano
Imp. subj.:	dessi, dessi, desse, dessimo, deste, dessero
decidere	*to decide*
Preterite:	decisi, decidesti, decise, decidemmo, decideste, decisero
dire	*to say, tell*
Pres. ind.:	dico, dici, dice, diciamo, dite, dicono
Imperfect:	dicevo, dicevi, diceva, etc.
Preterite:	dissi, dicesti, disse, dicemmo, diceste, dissero
Commands:	di', dica, diciamo, dite, dicano
Pres. subj.:	dica, dica, dica, diciamo, diciate, dicano

Imp. subj.:	dicessi, dicessi, dicesse, etc.
discutere	*to discuss*
Preterite:	discussi, discutesti, discusse, discutemmo, discuteste, discussero
dovere	*to have to, must*
Pres. ind.:	devo, devi, deve, dobbiamo, dovete, devono
Future:	dovrò, dovrai, dovrà, etc.
Conditional:	dovrei, dovresti, dovrebbe, etc.
Pres. subj.:	debba, debba, debba, dobbiamo, dobbiate, debbano
eleggere	*to elect (*compound of **leggere***)*
Preterite:	elessi, eleggesti, elesse, eleggemmo, eleggeste, elessero
esprimere	*to express*
Preterite:	espressi, esprimesti, espresse, esprimemmo, esprimeste, espressero
fare	*to do; to make*
Pres. ind.:	faccio, fai, fa, facciamo, fate, fanno
Imperfect:	facevo, facevi, faceva, etc.
Preterite:	feci, facesti, fece, facemmo, faceste, fecero
Commands:	fa' (fai), faccia, facciamo, fate, facciano
Pres. subj.:	faccia, faccia, faccia, facciamo, facciate, facciano
Imp. subj.:	facessi, facessi, facesse, etc.
indire	*to call (*compound of **dire***)*
interrompere	*to interrupt (*compound of **rompere***)*
Preterite:	interruppi, interrompesti, interruppe, interrompemmo, interrompeste, interruppero
leggere	*to read*
Preterite:	lessi, leggesti, lesse, leggemmo, leggeste, lessero
mettere	*to place, put*
Preterite:	misi, mettesti, mise, mettemmo, metteste, misero
morire	*to die*
Pres. ind.:	muoio, muori, muore, moriamo, morite, muoiono
Future:	morrò, morrai, morrà, etc.
Pres. subj.:	muoia, muoia, muoia, moriamo, moriate, muoiano

nascere	*to be born*
Preterite:	nacqui, nascesti, nacque, nascemmo, nasceste, nacquero
nascondere	*to hide*
Preterite:	nascosi, nascondesti, nascose, nascondemmo, nascondeste, nascosero
ottenere	*to obtain (compound of* **tenere**)
permettere	*to permit (compound of* **mettere**)
piacere	*to like; to please*
Pres. ind.:	piaccio, piaci, piace, piacciamo, piacete, piacciono
Preterite:	piacqui, piacesti, piacque, piacemmo, piaceste, piacquero
Pres. subj.:	piaccia, piaccia, piaccia, piacciamo, piacciate, piacciano
potere	*to be able*
Pres. ind.:	posso, puoi, può, possiamo, potete, possono
Future:	potrò, potrai, potrà, etc.
Conditional:	potrei, potresti, potrebbe, etc.
Pres. subj.:	possa, possa, possa, possiamo, possiate, possano
prendere	*to take*
Preterite:	presi, prendesti, prese, prendemmo, prendeste, presero
prevedere	*to foresee (compound of* **vedere**)
promettere	*to promise (compound of* **mettere**)
promuovere	*to promote (compound of* **muovere**)
Preterite:	promossi, promovesti, promosse, promovemmo, promoveste, promossero
raggiungere	*to reach*
Preterite:	raggiunsi, raggiungesti, raggiunse, raggiungemmo, raggiungeste, raggiunsero
richiedere	*to require; to seek (compound of* **chiedere**)
ridere	*to laugh*
Preterite:	risi, ridesti, rise, ridemmo, rideste, risero
ridurre	*to reduce*
Pres. ind.:	riduco, riduci, riduce, riduciamo, riducete, riducono

Future:	ridurrò, ridurrai, ridurrà, etc.
Preterite:	ridussi, riducesti, ridusse, riducemmo, riduceste, ridussero
Conditional:	ridurrei, ridurresti, ridurrebbe, etc.
Pres. subj.:	riduca, riduca, riduca, riduciamo, riduciate, riducano
rimanere	*to remain*
Pres. ind.:	rimango, rimani, rimane, rimaniamo, rimanete, rimangono
Future:	rimarrò, rimarrai, rimarrà, etc.
Preterite:	rimasi, rimanesti, rimase, rimanemmo, rimaneste, rimasero
Commands:	rimani, rimanga, rimaniamo, rimanete, rimangano
Conditional:	rimarrei, rimarresti, rimarrebbe, etc.
Pres. subj.:	rimanga, rimanga, rimanga, rimaniamo, rimaniate, rimangano
riprendere	*to start again (compound of* **prendere**)
rispondere	*to answer*
Preterite:	risposi, rispondesti, rispose, rispondemmo, rispondeste, risposero
salire	*to go up*
Pres. ind.:	salgo, sali, sale, saliamo, salite, salgono
Pres. subj.:	salga, salga, salga, saliamo, saliate, salgano
sapere	*to know*
Pres. ind.:	so, sai, sa, sappiamo, sapete, sanno
Future:	saprò, saprai, saprà, etc.
Preterite:	seppi, sapesti, seppe, sapemmo, sapeste, seppero
Commands:	sappi, sappia, sappiamo, sappiate, sappiano
Conditional:	saprei, sapresti, saprebbe, etc.
Pres. subj.:	sappia, sappia, sappia, sappiamo, sappiate, sappiano
scegliere	*to choose*
Pres. ind.:	scelgo, scegli, sceglie, scegliamo, scegliete, scelgono
Preterite:	scelsi, scegliesti, scelse, scegliemmo, sceglieste, scelsero
Commands:	scegli, scelga, scegliamo, scegliete, scelgano

Pres. subj.:	scelga, scelga, scelga, scegliamo, scegliate, scelgano
scendere	*to go down; to get off*
Preterite:	scesi, scendesti, scese, scendemmo, scendeste, scesero
scrivere	*to write*
Preterite:	scrissi, scrivesti, scrisse, scrivemmo, scriveste, scrissero
sedere	*to sit*
Pres. ind.:	siedo, siedi, siede, sediamo, sedete, siedono
Commands:	siedi, sieda, sediamo, sedete, siedano
Pres. subj.:	sieda, sieda, sieda, sediamo, sediate, siedano
sorridere	*to smile* (*compound of* **ridere**)
Preterite:	sorrisi, sorridesti, sorrise, sorridemmo, sorrideste, sorrisero
spegnere	*to turn off*
Preterite:	spensi, spegnesti, spense, spegnemmo, spegneste, spensero
stare	*to be*
Preterite:	stetti, stesti, stette, stemmo, steste, stettero
Commands:	sta' (stai), stia, stiamo, state, stiano
Pres. subj.:	stia, stia, stia, stiamo, stiate, stiano
Imp. subj.:	stessi, stessi, stesse, stessimo, steste, stessero
tenere	*to keep*
Pres. ind.:	tengo, tieni, tiene, teniamo, tenete, tengono
Future:	terrò, terrai, terrà, etc.
Preterite:	tenni, tenesti, tenne, tenemmo, teneste, tennero
Commands:	tieni, tenga, teniamo, tenete, tengano
Conditional:	terrei, terresti, terrebbe, etc.
Pres. subj.:	tenga, tenga, tenga, teniamo, teniate, tengano
trasmettere	*to transmit* (*compound of* **mettere**)

uscire	*to go out*
Pres. ind.:	esco, esci, esce, usciamo, uscite, escono
Commands:	esci, esca, usciamo, uscite, escano
Pres. subj.:	esca, esca, esca, usciamo, usciate, escano
vedere	*to see*
Future:	vedrò, vedrai, vedrà, etc.
Preterite:	vidi, vedesti, vide, vedemmo, vedeste, videro
Conditional:	vedrei, vedresti, vedrebbe, etc.
venire	*to come*
Pres. ind.:	vengo, vieni, viene, veniamo, venite, vengono
Future:	verrò, verrai, verrà, etc.
Preterite:	venni, venisti, venne, venimmo, veniste, vennero
Commands:	vieni, venga, veniamo, venite, vengano
Conditional:	verrei, verresti, verrebbe, etc.
Pres. subj.:	venga, venga, venga, veniamo, veniate, vengano
vincere	*to win*
Preterite:	vinsi, vincesti, vinse, vincemmo, vinceste, vinsero
vivere	*to live*
Future:	vivrò, vivrai, vivrà, etc.
Preterite:	vissi, vivesti, visse, vivemmo, viveste, vissero
Conditional:	vivrei, vivresti, vivrebbe, etc.
volere	*to want*
Pres. ind.:	voglio, vuoi, vuole, vogliamo, volete, vogliono
Future:	vorrò, vorrai, vorrà, etc.
Preterite:	volli, volesti, volle, volemmo, voleste, vollero
Conditional:	vorrei, vorresti, vorrebbe, etc.
Pres. subj.:	voglia, voglia, voglia, vogliamo, vogliate, vogliano

Italian—English Vocabulary

The Italian–English Vocabulary contains the basic words and expressions presented in the lessons for active use. It also includes words from exercises and instructions that are intended for recognition only. The number after a vocabulary entry refers to the lesson where the word first appears in the lesson's lists for active use; the letters "LP" refer to the **Lezione preliminare.** Definitions are primarily those used in the book.

Gender of all nouns is indicated except for feminine nouns that end in **-a** and masculine nouns that end in **-o.**

Stress is indicated with a dot under the stressed letter of the main entry when it does not fall on the next-to-last syllable. A subscript dot also indicates vowel combinations that are not diphthongs. An asterisk (*) indicates that a verb is irregular and can be found in the irregular verb listing in Appendix F; this includes verbs derived from irregular verbs (*e.g.,* **uscire / riuscire, mettere / promettere,** etc.). Forms of the irregular verbs **avere** and **essere** are found in Appendix B.

The following abbreviations are used:

adj. = adjective
adv. = adverb
f. = feminine
inf. = infinitive

m. = masculine
pl. = plural
p.p. = past participle

a (*frequently* **ad** *before a vowel*) to; at 1; in 3; **a condizione che** provided that, as long as 16; **a proposito** by the way 9; **a turno** take turns
abbastanza enough; **abbastanza bene** quite well LP
abbigliamento clothing 10
abbinare to combine; to match
abbraccio hug 9
abilità (*f.*) ability
abitante (*m. or f.*) inhabitant, resident
abitare to live 2
abito dress 10; suit 10
abituarsi to get used to 18
accademia academy 9
accademico/a academic 9
acceleratore (*m.*) accelerator
accendere* (*p.p.* **acceso**) to turn on
accento: accento acuto acute accent; **accento grave** grave accent
accessorio accessory 10
accidenti! my goodness! 6

accompagnare to accompany
accordo: d'accordo agreed, OK 3; **andare* d'accordo (con)** to get along with; **essere* d'accordo** to agree
accuratamente accurately, carefully
aceto vinegar 7
acqua (minerale) (mineral) water 4
acquisto purchase 5
addormentarsi to fall asleep 7
adeguato/a adequate
adesso now 3
adorare to adore
aereo plane 18; **andare* in aereo** to go by plane 18
aeroporto airport
afa: c'è afa it's sultry, it's muggy 9
affascinante fascinating
affatto: non... affatto not at all 9
affermazione (*f.*) affirmation, assertion
affetto affection 9
affinché so that, in order that 16
affitto rent 14; rental; **prendere in affitto, dare* in affitto** to lease, to rent 14

affreschi (*pl.*) frescoes
afoso: è afoso it's sultry, it's muggy 9
agente (*m. or f.*) agent 17; **agente immobiliare** real estate agent
agenzia: agenzia immobiliare real estate agency 14; **agenzia di viaggi** travel agency 8
aggettivo adjective
aggiungere to add
aggiustare to fix 16
aglio garlic 7
agnello lamb 7
agosto August 6
agriturismo farm vacation 18; agritourism 18
aiutare (a) to help (to) 13; **aiutarsi** to help each other 11; to help oneself
aiuto help 3
alba dawn 15
albergo hotel 3
albero: albero genealogico genealogical tree 8
albicocca apricot 7
alcol alcohol 15

alcolico (*noun or adj.*) alcoholic; alcoholic drink

alcuni/e some 7

alfabeto alphabet

alimento food

allegato attachment (email) 9

allegramente gaily, happily 18

allegria joy 5

allegro/a happy 5

allenamento practice

alloggio apartment, lodging 14

allontanarsi to go away

allora well, then 3

almeno at least

Alpi Alps LP; **Appennini** Apennines LP

alpinismo mountain climbing 12

altalena ups and downs 15; see-saw 15

alto/a high, tall 5

altrettanto likewise, same to you

altro/a other, another 5

alzare to raise; to turn up; **alzarsi** to get up 7

amare to love 18; **amarsi** to love each other 11

ambasciatore (*m.*) ambassador 15

ambientale environmental

ambiente (*m.*) environment 18

americano/a American 1

amico/a friend 2

amoroso/a amorous

analcolico nonalcoholic

ananas (*m.*) pineapple 7

anche also, too 1; **anch'io** I too, me too 1

ancora yet 5; **non... ancora** not yet 8

andare* (a) to go (to) 3; **andare a piedi** to go on foot 18; **andare con la nave** to go by ship 18; **andare in giro** to go around 5; **andare in macchina (in aereo, in autobus, in treno)** to go by car (by plane, by bus, by train) 18; **andare in onda** to be broadcast, to go on the air 15; **andare via** to go away; **va bene?** OK?, is that all right? 3; **si va?** are we going? 4

anello ring

animale (*m.*) animal 2

anniversario anniversary; **buon anniversario!** happy anniversary!

anno year 1

annoiarsi to be bored 7

annunciare to announce 15

annunciatore/annunciatrice newscaster 15

annuncio ad(vertisement) 14

anticipo: essere* in anticipo to be early LP

antico/a old, ancient 9

antipasto hors d'oeuvre, appetizer 13

antipatico/a unpleasant 5

antropologia anthropology 2

anzi indeed

aperto: all'aperto outdoors 4; open air 16

appartamento apartment 2; **appartamentino** small apartment

appena as soon as 11; just 15

appropriato/a appropriate

appunti notes; **prendere appunti** to take notes

aprile (*m.*) April 6

aprire* (*p.p.* **aperto**) to open 5; **all'aperto** outdoors 4

aragosta lobster 7

arancia orange (*fruit*) 7

aranciata orange soda 3

arancione (*invariable*) orange (*color*) 10

architetto architect 2

architettura architecture 2

armadio armoire, wardrobe, closet 14

armonica harmonica 16

arpa harp 16

arrabbiato/a angry

arrivare to arrive 3

arrivederci good-bye (*informal*) LP; **arrivederla** good-bye (*formal*) LP

arrivo arrival 9

arte (*f.*) art 2

articolo article 10

artigianato handicraft

asciugacapelli (*m.*) hair dryer 11

asciugamano (*m.*) towel 11

asciugarsi le mani (la faccia) to dry one's hands (face) 11

asciugatrice (*f.*) clothes dryer 14

ascoltare to listen (to) 3

ascoltatore (*m.*) listener 17

asparagi (*m. pl.*) asparagus 7

aspettare to wait (for) 3; **aspetta un momento** wait a minute

aspetto aspect

aspirapolvere (*m.*) vacuum cleaner 14; **pulire con l'aspirapolvere** to vacuum 14

assaggiare to taste 7

assegnare to award

assistenza assistance, help 17

associare to associate

assumere* (*p.p.* **assunto**) to hire 17; to assume

assurdo/a absurd

atmosfera atmosphere 5

atomico/a: fissione atomica (*f.*) atomic fission

attaccato/a attached 14

attentamente carefully 18

attento/a attentive 18

attenzione (*f.*) attention

attesa wait

attitudine (*f.*) attitude

attività (*f.*) activity

atto act 16

attore/attrice actor/actress 10

attrarre to attract

attuale actual

audace bold, daring 5

audiocassetta cassette 1

auguri! (*pl.*) best wishes!; **tanti auguri!** all the best! 13; **fare gli auguri** to wish someone well 13

australiano/a Australian 5

Austria (*f.*) Austria 15

auto (*f.*) automobile 18

autobus (*m.*) bus 18; **andare* in autobus** to go by bus 18

autocarro truck 18; **andare* in autocarro** to go by truck 18

automobile (*f.*) car 8; automobile 18

automobilistico/a car, automotive 15

autonomo/a independent 14

autunnale (*adj.*) fall-like, autumnal 6

autunno autumn, fall 6

avere* to have 1; to possess; **avere... anni** to be . . . years old 1; **avere a che fare con** to have to deal with; **avere bisogno (di)** to need (to) 3; **avere caldo** to be warm 3; **avere fame** to be hungry 3; **avere freddo** to be cold 3; **avere in mente** to intend, have in mind 9; **avere intenzione di** to intend to; **avere luogo** to take place; **avere modo di** to have a chance to; **avere**

paura (di) to be afraid (of) 3; **avere ragione** to be right 3; **avere sete** to be thirsty 3; **avere sonno** to be sleepy 3; **avere torto** to be wrong; **avere voglia di** (+ *infinitive or noun*) to feel like (doing or having something) 3
avvenimento event
avvocato (*m. or f.*) lawyer 17
azione (*f.*) action 10
azzurro/a sky-blue 10

Babbo Natale Santa Claus
bacheca bulletin board 14
bagagli (*m. pl.*) baggage 8
bagnino lifeguard
bagno bathroom 14
baia bay LP
balcone (*m.*) balcony 14
ballare to dance 1
ballo dance, ball; **un ballo in maschera** a masked ball 5
bambino/a baby, child
bambola doll
banale banal
banana banana 7
banca bank 3
bancarella stall 7
banda band
bar (*m.*) bar, café 3
barca boat 12; **andare* in barca** to go boating; to go sailing 12
barista (*m. or f.*) bartender
basare to base
baseball (*m.*) baseball 12
basso/a short 5; **in basso** below
bastare to be enough 14
batteria drum set 16
Belgio (*m.*) Belgium 15
bellissimo/a very beautiful
bello/a beautiful, handsome 5; nice 5; **che bello!** how nice! 15
benché although, even though 16
bene well, good, fine LP; **bene, grazie** fine thanks LP
beneficenza benefit 16
benissimo just great! LP; very well 5
benvenuto: dare il benvenuto to welcome 15
benzina gasoline 8
bere* (*p.p.* **bevuto**) to drink 4; **qualcosa da bere** something to drink

bevanda drink 13
bianco/a white 10
bibita drink 7
biblioteca library 3
bicchiere (*m.*) (drinking) glass 4
bicicletta bicycle 1; **andare* in bicicletta** to ride a bike 12
bifamiliare two-family
biglietteria ticket office 16
biglietto ticket 4; **biglietto di andata e ritorno** round-trip ticket; **biglietto aereo (ferroviario)** airline (train) ticket 8
biologia biology 2
biondo/a blond 11
birra beer 6
bisogna it's necessary
bistecca steak 7
blu (*invariable*) blue 10
bocca mouth 11
borsa handbag, purse 10
bottiglia bottle 6
braccio (**le braccia**, *f. pl.*) arm 11
brano paragraph
bravo/a good 5; capable 5; **fare il bravo/la brava** to be good 12
breve brief, short 11
brevemente briefly
brindisi (*m.*) toast (*in someone's honor*) 13
broccoli (*m. pl.*) broccoli 7
brodo broth 7
brutto/a ugly 5; unpleasant 5
buco hole
buffo: che buffo! how funny! 15
bugia lie 10
buono/a good 3; **a buon mercato** inexpensive, cheap 7; **buon compleanno!** happy birthday! 13; **buon giorno** hello, good morning LP; **buona giornata** have a good day LP; **buona notte** good night; **buona sera** good evening LP
burattino puppet
burro butter 7
busta envelope

caffè (*m.*) café 4; coffee 4; **caffè all'aperto** outdoor café
calamari (*m. pl.*) squid 7
calcio soccer 12; **giocare al calcio** to play soccer 12

calcolatrice (*f.*) calculator 1
caldo: avere* caldo to be warm 3; **fare* caldo** to be warm (*weather*) 4
calendario calendar 1
calmo/a calm, tranquil 5
calzare to fit (*shoes, gloves*) 10
calze (*f. pl.*) stockings, hose 10
calzini (*m. pl.*) socks 10
calzoncini (*m. pl.*) shorts 10
cambiamento change
cambiare to change 6; **cambiare casa** to move
cambio the rate of exchange (*for currencies*) 15
camera room, bedroom 14; **camera da letto** bedroom 14; **Camera dei deputati** chamber of representatives 15
cameriera waitress 6
cameriere (*m.*) waiter 4
camicetta blouse 10
camicia man's shirt 10
camino fireplace 14
camion (*m.*) truck 18
campagna countryside 18
campeggio campsite
campo field
campionato tournament 15
Canadà (*m.*) Canada 6
canadese Canadian 5
canale (televisivo) (*m.*) (TV) channel 15
cancellare to erase; to cancel 6
cancro cancer
candidato candidate 15
cane (*m.*) dog 2
cantante (*m. or f.*) singer 16
cantare to sing 3
cantina cellar 14
canto song, chant 4
canzone (*f.*) song
capelli (*m. pl.*) hair 10
capire to understand 5
capitale (*f.*) capital (city) LP
capitare to happen 11
capo chief, boss 17
Capodanno New Year's
capoluogo capital of a region LP
cappello hat 10
cappotto (over)coat 10
cappuccino espresso coffee with steamed milk 3
caratteristica characteristic 5
carciofo artichoke 7
carino/a cute 5

carne (*f.*) meat 7
Carnevale (*m.*) Mardi Gras
caro/a expensive 5; dear
carota carrot 7
carriera career 5
carrozza carriage 6
carta paper 1; map; card 3; **carta telefonica** telephone card; **foglio di carta** sheet of paper 1
cartina map
cartolina postcard
cartoncino card
cartoni animati (*m. pl.*) cartoons 10
casa house 2; **a casa** at home; **a casa tua** at your house
casalinga homemaker 17
caso: in caso che in case, in the event that 16; **per caso** by chance
cassa cashier's desk, counter
cassata Sicilian ice cream with candied fruit
cassetta cassette
castano/a brown (*hair, eyes*) 11
castello castle
casuale casual
catena di montagne mountain chain LP
cattivo/a bad 5
causa cause 15
cavallo horse 6; **andare* a cavallo** to go horseback riding 12
caviglia ankle 11
CD (ciddì) (*m.*) compact disc 1
celebre famous
cellulare (*m.*) cell phone 1
cena supper 8
centesimo cent 7
cento one hundred 1; **cento di questi giorni!** many happy returns! 13
centro downtown, center; **al centro** downtown 2; **il centro commerciale** shopping center 3
cerca: in cerca di in search of 14
cercare to look (for) 3; **cercare (di)** to try to 18
certamente certainly
certo/a certain
cervello brain
che what; that, who 5; **che cosa?** what? 1; **che cosa fai di bello oggi?** what are you up to today? 3; **che si fa?** what are we going to do? 4

chi? who(m)? 3; **a chi?** to whom? 3; **chi altro?** who else?; **con chi?** with whom? 3; **di chi?** whose?
chiamare to call 3; **chiamarsi** to be named, be called (to call oneself) 7; **come si chiama lei?** what is your name? (*formal*) LP; **come ti chiami?** what is your name? (*informal*) LP; **mi chiamo...** my name is . . . LP
chiedere* (*p.p.* **chiesto**) to ask (for) 4; **chiedere di** to ask to 18
chiesa church 3
chilo: al chilo per kilo (*metric weight*) 7
chimica chemistry 2
chissà who knows
chitarra guitar 16
chiudere* (*p.p.* **chiuso**) to close 4
ci there 12; about it 12; us; to us 11; ourselves; **c'è** there is 3; **ci sono** there are 3
ciao hi; bye (*informal*) LP
ciascuno/a each
cibo food 13
ciclismo bicycle riding 12
ciliegia cherry 7
cinema (*m.*) movie house 3; cinema 10
cinese (*m.*) Chinese language 2; (*adj.*) Chinese 2
cinquanta fifty 1
cinque five LP
cipolla onion 7
circolo club
circondare to surround
circondato/a surrounded
circostanza circumstance
città (*f.*) city LP
cittadina town 6
cittadino/a (*m. or f.*) citizen; (*adj.*) (of the) city
clandestino clandestine, secret person 15
clarinetto clarinet 16
classico/a classical 16
clavicembalo harpsichord 16
clima (*m.*) climate
cognata sister-in-law 8
cognato brother-in-law 8
cognome (*m.*) last name
colazione (*f.*) lunch; **(prima) colazione** breakfast 7
collaborare to collaborate

collo neck 11
colloquio job interview 17
colonna column; **colonna sonora** soundtrack 10
colore (*m.*) color 10
coltello knife 13
combattere to fight 16
combinare to combine 17
come like, as 6; **come?** how? 4; **come al solito** as usual 15; **come mai?** how come?; **come sempre** as usual 9; **come sta** (*formal*) **(stai)** (*informal*)? how are you? LP
comico/a comical
cominciare (a) to begin (to) 3
commedia comedy 10; **commedia musicale** musical comedy 10
commentare to comment
commesso/a salesclerk
commissario commissioner 15
comò (*m.*) chest of drawers 14
comodo/a comfortable
compagno/a companion; **compagno/a di camera** roommate; **compagno/a di classe** classmate 10
compagnia company 5
compiere to complete 13; to accomplish
compilare to complete; **compilare il modulo** to fill out the application
compiti (*m. pl.*) homework
compiuto: di senso compiuto coherent, complete
compleanno birthday 13; **buon compleanno!** happy birthday! 13
complesso (musical) group 16
completare to complete
complimenti! (my) compliments! congratulations! 13
complimento: fare* un complimento to pay a compliment
componimento composition
comporre to compose
comportarsi to behave
comprare to buy 3
computer (*m.*) computer 1
comunale municipal 16
comune (*m.*) city hall 15
con with LP
concerto concert 16
concetto concept
concorrenza competition 17

concorso competition, contest 10
condividere to share 14
condizione (*f.*) condition; **a condizione che** provided that, as long as 16
conferire to award
confezione: confezione di caffè packaged coffee
confrontare to compare 10
confusione (*f.*) confusion 4
congettura conjecture
conoscere* to know (*someone or a place*) 4; to meet 4; **conoscersi** to meet each other (*for the first time*) 11; to know each other 11
conosciuto/a known 16
conservatore conservative
consigliare (di) to advise (to) 9
consiglio advice; **consiglio dei ministri** council of ministers 15
consumatore (*m.*) consumer
contattare to contact 14
contatto contact 8
contento/a happy, glad 9
continente (*m.*) continent
continuare (a) to continue (to) 15
contorno side dish 13
contrario/a opposite
contrasto contrast 10; **mettere in contrasto** to contrast
contribuire to contribute 16
controllare to check, to control; to rule
controllo check, inspection 6
convenire* to be convenient 14
convincere (*p.p.* **convinto**) to convince 16; **convincersi** to convince oneself
convivere to live together 8
coppia couple, pair 8
coraggio courage
coro chorus 16
corpo body 11
correggere* (*p.p.* **corretto**) to correct
correre to run 12
corretto/a correct
corsa race; running 12
corso course; **corso di laurea** (university) major 16
cortese courteous, kind, polite 5
cortile (*m.*) courtyard 14
corto/a short 11
cosa thing 8; **che cosa?** what? 1

così so, like that; **così così** so-so LP; **così... come** as . . . as 14
cosmetico/a cosmetic
costare to cost 7
costituzione (*f.*) constitution 15
costoso/a costly, expensive 14
costruire to build
costume (*m.*) costume 5; **costume da bagno** bathing suit 10
cotone (*m.*) cotton 10
cotto/a cooked
cravatta (neck)tie 10
creare to create
credenza sideboard 14
credere (di) to believe 4; to think 4; **credo di sì (no)** I (don't) think so 4; **non ci credo proprio!** I don't believe it! 15
credibile believable 15
credito: carta di credito credit card
crostata pie 7
crudo/a raw
cucchiaino teaspoon 13
cucchiaio spoon 13
cucina kitchen 3; cooking 13
cucinare to cook 13
cugino/a cousin 8
cui who, whom 13
culturale cultural 9
cuoio leather, hide 10
curiosità (*f.*) curiosity
curioso/a curious 10

da from, by 3; at (*someone's house, office*); **da molto tempo** for a long time; **da quanto tempo?** for how long?; **da solo/a** alone 2; **vado da Laura** I'm going to Laura's house; **vengo da te** I'm coming to your house
d'accordo agreed, OK 3
Danimarca (*f.*) Denmark 15
danza dance 4
dare* to give 4; to take (*an exam*) 4; **da'** give (*informal*) 7; **dammi** give me 11; **dare il benvenuto** to welcome 15
davanti (a) in front (of) 3
davvero? really? 5
decidere* (*p.p.* **deciso**) to decide 3; **decidere di** (+ *inf.*) to decide to (*do something*) 4

decisione (*f.*) decision; **prendere una decisione** to make a decision
definire to define 11
democratico/a democratic 15
denaro money 12
dente (*m.*) tooth 1
dentifricio toothpaste 11
dentista (*m. or f.*) dentist 17
deputato representative 15
descritto/a described
descrizione (*f.*) description
desiderare to wish, want 3; to desire 14
desiderio desire 18
destra right (side) 15; **a destra** on the right; (*adj.*) right 11
determinato/a specific, particular
dettare to dictate 14
di (**d'** *before vowels*) of LP; from LP; about 3
dialetto dialect
dialogo dialogue 10
diamante (*m.*) diamond
dicembre (*m.*) December 6
diciannove nineteen LP
diciassette seventeen LP
diciotto eighteen LP
dieci ten LP
difficile difficult 1
difficoltà (*f.*) difficulty
digestivo liqueur thought to aid digestion
dimenticare to forget 3; **dimenticarsi di** to forget (to) 18
dimettersi* (*p.p.* **dimesso**) to resign
dimostrativo/a demonstrative
dinamico/a dynamic, energetic 5
Dio: oh, mio Dio! Oh, my God! 15
dipendere (da) to depend on 12; **dipende** that depends 12
diploma di maturità high school diploma 1
dire* (di) to say (to), to tell 6; to declare 18
direttore/direttrice director, manager
dirigente (*m. or f.*) executive 17
discesa downhill; descent
discorso talk
discoteca discotheque 3
discutere (di) to discuss (*something*) 4; to argue 8
disegno drawing 5
disfare* to undo 16

disgrazia accident, misfortune 15; **che disgrazia!** what a disaster! 15

disinvolto/a carefree, self-possessed 5

disoccupato/a unoccupied 16; unemployed 16

disoccupazione (*f.*) unemployment 17

disonesto/a dishonest 5

disorganizzato/a unorganized 16

disperatamente desperately

dispiacere* to be sorry, to mind 11; (*m.*) displeasure, misfortune 16; **ti dispiace se... ?** do you mind if . . . ?; **mi dispiace** I'm sorry 4

distratto/a absent-minded

disturbare to disturb

dito (**le dita**, *f. pl.*) finger 11; **dito del piede** toe

ditta company

dittatore (*m.*) dictator

divano sofa 14

diventare to become 6

diverso/a different

divertente amusing 5

divertimento fun 12

divertirsi (a) to enjoy oneself, to have fun (doing) 7

divorziare to divorce 8

divorziato/a divorced 8

dizionario dictionary

documentario documentary 10

dodici twelve LP

dolce (*m.*) dessert 7; (*adj.*) sweet 7

domanda question; **fare* una domanda** to ask a question 4

domandare to ask 4

domani tomorrow LP; **a domani** until tomorrow LP; **ci vediamo domani** see you tomorrow LP; **domani mattina** tomorrow morning 4

domattina tomorrow morning 4

domenica Sunday 4

dominante dominating

donna woman 5; **donna d'affari** businesswoman 17

dopo after 4

dopodomani the day after tomorrow 4

doppiare to dub 10

doppiato/a dubbed 10

dormire to sleep 5

dottore/dottoressa doctor LP

dove? where? 2; **di dov'è?** where is he/she from?, where are you (*formal*) from? 1; **di dove sei?** where are you (*informal*) from? 1

dovere* to have to, must, ought 8

dramma (*m.*) drama 16

drammatico/a dramatic 10

dritto straight ahead

dubitare to doubt 16

due two LP; **due volte** twice, two times 9

dunque therefore; well then 6

durare to last

DVD (*m.*) DVD 1

 E

e (*frequently* **ed** *before a vowel*) and LP

eccessivo/a excessive 15

eccezionale exceptional 16

ecco there is, there are LP; **eccolo** here he is

ecologia ecology 18

economia economics 2

economico/a cheap, inexpensive 5

edificio building 18

effetti speciali (*m. pl.*) special effects 10

efficace effective

efficiente efficient

egoista (*m. or f.*) selfish 5

elegante elegant 5

elementare elementary

elenco list

elettore/elettrice voter 15

elettricista (*m. or f.*) electrician 17

elettronico/a electronic 9; **indirizzo elettronico** email address 9; **posta elettronica** email 9

elezione (*f.*) election 15

elicottero helicopter 18; **andare* in elicottero** to go by helicopter 18

eliminare to eliminate

emozionante emotional

energia energy

entrare to enter 3

equitazione (*f.*) horseback riding 12

equivalente equivalent

esagerare to exaggerate 12

esagerato/a exaggerated

esame (*m.*) exam 3; **dare un esame** to take a test 4

escluso/a excluded

esempio example

esercitare to exercise 17; **esercitare una professione (un mestiere)** to practice a profession (skilled craft) 17

esigere to carry out

esistere to exist 17

esperienza experience 8

espressione expression 1

espresso strong coffee without milk 3

esprimere* to express

essere* (*p.p.* **stato**) to be 1; **essere d'accordo** to agree 8

est (*m.*) east LP

estate (*f.*) summer 6

estero: all'estero abroad 6

estivo/a (*adj.*) summer 6

euro euro (*European currency*) 7

europeo/a European 15

evitare to avoid

 F

fa ago 6; **due giorni fa** two days ago 6; **un'ora fa** one hour ago 6

fabbrica factory 17

faccia (**le facce**, *f. pl.*) face 10

facile easy 11

facilità (*f.*) ease, facility

facilmente easily 18

facoltà (*f.*) school (*of medicine, law, etc.*) 8

fagiolini (*m. pl.*) string beans 7

falso/a false; insincere 5

fama fame

fame (*f.*) hunger 16

famiglia family 2

famoso/a famous LP

fantascienza science fiction 10

fantasia imagination

fantino jockey

fare* (*p.p.* **fatto**) to do 3; to make 3; **fare (l'avvocato, il meccanico, etc.)** to be (a lawyer, a mechanic, etc.) 17; **fare acquisti** to make purchases 5; **fare dell'alpinismo** to go mountain climbing 12; **fare attenzione** to pay attention; **fare gli auguri** to wish someone well 13; **fare il bagno** to take a bath (a shower) 11; **fare bel tempo** to be nice (*weather*) 4; **fare bella figura**

to cut a fine figure, make a good impression; **fare il bravo/la brava** to be good 12; **fare caldo** to be hot (*weather*) 4; **fare cattivo tempo** to be bad weather 9; **fare colazione** to have breakfast/lunch 4; **fare controllare (l'olio)** to have the (oil) checked 8; **fare la doccia** to take a shower 11; **fare una domanda** to ask a question 4; **fare due passi** to go for a short walk 4; **fare una festa** to have a party 13; **fare una fotografia** to take a picture 4; **fare freddo** to be cold (*weather*) 4; **fare fresco** to be cool (*weather*) 9; **fare le gare** to compete 12; **fare ginnastica** to work out; **fare un giro** to take a ride 4; to take a short walk 4; **fare una gita** to take a short trip 4; **fare una graduatoria** to rate; **fare male** to hurt, feel pain 11; **fare il meccanico (l'avvocato)** to be a mechanic (lawyer) 17; **fare parte di** to be a member of 15; **fare la parte (di)** to take the part (of); **fare una passeggiata** to take/go for a walk 4; **fare il/la pendolare** to commute 14; **fare piacere** to please 16; **fare il pieno** to fill it up (*the gas tank*) 8; **fare presto** to hurry up; **fare programmi** to make plans 12; **fare quattro salti** to dance (a few steps) 4; **fare regali** to give gifts; **fare sapere** to let know 12; **fare la spesa** to shop (*for food*) 7; **fare le spese** to shop (*for clothes, etc.*); **fare dello sport** to engage in (play) sports 12; **fare uno spuntino** to have a snack 3; **fare una telefonata** to make a phone call 11; **fare il tifo** to root, cheer 12; **fare vedere** to let see; **fare un viaggio** to take a (long) trip 4; **farsi il bagno** to take a bath 11; **farsi la doccia** to take a shower 11; **farsi male** to get hurt
farmacia pharmacy, drugstore 3
farmacista (*m. or f.*) pharmacist 17
fascino charm 18
fata fairy; **fata madrina** fairy godmother 6

fattura bill; **compilare la fattura** to fill out the bill
favoloso/a fabulous 6
favore (*m.*) favor; **per favore** please 3
febbraio February 6
febbre (*f.*) fever 11
fedele faithful
felice happy 16
ferie (*f. pl.*) vacation 17
fermarsi to stop 7
fermata stop (*e.g., bus stop*)
ferro da stiro iron (*appliance*) 14
festa party 5; **fare una festa** to have a party 13
festeggiare to celebrate 13
festival (*m.*) festival 10
fidanzarsi to become engaged 8
figliastro/a stepson/stepdaughter
figlio/a son/daughter 2; **figli** children 2
film (*m.*) film 10; **film d'azione** action film 10; **film di fantascienza** science fiction movie 10; **film giallo** thriller 10; **film dell'orrore** horror film 10
filosofia philosophy 2
finale (*f.*) championship game 15
finalmente finally
finanziario/a financial 15
fine (*f.*) end; **alla fine** in the end 10; **fine settimana** (*m. or f.*) weekend 4
finestra window 1
finire (di) to finish 5
fino until
finora until now
fiore (*m.*) flower
fisarmonica accordion 16
fiscale fiscal
fisica physics 2
fisico/a physical
fiume (*m.*) river LP
flanella flannel
flauto flute 16
foglio di carta sheet of paper 1
folclore (*m.*) folklore 4
folcloristico/a folkloric 4
fondi funds 16
fondo: in fondo at the bottom
forbici (*f. pl.*) scissors 11
forchetta fork 13
formaggio cheese 7; **formaggio mascarpone** Italian-type cream cheese

formulare to formulate; to create
forno (a microonde) (microwave) oven 14
forse perhaps 5
forte strong
fortuna luck, fortune 11; **avere* fortuna** to be lucky; **che fortuna!** what luck! 11
forza: a tutta forza! all out!
foto(grafia) photograph 9
fotografo photographer
fra between, among 3; **fra cinque minuti** in five minutes LP; **fra poco** soon, shortly LP
fragola strawberry 7
francese (*m.*) French language 2; (*adj.*) French 5
Francia France 15
francobollo stamp
frase (*f.*) sentence
fratello brother 1
freddo cold; **fare* freddo** to be cold (*weather*) 4
freno brake 8
frequentare to attend 1
fresco/a fresh, cool 4; **fare* fresco** to be cool (*weather*) 9
fretta hurry
frigo(rifero) refrigerator 13
frutta fruit 7
fruttivendolo/a fruit vendor 7
fuga escape
fuggire to flee 18
funghi (*m. pl.*) mushrooms 7
funzionare to work, function 14
funzionario manager
fuoco fire
fuori outside 2
furbo/a shrewd 5
furto robbery
futuro future; **in futuro** in the future 16

 G

gamba leg 11
gamberi (*m. pl.*) shrimp 7
gara competition (*sports*) 12
garage (*m.*) garage 14
gatto cat 2
gelateria ice cream parlor 3
gelato ice cream 3
generale (*m.*) general 5
generalmente generally, usually

generazione (*f.*) generation
genero son-in-law 8
generoso/a generous 5
genitori (*m. pl.*) parents 8
gennaio January 6
gente (*f.*) people 5
gentile kind, courteous 5
geologia geology 2
Germania Germany 15
gestione (*f.*) management 17
gestire to manage 17
ghiaccio ice
già already 5
giacca jacket 10
giaccone (*m.*) heavy jacket, outerwear 10
giallo/a yellow 10
giapponese (*m.*) Japanese language 2; (*adj.*) Japanese 5
giardino garden 14
ginnastica gymnastics
ginocchio (**le ginocchia,** *f. pl.*) knee 11
giocare to play (*a game*) 3; to play (*a sport*) 12
gioco game 10
giornale (*m.*) newspaper 1
giornaliero/a daily
giornalista (*m. or f.*) journalist 17
giornata day LP; **buona giornata** have a good day LP
giorno day 4; **buon giorno** good morning LP; **cento di questi giorni!** many happy returns! 13
giovane (*adj.*) young 5; (*m. or f.*) young person 9
giovedì (*m.*) Thursday 4
girare to turn; to go around; **girare a destra (sinistra)** to turn to the right (left); to film 10
gita trip, ride; **fare* una gita** to take a short trip 4
giugno June 6
giusto/a correct, right 15
gli the; to him 11
gola throat 11; **mi fa male la gola** my throat hurts 11
golfo gulf LP
gomito elbow 11
gomma tire (*car*) 8
gonna skirt 10
governare to govern 15
governo government 15; administration 15
Gran Bretagna Great Britain 15

grande big 2; large, great 5
granita grainy ice cream; **granita al caffè** ice cream with grains of frozen coffee
grasso/a fat 5
grave serious 11
grazie thanks, thank you LP
grazioso/a charming 14
Grecia Greece 15
greco/a Greek 10
grigio/a gray 10
gruppo group 4
guadagnare to earn 17; **guadagnarsi la vita** to earn one's living 17
guanti (*m. pl.*) gloves 10
guardare to watch, to look (at) 3; **guardarsi allo specchio** to look at oneself in the mirror 11
guardaroba (*m.*) closet 14
guidare to drive 3
gusto taste

hockey (*m.*) hockey 12

idea idea 3
ieri yesterday 6; **l'altro ieri** the day before yesterday 6; **ieri mattina** yesterday morning 6; **ieri pomeriggio** yesterday afternoon 6; **ieri sera** last evening (night) 10; **ieri notte** last night
igienico/a hygienic
immaginare to imagine 16; **immaginarsi** to imagine
immagine (*f.*) image 10
immediato/a immediate 15
imparare (a) to learn (to) 3
impartire ordini to give orders 5
imparziale impartial
impegnato/a busy, engaged 4
impegno appointment; obligation, commitment 12
impermeabile (*m.*) raincoat 10
impiegato/a clerk 17; employee 17
impiego job, employment 17
importante important 15
importanza importance
importare to matter
impossibile impossible 15

impresa business firm 17
impressione (*f.*) impression
improbabile improbable 15
improvvisamente suddenly 17
in in 2; into; at 3
incidente (*m.*) accident 15
incontrare to meet 3; **incontrarsi** to meet (each other) (*at a place*) 11
incontro sports match 12; meeting 15
incoraggiamento encouragement 9
indicato/a indicated
indietro back, behind; **andare* indietro** to back up
indimenticabile unforgettable 16
indipendente independent
indire* (*p.p.* **indetto**) to arrange, organize
indirizzo address 9; **indirizzo elettronico** email address 9
indossare to wear 5; to try on 5; to put on 10
indovinare to guess 12
industrializzato/a industrialized
infelice unhappy 16
informatica computer science 2
informazione (*f.*) information LP
ingegnere (*m.*) engineer
ingegneria engineering 17
ingenuo/a naive 5
inglese (*m.*) English language LP; (*adj.*) English 5
ingredienti (*m. pl.*) ingredients 7
ingresso admission 12
iniziare to begin, start 9
innamorarsi to fall in love 8; to fall in love with each other 11
inopportuno/a inappropriate, unsuitable 15
inquinamento pollution 18
inquinare to pollute 18
insalata salad 7
insegnare (a) to teach (to) 2
insieme together
insistere to insist 14
insultare to insult 12
intanto meanwhile, in the meantime 4
intelligente intelligent 5
intensivo/a intensive
interdisciplinare interdisciplinary 17
interessante interesting LP
interessare to interest; **interessarsi** to be interested

internazionale international 5
intero/a entire, whole 8
interprete (*m. or f.*) interpreter 16; performer 16
intervista interview
intervistare to interview 17
intervistatore (*m.*) interviewer
intraprendere* to undertake 17
inutile useless 16
invece (di) instead (of) 4
invernale (*adj.*) winter-like 6
inverno winter 6
invertire to reverse
investigatore (*m.*) investigator
investigazione (*f.*) investigation
invitare to invite
invitato/a guest 5
invivibile unlivable 18
Irlanda Ireland 15
irlandese (*m. or f.*) Irish 5
iscriversi (a) to enroll (at) 8
isola island LP
istituzione (*f.*) institution 15
Italia Italy LP
italiano (*m.*) Italian language LP; **italiano/a** Italian 1
italo-americano/a Italian-American

jeans (*m. pl.*) blue jeans 10

là there 6
labbro (**le labbra,** *f. pl.*) lip 11
ladro thief
lago lake LP
lamentarsi to complain
lampada lamp 14
lana wool 10
lasciare to leave (behind) 9
lattaio/a milkman/milkwoman 13
latte (*m.*) milk 7
latteria dairy store 13
lattuga lettuce 7
laurea degree 17; **corso di laurea** (university) major 17
laureando/a degree candidate
laurearsi to graduate 17
lavarsi to wash (oneself) 7; **lavarsi i denti** to brush one's teeth 11; **lavarsi le mani** to wash one's hands 11

lavastoviglie (*f.*) dishwasher 14
lavatrice (*f.*) washing machine 14
lavorare to work 2
lavoro work 17; **che lavoro (fa fai?** what work do you do? 17
leader (*m. or f.*) leader 15
legge (*f.*) law 1
leggere* (*p.p.* **letto**) to read 4
lei you LP
lentamente slowly 6
letteratura literature 2
letto bed 14
lettore (*m.*) **MP3** MP3 player 1; **lettore DC** CD player 1; **lettore DVD** DVD player 1
levarsi to take off (*clothing*) 10
lezione (*f.*) lesson LP; **hai lezione?** do you have (a) class? LP
lì there 6
liberale liberal
liberamente freely 17
libero/a free 4
libreria bookstore 3; bookcase 14
libro book 1
liceale (*adj.*) high school 1
licenziare to fire (*from a job*) 17; **licenziarsi** to quit (*a job*) 17
liceo high school 1
lieto/a glad 13
limonata lemonade 4
limone (*m.*) lemon 7
lingua language; **lingue straniere** (*f. pl.*) foreign languages 2
lino linen 10
lista list
litigare to argue, quarrel, fight 12
locale local 15
località (*f.*) locale
logico/a logical
lontano (da) far away; far (from) 3
lotteria lottery
luce (*f.*) light 16
luglio July 6
lunedì (*m.*) Monday 4
lungo/a long 5
luogo place 7
lupo: in bocca al lupo! good luck!
lusingato/a flattered 13

ma but LP
macchina car 6; **andare*** in **macchina** to go by car 18
macellaio/a butcher 13

macelleria butcher shop 13
madre (*f.*) mother 2
madrina godmother
maga witch, magician
maggio May 6
maggioranza majority 15
maggiore greater 15; older 15; **la maggior parte** the majority 15
maglia sweater 10
maglietta T-shirt 10
magnifico/a magnificent
magro/a thin 5
mah oh LP
mai ever, never; **non... mai** never, not . . . ever 8
maiale (*m.*) pork 7
maiuscola capital (letter)
male bad LP; **meno male!** all the better! 15; **non c'è male** not too bad LP
mamma mother 1
mancare to miss, to be missing 16
mancia tip, gratuity 3
mandare to send 3
mangiare to eat 3
manica sleeve 10
maniera manner
manifestazione (*f.*) demonstration 15; exhibition 16
mano (*f.*) hand 11
marca make, brand name 6
mare (*m.*) sea LP
marito husband 2
marrone (*invariable*) brown 10
martedì (*m.*) Tuesday 4
marzo March 6
maschera mask 5
mascherato/a masked
massimo/a greatest, maximum 15
matematica mathematics LP
materiale (*m.*) material 10
matita pencil 1
matrigna stepmother 8
mattina morning 2; in the morning 4; **di mattina** in the morning 2; **domani mattina (domattina)** tomorrow morning 4
meccanico mechanic 6
medicina medicine 1
medico doctor 17
Medioevo Middle Ages
meglio (*adv.*) better 8
mela apple 7
melanzana eggplant 7
membro member 15

meno less, minus (*with time*) 2; **a meno che** unless; **meno... di** less . . . than 14; **meno male!** all the better! 15

mensile (*adj.*) monthly 14

mente: in mente on one's mind; **avere* in mente** to intend, to have in mind 9

mentre while 3

menù (*m.*) menu 4

meravigliarsi to be surprised (at)

mercato market 3

mercoledì (*m.*) Wednesday 4

merito merit 13

merluzzo cod 7

mese (*m.*) month 6

messaggio message 9

messicano/a Mexican 5

mestiere (*m.*) trade, profession 17; **che mestiere (fa) fai?** what is your occupation? 17

metropoli (*f.*) metropolis 18

metropolitana subway 18; **prendere la metropolitana** to take the subway 18

mettere* (*p.p.* **messo**) to put, place 4; **mettersi** to put on (*clothing*) 7; **mettersi a** (+ *inf.*) to begin, start to (*do something*) 7

mezzanotte midnight 2

mezzo/a half 2; **sono le... e mezzo** it's half-past . . . 2; **mezzo di trasporto** means of transportation 18; **mezzo pubblico** public transportation 18

mezzogiorno noon 2

mezz'ora half-hour 6

migliore (*adj.*) better 15

milione (*m.*) one million 7

militare military 5

mille one thousand 1

mimare to act out

minacciare to threaten

minestra soup 7

minimo/a smallest, minimum 15

ministro minister 15; **Ministro degli Esteri** foreign minister 15; **primo ministro** prime minister 15

minoranza minority 15

minore less 15; younger 15

minuscola lowercase (letter)

mio/a my 2

misura size (*clothing, shoes*) 10

misurare to measure

moda fashion 10

moderno/a modern 4

modificazione (*f.*) modification LP

modo manner, way, means; **di modo che** so that, in order that

moglie (*f.*) wife 2

molti/e many 5

moltissimo/a very much

molto (*adv.*) very, a lot, a great deal LP; much, a lot 5; **molto bene** very well LP

molto/a much, many

momento moment; **per il momento** for the time being

monarchia monarchy 15; **monarchia costituzionale** constitutional monarchy 15

mondo world

moneta money

montagna mountain LP; **in montagna** to the mountains 8

monumento monument 9

morire* (*p.p.* **morto**) to die 6

mortale fatal 15

mostra exhibit 10

mostrare to show

motivo reason

moto(cicletta) motorcycle 6; **andare* in motocicletta** to go by motorcycle 18

motorino moped 1

museo museum 3

musica music 1; **musica leggera** popular music

N

nascere* (*p.p.* **nato**) to be born 6

naso nose 11

nave (*f.*) ship 9; **andare* con la nave** to go by ship 18

nazione (*f.*) nation, country 15

nazionale national LP

ne of it, of them 12; about it, about them 12

né... né: non... né... né neither . . . nor 9

neanche: non... neanche not even 9

nebbia fog 9; **c'è la nebbia** it's foggy 9

necessario/a necessary 15

negozio store 3

nemico/a enemy 10

nemmeno: non... nemmeno not even 9

neppure: non... neppure not even 9

nero/a black 10

nervoso/a nervous 5

nessuno/a nobody; **non... nessuno/a** not any 9; nobody 9

netto/a sharp, distinct 10

neve (*f.*) snow 11

nevicare to snow 9

niente no, none, nothing; **non... niente** nothing 9; **niente di speciale** nothing special 3; **per niente** at all; **proprio un bel niente** absolutely nothing 10

nipote (*m.*) grandson 8; nephew 8; (*f.*) granddaughter 8; niece 8

no no LP

noioso/a boring 5

noleggiare to rent (*a car*) 8

nome (*m.*) name; noun

nominato/a appointed, named

non not; **non c'è male** not too bad LP; **non... ancora** not . . . yet 8; **non... mai** never 8

nonna grandmother 8

nonno grandfather 8; **nonni** (*m. pl.*) grandparents 8

nonostante although, even though

nord (*m.*) north LP

nostalgia nostalgia; **provare nostalgia (di)** to be homesick 9

notizia news 9; news item

notte (*f.*) (at) night 4

novanta ninety 1

nove nine LP

novembre (*m.*) November 6

nulla: non... nulla nothing 9

numero (shoe) size 10; number

nuora daughter-in-law 8

nuotare to swim 11

nuoto swimming 12

nuovo/a new 5

nuvoloso/a cloudy; **è nuvoloso** it's cloudy 9

O

o or 1

oboe (*m.*) oboe 16

occasione (*f.*) occasion 13; **avere* l'occasione** to have the chance, opportunity 16

occhiali (*m. pl.*) eyeglasses; **occhiali da neve** ski goggles; **occhiali da sole** sunglasses

occhio eye 11

occuparsi (di) to attend to 13
occupato/a occupied 9; employed 16
odiare to hate; **odiarsi** to hate each other 11
odori (*m. pl.*) herbs 7
offerta offer 14
offrire* (*p.p.* **offerto**) to offer 5
oggetto object
oggi today 3
ogni (*invariable*) every 4; each, every 9; **ogni anno** each year 9; **ogni tanto** once in a while 9
ognuno/a each one
Olanda Holland 15
olio oil 7; **olio d'oliva** olive oil 7
oliva olive
omaggio: in omaggio complimentary, free
omicidio homicide, murder
onda: andare* in onda to be broadcast, to go on the air 15
onesto/a honest 5
opera opera 16; deed 16; **opera d'arte** work of art 9
operaio/a blue-collar worker 17
opinione (*f.*) opinion
opportuno/a appropriate, suitable 15
opposto/a opposite; opposing 15
opuscolo pamphlet 16
ora (*adv.*) now; (*noun*) hour 2; **a che ora?** at what time? 2; **che ora è? / che ore sono?** what time is it? 2; **è ora** it's time 15; **sarebbe ora!** it's about time! 15
orario schedule
orchestra orchestra 16
ordinare to order 3
ordine (*m.*) order 5
orecchio ear 11
organizzare to organize
organizzato/a organized 16
organo organ 16
orientarsi to orient oneself 17
originale original LP
ormai by now
orologio watch 1; clock 1
orrore (*m.*) horror; **film dell'orrore** (*m.*) horror film 10
orsacchiotto teddy bear
oscillare to swing 15
ospedale (*m.*) hospital 3
ottanta eighty 1

ottenere* to obtain, get 8
ottimista (*m. or f.*) optimist
ottimo excellent 15
otto eight LP
ottobre (*m.*) October 6
ottocento nineteenth century, the 1800s 5
ovest (*m.*) west LP

P

pacchetto package
padre (*m.*) father 2
paese (*m.*) country LP; small town LP
pagare to pay (for) 3
paio (**le paia**, *f. pl.*) pair 11
palazzo building; palace; apartment house
palestra gym
pallacanestro basketball 12; **giocare a pallacanestro** to play basketball 12
pallavolo volleyball 12
pallone (*m.*) soccer 12; **giocare a pallone** to play soccer 12
pane (*m.*) bread 7
panetteria bakery 13
panettiere/a baker 13
panino sandwich 3; **panino al prosciutto** ham sandwich 4
panorama (*m.*) panorama 6
pantaloni (*m. pl.*) pants, trousers 10
Papa (*m.*) Pope 15
papà (*m.*) dad, father
paragonare to compare
paragrafo paragraph
parcheggiare to park 8
parcheggio parking (lot, garage) 3; **parcheggio a pagamento** pay parking 8
parco park 3
parente (*m.*) relative 8
parentesi (*f. pl.*) parentheses
parere (*m.*) opinion 17; (*verb*) to seem 16; **pare (che)** it seems (that) 15
parete (*f.*) (interior) wall 14
parlamentare parliamentary 15
parlamento parliament 15
parlare to speak, talk 3; **parlarsi** to speak to each other 11
parola word; **parola analoga** cognate

parte: la maggior parte the majority 15; **fare parte di** to be a member of 15
partenza: in partenza leaving, setting out on a trip
particolare (*adj.*) particular 18; special
particolarmente particularly 18
partire to leave, depart 5
partita game (*sports*) 12
partito political party 15
passaporto passport 8
passare to pass 3; to come by 3; to proceed; to spend time 3; **passo da te** I'll come by your house 3
passeggiare to walk, to take a walk 3
passeggiata: fare* una passeggiata to take/go for a walk 4
passaggio ride
passione (*f.*) passion 10
pasta pasta 7; pastry 7
pastasciutta pasta dish (*served with a sauce*) 7
pasticceria pastry shop 13
pasticciere/a confectioner 13
pasto meal 13
patata potato 7
patente di guida (*f.*) driver's license 8
patrigno stepfather 8
pattinaggio skating 12
pattinare to skate 12
paura fear; **avere paura (di)** to be afraid (of) 3
pausa: la pausa pubblicitaria commercial break 17
pavimento floor 14
pazzo/a crazy
peccato: che peccato! what a shame! LP
peggio (*adv.*) worse 15
peggiore (*adj.*) worse 15
pelle (*f.*) leather, hide 10
pendolare (*m. or f.*) commuter; **fare* il/la pendolare** to commute 14
penisola peninsula LP
penna pen 1
pensare to think (of) 3; **pensare a** (+ *noun*) to think of 3; **pensare di** to intend to 8; to think to 8; to think about 18; **pensare di** (+ *inf.*) to plan to (*do something*) 9

pepe (*m.*) pepper 7
peperone (*m.*) pepper 7
per for 3; **per lo più** mostly 15; **per me** for me 3; **per tutti e due** for both 12
pera pear 7
perché? why? 3; **perché** because 3; in order that, so that 16; **perché no?** why not? 4
perciò therefore 10
perdere* (*p.p.* **perso, perduto**) to lose 4; **perdere tempo** to waste time 4
pericolo danger
pericoloso/a dangerous
periferia suburb
permettere* (**di**) to allow to 18
però but, however
persona person 12; **le persone** people
personaggio character 16; celebrity 10
personalità (*f.*) personality
pesante heavy
pesca peach 7
pesce (*m.*) fish 7
pescheria fish market 13
pescivendolo/a fish vendor 13
peso weight
pessimista (*m. or f.*) pessimist
pessimo/a terrible, awful 15
pettinarsi i capelli to comb one's hair 11
pettine (*m.*) comb 11
piacere* to like, to be pleasing LP; **mi piace** I like LP; **mi piacciono** (+ *plural noun*) I like 2; **non mi piace** I don't like LP; **ti piace?** do you like? LP; **a lei piace?** do you like? (*formal*) 1; **a lui/a lei piace?** does he/she like? 1; **piacere** (*m.*) pleasure 16; **piacere!** how do you do! LP; **fare* piacere** to please 16
pianista (*m. or f.*) pianist 17
pianoforte (*m.*) piano 16
piattino saucer 13; small plate
piatto dish, plate 13; dish (*food*) 13; **primo piatto** first course 13; **secondo piatto** second course 13
piazza square
piccolo/a small, little 2
piede (*m.*) foot 11; **andare* a piedi** to go on foot 18; **mettere* piede (su)** to set foot (on)

pigro/a lazy 5
pioggia acida acid rain 18
piovere to rain 9
piscina swimming pool 12
piselli (*m. pl.*) peas 7
pista trail 11
pittoresco/a picturesque 6
più more; **non... più** not anymore 9; no longer 6; **per lo più** mostly 15; **più... di** more . . . than 14
piuttosto rather
pizza pizza 6
pizzeria pizza parlor 6
Po Po (river) LP
po' (*contraction for* **poco**) little; **un bel po' di** quite a lot of 8; **un po' di** (+ *noun*) a little bit of (*something*) 4
poco/a (*pl.* **pochi/poche**) little, few; **fra poco** soon, shortly LP
poema (*m.*) poem
poi then, afterwards 7; after (all)
polemica argument; controversy
poliestere (*m.*) polyester 10
politica politics 15
politico (*noun*) politician 15; **politico/a** (*adj.*) political 15
pollo chicken 7
Polonia Poland 15
poltrona armchair 14
pomeriggio afternoon 3; **del pomeriggio** in the afternoon 2; **domani pomeriggio** tomorrow afternoon 4; **giovedì pomeriggio** Thursday afternoon 4; **oggi pomeriggio** this afternoon 3
pomodoro tomato 7
pompelmo grapefruit 7
popolo people, public
porco pig 10
porta door
portare to bring 3; to wear 3
portiere (*m.*) doorman
porto port LP
Portogallo Portugal 15
possibile possible LP
possibilità (*f.*) possibility 17
posta mail 9; **posta elettronica** email 9
posto seat 12; place 11; job, position 17; **al posto di** in place of; **posto riservato** reserved seat
potere* (*verb*) to be able (to), can 8; (*noun m.*) power

povero/a poor 5
pranzo dinner 13; lunch, main meal taken at noon 13
pratica practice 1
praticare to practice
pratico/a practical
precisamente precisely 9
preciso/a precise
predizioni (*f. pl.*) predictions
preferibile preferable 15
preferire to prefer (to) 5; **preferisce... ?** do you (*formal*) prefer . . . ?
preferito/a favorite 10
pregare to pray; to beg; **ti prego** I beg you 8
prendere* (*p.p.* **preso**) to take 3; to get 4; to have (*in the sense of to eat or drink*) 3; to pick up 3; **prendere in affitto** to lease, to rent 14; **prendere appunti** to take notes; **prendere la metropolitana** to take the subway 18
prenotare to make reservations, reserve 8
prenotazione (*f.*) reservation 16; **fare* le prenotazioni** to make reservations 8
preoccuparsi (di) to worry (about) 7
preparare to prepare; **prepararsi** to get ready 7; **prepararsi per** (+ *inf.*) to prepare oneself to, to get ready to 7
preparazione (*f.*) preparation 17
presentare to introduce; to present 10; **presentarsi** to introduce oneself
presentato/a presented
presentazione (*f.*) introduction
presidente (*m. or f.*) president 15; **Presidente del Consiglio** Prime Minister 15
presso at 14; near 14
prestare to lend, loan 11; **prestare attenzione** to pay attention
presto early 7; soon; **a presto** see you soon LP; **al più presto** as soon as possible
previsioni del tempo (*f. pl.*) weather forecast
prezzo price 11; **a buon prezzo** at a good price 11

prima before 9; **prima di** before; **quanto prima** as soon as possible; **prima che** before

primavera spring 6

primaverile (*adj.*) spring-like 6

principale (*adj.*) main 16

privato/a private 17

probabile probable 15

probabilmente probably

problema (*m.*) problem 5

produttore/produttrice producer 10

professione (*f.*) profession 17

professore/professoressa professor LP

progetto project

programma (*m.*) program 4; plan 8; **che cos'è in programma?** what's playing? 4; what's planned?

programmare to plan, program 11

promessa promise

promettere* (di) (*p.p.* **promesso**) to promise (to) 4

pronto/a (*adj.*) ready; **pronto?** hello? (*on the phone*) 3

pronuncia pronunciation

proposito purpose; **a proposito** by the way

proprio really 13; (*adj.*) one's own 12

prosciutto cured ham 7; **panino al prosciutto** ham sandwich 4

prossimo/a next 8

provare to feel, experience 9; **provare nostalgia di** to be homesick for 9

provincia province LP

provvedimento measure, precaution 18

prudente careful, cautious 5

psicologia psychology 2

psicologo psychologist 10

pubblicare to publish

pubblici: mezzo pubblico (*m. pl.*) public transportation 18

pugliese from the region of Puglia

pulire to clean 5

punto point; period (*punctuation*); **punto esclamativo** exclamation point; **punto interrogativo** question mark; **punto di vista** point of view

puntuale: essere* puntuale to be on time LP

purché provided that, as long as

Q

qua here 14

quaderno notebook 1

quadrato/a square; **metro quadrato** square meter

quadri: a quadri checked (*pattern*) 10

quadro painting 14

qualche some

qualcosa something 3; **qualcosa da mangiare e da bere** something to eat and drink

qual/e? (*pl.* **quali**) which? 4; which one?

qualifica qualification 17

qualità (*f.*) quality

qualsiasi whichever, any

quando when; whenever 3; **di quando in quando** from time to time 9; **quando?** when? 4

quantità (*f.*) quantity 7

quanto/a? how much? 4; **quanti/e** how many? 4; **quante volte** how many times; **quanti anni ha?** how old is he/she? how old are you (*formal*)? 1; **quanti anni hai?** how old are you (*informal*)? 1; **quanto costa?** how much is it? 7

quaranta forty 1

quartiere (*m.*) neighborhood 7

quarto quarter 2; **sono le... meno un quarto** it's a quarter to . . . 2

quasi almost

quattordici fourteen LP

quattro four LP

quello/a that, that one 8; **quello che** that which, the one that

questionario questionnaire

questo/a this 3; this one 8

qui here 5

quindi therefore

quindici fifteen LP

R

raccolta collection 16

raccontare to tell, narrate

radersi (la barba) to shave (one's beard) 11

radio (*f.*) radio 1

radiologo radiologist 10

rado: di rado seldom 9

raffigurato/a drawn, sketched

raffreddore (*m.*) cold (*illness*)

ragazza girl 5; girlfriend 6

ragazzo boy 6; boyfriend 6

ragione (*f.*) reason; **avere* ragione** to be right 3

rapidamente rapidly

rapporto: rapporto molto stretto close relationship

rappresentante (*m. or f.*) representative 15

rappresentato/a represented

raramente rarely 18

rasoio (elettrico) (electric) razor 11

rayon (*m.*) rayon 10

re (*m.*) king 15

reagire to react

realtà (*f.*) reality

recarsi to go 15

recentemente recently 11

reciproco/a reciprocal

recitare to recite; to play a part

regalare to give as a gift 11

regalo gift

regina queen 15

regione (*f.*) region LP

regista (*m. or f.*) film director 10

registratore (*m.*) cassette recorder 1; **registratore (di) DVD** DVD recorder 1

regola rule

religioso/a religious

repubblica republic 15

repubblicano/a republican 15

respirare to breathe 18

responsabile responsible 8

responsabilità (*f.*) responsibility

restare to stay, remain 6

restituire to give back 5

resto remainder, rest 12

rete (televisiva) (*f.*) (TV) network 15

riaggiustare to fix again 16

riaprire to open again 16

ricco/a rich 5

ricevere to receive 4

richiedere* to require 17; to seek 17

riciclaggio recycling 18

riciclare to recycle 18

ricono scere* to recognize

ricordare to remember 3; to remind 15; **ricordarsi (di)** to remember (to)

ricostruzione reconstruction 16

riempire to fill out
rifare* to do again 16
riferire to refer
rifiuti (urbani) (*m. pl.*) waste, rubbish 18
riga line
righe: a righe striped 10
rileggere* to read again 16
rimanere* (*p.p.* **rimasto**) to remain 6
ringraziare to thank 13
rinomato/a well-known; celebrated
ripagare to pay back
ripetizione (*f.*) repetition
riposante slow, restful
ripresa: essere* in ripresa to have a revival 10
ripulire to clean up
riscaldamento heat 14
riservato/a reserved 12
riso rice 7
rispetto a with regard to
rispondere* to answer, respond 4
risposta answer
ristorante (*m.*) restaurant 3
risultato result
ritardo: essere* in ritardo to be late LP
riunirsi to get together 13
riuscire* (a) to succeed (in, at) 17
rivelare to reveal
rivenditore (*m.*) dealer, seller 12
rivista magazine 1
rivolgersi (a) to turn (to) 13
romano/a Roman 5
romantico/a romantic
rompere* (*p.p.* **rotto**) to break 11; **rompersi (un braccio,** etc.) to break (one's arm, etc.) 11
rosa (*invariable*) pink 10
rosso/a red 6
rubrica newspaper column
rumore (*m.*) noise 2
rumoroso/a noisy
ruolo role
Russia Russia 15
russo (*m.*) Russian language 2; **russo/a** Russian 5

S

sabato Saturday 4; **sabato sera** Saturday evening 4
sala da pranzo dining room 14

salame (*m.*) salami 7
salario wage, pay 17
sale (*m.*) salt 7
salire* to get on, board; to rise; to climb
salotto living room 14
salumeria delicatessen 13
salumiere/a delicatessen owner 13
salutare to greet 9; **salutarsi** to greet one another 11
salute (*f.*) health; **salute!** bless you!
salvaguardare to save, safeguard, preserve 18
salve hello LP
sandali (*m. pl.*) sandals 10
sapere* to know 10; to know how to 10; **non lo so** I don't know 5
sapone (*m.*) soap 11
sardo/a Sardinian 4
sassofono saxophone 16
sbagliato/a wrong
sbarcare to land 15
sbarco landing 15
scaffale (*m.*) shelf 14
scalare to climb; **scalare una montagna** to climb a mountain
scale (*f. pl.*) stairs 14
scalinata stairs, steps
scambio exchange
scampi (*m. pl.*) prawns 7
scapolo: essere* scapolo to be single (*male*)
scarpa shoe 10
scarpetta slipper 6; **scarpette da ginnastica** (*f. pl.*) sneakers 10
scarponi (*m. pl.*) boots
scegliere* (*p.p.* **scelto**) to choose 8; **scegliere una professione (un mestiere)** to choose a profession (occupation) 17
scelta choice 7
scena scene 13
scenario scenery 16
sceneggiatore/sceneggiatrice screenwriter 10
sceneggiatura screenplay 10
scendere* (*p.p.* **sceso**) to go down, descend 6
schema (*m.*) pattern
scherzare to joke 13
schieramento alignment 15
sci (*m.*) ski 11; skiing 11; **lo sci di fondo** cross-country skiing

sciare to ski 11
sciarpa scarf
scientifico/a scientific 1
scienza science; **scienze naturali** natural sciences 2; **scienze politiche** political science 2
scienziato/a scientist
sciocco/a foolish 12
sciogliersi to melt
scodella bowl 13
sconfiggere to defeat
sconosciuto/a unknown 16
sconsigliare to advise against 16
scontento/a unhappy 16
scontrino receipt
scoperto/a discovered
scoprire to discover
scorso/a last, previous, past 5; **la settimana scorsa** last week 6
scortese unkind, rude 5
scremato/a without cream, skim (*milk*)
scrittore/scrittrice writer 17
scrivania desk 14
scrivere* (*p.p.* **scritto**) to write 4; **scriversi** to write to each other 11
scuola school
scusa excuse
scusare to excuse 13; **scusa** excuse me (*informal*) LP; **scusi** excuse me (*formal*) 4
se if 4
sebbene although, even though 16
secolo century
secondo according to; (*adj.*) second
sedersi* to sit
sedia chair 1
sedici sixteen LP
seguente following
seguire to follow 5; to take (*courses*) 5
sei six LP
sembrare to seem 14; **mi sembra** it seems to me, I think 7; **sembra (che)** it seems (that) 15
semplice simple 5
sempre always 6; still 18
senato senate 15
senatore/senatrice senator 15
senso: di senso compiuto coherent, complete
sentimento feeling
sentire to hear 5; to listen; to feel 5; **sentirsi** to feel 7; to talk with each other 11

senza without; **senza che** without

separato/a separated 8

sera evening 4; **di sera** in the evening 2; **domani sera** tomorrow night 4

serata evening 16

sereno/a clear; **è sereno** it's clear 9

serie (*f.*) series

seriamente seriously 18

serio/a serious 15; **parlare sul serio** to be serious

servire to serve; to be useful 5; **servirsi** to help oneself 13

sessanta sixty 1

seta silk 10

settanta seventy 1

sette seven LP

settembre (*m.*) September 6

settimana week 4; **fine settimana** (*m. or f.*) weekend 4; **settimana bianca** week of skiing

sfidare to challenge

sfortuna bad luck 16

sgarbato/a rude 5

sgargiante gaudy 10

sgretolarsi to fall to pieces

shampoo (*m.*) shampoo 11

sì yes LP

sicuro/a sure, certain; fine 16

significato meaning; **di significato opposto** of opposite meaning

signor (+ *last name*) Mr. LP

signora Ma'am LP; **signora** (+ *last name*) Mrs. LP

signore (*m.*) sir LP

signorina Miss LP; **signorina** (+ *last name*) Miss LP

simpatico/a nice, pleasant 5

sincerità (*f.*) sincerity

sincero/a sincere 5

sindaco mayor 15

sinistra left (side) 15; **a sinistra** to, at the left 7; (*adj.*) left 11

sistema (*m.*) system

sistemare to resolve; **sistemarsi** to get a job 17; to get settled 17

situazione situation 1

smettere* (di) to stop

sociale social 9

società (*f.*) society 5

sociologia sociology 2

soffitta attic 14

soffitto ceiling 14

soffocare to suffocate

soffrire* (*p.p.* **sofferto**) to suffer 5

soggetto subject, topic

soggiorno stay 11

sogliola sole (*fish*) 7

soldi (*m. pl.*) money 7

sole: c'è il sole it's sunny 9

solito/a same old, usual 13; **di solito** usually 4; **come al solito** as usual 15

solo/a only; **da solo/a** alone 2

sommato: tutto sommato all told; in sum

sondaggio survey

sonno sleep; **avere* sonno** to be sleepy 3

soprano soprano 16

sorella sister 1

sorellastra stepsister 6

sorprendere* to surprise 16

sorpreso/a surprised 16

sostenere to support 16

sostenere* un colloquio to have a job interview 17

sostituire (con) to replace (with)

sotto under

sottotitolo subtitle 10

Spagna Spain 9

spagnolo (*m.*) Spanish language 2; **spagnolo/a** Spanish 5

spalla shoulder 11

spazzola per capelli hairbrush 11

spazzolino da denti toothbrush 11

specchio mirror 11

speciale special LP; **niente di speciale** nothing special 3

specialità (*f.*) specialty

specializzarsi (a) to specialize (in) 17

specifico/a specific

spedire to send 5

spendere* (*p.p.* **speso**) to spend (*money*) 4

sperare (di) to hope (to) 14

spesa expense 8; **fare* la spesa** to shop (*for food*) 7; **fare* le spese** to shop (*for clothes, etc.*)

spesso often 4

spettacolare spectacular 12

spettacolo show 4; show business

spiaggia beach 6

spiegare to explain 11

spinaci (*m. pl.*) spinach 7

spiritoso/a wise guy 13; (*adj.*) witty, clever; **fare* lo spiritoso** to be a wise guy

spogliarsi to undress 10

sporco/a dirty

sport (*m.*) sport 1

sportivo/a pertaining to sports 11

sposarsi to get married 8; to marry each other 11

sposato/a married 2

spremuta d'arancia freshly squeezed orange juice 4

spugna sponge 11

spumante (*m.*) sparkling wine 13

spuntino snack 3; **fare* uno spuntino** to have a snack 3

squadra team 1

squillare to ring 3

squisito/a delicious 13

stabilire to establish

stabilizzare to stabilize 15

stadio stadium 3

stagione (*f.*) season 6

stamattina this morning 4

stanco/a tired 10

stanotte tonight 4

stanza room 14

stare* to be 4; to stay, be in a place 4; **come sta?** (*formal*) how are you? LP; **come stai?** (*informal*) how are you? LP; **stare per** (+ *inf.*) to be about to (*do something*)

stasera this evening 4

Stati Uniti (*m. pl.*) United States 6

stato state 15

statua statue 18

stazione (*f.*) train station 3; **stazione di servizio** service station 8; **stazione sciistica** ski resort

stella star 10

stereo stereo 1

stesso/a same 5

stilista (*m. or f.*) designer 10

stimolante challenging 17

stipendio salary 17

stirare to iron 14

stiro: ferro da stiro iron (*appliance*) 14

stivali (*m. pl.*) boots 10

stomaco stomach 11

storia history LP; story

storico/a historical

stoviglie (*f. pl.*) utensils

straniero/a foreign 9; **lingue straniere** (*f. pl.*) foreign languages 2

stressante stressful 18

stretto strait LP; **stretto/a** close, tight 17

strumento: strumento musicale musical instrument 16

studente/studentessa student LP

studiare to study 1

studio study, den 14; **studio medico** doctor's office

stupendo/a stupendous 6

stupido/a stupid 5

su on 3

subito right away, immediately 4

succedere (*p.p.* **successo**) to happen 15

sud (*f.*) south LP

sufficiente sufficient, enough 17

suggerimento suggestion 17

suggerire (di) to suggest 5

suggerito/a suggested

suocera mother-in-law 8

suocero father-in-law 8

suonare to play (*music, an instrument*) 16

suono sound LP

supermercato supermarket 3

supporre to suppose, assume

svantaggio disadvantage 18

svegliarsi to wake up 7

sviluppo development

Svizzera Switzerland 15

svolgere* (*p.p.* **svolto**) to carry out (*an order*); **svolgere una professione (un mestiere)** to practice a profession (skilled craft) 17

T

tacchino turkey 7

taglia size (*clothing*) 10

tagliacarte (*f.*) letter opener

tagliare to cut; **tagliarsi i capelli (le unghie)** to cut one's hair (nails) 11

tamburo drum 16

tanto/a so much, so; **di tanto in tanto** every now and then 9; **tanto… quanto** as . . . as 14

tappeto rug 14

tardare to be late

tardi late 4; **a più tardi** until later LP

tasca pocket

tassì (*m.*) taxi 18; **andare* in tassì** to go by taxi 18

tavolo table 1; **tavola** table 8; **a tavola** at the (dinner) table 8

tazza cup 13

tazzina small cup, demitasse

tè (*m.*) tea 4; **tè freddo** iced tea 4

teatro theater 3

tedesco (*m.*) German language 2; **tedesco/a** German 5

telefonare to telephone 3

telefonino cell phone 1

telefono telephone 1

telegiornale (*m.*) TV newscast 15

telegramma (*m.*) telegram

telenovela soap opera

telespettatore/telespettatrice TV viewer 15

televisione (*f.*) TV

televisivo/a televised 15

televisore (*m.*) television set 1

tema (*m.*) theme

temere to fear 16

tempo weather 9; time; **a tempo parziale** part-time; **a tempo pieno** full-time; **che tempo fa?** what's the weather like? 9; **da molto tempo** for a long time; **da quanto tempo?** for how long?; **fare bel tempo** to be nice weather 4; **fare cattivo tempo** to be bad weather 9; **molto tempo fa** a long time ago 6; **poco tempo fa** not long ago, a little while ago 6; **qualche tempo fa** some time ago 6; **quanto tempo fa?** how long ago? 6

tenda curtain 14; tent

tennis (*m.*) tennis 12

tenore (*m.*) tenor 16

teorema (*m.*) theorem

tesi (*f.*) thesis

tessuto cloth 10

testa head 11; **ti (le) fa male la testa?** do you have a headache? 11

testimoniare to witness

ti to you 11

tifoso/a fan 12

timido/a shy, timid 5

tinta: a tinta unita solid color 10

tiramisù (*m.*) a dessert made with coffee, marscarpone cheese, cream, and chocolate 7

titolo title; headline 15

tivvù (*f.*) TV; **tivvù a pagamento** pay TV

toga toga 5

topolino mouse 6

torinese from Turin 11

tornare to return 3

torta cake 7

totalmente totally

tovagliolo napkin 13

tra between, among 3; **tra l'altro** besides

tradizione (*f.*) tradition LP

traffico traffic 2

traghetto ferry 18; **andare* in traghetto** to go by boat / ferry 18

traguardo finish line

tram (*m.*) streetcar, trolley 18; **andare* in tram** to go by trolley 18

tramezzino sandwich 4; **tramezzino al tonno** tuna sandwich 4

tranquillo/a tranquil, quiet 14

trascorrere* (*p.p.* **trascorso**) to spend (*time*) 9

trasferirsi to move (oneself) 14

trasformare to transform

trasmettere* to broadcast; to communicate (*p.p.* trasmesso)

trasmissione (*f.*) broadcast, transmission 17

trattare (di) to be about, to deal with 10; **trattarsi (di)** to be about 8; **di che si tratta?** what is it all about?

trattoria small family restaurant

tre three LP

tredici thirteen LP

tremendo/a tremendous 12

treno train 18; **andare* in treno** to go by train 18

trenta thirty 1

triste unhappy, sad 5

tristemente sadly

tromba trumpet 16

troppo too, too much 8

trovare to find 3

tu you (*informal*) LP

tuo/a your 2

turismo tourism 18

turno: a turno in turn

tutto/a all 5; everything; **tutte le sere (settimane)** every evening (week) 9; **tutti** everybody 9; **tutti i giorni (mesi)** every day (month) 9; **in tutto** on the whole 7; **per tutti e due** for both 12

ubbidire to obey 5
ufficio office 3; **ufficio postale** post office 3
uguale equal
ultimo/a latest 6; last (*in a series*) 6
umanità (*f.*) humanity 5
umido/a humid 9
umore (*m.*) humor
umorismo humor; **senso dell'umorismo** sense of humor
undici eleven LP
Ungheria Hungary 15
unghie (*f. pl.*) nails 11
unificare to unite, unify
uniforme (*f.*) uniform 5
Unione europea (Ue) (*f.*) European Union
università (*f.*) university LP; **all'università** at the university 2
universitario/a pertaining to the university 1
uno/a one LP
uomo (**uomini,** *pl.*) man; **uomo d'affari** businessman 17
uovo (**le uova,** *f. pl.*) egg 7
usare to use 3
usato/a used
uscire* to go out 3
utenze (*f. pl.*) utilities 14
utile useful 16
uva grape(s) 7

vacanza vacation 6; **in vacanza** on vacation 6
vado I go 1
vai you go (*informal*) 1
valido/a valid 14
valigia suitcase 8; **fare* le valige** to pack the suitcases 8
valore (*m.*) value 15
vantaggio advantage 18
vario/a various, several

vecchio/a old 5
vedere* (*p.p.* **visto, veduto**) to see 4; **ci vediamo domani** see you tomorrow LP; **vedersi** to see each other 11
vedova widow
vela sailing 12
velluto velvet; **velluto a coste** corduroy 10
velocemente fast 6
velocità (*f.*) speed 15
vendere to sell 4
vendita sale; **in vendita** on sale
venerdì (*m.*) Friday 4
venire* (a) (*p.p.* **venuto**) to come (to) 5
venti twenty LP
vento: tira vento it's windy 9
veramente really 5
verbo verb 1
verde green 10
verdura green vegetables 7
verità (*f.*) truth
vero/a true 5; real; **non è vero?** isn't it true? 4; **sarà vero?** could it be true? 15
verso toward; **verso le sei** around six o'clock 3
vestire to dress 5; **vestirsi** to get dressed 7
vestito dress 5; suit 10; **vestiti** (*m. pl.*) clothing 10
vetrina store window 5
vetta peak
via street 5; **andare* via** to go away
viaggiare to travel 1
viaggio trip 8
viceversa vice-versa
vicino/a (a) near 3; **qui vicino** near here
videocassetta videocassette
videogioco video game 6
videoregistratore (*m.*) video recorder 1
villa country house 2

villeggiatura vacation; summer vacation
vincere* (*p.p.* **vinto**) to win 6
vincitore/vincitrice winner
vino wine 6
viola (*invariable*) purple 10
violino violin 16
violoncello cello 16
virgola comma
visita visit 13
visitare to visit 3
viso face 11
vista view 14
vita life 10
vitello veal 7
vittoria victory
vivace vivacious
vivere* (*p.p.* **vissuto**) to live 8
vivo/a alive; **dal vivo** live (*broadcast*) 16
vocabolario vocabulary LP
vocale (*f.*) vowel
voce (*f.*) voice 5
volentieri gladly 11
volere* to want (to), wish 8
volgere (*p.p.* **volto**) to pursue
volo flight 8; **volo diretto** direct flight
volpe (*f.*) fox
volta time; **a volte** at times, sometimes 9; **due volte** twice 9; **qualche volta** sometimes 9; **questa volta** this time; **una volta** once, one time 9; **una volta (al giorno)** once (a day) 9
vongole (*f. pl.*) clams 7

zaino backpack 1
zero zero LP
zia aunt 8
zio uncle 8
zona area 11
zucchero sugar 7
zucchini zucchini squash 7

English—Italian Vocabulary

The following vocabulary list contains some basic words and expressions that you may wish to use in preparing guided oral and written compositions. The definitions are limited to those used in the book. Word sets such as numbers, sports terms, adjectives of nationality, etc., can be located by referring to the index.

Abbreviations:
adj. = adjective　　　*inv.* = invariable
f. = feminine　　　*pl.* = plural
m. = masculine

A

abroad l'estero
accessory l'accessorio
accident l'incidente (*m.*)
acquainted: be acquainted with conoscere
action l'azione (*f.*)
activity l'attività
actor l'attore (*m.*)
actress l'attrice (*f.*)
address l'indirizzo
adequate adeguato/a
administration il governo
admittance l'adesione (*f.*)
advancement lo sviluppo
advertise fare la pubblicità
ad(vertisement) la pubblicità, l'annuncio
advertising la propaganda, la pubblicità; pubblicitario/a
advise consigliare (di); **advise against** sconsigliare
affectionately affettuosamente
afraid: be afraid of avere paura di
after, afterward dopo; **after that** poi
afternoon il pomeriggio; **in the afternoon** il pomeriggio
against contro
age l'età
agent l'agente (*m. or f.*)
ago: a little while ago poco tempo fa; **not long ago** poco tempo fa; **some time ago** qualche tempo fa; **two days ago** due giorni fa

agreed d'accordo
aid l'aiuto
air l'aria
all tutto/a
almost quasi
alone da solo/a
already già
also anche
although benché, nonostante che
always sempre
among fra, tra; **among themselves** fra (tra) di loro
amuse oneself divertirsi
amusing divertente
ancient antico/a
and e (*frequently* ed *before a vowel*)
animal l'animale (*m.*)
ankle la caviglia
announce annunciare
announcer l'annunciatore (*m.*), l'annunciatrice (*f.*)
another altro/a
answer rispondere
anthropology l'antropologia
anxiously con ansia
anyway tanto
apartment l'appartamento; **small apartment** l'appartamentino; **studio apartment** il miniappartamento; monolocale
appear sembrare
apple la mela
appliances: household appliances gli elettrodomestici
application: job application la domanda d'impiego
appointment l'impegno

appreciate apprezzare
approve approvare
apricot l'albicocca
architect l'architetto
architecture l'architettura
arm il braccio (le braccia, *f. pl.*)
armchair la poltrona
armoire l'armadio
around (*time*) verso
arrival l'arrivo
arrive arrivare
art l'arte (*f.*)
artichoke il carciofo
as come; **as . . . as** tanto... quanto; **as soon as** appena; **as usual** come al solito
ask domandare; **ask (for)** chiedere (di); **ask a question** fare una domanda
asparagus gli asparagi
at a (*frequently* ad *before a vowel*), presso
atmosphere l'atmosfera
attempt il tentativo
attend frequentare
attention l'attenzione
attractive simpatico/a
audience il pubblico
aunt la zia
authority l'autorità
automobile l'auto(mobile) (*f.*), la macchina
automotive automobilistico/a
autumn l'autunno; (*adj.*) autunnale; **in the middle of autumn** in pieno autunno
awarded assegnato/a

B

baby il bambino/la bambina
backpack lo zaino
bad cattivo/a, male; **not too bad** non c'è male; **from bad to worse** di male in peggio
baker il panettiere/la panettiera
bakery la panetteria
ball: masked ball il ballo in maschera
banana la banana
band il complesso
bank la banca
bar il bar
basketball la pallacanestro
bath: take a bath farsi il bagno
bathroom il bagno, la stanza da bagno
be essere, stare; **be . . . years old** avere... anni; **be able** potere
beach la spiaggia
beautiful bello/a
because perché; **because of** a causa di
become diventare
bed il letto
bedroom la camera da letto
beer la birra
before prima di, prima che
beg pregare (di)
begin mettersi a, cominciare (a)
being essendo
believe credere (di)
believable credibile
better meglio; migliore
between fra, tra; **between themselves** fra (tra) di loro
bicycle la bicicletta; **bicycle racing** il ciclismo
big grande
biking andare in bicicletta
biology la biologia
birthday il compleanno; **happy birthday** buon compleanno
black nero/a
blackboard la lavagna
blouse la camicetta
blue blu (*inv.*); **sky-blue** azzurro/a
boat la barca
boating andare in barca
bold audace
book il libro
bookstore la libreria

boots gli stivali
boring noioso/a
born nato/a (*past participle*); **be born** nascere
both . . . and sia... che
boy il ragazzo
boyfriend: my boyfriend il mio ragazzo
bread il pane
breakfast la prima colazione
breathe respirare
bride and groom gli sposi
brief breve
bring portare
broadcast andare in onda
broccoli i broccoli
broth il brodo
brother il fratello; **brother-in-law** il cognato; **little brother** il fratellino
brown marrone (*inv.*), castano/a (*eyes, hair*)
brush one's teeth lavarsi i denti
bus l'autobus (*m.*)
business activity l'impresa
businessman l'uomo d'affari
businesswoman la donna d'affari
busy impegnato/a, occupato/a; **be busy** avere da fare
but ma
butcher il macellaio/la macellaia
butter il burro
buy comprare, acquistare
by: by chance per caso; **by the way** a proposito
bye (*informal*) ciao

C

café il bar, il caffè
cake la torta
calculator la calcolatrice
calendar il calendario
call chiamare; **phone call** la telefonata
called: be called chiamarsi
calm calmo/a
can potere
can opener l'apriscatole (*m.*)
candidate il candidato
capable bravo/a
capital la capitale; **capital of a region** il capoluogo

car la macchina
card: birthday card la cartolina di buon compleanno; **telephone card** la carta telefonica
career la carriera
carefree disinvolto/a
careful prudente
cartoon il cartone animato
carrot la carota
case il caso; **in case (that)** in caso che
cassette la cassetta
cathedral il duomo, la cattedrale
cause causare; la causa
cautious prudente
ceiling il soffitto
celebrate festeggiare
celebrity il personaggio
cellar la cantina
cell phone il cellulare, il telefonino
cent il centesimo
central centrale
certain certo/a
certainly certo
chair la sedia
chance: by chance per caso
change cambiare; il cambiamento; **change one's mind** cambiare idea
chant il canto
character (*in a play, opera, etc.*) il personaggio
cheap a buon mercato
check the oil (tires) controllare l'olio (le gomme)
checkered a quadri
cheer up! coraggio!
cheese il formaggio
chemistry la chimica
cherry la ciliegia
chest of drawers il comò
child il bambino/la bambina; **children** i figli
choice la scelta
choose scegliere
church la chiesa
cinema il cinema
citizen il cittadino/la cittadina
city la città; (*adj.*) cittadino/a; **city hall** il municipio, il comune
civil civile
clandestine clandestino/a
classic classico/a

classical classico/a
classmate il compagno/la compagna di classe
classroom l'aula
clean pulire; pulito/a
clear chiaro/a, lampante; **clear (weather)** sereno/a; **clear the table** sparecchiare la tavola
clearly chiaramente
clerk l'impiegato/l'impiegata
climate il clima
close chiudere
closet il guardaroba, l'armadio
cloth il tessuto
clothes il vestiario; **clothes dryer** l'asciugatrice (f.)
clothing gli articoli di abbigliamento
cloudy nuvoloso/a
coat il cappotto
coffee il caffè
cold: be cold (person) avere freddo; **be (quite) cold (weather)** fare (abbastanza) freddo
color il colore; **solid color** a tinta unita
comb il pettine; **comb one's hair** pettinarsi i capelli
come venire
comedy la commedia
comfortable comodo/a
commercial la pubblicità
company la compagnia
compete fare le gare
competition la gara
complete compiere
computer il computer; **computer science** l'informatica
concert il concerto
conclude concludere
conclusion la conclusione
confectioner il pasticciere/la pasticciera; **confectioner's shop** la pasticceria
confused confuso/a
confusion la confusione
congratulations! complimenti!
constitution la costituzione
content: be content accontentarsi
contest il concorso
continue continuare (a), proseguire
continuously in continuazione
contrast il contrasto, il paragone
control il controllo

convince convincere
cook cucinare; il cuoco/la cuoca
cool fresco; **be cool (weather)** fare fresco
cost costare; **how much does it cost?** quanto costa?
costume il costume
cotton il cotone
country il paese; la campagna
couple la coppia
course il corso
courteous gentile
cousin il cugino/la cugina
crisis la crisi
cup la tazza
curious curioso/a
curtain la tenda
customer il/la cliente
cut one's hair (nails) tagliarsi i capelli (le unghie)
cute carino/a

 D

dairy la latteria
dance ballare; la danza; **to dance (a little)** fare quattro salti
daring audace
daughter la figlia; **daughter-in-law** la nuora
dawn l'alba
day la giornata; **day after tomorrow** dopodomani; **day before yesterday** l'altro ieri
deal: deal with trattare di
dear caro/a
decade il decennio
decide decidere (di)
decision la decisione; **make a decision** prendere una decisione
degree candidate il laureando/la laureanda
delicatessen la salumeria; **delicatessen owner** il salumiere/la salumiera
den lo studio
dentist il/la dentista
depart partire
departure la partenza
depends: that depends dipende
descend scendere
desk la scrivania
dessert il dolce
development lo sviluppo

dictator il dittatore
dictionary il dizionario
die morire
difficult difficile
diminish diminuire
dinner il pranzo
director: movie director il/la regista
dirty sporco/a
discotheque la discoteca
discuss discutere
discussion la discussione
dish il piatto; **main dish** il primo piatto
dishonest disonesto/a
dishwasher la lavastoviglie
dislocate slogarsi
displeasure il dispiacere
distinct netto/a
divorce divorziare
divorced divorziato/a
do fare; **do without** fare a meno di
doctor il medico, il dottore/la dottoressa
documentary il documentario
door la porta
doorman il portiere
down there laggiù
downtown il centro; il centro commerciale
drama il dramma
dress il vestito; l'abito; vestire; vestirsi
dressed: get dressed vestirsi
drink bere; la bevanda
drinking glass il bicchiere
drive guidare
dry one's face (hands) asciugarsi la faccia (le mani)
dryer: hair dryer l'asciugacapelli (m.); **clothes dryer** l'asciugatrice (f.)
dubbed doppiato/a
due to dovuto a
dynamic dinamico/a

 E

each ogni
ear l'orecchio
early presto; **be early** essere in anticipo
earn guadagnare; **earn one's living** guadagnarsi la vita

easy facile
eat mangiare
ecology l'ecologia
economic economico/a
economics l'economia
efficacious efficace
egg l'uovo (le uova, *f. pl.*)
elbow il gomito
election l'elezione (*f.*)
electrician l'elettricista (*m. or f.*)
elegant elegante
email la posta elettronica; **email address** l'indirizzo elettronico
employed occupato/a
employment l'impiego, l'occupazione (*f.*)
energetic dinamico/a
engaged impegnato/a; **become engaged** fidanzarsi
engineering l'ingegneria
enjoy oneself divertirsi (a)
enough: it's enough basta; **that's enough** basta così
enter entrare
environment l'ambiente (*m.*)
euro (*European currency*) l'euro
European europeo/a
even: even though benché, nonostante che, sebbene
evening la sera, la serata; **good evening** buona sera; **in the evening** la sera; **this evening** stasera
event l'avvenimento
ever mai
every (single) ogni; **every day (month)** tutti i giorni (mesi)
everybody tutti
everyone tutti
everything tutto
everywhere dappertutto; **everywhere else** altrove
exaggerate esagerare
exam l'esame (*m.*)
example l'esempio
exceptional eccezionale
excessive eccessivo/a
exchange lo scambio
excited emozionato/a
excuse la scusa; **excuse me** scusa, (*formal*) scusi
executive il/la dirigente
exhibit la mostra
expensive caro/a

experience provare; l'esperienza
expert l'esperto; **be an expert in** intendersi di
explain spiegare
express esprimere
exquisite squisito/a
eye l'occhio

F

fabric il tessuto
face il viso; la faccia
fact: in fact, as a matter of fact infatti
factory la fabbrica
fall: fall asleep addormentarsi; **fall in love** innamorarsi
family la famiglia
famous famoso/a
far from lontano/a da
fashion la moda
fashionable alla moda
fast velocemente
fat grasso/a
father il padre; **father-in-law** il suocero
favorite preferito/a
fear temere (di)
feel provare, sentire, sentirsi; **feel like (doing something)** avere voglia di (+ *infinitive*)
festival il festival
fever la febbre
few pochi/e
fill it up fare il pieno
film festival la mostra cinematografica
final finale
finally finalmente
financial finanziario/a
find trovare
fine bene
finger il dito (le dita, *f. pl.*) della mano
finish finire (di)
fire (*from a job*) licenziare
fireplace il camino
firm (business) la ditta
first primo/a; **first of all** innanzi tutto
fish il pesce; **fish market** la pescheria; **fish vendor** il pescivendolo/la pescivendola
fit (*shoes, gloves*) calzare

fix aggiustare
floor il pavimento, il piano
foggy: it's foggy c'è la nebbia
follow seguire
food il cibo
foolish sciocco/a
foot il piede
for per
foreign straniero/a
forget dimenticare, dimenticarsi (di)
fork la forchetta
fortunate fortunato/a
fortunately per fortuna
forward avanti
free libero/a
freely liberamente
fresh fresco/a
friend l'amico/l'amica
from da, da parte di, di (*frequently* d' *before a vowel*); **from time to time** di quando in quando
front: in front of davanti a
fruit la frutta; **fruit vendor** il fruttivendolo/la fruttivendola
full pieno/a
furniture i mobili
future il futuro

G

game la partita
garage il garage
garlic l'aglio
gasoline la benzina
gather riunirsi
gaudy sgargiante
general generale
generally generalmente
geology la geologia
get: get off / down scendere; **get ready** prepararsi (per); **get up** alzarsi, prendere
girl la ragazza
girlfriend: my girlfriend la mia ragazza
give dare; **give back** restituire
given dato/a
glad contento/a
gladly volentieri
glass: drinking glass il bicchiere
gloves i guanti
go andare, recarsi; **go around** girare; **go away** andare via; **go by bicycle** andare in bicicletta;

go by boat andare in barca;
go by bus andare in autobus;
go by car andare in macchina;
go by motorcycle andare in
moto(cicletta); go by plane
andare in aereo; go by ship
andare con la nave; go by
taxi andare in tassì; go by train
andare in treno; go by tram
andare in tram; go horseback
riding andare a cavallo; go on
an excursion fare una gita; go
on foot andare a piedi; go on
vacation andare in vacanza; go
skating andare a pattinare; go
skiing andare a sciare; go to the
country andare in campagna;
go to the mountains andare in
montagna; go to the seashore
andare al mare; go out uscire
good bene, bravo/a, buono/a
good-bye arrivederci;
(formal) arrivederla
government il governo
graduate laurearsi
granddaughter la nipote
grandfather il nonno
grandmother la nonna
grandson il nipote
grainy ice cream la granita
grapefruit il pompelmo
grapes l'uva
gray grigio/a
great grande; ottimo!; just great!
benissimo!
green verde
greet salutare; greet each other
salutarsi
group il gruppo; musical group il
complesso
guest l'invitato/a
guitar la chitarra
guitarist il/la chitarrista
gymnasium la palestra

 H

hair i capelli; hair dryer
l'asciugacapelli (m.)
hairbrush la spazzola per capelli
hall la sala
ham: cured ham il prosciutto
hand la mano (le mani, f. pl.)
handbag la borsa

handsome bello/a
happen succedere, capitare; what
happened? che cosa è successo?
happy allegro/a, contento/a, felice
hat il cappello
hate each other odiarsi
have avere; have (to eat, to
drink) prendere; have a good
time divertirsi (a); have a
job interview sostenere un
colloquio; have breakfast or
lunch fare colazione; have the
time to avere il tempo di; have
to dovere
head la testa
hear sentire
heating il riscaldamento
hello buon giorno; (response on the
phone) pronto?
help aiutare; l'aiuto; help each
other aiutarsi
hi ciao
high alto/a
hire assumere
history la storia
hold tenere
homemaker la casalinga
hope sperare (di), augurarsi; let's
hope so speriamo di sì
horror l'orrore (m.)
hors d'oeuvre l'antipasto
horseback riding l'equitazione (f.)
hospital il policlinico,
l'ospedale (m.)
hot: be hot (weather) fare caldo
hotel l'albergo
hour l'ora; one hour ago un'ora fa
house la casa; country house la villa
household appliances gli
elettrodomestici
how come; how are you? come
stai?, (formal) come sta?; how
many? quanti/e?; how many
times? quante volte?; how
much? quanto/a?; how much is
it? quanto costa?
however comunque, però
hug abbracciare
human body il corpo umano
hungry: be hungry avere fame
hurry affrettarsi; be in a hurry
avere fretta
hurt fare male
husband il marito

 I

ice cream il gelato; ice cream
parlor la gelateria
idea l'idea
if se
image l'immagine (f.)
immediate immediato/a
immediately subito
important importante, notevole
impossible impossibile
improbable improbabile
in in
inexpensive a buon mercato
information l'informazione (f.)
insincere falso/a
instead (of) invece di
institution l'istituzione (f.)
intelligent intelligente
intend to avere intenzione di
interested: be interested (in)
interessarsi
international internazionale
interpreter l'interprete (m. or f.)
interview intervistare; il colloquio
introduce fare conoscere,
presentare
invite invitare (a)
invited invitato/a
iron (appliance) il ferro da stiro;
stirare
itself stesso/a

 J

jacket la giacca
jeans i jeans
job il posto (di lavoro), l'impiego;
job application la domanda
d'impiego; job interview il
colloquio
joke scherzare
journalist il/la giornalista
joy l'allegria
just proprio

 K

keep tenere
kind gentile
king il re
kitchen la cucina
knee il ginocchio (le ginocchia, f. pl.)

knife il coltello
know conoscere; **know (how)** sapere; **know by heart** sapere a memoria
known conosciuto/a, noto/a

 L

lake il lago
lamb l'agnello
lamp la lampada
language: foreign languages le lingue straniere
large grande
last scorso/a; (*in a series*) ultimo/a; **at last** finalmente
late: I'm late sono in ritardo
later: until later a più tardi
latest ultimo/a
law la legge
lawyer l'avvocato
lazy pigro/a
leaflet il volantino
learn apprendere; imparare (a)
least: at least almeno
leather il cuoio, la pelle; **made of leather** di cuoio
leave partire, andare via; **leave** (*behind*) lasciare
left sinistro/a
leg la gamba
lemon il limone; **lemon soda** la limonata
lemonade la limonata
lend prestare
letter la lettera
lettuce la lattuga
library la biblioteca
license: driver's license la patente di guida
life la vita
light la luce; leggero/a
like come; piacere
listen sentire; **listen (to)** ascoltare; (*command*) senti
listening l'ascolto
literary letterario/a
literature la letteratura
little piccolo/a; **very little** ben poco, pochissimo/a
live abitare; vivere; **live together** convivere
live (*TV, radio*) in diretta

living il vivere; **living room** il salotto
loan prestare
lobster l'aragosta
local locale
long lungo/a
look (at) guardare; **look (for)** cercare; **look at oneself in the mirror** guardarsi allo specchio
lose perdere
lottery la lotteria
love l'amore (*m.*); **fall in love** innamorarsi; **love each other** amarsi
lower (*verb*) abbassare
luck la fortuna; **bad luck** la sfortuna
lucky: be lucky avere fortuna
lunch (*main meal at noon*) il pranzo

 M

ma'am signora
magazine la rivista
magnificent magnifico/a
mail spedire; la posta
majority la maggior parte
make fare; rendere; **make a date** fissare un appuntamento; **make plans** fare programmi; **make purchases** fare acquisti; **make reservations** prenotare; **make sure** fare in modo
man l'uomo (gli uomini, *pl.*)
manage gestire
management la gestione
manager il funzionario, il direttore/la direttrice
managerial gestionale
many molti/e
market il mercato; **open-air market** il mercato all'aperto
married sposato/a
marry (get married) sposarsi
marvelous meraviglioso/a
mask la maschera
masquerade party la festa mascherata
match l'incontro; la gara
mathematics la matematica
maybe forse
meal il pasto
meaning il significato

means of transportation i mezzi di trasporto
meantime: in the meantime intanto, nel frattempo
meanwhile intanto
meat la carne (*f.*)
mechanic il meccanico
medicine la medicina
meet incontrare, riunirsi; **meet (each other)** incontrarsi
message il messaggio
midnight mezzanotte
military il militare
milk il latte
milkman il lattaio/la lattaia
million il milione
mind dispiacere; **do you mind if . . . ?** ti dispiace se... ?; **have in mind** avere in mente; **if you don't mind** se non ti dispiace
minister il ministro; **Prime Minister** Presidente del Consiglio
mirror lo specchio
misfortune il dispiacere, la sfortuna
Miss signorina
mix-up: a little mix-up un po' di confusione
modern moderno/a
moment il momento
monarchy la monarchia
money i soldi, il denaro
month il mese
monument il monumento
more più; **more . . . than** più... di
morning la mattina, il mattino; **good morning** buon giorno; **in the morning** la mattina; **this morning** stamattina
most: for the most part per lo più
mother la madre; **mother-in-law** la suocera
motorcycle la moto(cicletta)
mountain: in (to) the mountains in montagna; **mountain climbing** l'alpinismo
mouth la bocca
move trasferirsi
movie il cinema; **movie director** il/la regista
Mr. signor + *last name*
Mrs. signora + *last name*

much molto; **too much** troppo
muggy afoso/a
museum il museo
mushrooms i funghi
music la musica
musical (*adj.*) musicale; **musical group** il complesso
musician il/la musicista
must dovere
my mio/a

name (*first*) il nome; (*last*) il cognome; **brand name** la marca; **what's your name?** come ti chiami?; (*formal*) come si chiama?
named: be named chiamarsi
napkin il tovagliolo
nation la nazione
national nazionale
nature la natura
near vicino a
necessary necessario/a
neck il collo
need avere bisogno di; il bisogno
neighborhood le vicinanze, il vicinato; **neighborhood market** il mercato rionale
neither . . . nor non... né... né
nephew il nipote
nervous nervoso/a
never non... mai
nevertheless nonostante ciò
new nuovo/a
news le notizie; **news** (*one item*) la notizia; **newscaster** (*TV and radio*) l'annunciatore (*m.*); l'annunciatrice (*f.*)
newspaper il giornale
next prossimo/a
nice bello/a, carino/a, simpatico/a; **be nice** (*weather*) fare bel tempo
niece la nipote
night la notte; **at night** la notte, di notte; **good night** buona notte
no no; **no longer** non... più; **no more** non... più; **no one** nessuno, non... nessuno
noise il rumore
none niente
noon mezzogiorno
nose il naso

not non; **not any** non... nessuno; **not at all** non... affatto; **not even** non... neanche, non... nemmeno, non... neppure; **not ever** non... mai; **not too bad** non c'è male; **not yet** non... ancora
notebook il quaderno
nothing niente; non... niente, non... nulla; **nothing special** niente di speciale
novel il romanzo
now adesso, ora; **by now** ormai

obey ubbidire
obtain ottenere
occasion l'occasione (*f.*)
occupation l'occupazione (*f.*)
occupied occupato/a
of di (*frequently* d' *before a vowel*); **of course** certo
offer offrire
office l'ufficio; **post office** l'ufficio postale
often spesso
OK/okay d'accordo, va bene
old antico/a, anziano/a, vecchio/a
older maggiore
olive oil l'olio d'oliva
on su
once: every once in a while ogni tanto; **just once** una volta tanto; **once a day** una volta al giorno; **once again** ancora una volta; **once in a while** ogni tanto
oneself se stesso/a
onion la cipolla
only solo
open aprire
opera l'opera
opinion l'opinione (*f.*)
opposite opposto/a
optimistic ottimista (*inv. in the singular*)
or o
orange (*color*) arancione (*inv.*); (*fruit*) l'arancia; **orange juice** (*freshly squeezed*) la spremuta d'arancia; **orange soda** l'aranciata
orchestra l'orchestra

order (*food*) ordinare; **in order that** affinché, di modo che, perché
orders: to give orders dare ordini
organize organizzare
organized organizzato/a
original originale
other altro/a
outdoors all'aperto
outside fuori
overcoat il cappotto

painting il quadro; la pittura
pair il paio (le paia, *f. pl.*)
panorama il panorama
pants i pantaloni
paper: piece of paper il foglio di carta
parents i genitori
park parcheggiare; il parco, il giardino pubblico
parking: pay parking il parcheggio a pagamento
parliament il parlamento
parlor: ice cream parlor la gelateria
part: on the part of da parte di
particularly particolarmente
party la festa
pass the butter (salt, pepper) passare il burro (sale, pepe)
passion la passione
pasta la pasta
patience: a little patience un po' di pazienza
patient: be patient avere pazienza
pay il salario; **pay (for)** pagare; **pay back** ripagare
peace la pace
peach la pesca
pear la pera
pen la penna
pencil la matita
people la gente, il popolo
pepper il pepe, il peperone
per kilo (*metric weight*) al chilo
perfect perfetto/a
performer l'interprete (*m. or f.*)
perhaps forse
period il periodo
permit permettere (di)
person la persona

personnel il personale
pessimistic pessimista (*inv. in the singular*)
pharmacist il/la farmacista
pharmacy la farmacia
philosophy la filosofia
phone call la telefonata
photograph la foto(grafia)
photographer il fotografo
photography la fotografia
physics la fisica
pianist il/la pianista
piano il pianoforte
pick up: I'll pick you up (*informal*) passo a prenderti
pineapple l'ananas (*m.*)
pink rosa (*inv.*)
pizza la pizza; **pizza parlor** la pizzeria
place mettere; il luogo, il posto
plan programmare
plane l'aereo
play (*a game*) giocare; **play** (*music*) suonare; **play basketball** giocare a pallacanestro; **play soccer** giocare a pallone; **play tennis** giocare a tennis; **play volleyball** giocare a pallavolo
playing field il campo da gioco
pleasant simpatico/a
please piacere; per favore, per piacere, prego
pleased: I'm very pleased to meet you (*informal*) mi fa molto piacere (di) conoscerti
pleasing: be pleasing piacere
pleasure il piacere
pocket la tasca; **in his/her pocket** in tasca
poem il poema
political politico/a; **political science** le scienze politiche
pollute inquinare
pollution l'inquinamento
polyester il poliestere
pool la piscina
poor povero/a; **poor thing** poverino/a
pork il maiale
position il posto
possess (*something*) avere
possibility la possibilità
possible possibile
potato la patata

practical pratico/a
precise preciso/a
prefer preferire
preferable preferibile
prepare preparare
present presentare
president il/la presidente
pretty carino/a
price il prezzo; **what prices!** che prezzi!
probable probabile
probably probabilmente
problem il problema
profession il mestiere, la professione
professor il professore/la professoressa
program il programma
promise promettere
proper opportuno/a, dovuto/a
provided that purché
psychology la psicologia
purchase acquistare; l'acquisto
purple viola (*inv.*)
put mettere; **put on** (*clothing*) mettersi, indossare

Q

qualification la qualifica
quarrel (*verb*) litigare
queen la regina
quit (*a job*) licenziarsi

R

radio la radio; (*adj.*) radiofonico/a
rain piovere
raincoat l'impermeabile (*m.*)
raise alzare
rarely raramente
rather piuttosto
razor (*electric*) il rasoio (elettrico)
read leggere; **read again** rileggere
real vero/a
reality la realtà
really davvero; proprio; veramente
receive ricevere
recently recentemente
record registrare; il disco
recorder: video recorder il videoregistratore
red rosso/a
refrigerator il frigo(rifero)

relatives i parenti (*pl.*)
remain restare, rimanere
remainder il resto
remember ricordare, ricordarsi (di)
remind ricordare
rent affittare; **rent a car** noleggiare un'automobile
representative il deputato, il rappresentante
republic la repubblica
require richiedere
reservation la prenotazione
reserve prenotare
reserved riservato/a
respond rispondere
rest riposarsi
restaurant il ristorante
retailer il rivenditore
return restituire; tornare; **many happy returns!** cento di questi giorni!
revival: to have a revival essere in ripresa
rice il riso
rich ricco/a
right giusto/a; destro/a; **be right** avere ragione; **right away** subito
romantic romantico/a
room la camera, la stanza; **dining room** la sala da pranzo; **living room** il salotto
rude sgarbato/a

S

sad triste
sailing la vela
salami il salame
salary lo stipendio
sale la vendita; **on sale** in vendita
salt il sale
same stesso/a; **just the same** lo stesso; **same old** solito/a
sandwich: ham sandwich il panino al prosciutto; **tuna sandwich** il tramezzino al tonno
Sardinian sardo/a
save risparmiare; salvare
say dire (di)
scarf la sciarpa
scene la scena
scenery lo scenario
schedule l'orario

school: (Italian high school) il liceo

science: natural science le scienze naturali; **science fiction** la fantascienza

scientific scientifico/a

scissors le forbici

sea il mare; **at the seashore** al mare

season la stagione

seat il posto

second secondo/a

see vedere; **see each other** vedersi; **see you tomorrow** ci vediamo domani

seek cercare

seem sembrare; **it seems to me** mi sembra

see-saw l'altalena

seldom di rado

selfish egoista (*inv. in the singular*)

self-possessed disinvolto/a

sell vendere

senate il senato

senator il senatore

send mandare, spedire; **send back** rimandare

serious serio/a

seriousness la gravità

serve servire

set (*time*) stabilire; **set the table** apparecchiare la tavola

sew cucire

shame: what a shame che peccato!

sharp netto/a

ship la nave

shirt: man's shirt la camicia

shoes le scarpe

shop (*for food*) fare la spesa

short basso/a

shortly fra poco

shoulder la spalla

show mostrare; lo spettacolo

shower la doccia; **take a shower** farsi la doccia

shrimp gli scampi

shy timido/a

silk la seta

simple semplice

since siccome

sincere sincero/a

sing cantare

singer il/la cantante

sir signore

sister la sorella; **little sister** la sorellina; **sister-in-law** la cognata

situation la situazione

size (*clothing*) la taglia; (*clothing, shoes*) la misura

skate pattinare

skating il pattinaggio; **go skating** andare a pattinare

ski sciare; lo sci; **go skiing** andare a sciare

skirt la gonna

sleep dormire

sleepy: be sleepy avere sonno; **be very sleepy** morire di sonno

sleeve: with long (short) sleeves con le maniche lunghe (corte)

slowly lentamente

small piccolo/a

snow nevicare; la neve

so dunque; **so that** affinché, di modo che, perché

soap il sapone

soccer il calcio, il pallone

sociology la sociologia

socks i calzini (*pl.*)

sofa il divano

softly piano

sole (*fish*) la sogliola

some alcuni/e

something qualcosa

sometimes qualche volta

son il figlio; **son-in-law** il genero

song la canzone, il canto

soon: as soon as appena; **as soon as possible** al più presto, quanto prima; **quite soon** ben presto; **see you soon** a presto

sorry: be sorry dispiacere; **I'm sorry** mi dispiace

so-so così così

soup la minestra; **vegetable soup** il minestrone

spaghetti gli spaghetti; **carbonara style** gli spaghetti alla carbonara

speak parlare; **speak to each other** parlarsi

spectacular spettacolare

spend (*time*) passare; **spend** (*time/money*) spendere

spinach gli spinaci

spoon il cucchiaio

sport lo sport

sporting sportivo/a

sporty sportivo/a

spring la primavera; (*adj.*) primaverile

stadium lo stadio

stairs le scale

star la stella

start mettersi (a), cominciare (a); **start an argument** fare polemica

state lo stato; (*adj.*) statale

station la stazione; **gas station** la stazione di servizio

statue la statua

stay alloggiare, restare, rimanere; il soggiorno

steak la bistecca

stereo lo stereo

still ancora, pure

stomach lo stomaco

stop fermare, fermarsi

store il negozio

story la storia; **short story** il racconto

strawberry la fragola

street la via, la strada; **on the street** per strada

streetcar il tram

string beans i fagiolini

striped a righe

strive cercare (di)

student lo studente/la studentessa

study studiare; lo studio

stupid stupido/a

subtitle il sottotitolo

subway la metropolitana

succeed riuscire (a)

successfully con successo

suffer soffrire

suggest suggerire

suggestion il suggerimento

suit il vestito

suitcase la valigia (le valige, *pl.*)

sultry (*weather*) afoso/a

summer l'estate (*f.*); (*adj.*) estivo/a

sunny: it's sunny c'è il sole

supermarket il supermercato

supper la cena

support aderire, sostenere

surprised sorpreso/a

sweater la maglia, il maglione

sweet il dolce

swift veloce

swim nuotare

swimming il nuoto; **swimming pool** la piscina

system il sistema

table il tavolo; **at the (dinner) table** a tavola
take prendere; **take** (*courses*) seguire; **take off** (*clothing*) levarsi; **take part in** aderire (a); **take pictures** fare fotografie; **take place** avere luogo; **take the subway** prendere la metropolitana
tall alto/a
taxi il tassì
tea il tè; **iced tea** il tè freddo
teach insegnare (a)
team la squadra
teaspoon il cucchiaino
telegram il telegramma
telephone telefonare; il telefono; (*adj.*) telefonico/a; **cellular telephone** il cellulare, il telefonino
televised televisivo/a
television la televisione; (*adj.*) televisivo/a; **television set** il televisore; **television viewer** il telespettatore/la telespettatrice
tell dire, raccontare
tennis court il campo da tennis
tenor il tenore
terrible pessimo/a
thank ringraziare; **thank you** grazie
that che; quello; **that one** quello; **that which** quello che
theater il teatro
theme il tema
then allora, dunque, poi
there ci, là, lì; **there are** ecco, ci sono; **there is** c'è, ecco
therefore quindi, perciò
thin magro/a
thing la cosa
think credere (di); **think (of, about + verb)** pensare (di); **think (of, about + noun)** pensare (a); **I don't think so** credo di no; **I think so** credo di sì
thirsty: be thirsty avere sete
this ciò; questo/a; **this one** questo
thriller il film giallo
throat la gola
ticket il biglietto; **ticket office** la biglietteria

tie (*necktie*) la cravatta
time il tempo; la volta; **a long time ago** molto tempo fa; **at the same time** allo stesso tempo; **at times** a volte; **at what time?** a che ora?; **be on time** essere puntuale; **departure time** l'ora della partenza; **for the first time** per la prima volta; **for the time being** al momento; **full-time** a tempo pieno; **part-time** a tempo parziale; **what time is it?** che ore sono?
timid timido/a
tired stanco/a
title il titolo
to a (*frequently* ad *before a vowel*)
today oggi
toe il dito (le dita, *f. pl.*) del piede
together insieme; **all together** in tutto
tomato il pomodoro
tomorrow domani; **starting tomorrow** da domani; **until tomorrow** a domani
tonight stanotte
too anche; troppo
tooth il dente
toothbrush lo spazzolino da denti
toothpaste il dentifricio
topic il soggetto
total totale
tourism il turismo
toward verso
towel l'asciugamano
town: small town il paese, la cittadina
trade il mestiere; **what's your trade?** che mestiere fa (fai)?
traffic il traffico
trail la pista
train il treno
tranquil calmo/a, tranquillo/a
travel viaggiare; **travel agency** l'agenzia di viaggi
trip il viaggio
trolley il tram
trousers i pantaloni
truck il camion, l'autocarro
true vero/a
tuna il tonno
turn: turn off (*TV, radio*) spegnere; **turn on** accendere

TV la tivvù; **color TV** il televisore a colori; **TV channel** il canale televisivo; **TV network** la rete televisiva; **TV news** il telegiornale; **TV program** la trasmissione televisiva; **TV viewer** il telespettatore/la telespettatrice
type il tipo

ugly brutto/a
uncle lo zio
understand capire, comprendere
undertake intraprendere
undress spogliarsi
unemployed disoccupato/a
unforgettable indimenticabile
unfortunate sfortunato/a
unhappy infelice
united unito/a
university l'università; universitario/a; **university degree** la laurea
unknown sconosciuto/a
unless a meno che
unlucky sfortunato/a
unoccupied disoccupato/a
unpleasant antipatico/a
until fino a; **until now** finora
use usare
useful utile
useless inutile
usual: as usual come al solito
usually di solito
utensils le stoviglie (*f. pl.*)

vacation: on vacation in vacanza; **summer vacation** la villeggiatura; **vacation days** i giorni (*pl.*) di ferie
vacuum cleaner l'aspirapolvere (*m.*)
value il valore
various vario/a
veal il vitello
vegetables: green vegetables la verdura
velvet il velluto
vendor il rivenditore
video game il videogioco
video recorder il videoregistratore

videocassette la videocassetta
violin il violino
visit visitare; la visita
voice la voce
volleyball la pallavolo
voter l'elettore (*m. or f.*)
voyage il viaggio

wage il salario
wait (for) aspettare; **wait a minute** aspetta un minuto
waiter il cameriere
waiting l'attesa
wake up (*oneself*) svegliarsi
walk: take a walk fare una passeggiata
wall la parete
wallet il portafoglio
want desiderare; volere
wardrobe l'armadio
warm: be warm (*person*) avere caldo; **be warm** (*weather*) fare caldo
wash oneself lavarsi; **wash one's hands (face)** lavarsi le mani (la faccia)
washing machine la lavatrice
watch guardare; l'orologio
water (mineral) l'acqua (minerale)
way: that way così; **there's no way** non c'è modo
wear indossare
weather il tempo; **it's bad weather** fa cattivo tempo; **it's nice weather** fa bel tempo; **What's the weather forecast today?** Quali sono le previsioni

del tempo di oggi?; **What's the weather like there?** Che tempo fa lì?
week la settimana
weekend il fine settimana
well allora; **(quite) well** (abbastanza) bene; **very well** molto bene
what ciò che; **what?** che cosa? (cosa?); **what are you up to today?** che cosa fai di bello oggi?; **what happened?** che cosa è successo?; **what is . . . like?** com'è... ?; **what is it?** che cos'è? **what's playing?** cosa è in programma?
when(ever) quando
when? quando?
where? dove?; **where are you** (*formal*) **from?** di dov'è?; **where is he/she from?** di dov'è?
which? qual/e?; **which one?** quale?
while mentre
who? chi?; **who else?** chi altro?
whom: to whom: a chi?; **with whom?** con chi?
why? perché?
wife la moglie
willingly volentieri
win vincere
window la finestra; **store window** la vetrina
windy: to be (very) windy tirare (molto) vento
wine il vino
winter l'inverno; (*adj.*) invernale
wish desiderare, volere; **wish** (*someone*) **well** fare gli auguri

wishes: best wishes! auguri! (*m. pl.*), tanti auguri!
with con
without senza che; **without a doubt** senza dubbio
woman la donna
wool la lana
work lavorare; **work** (*literary or artistic*) l'opera; **what work do you do?** che lavoro fa (fai)?
worker (*blue-collar*) l'operaio/l'operaia
world (*adj.*) mondiale; **working world** il mondo del lavoro
worry preoccuparsi (di); **don't worry** non ti preoccupare, non si preoccupi
worse peggio, peggiore; **from bad to worse** di male in peggio; **worse than ever** peggio che mai
write scrivere; **write to each other** scriversi
writer lo scrittore/la scrittrice
wrong: be wrong avere torto

year anno; **be . . . years old** avere... anni
yellow giallo/a
yes sì
yesterday ieri
young giovane, giovanile
younger minore

zone la zona

Index

EUROPA
(Carta Politica)

SCALA DI CHILOMETRI

0   100   200   400   600

SCALA DI MIGLIA

0   50   100   200   300

ISLANDA

Reykjavik

OCEANO
ATLANTICO

IRLANDA
Dublino

GRAN
BRETAGNA

MARE
DEL
NORD

FINLANDIA

SVEZIA

Stoccolma

MARE
BALTICO

LETTONIA

LITUANIA

RUSSIA

NORVEGIA

Oslo

DANIMARCA

Copenhagen